YUAN JIANG ZHAJI

援疆札记

李 伟 著

图书在版编目(CIP)数据

援疆札记 / 李伟著. —北京：中央编译出版社，2014.6

ISBN 978 – 7 – 5117 – 2193 – 8

Ⅰ. ①援… Ⅱ. ①李… Ⅲ. ①青年工作 – 新疆 – 文集 Ⅳ. ①D432.6 – 53

中国版本图书馆 CIP 数据核字(2014)第 107507 号

援疆札记

出 版 人：刘明清
责任编辑：邓　彤
责任印制：尹　珺
出版发行：中央编译出版社
地　　址：北京西城区车公庄大街乙 5 号鸿儒大厦 B 座(100044)
电　　话：(010) 52612345（总编室）　　(010) 52612352（编辑室）
　　　　　(010) 52612316（发行部）　　(010) 52612315（网络销售）
　　　　　(010) 52612346（馆配部）　　(010) 66509618（读者服务部）
传　　真：(010) 66515838
经　　销：全国新华书店
印　　刷：北京京华虎彩印刷有限公司
开　　本：787 毫米×1092 毫米　1/16
字　　数：350 千字
印　　张：27
版　　次：2014 年 6 月第 1 版第 1 次印刷
定　　价：82.00 元

网　　址：www.cctphome.com　　　邮　　箱：cctp@ cctphome.com
新浪微博：@ 中央编译出版社　　　微　　信：中央编译出版社（ID：cctphome）

本社常年法律顾问：北京市吴栾赵阎律师事务所律师　闫军　梁勤
凡有印装质量问题，本社负责调换。电话：010 – 66509618

目 录

第一部分

加强民族团结只要从身边的小事做起，根本无需复杂 /2

要紧紧把握高校青年的所思所想 /4

到苏州看母亲 /6

对生死的思考 /7

理想主义气质，人文主义情怀 /9

人生的精彩 /11

一生的幸运 /12

同一件事不同的心态 /14

身边最美高娃老师 /16

要建立自己的人生健康档案 /17

一切要积累渐进顺势而为 /19

参加上合组织成员国青年交流活动的感触 /21

为民族地区送上可口的精神食粮 /22

对人才培养模式的思考 /23

担当意味成长，经历意味收获　/25

敢于挑战权威的精神值得我们学习　/26

读《南怀瑾谈历史与人生》书之感　/27

对团干部关键素质的再思考（8月27日）　/29

美丽的哈密巴里坤让人神往　/31

拿什么奉献给我们的青年朋友们　/33

致博州基层团干部的一封信　/34

思念过去的老朋友　/36

体育舞蹈的内在魅力　/37

以学习的心态去对待困难和麻烦　/39

艺术都是相通的　/41

在第十二批南疆四地州乡镇公务员岗前培训见面会上的讲话　/43

与大学生面对面、实打实、心贴心交流　/45

做成一件事要历经三个境界　/49

第二部分

抱怨他人就等于不放过自己　/52

第一次给非公经济组织的团干部授课　/54

对承接自治区选派南疆四地州乡镇公务员岗前培训工作的一点思考　/57

对大学精神的思考　/64

给孩子的一封信　/67

关注当下，享受投入带来的快意　/70

将弱声唱弱是一种能力　/71

看《国家命运》有感　/73

人生的意义在于做不会的　/74

人生的最好境界就是"不欲盈"　/76

善于归零，享受当下　/77

为中学、中职团委书记授课　/79

我们要知见正确，而不能死于无知　/81

新疆还是有奇人　/84

学而优则仕　/86

要关注自己的身体发出的信息　/87

要交真朋友　/90

要让爱哭的孩子不一定有奶吃　/91

以学习的心态去对待困难和麻烦　/93

艺术都是相通的　/95

有些应酬还是少一点　/96

在疆二次过中秋节、国庆节　/98

珍惜瞬间、立足长远、甘于平凡　/99

第三部分

对核心竞争力的思考　/102

多多少少，少少多多　/104

身体是第一位的　/106

要紧紧抓住事物最核心的东西——本质　/107

对《转业视角下的少数民族团干部发展性胜任力实证研究》课题的思考　/108

爱和善良可以激活一切　/113

在疆第一次参加兵团公选领导干部出题工作　/115

当今是大数据的时代　/118

大学生宿舍透视出当代大学生人际交往存在的问题　/120

对开展《少数民族团干部发展胜任力实证研究——转业视角》充满信心　/122

对转业团干部访谈系列研究的再思考　/126

要给年轻人施展的机会　/129

高度的理论自觉才能使信念坚定　/130

关注心理资本的增值　/134

看《致我们终将逝去的青春》电影有感　/137

要了解新时代背景下的青年　/138

适当放慢自己的节奏　/140

成长收获＝投入＋激励＋时间　/142

五家渠的郁金香很有名　/144

享受独处　/145

心中要有历史，才能事半功倍　/147

学习是成长的永动力　/148

要关注思维的结构性　/150

以冷静和平和的心态看待新政　/152

与新疆大学双语骨干教师交流的收获　/154

对成长三段论的再思考　/156

再论目的和路径的关系　/158

这个五一过得挺充实　/160

致参加团体操比赛的同学们的一封信　/162

中国传统文化中的大智慧　/164

参加自治区团委党组中心组的学习体会　/165

做研究要千万次地问　/167

世界上万事万物都是相通的　/170

倾听未来者的声音　/172

参加团十七大会议有感　/174

和新疆的共青团干部说点什么？　/176

要紧紧跟随团干部的成长　/180

第四部分

别把自己真当个人物 /186

到阿拉泰见到地州团委书记 /188

第三次参加团校老师的婚礼 /190

对新疆问题的一点粗浅认识 /192

既然选择就不后悔 /196

放假期间的忙碌 /198

敬佩梁鸿老师的勇气 /200

只有人的好坏,没有民族的好坏 /202

要知彼知己,百战不殆 /204

民族融合的最高境界 /207

南山菊花台 /208

努力不一定成功,放弃努力一定会失败 /210

时时学习,事事学习,处处学习 /212

要始终保持与青年的零距离接触 /214

要替执政党探索党的思想政治主张在青年中的传播路径 /216

宣传工作是我们每天必修的功课 /218

要给阿拉泰的团干部讲点什么? /220

对自己的再认识 /223

一个人理想起初来源于"被认可" /225

意识形态领域的斗争将更加尖锐 /228

要从细节了解一个人 /232

与乡镇团干部的交流 /234

在医院的几天里 /236

只有付出才有收获 /238

做人与做事的关系 /240

对工作稳定的新认识 /241

给新疆国电的青年讲点什么 /243

令人向往的那拉提大草原 /244

一生的舞蹈梦想 /246

一生中最浪费的三件事 /248

与独山子企业青年交流座谈 /251

赞红柳做红柳 /253

与新疆国电团干部的交流过程非常享受 /254

第五部分

舞蹈中受到的启示 /260

心有多大快乐就有多少 /262

先提升后展示 /265

没有什么过不去的 /267

女人是无形的教科书 /270

三人之行必有我师 /272

艺术的魅力 /275

人要学会两次发力 /277

积极吸纳正能量 /278

男人中的女人和女人中的男人 /281

制造生命心流的三根柱 /283

改变别人不如调整自己 /287

对青年成长规律的再思考 /289

祝贺中国青年工作院校协会城市团校专业委员会的成立 /292

中国力量来自于无数个体力量的汇聚 /295

第一次接触时空社会学 /298

对青年干部培训工作的一点思考　　/300

对中国青年工作院校协会工作的几点思考　　/304

多想别人的好，多做最好的自己　　/306

甘愿做串珍珠的项链　　/308

与生俱来的一种美　　/311

再次在北京见到风笑天教授　　/313

找到一个支点可以牵一发而动全身　　/315

真正走进青年研究"大观园"　　/317

参加自治区团委工作会议有感　　/321

新疆青少年研究亟待加强　　/325

对新疆中学共青团工作的思考　　/327

对新疆中学共青团工作的思考之二　　/331

对中学共青团工作的思考之三　　/333

分享感悟与成果　　/337

我的青春我做主——与新疆师范大学青年政治学院的学生干部交流　　/338

积极探索党的思想政治主张在新疆青少年的有效传播路径　　/342

第六部分

对"提升团的社会影响力"的思考　　/346

大学生宿舍心理透视　　/351

关于新疆团干部培训工作的思考　　/352

付出的程度不同结果就不同　　/354

要全面了解一个人　　/356

倾巢之下无完卵　　/359

学会四两拨千斤的本事　　/360

要保持精神上的相对独立　　/362

一分娱乐九分启示　　/366

用之则行，舍之则藏　　/368

知彼知己才能百战不殆　　/371

终于离梦想靠近了一步　　/373

众人拾柴火焰高　　/374

多影响少改变　　/377

2014年美好的期待　　/379

看《老有所依》电视剧有感　　/382

西域追梦　　/384

万事万物是息息相通的　　/386

辈辈鸡辈辈鸣　　/388

沈阳之行收获颇丰　　/391

音乐旋律和节拍　　/394

有所为有所不为　　/396

在人生迷茫的时候需要有人指点　　/398

第一次参加舞蹈世界栏目的感受　　/400

自信是干出来的不是说出来的　　/402

心有宇宙再大的事都不是事　　/405

后　记　　/408

第一部分

加强民族团结只要从身边的小事做起，根本无需复杂

今天来到新疆财经大学，参加交流的学生有汉族、维吾尔族、哈萨克族、回族、柯尔克孜族、蒙古族等，他们多半在学生会或班里担任学生干部。为了让大家思维活跃起来，我们调研组先请大家介绍一下自己，看谁能在有限的时间内介绍完自己，通过提供有特点的信息让大家记住自己，结果现场气氛一下子轻松很多。当33名学生介绍完自己，一个普通女同学一下子可以叫出12名同学的名字，之前她和谁都不熟悉，我进而让她说出能记住这些同学名字的原因，她讲了三点让在场的同学受到启发：一是介绍自己的名字有特点，比如电脑程序、运动员跑得快、一句话连续说三遍等等，让她记住了；二是与她的位置距离最近的同学，她容易记住他们的名字，比如在她左右对面等位置的同学；三是曾经的记忆联想让她感觉这个同学和她同院的什么人长得很像，让她记住这个人的名字。我接着请其他同学补充记住一个人名字还有哪些办法？大家发言很踊跃，继续道：四是第一印象。比如这个人以前没有见过，这让他在这个人身上多留意一会，会关注他怎样介绍自己；五是一个人的长相很特别容易让人记住，比如他长得很像一个明星、一位领袖等等；六是一个人的态度和别人不一样容易让人记住名字，比如别人介绍自己都很敷衍，而他很认真很投入，让大家

容易记住他。还比如一个女同学说话一直带着微笑,给人特别温柔的感觉,大家容易记住她;七是一个人的低调,比如别人都说自己是什么院的学生干部,而他说自己是一个普通学生,会让人产生好感,大家容易记住他;八是一个人的声音很有特点,会让大家记住他等。

接下来我提出一个观点:记住一个人的名字是尊重一个人的具体表现,而尊重人、关注人、欣赏人是人与人合作的基本前提和良好开端。做好民族团结先从记住民族朋友的名字开始。另外考虑同学们一多半都是学生干部,有少数几位的普通学生,我给他们各出了一道题:做学生干部内心的困惑是什么?学生心目中的学生干部是个啥样?我把大家的主要困惑归为三点:一是定位不清。学生干部常常夹在教师和学生的不满意之中,导致费力不讨好;二是目的不明。同学都认为当学生干部能得到好处,而学生干部除了能得到信任,什么好处都没有;三是内心不静。习惯看老师的脸色行事,感到不自由了,不单纯了,如同上了大学被社会洗礼了。目前学生干部存在突出的问题就是:处于兴趣想为同学服务,结果因管理上出现的问题而使学生干部与同学的距离拉大了,甚至脱离了学生群体。有一个普通少数民族学生说道:学生干部不能自我感觉太优越而感性做一些事,或者对同学态度粗暴,或者把责任推给别人,或者对同学有失公平和公正,应该认真负责,帮助同学加强与老师的联系。

关于民族团结的问题,大家发言的热烈程度超出我的预想,比如关于民族通婚的问题,他们普遍认为:民族通婚是民族团结的具体表现。身边的民汉同学有谈恋爱的,他们彼此很尊重,在努力克服来自各方面的阻力,周围的同学持积极支持态度的不少,也有同学不赞同民汉通婚,他们认为民汉共同点比较少,信仰也不同,民族文化也不同,尤其对事物的看法不一样,往往在一起会产生很多矛盾,如果民汉通婚原有的民族文化还会灭绝,不利于各民族特色文化的保留和传承。还有的同学认为民族团结的关键在于:民汉同学多交朋友、多交心、多开展文化交流、建立感情、互相尊重各自的风俗习惯，总之民族团结不能仅仅停留在口头上、口号上、场合上，要将每个人的思想建立在"平等"上，不以数量的多少、信仰的程度而区分。目前民族团结出现的问题主要是缺乏必要的沟通和交流，无需太复杂。

因为时间短，很多问题还没有展开，日后我们还要继续探讨这类问题，今天的交流是有收获和价值的。作为青年工作研究者，要始终靠近青年学生，关注他们的所思所想，跟随他们思想脉搏的跳动。

要紧紧把握高校青年的所思所想

从事青年工作，要关注到各类青年群体的思想动向，农村青年、高校青年、企业青年、机关青年都是从领域划分的大类青年，相对思想活跃的群体青年是在高校，我们通常意义上说：社会有什么大的波澜和潮涌往往首先发生在高校，特别是反映在青年学子们的动向上，没有这个意识是一个不称职的青年工作研究者。1919年的"五四"运动、1935年的"12·9"运动、1989年的"6·4"风波等等，都首先是发生在高校，是由青年学生组织的运动开始的。

来到新疆以后，我一直在关注着四类青年群体。年初2月份有机会去南疆调研，与农村的青年心贴心、实打实、面对面进行了交流，收获颇丰。这些天开始对新疆高校青年进行接触，特别是在昨天当我触及到新疆农业大学的学生思想时，我既感到兴奋又感到担忧。兴奋的是：我们农大的学生综合素质水准是比较高的，他们很有想法，而且有社会责任意识，他们关注社会问题、关注国际形势，对社会现象总能进行比较理性的思考，有丰富的情感和很强的逻辑思维能力。比如关于中国领土问题，有的学生对最近发生在一些国家和中国的纷争事件，态度很坚定，认为要在道义的制高点上寻求机会，不能仅仅停留在割让、退让意义上，与其一味忍让，不如动一下牙齿，要先礼后兵，将国内国际人民的情绪调动起来，适时进行军事力量的威慑。关于中国的未来方面的问题，同学们普遍感到发展稳定，但问题不少。主要存在资源、人口、经济等问题，尤其是贫富差距的拉大，特别是边缘地区的这种差距更为悬殊，对中国的整体发展不利。另外还有中国的国民素质问题，需要进行认真的反思，特别是要对媒体积极有效地引导，不能把局部、点上的问题上升到全部和面上，这样有失偏颇，不利于国民素质的提升。关于对社会风气的看法，学生们认为要加强对中国历史和文化的了解，要加大文化软实力，而不能仅仅局限于眼前的物质利益，要多考虑长远和做打基础的工作。

有一件很有意思的事情，在关注国际时事和个人发展的先后次序上，同学们的回答是从大到小，就原因他们谈到：在大一、大二阶段，个人发展无法确定，不如将关注点放在国际国内大事上。在问到大学生要建立怎样的理想信念时答到：先让自己的父母好，再让新疆好，最后让中国好。他们认为远大的理想是从身边的具体事情开始做起来的，不能太抽象太空洞。

令人担忧的回答也有不少。在涉及学生们平时上网的情况时，他们答道：老师的教学质量与学生手机上网的流量相匹配，教学质量差的老师，学生的手机上网流量往往达到最高点。学生常用的流行语是"老师上课的质量，决定我们这个月的流量"。另外关于大学时代能不能谈恋爱的问题，他们能很理性地分析利和弊，认为大学谈恋爱也是一种学习，没有谈恋爱就不算是上了一个完整的大学，它是迈向工作的一个必然步骤。有的学生持不赞同意见，认为：现在的大学生谈恋爱的动机有问题，不是基于爱情，他引用一句名言："不以结婚为目的的恋爱都是耍流氓"。有的同学还认为：有的大学生谈恋爱是为了赶走寂寞，一毕业就分手，尽管他们完全有能力克服眼前的困难，但不愿意为对方付出并承担责任。他们认为这样的谈恋爱既浪费时间，又容易伤害双方的感情。有的男孩子要花钱在女孩子身上，这些钱是父母的，有时候男孩子为了女朋友，自己在宿舍里常吃方便面。关于宗教问题，同学们的认识还很模糊，说不清楚，也不愿意触及这类问题，着实让我们纠结，比如，有几个少数民族的同学说道：宗教是人们遵循社会道德的提供者，现在不容许大学生信教，他们能够接受，可以暂时不信教。我继续追问：暂时不信教是什么意思？是不是可以理解为大学毕业后就可以信教了呢？她们没有直接回答我这个问题，对宗教方面的问题还需要个案访谈加以深入了解。

无论怎样，我要感谢农大的同学们这些真诚的表达，给我们提供了研究的养料，同时也让我们确信：目前高校在培养什么样的人才和怎样培养人才等问题上需要加大研究，这个课题的研究无论现在和将来意义都非常重大。

到苏州看母亲

在新疆最惦记的还是妈妈，总感觉这么多年没能好好陪陪老人非常内疚。父亲离开后，我很担心母亲的世界会空落，特别是最难熬的那段时间，她整日无法入眠，我和妹妹商议，今年由她照顾母亲，明年等条件好些，我再把母亲接到新疆。总之，要让母亲转移一下注意力，重新开启一种不一样的生活。

到苏州见到母亲，一下子让我很兴奋，老人家的精神状态非常好，虽然手臂出了点麻烦，但老人仍然保持那种勤劳俭朴的习惯，不甘于听从大夫的劝阻，安心养病，还是从早到晚忙忙碌碌，我有时候在想，我们到了老人这把年纪可能状态还不如呢！老人常常给我们说：人是一节一节活着，吃不穷穿不穷，计划不周一辈子受穷；还有，人要在各方面都要站住呢，不然让人瞧不起啊！穷富不要紧，最怕得场病。运动没有坏的，只有好的！实际上，老人有很多经典的语句现在听起来还是很管用的，等以后搞一个老人经典语录。

这次听老人还有什么心愿，母亲说想去看看桂林和海南岛，我一想，这次无论如何要满足老人的心愿，因为不知道以后会发生什么情况，老人的事对儿女来说是天大的事，什么时间都不能等待，不然会留下遗憾的。现在说来，什么事都可以放放，只有老人的事不能放。

明天我和妹妹就要带着老人去桂林啦！感到这次从新疆回来的最有意义的事情，未来有很多不能确定的事，也是我们无法掌控的，只有把当下的事情做好，与其担忧未来，不如好好享受当下，尽善尽美地完成当下我们该做的，而且是能做的事情，让自己的精力聚焦在当下，享受那种投入那种状态，让我们的生活不留下缺憾，所谓的"孝顺"，关键在"顺"，要以老人的喜好为行动的准则，而不是我们自己的主观意志为转移，多倾听多交流多陪伴，要让老人开心快乐才是根本。

今年春节想让孩子们为姥姥策划海南全家之行，给他们一次服务家人的机会，感受亲情的力量，寻求爱的真谛！

对生死的思考

这次从新疆回来过暑假，心情还是比较沉重的，因为身边有要好的朋友身体出了麻烦，一个已经离开人世，两个还在化疗期间，年纪都不是很大。好友的离去让我想起自己父亲的病逝，他离开最后一周的情景历历在目，那口气咽得十分艰难，实际上人离开世界也不是一件容易的事，让我敬仰的是：父亲病重期间，尽管疼痛难忍，但他自始至终没有放弃过自己的生命，即使生命垂危之际，他还手里握着住院缴费条，还戴着眼镜在灯光下看着上面写着一串数字，他对数字有着相当的敏感度，在银行做了一辈子的会计。

我不知道是哪个朋友说的,他说人生就是走的一条道,见两个人。从生到死一条道,见到男人和女人。细细想,是有道理的,即使你家财万贯都是生不带来死不带去的。活着就要好好活着,你所能掌控的就是生与死间的过程。

原本一直想等退休以后再去整理一些多年的所思所想,现在发现,生命不能等待,很难预料我们会有什么情况发生,看着身边的好友和亲人一个一个离去,我越加感到生命的短暂和无情,我们不能奢求期待上帝的眷顾,能让我们停留多久?但只要现在还活着,我们总要思考着为这个世界留点什么,不能等到我们动弹不了的时候再去想,一切都来不及了。我决定在生命质量相对不错的时候,为我们的新疆青年做点"贡献",用自己的积蓄出版《援疆札记》,我深知这本书对所谓的功名,比如评定职称或业绩考核等没有什么太大的意义,但对青年成长是有积极作用的。从一个经历多的过来人来讲,自己的感悟,且是用血的教训凝结而成的亲身体验和感悟是有价值的,这其中的点点滴滴都是一种真情的流露,谈不上是一种"真理",但也许带给大家更多是一种"启示"和"思考",我只能用这样的方式回馈社会,回馈朋友,回馈家人。

这次回来,有几个同事退休了,从繁忙的工作岗位上一下子退下来很不适应,身体的状况一时调整不过来,她们把这种感觉告诉我,希望我现在就有个提前量的准备,不要太过于拼命,差不多就行了!我很感谢她们的好意,倒是让我再次思考"人怎样活着"和"为什么活着"这类问题,如何好好规划后半生,并过一种有品质的生活,一种可持续发展的生活,她们的建议对我是有帮助的!

我一直有个理念,随遇而安。每个人的人生都是一本书,书中的故事完全不一样,只要写好自己的书就可以了,我不赞同羡慕、高攀或者模仿他人的生活,这永远是不现实的,命中没有的就不可牵强,即使暂时得到了也是不持久的,因为那不是你要的生活,失去自己的生活,讨好他人的生活，获取虚荣的生活都是不真实的生活，不靠谱的生活，不踏实的生活，总归要付出成本和代价的。与其活在表面不如真实面对，在哪个山就唱哪个山歌，唱好山歌就比鹦鹉学舌要实在。路是要向前走的，日子要一天天过，怎么过全在自己，不在他人，有了伤痛也要一天天坚持，一天天忍受，不能祈求他人代替。如果有一个坚强的信念，就没有过不去的坎和渡不过的河，只要坚持走下去，就一定有奇迹发生。人与人的区别就在于"坚持"和"放弃"的选择而已。

生与死是每个人都要面对的，生要有品质，死要有尊严，要给曾经养育和帮助过你的人留下最美丽的瞬间、最动人的精彩、最持久的思考，总得让世界记着你曾经来过，是给人们带来过一丝欢快和记忆的人，那时候我们可以对整个世界说：我无怨无悔，我已经尽力了，一切顺为，没有遗憾！

理想主义气质，人文主义情怀

这次从新疆返回北京，一方面是学校放暑假，另一方面想休整一段时间，梳理一下在疆一年的工作生活点滴，重新思考下一阶段的工作思路。同时也想回归组织，与领导和同事们联络一下，充充电，加加油。

回京的第一件事就是参加了学院暑期干部培训班，了解学院最近的一件大喜事，即教育部、团中央与中青院共建，这是中青院发展历史上的里程碑，是学院走内涵式发展的绝佳契机，更是对未来中青院具有战略意义的历史转折。我和同事们一样倍感振奋和自豪。

让我尤其感到惊喜的是：青少年研究院的同事们都有着一股劲头，开会报到的当晚就与学院领导进行头脑风暴，大家都放得很开，谈想法谈思路，没有任何的拘束，打破所有的门户芥蒂，从学院发展的大局出发，自始至终我在认真领会和学习，其中有几个很重要的理念和观点我颇为赞同。

一是要打破惯性思维，走出自我的小圈子。从国家急需、国际战略、我们所能做的问题切入，一切要围绕着"青年"和"政治"的特色做文章。比如青年的政治表达和政治参与，可以从组织的角度、文化的角度、新媒体的角度、价值观念的角度等多学科阐述，比如青年的阳光指数都是可以进行的，怎么做都不离开这一大的框架和背景。在这个理念下，就需要大家进行门户清零，从大局着眼，打破惯性思维，集中主要兵力，与其伤十指，不如断其一指，打出品牌，创出影响；二是苦练内功，加强基础理论研究，构筑研究之"魂"。目前的难题是对学科的认识不很清楚，特点不突出，主要是立本的问题，需要从本体、组织和工作的研究结构寻找"关键点"，比如高素质的精英管理人才的成长规律，青年领袖的成长路径研究、青年领导力的研究等等，以此为主线进行依次展开，同时还提出，学院的一切工作都要围绕如何培养和怎样培养高素质管理精英人才的目标进行，过去以教学科研为中心的提法已不合时宜，人才培养目标的定位是一切研究和教学工作的"魂"，离开了"魂"，什么问题都无从谈起。

这次暑期干部培训主题关键词"共建"、"协同"、"创新"，都给我们传递一个非常强的信号，这就是单兵作战的时代已经一去不复返了，只有联合共赢，不断创新，才能立于不败之地。目前前进的方向已经明确，下一步关键在于落实，落实的关键在于我们每个人的自觉行为。有没有勇于断网，能不能荣辱与共、形成合力。正如毛泽东同志曾经指出的：路线方针确定以后，干部就是决定力量。在干部队伍建设方面。要对工作不知足，对荣誉待遇很知足；对问题知不足，对组织要忠诚；对自己高标准，对他人多包容；要思想建设方面，牢牢把握社会主义办学的大方向和意识形态领域的领导权，坚持社会主义核心价值体系。在能力建设方面，提升学习能力、战略思维能力，眼界决定高度，境界决定宽度，不局限于自己的一成一败。还有整体能力，即执行力，战略规划落到实处。在作风建设方面，要有饱满的精神投入状态，理想主义的气质和人文主义的情怀。将个人的理想与祖国的命运、民族的复兴，学校的发展紧紧联系在一起。

总之，一个人的力量是微不足道的，我们要紧紧依靠组织，依靠团队，将自己的事业与学校的发展一同推进。

人生的精彩

一个完整的人生须有喜欢的事业、丰富的情感和健康的身体构成。事业不是唯一固定不变的，每一阶段都会随着社会、单位和自身发展的需要发生着微妙的改变，人们还会通过"跳"，即在跳槽中争取更大的发展空间。不是主动选择改变就是被动驱动改变，总体事业上的发展有两种路径，一种横向发展，一种是纵向发展，前者走向大众，后者走向专业，都是社会所需要的人才，即党政领导人才、企业经营管理人才、专业人才、高技能人才、农村实用人才、社工人才等等。所谓的政治人才就是思万人行万里做大事的精英们。没有远大理想抱负的人很难成就一番伟业，没有一般人的超常付出很难有一般人超常的成就。我从没有这方面的奢望和追求，只想去研究这类人成功的秘籍和规律。这么多年有幸和各类人才接触合作，深感上帝的恩赐，定要好好去探寻他们成长的路径，以达到为后来者提供榜样和范例！

情感是一个人活着质量的关键指标，没有情感的支持很难有高品质的生活，这也是人区别一切动物的属性。一个人的情感有四类，即亲情、爱情、友情和特情。特情就是高于友情低于爱情的第四类情感，即共同的特殊经历结下的友情，比如部队情、团友情、同学情、老乡情、援友情、知青情等等。在这四类情感中，亲情是不能复制的，爱情是不能转移的，友情是不能轻视的，特情是不能忘怀的。什么时候都要把"孝"和"顺"放在当前，老人的事高于一切；什么时候都要坚守爱情，特别是对陪伴你一生的爱人要细心呵护，要舍得真情付出；任何时候都要善待朋友，即使不能给朋友带来利益也一定要带来欢乐；什么时候都不能忘记挚情，一起分享一同成长，珍惜这份奇缘。

身体是一切的基础，失去了好身体，人生的精彩就谈不上。无论对事业、情感来说，身体顶呱呱是一切的一切，首先我们自己要健康，有了健康，就有实现梦想的可能和机会，就有为家人、朋友、同事做事的可能，就有一股子追求的欲望和冲动，我们的心就会年轻就会活跃，一切就皆有可能。无论怎样，身体是我们自己的，一定要用心呵护，小心养护，累了就调整，适当放慢节奏，没有什么过不去的，只有自己放不下的，多养心才能养生。

人的一生，来去不能确定和掌控，唯有过好每一天，让周边的人过得好一点，让自己的心放松一点，一切不可和他人较劲或内耗，顺势而为，不与命运抗争，想一想，大家再怎么争，最终结果是一样的，不如和谐帮扶。另外多包容吸纳，充实补充自己，让生活的品质高起来，让每一天都过得很精彩！

一生的幸运

一生中有一个知心爱人是一件很难得的幸事。我和爱人是 80 年代的大学同班同学，那时候在大学还不很提倡谈恋爱，有一点想法都不敢公开，私底下采取传纸条的方式进行表达。我那时候只觉得他比较成熟，属于那种"靠谱"型的男人。后来大家相处一段时间，他确实是很知道关心人、让人时时感到温暖的男人，他言语表达比较少，多以实际行动显示，比如他会在你的课桌抽屉里放一瓶自己亲自制作的肉酱，或者用自己的零花钱给你买上一件"的确良"布料做的裙子，或者把你的破口子的床单缝好放在你的床铺上等等。他很少对你提出什么要求或者求你办什么事，在他心中就是想为你做点事，不求什么回报。

有两次大的变化让我真正感到他的伟大。一是学校毕业分配前发生的故事。我们班两名党员，在毕业前夕学校就有意向，党员要积极主动到南部山区的学校工作，我那时一直处于矛盾之中，一天晚上他找到我说："无论你去哪里，我都愿意同去，哪怕是山区也是可以的"。我当时很震惊也很感动，由此才下定决心完成一份主动去南部山区就业的申请报告。第二天再准备提交系里领导时，情况发生很大的变化，学校党委已做出让我留校的决定，同时也让我们的关系正式确定下来，一年后我们结婚啦。另一件事就是我在北京工作期间，他一个人带着孩子，孩子自小身体素质不好，常常生病住院，他没有一次因为家里的事给我打电话，或者求助、或者抱怨，他都是一个人默默承担下来，他的男同事很不理解，觉得家里的事应该由女人处理，如果他们的爱人总在外打拼，他们会抱怨并难以接受的。当孩子开始上一年级，我提出让孩子去北京读书，他也没有反对，为了支持我的事业，为了照顾孩子，他做出了辞去公职的决定，实际上他的事业已经做得非常好，单位的领导和同事都很认同他，准备从教务长提升校级领导的位置，但他依然把公房上交，手续办妥，带着孩子来到北京。

这次我来援疆，和他商议后，他又一次支持我，说：家里的事尽管放心，没有问题，在外把自己照顾好！有的时候我很内疚，这么多年，都是他在付出，我没有给他什么，自己是不是很"自私"，很"无情"，想起来都很难受，但他没有抱怨过一次，尽管生活中有很多的不如意，我们也发生过矛盾，但都相互扶持一起走了过来，他对我的包容和善待让我生活没有压力，也对这种情感越来越难以割舍。每一次回来，看到他的白发日增略感苍老，突感一种纠结，这个时间应该在他身边守候，还在外打拼什么？两个人在一起比什么都重要啊！一种从未有过的依恋和坚守之感绕上心头，女人之柔软心肠让我挣扎，但他的一番话又让我振作精神，"既然已经选择，就要为这种选择做出一定的牺牲，我们一起承担"。是啊，选择和责任是同步的！

感谢爱人，感谢你所做的一切，我们风雨同舟一起远航！

同一件事不同的心态

我们常常会以自己的想法来猜测他人的想法，实际上是很错误的，因为在这个世界上，每个人的情况都是不一样的，从哪里来到哪里去都是不同的，即使对同一件事物的看法也完全不同，对生命的解读更是不同。在于丹的《庄子》心得中有这样一个故事给我们很好的启示：

有三个人在路过一个墙角的时候，都看到了同样的一个情景：一个小蜘蛛在往墙上爬，爬着爬着，前面有一块湮湿了的雨迹。小蜘蛛一爬到潮湿的地方就掉了下来，然后，这个蜘蛛又从墙角开始爬，再爬到那个有雨湿的地方又掉了下来。如此一遍一遍，周而复始。这三个人看到这个情景都无一例外地想到了自己的生命，但解读的内容大相径庭。

第一个人想：我看到了这个蜘蛛，就像看到了我自己。我和这只蜘蛛是一样的，一生就这样爬上去再掉下来。人的一生碌碌无为，一直周而复始做着徒劳的努力。

第二个人想：我看到蜘蛛这样爬，才知道人生其实有很多误区。我们只看到眼前，认为只有一条路，其实潮湿的那一片地方并不大。如果这个蜘蛛能横着绕过那片潮湿，他很快就可以顺着干墙爬到更高的地方。所以，我要让我的人生变得更聪明，有的时候人生需要绕路走，不能一条道跑到黑，条条道路通罗马。

第三个人想：看到蜘蛛这样坚韧爬着，我被深深感动了。一个蜘蛛还能够这样不屈不挠，那一个人这辈子应该有多少能量可以激发？有多少奇迹可以出现？这一切，早已在生命量的蓄积过程中。

　　同一个现象，不同的人看法竟然相差甚远，这让我感到一种"惭愧"。我们很多时候，一直纠结别人的想法为什么和自己不同？为什么自己的想法不能得到别人的认同？实际这是没有必要的一种纠结，不同是对的，也是一种常态，应该把更多的精力放在有积极意义的想法上，无论是什么人，只要他的想法利于我们成长，利于我们健康，我们就要充分地吸收并消化，同时对那些负面或者消极的想法要剔除和包容。也许这种看似负面和消极的想法也会给我们看问题提供新的视野和角度，我们还要抱着一种感激的心态去审视并适度接纳，要将消极的因素化为积极的因素，这对我们的事业是有利的。那种看似完全的纯而又纯、绝对正确的想法也许会蒙住我们的眼睛，给我们以误导，我们要加以识别，很多时候，我们对一些人的想法采取的不是"完全接纳"就是"坚决抵制"，实际上怎么可能有绝对的"正确"和"错误"，一切只是相对的，在此是错误的也许在彼就是正确的，因此，还是需要智慧分别两者的不同，并进行适度选择采取行动。

　　对自己而言，更要注意调整自己的心态，一方面不能以己想法度他人之念，另一方面也不能单从消极的方面看待所发生的一切，要有哲学思维，无论发生什么事，都要积极乐观地、从容不迫地看待，要有大局观，心量要放大，万万不可小肚鸡肠，陷入一种无休止的自伤和他伤中，既是一种无效更是一种内耗，十分地不划算。要永远相信：在这个世界上，有很多想法是你没有想到的，当听到这一想法时，你要感谢上帝的恩赐让你知道了这一想法，既补充了你的知识又丰富了你的人生，这是多么美妙的一件乐事！同时也要估计到，没有什么事是不可能发生的，什么都有可能！怎么办呢？是整日处于高度紧张的防备状态，比如新疆的维稳工作、对暴力恐怖势力，每天都要严防死守抬头就打？还是要发动人民群众的力量，改善干群关系、加强民生工程、在民族融情等方面下工夫呢？可能两者都需要，问题是即使这样，就不会出事吗？也还是要出事的，只有保持一个

"长治"的常态，才有可能消除浮躁和焦虑，始终让我们的大脑处于"清醒"和"空灵"状态，随时应对来自各方面的"讯息"，进行有效"行动"。我们很多的失误不是我们的"技术"和"技巧"的不足，而是我们的敏锐的头脑反应不足和对事件科学研究、准确判断出现了问题，导致我们的行动迟缓，丧失处理事件的最佳时机。

对待生命和对待社会，都需要一点思考和分析，要有勇气面对不可以改变的事情，有能力改变可以改变的事情，有智慧分辨两者的不同，并积极采取行动，让我们的生活从此与众不同，有品质有意义！

身边最美高娃老师

我和高娃老师认识比较晚，但她在我心目中的感觉可以用两个关键词形容，那就是"美丽"和"高贵"。正如我的一位女领导评价的"与生俱来的一种美"。

高娃老师是蒙古族，天生丽质、豪爽的性格以及待人的真诚是她最大的特点。我对她的着迷还是因为她有共青团工作的经历，共青团特有的文化和少数民族特有的豪放一同作用、在她的身上凸显出与众不同的特点。在我与她相处的几年里，你很少看到她有低迷或郁闷的状态，每一次给你的感官冲击都是充满着朝气、美丽和激情。记得一次她给我提起著名演员斯琴高娃，她说：作为女人老了都要有高贵的气质，不能唯唯诺诺。当时她还调侃，刚来这个单位时听到有人曾议论她像"花瓶"，她回答：花瓶如果放对了地方那还是一件艺术品。我很欣赏她的这句话。

高娃老师身上有一种磁力，特别是她对自己的下属，总是那么和蔼和尊敬，从没有那种声嘶力竭的吆喝，没有急促没有慌张，她总是心情平稳、做事有序，表达清晰。实际上在多年的研究中，特有的习惯，就是通过下属的精神状态去了解一个领导，准确地说：下属的幸福指数的高低与领导的工作风格息息相关，一个善于体恤下属认真做事的领导，这个团队成员整体健康阳光指数不会太低。这次暑期参加中层干部培训会议，发现一个现象：凡是年度考核优秀的干部，共同特点就是做人厚道、坚持原则、待人真诚、做事认真。他们平凡中有细致，比如对教师发自内心的尊重，还比如高娃老师的助理曾告诉我：干这么久共青团干部培训工作，换了很多领导，高娃老师和他们不一样，她不光是安排工作，还时刻关心我们的成长。

我也细细关注到：每一次交流和沟通，她不只是谈自己的工作，更多的是谈对方，谈他人，对自己的苦自己的乐谈得较少，所涉及的话题永远不离开对方，特别是对方的利益问题尤其关注，这样的交流是积极的和可持续的，我常检讨自己在这方面差距很大，往往没有考虑这么全面，特别是对方的感受、身边人的感受，这一点可以和高娃老师学到不少的东西，可谓三人行必有我师啊！一生中能结识这样的知己足已！

每一次从新疆回来我们都要一起坐坐，无论是在她对面还是侧面，偶尔都会静静欣赏她的美，很享受很愉快，她会让你的心情好很多。实际上在新疆也有很多维吾尔族女性朋友，我也是这样欣赏她们的，不用说太多的语言，看着她们脸上富有层次的轮廓，看到她们深邃纯净的眼睛你就陶醉了，这个世界还有什么不能读懂的呢？只要能欣赏就不会排斥，能包容就不会远离，民族融情不是表面的政治口号，而是从内而外的，自觉的，本性的，从美的欣赏开始的。

衷心地祝愿我们的高娃老师永远美丽健康！

要建立自己的人生健康档案

最著名的古代医学家华佗是治病的高手，曾有人问他：你是不是家里最好的医生？华佗答：不是，最好的医生是我哥哥。问话人很诧异，接着问：那怎么没人知道你哥哥呢？华佗答：因为他是治病未发，我是治病已发，病发会让病人很痛苦，求助的心情就很强烈，一旦治愈就让病人记住并感激不尽，但病未发一般人都不很重视，也不强烈。实际上我家最好的医生是我弟弟，他是给未病人治病，在别人没有病得情况下就给别人看病，别人就更不知道他啦！但是他治好的人最多，其次是哥哥，再次才是我，我治死的人比他们都多，你看他们才是最好的医生。

华佗医生的话给我们一个启示：就是治未病才是最重要的。现在全新的健康理念就是要从早管理健康，要全面、系统和科学的管理健康，预计未来建立人生健康档案势在必行。

建立个人人生档案的意识我是在工作以后才有的，而健康档案是这两年才有的。先是孩子到了18岁，学校要搞成人仪式活动，要求家长给自己孩子送一礼物，我反复想了很多方案，最后决定给孩子制作一本成长画册是最佳的方案。在制作的过程中，才发现过去无意间作了一件很伟大的事，将孩子出生以来的照片、物品和孩子上学以来的学习成绩单、奖状等资料完整地保存了下来。尽管我们搬了好几次家，从宁夏到北京，从通州区到海淀区，从海淀区又搬到石景山区，这些资料保留下来实属不易。我的那份成就感和自豪感难以用语言表达，特别最后一页"孩子终于成人了"这一主题时，附上了孩子高考前一百天在日历上写的自励话语和考入北京外国语大学的录取通知书，在那一时刻，我的眼泪模糊了，心情很激动，所有的付出在这一刻都得到了丰厚的回报。看到孩子成长的历程，真是感慨万千啊！

建立健康档案完全是出于偶然，也许是对疾病的一种恐惧缘起。从80年代，身体做过三次手术，特别是最后一次在北京肿瘤医院住院期间，是我人生处于最低迷状态，每天一个人望着天花板发呆，似乎要与世隔理，看着周围的病人一个个离去，心情压抑到极点，倍感生命短暂，世间无情。当医院诊断结果出来以后，纤维瘤确定是良性的，我的心才活了起来，发誓要好好管理健康，当选择一年休息还是继续求学时，我没有听从亲人朋友的劝阻，毅然在术后 7 天踏上东北师范大学求学的路途。随着岁月的流逝，身体的情况时好时坏，我开始关注与其相关的因素，比如：工作压力、情绪变化、生理周期、突发事件、人际关系、膳食结构、运动频率、生活方式等等，哪些是最大的祸根，哪些是最佳的因子，慢慢找到一些固有的规律，来进行调节。每次检查一次，就发现身体的相关指标在逐渐向好，更坚定已有所采取的管理措施，当然这期间也获得很多的感悟，对健康有了更深的理解，它不是单一因素的影响，而是各个方面综合结果的导致。其中最最重要的就是"心情"，比如适当锻炼、合理膳食、健康保健等能让身体的免疫力增强，但如果没有一个良好的心态就会让所收获的成果付之东流，它对身体的伤害是最大的。同样一件事不同的心态，完全可以导致两重天，只有想透这个问题，才可以拿得起放得下，没有什么过不去的坎，只有自己和自己较劲，别人是无法和你抗衡的。在这一想法的驱动下，我便开始人生健康管理档案的建立，从保健预防做起，学习相关医学知识，听专家讲这方面的原理，了解了才会解脱，才会不恐惧，要纠正过去已有对健康知识的误解，平时就开始关注身体发出的各种信号和反映，要隐患消灭在病发之前。

一切要积累渐进顺势而为

事物的变化都是有一定规律可循的，没有一定量的积累，就难以有质的变化。因此注意平时一点一滴的积累是非常关键的，即"不积跬步无以至千里"。

我们有的时候很容易忘记过去，特别是过去的"梦想"，或者说原定的"目的"，因现实中的一些干扰或者障碍，就把曾经的想法丢得一干二净，这是很浪费的，因为持续坚持一件事是很难的，但中断放弃只需瞬间即可完成，但一旦放弃，就可能永远找不到过去的感觉，或者说，有可能失去生活的原动力，人生的重心和定力发生偏移倾斜，导致前行中摇摆不定，迷失方向。

我们未来要做什么？能做什么？别人是不能帮助你确定的，只有你自己要时刻把握，如果你自己都不能确定，有可能将自己的命运就交给了别人，这种风险的成本很高，以致最后连自己都难以承受和担当。人与人的差异性非常大，但记住每个人都是不能忽视的，他能来到这个世界上，一定有他的过人之处，我们要做的就是要始终抱有欣赏他人、吸取养份、滋养自己、成就他人的观念。在人生短暂的征程中，没有时间去排挤歧视他人，更没有时间去和他人计较，唯有做好自己，善待他人，创造一切适合生存和发展的空间。当然，有时候也会不尽如人意，怎么办？只有一切顺势而为。每个人的想法都是不同的，不同才是绝对的，别人的想法一定有他的合理之处，因而才会有求同存异一说，要充分相信组织，群体的力量是伟大的，不能陷于自己所谓的绝对正确、唯一选择的偏执意念中，这是很要不得的，我们常常钻牛角尖进死胡同，既让自己耗心被动，又搞得周围空气凝固，实在不是一件明智的举动，很不划算。我以为，人要有想法、有主见，而且要为这个想法的实现去努力、去行动，即使失败也没有什么可惜的，因为你可以对自己和整个世界说：我已经尽力了，我不后悔。也许在这一过程中你就长大了，虽然没有结果，但过程中的变化是精彩的，是刻骨铭心的，这是没有结果的结果，更是一种收获！这个世界里，最大的悲哀，是人没有想法或者有想法没有行动。当进入垂暮之年之时，往往后悔晚矣！

回京这么多天，我思考最多的也是这个问题，无论环境怎样变化，在组织交付的规定任务完成以后，还是要集中力量继续潜心研究，做好《转业团干回头看》系列研究之二——新疆篇，因为两年后我们很难再有这样的机会。让我感到欣慰的是：慢慢有一批青年的研究学者对这一课题发生浓厚的兴趣，他们接续完成系列研究之三——四川篇和广东篇，只要我没有放弃，就会指导他们沿着这条路前行，相信几年后，就有一套丛书展示在世人的面前，那时候我们可以无悔地说：我已经尽力了！另外，要在舞蹈艺术方面再提升一步，要在意境和心灵深处表达自己最想表达的内容，肢体语言也是很神奇的一种力量，我要坚持，直到跳不动为止。这两件事将是我生命中的两条主线，也是我生存下去的理由，更是我永葆青春的秘诀！

参加上合组织成员国青年交流活动的感触

去年来疆是8月下旬，正好赶上中国亚欧博览会在新疆的举行，心情很激动。事过半年后，一次偶然的机会到喀什英吉沙县、岳普湖县和伽师县看望在那里支教的学生，当看到喀什未来发展规划和目前的战略定位后，内心一种冲动涌上心头，深深感到：要从国家战略的高度关注新疆青年工作，需从研究和培训抓起。国家整体对外开放的格局已经形成，在东的广西有国际青年文化交流学院，那一定需要在祖国的大西部建国际青年文化交流学院，将国际青少年的研究基地前移到喀什，其意义深远而重大。只是目前进行这项工作的难度还很大，但是开展国际青年文化交流的活动是非常需要的。有了这样的想法，就自然有想去新疆周边八个国家看看，特别是吉尔吉斯坦国家，曾经发生过颜色革命的地方。如果没有机会去，能参加一下这些国家的青年交流活动也行啊！没想到愿望终于实现了。

上合组织成员国青年文化交流活动于20日在乌鲁木齐拉开了序幕，也是亚欧博览会的开场，能有幸参加这一活动，我倍感珍惜。有四个国家的近百名青年领袖或代表来到新疆，在自治区团委、青联举办的欢迎晚宴上，各国的青年代表都带来了他们的深情厚意，用珍贵的礼物、艺术的展示表达着他们激动的心情。吉尔吉斯斯坦、哈萨克斯坦、塔吉克斯坦、俄罗斯的青年以及新疆维吾尔族自治区的青联委员一起欢歌舞蹈，将晚会的气氛推向高潮，虽然语言不通，但心灵的感应是相通的，追求和平，世代友好的愿望是一致的。期待我们的明天会更好！

为民族地区送上可口的精神食粮

来新疆一直没有机会去好好看看克拉玛依。过去只知道克拉玛依是个大油田，但不清楚距它一小时车程处还有一个黄金矿，也是一次偶然给有色金属集团下属单位的团干部授课，让我认识了哈图金矿的团委书记，她提出能不能抽时间去她们矿上看看那里的青年，我很高兴地答应下来，但没有想到今年暑期的中央团校送培训下基层活动项目让我实现了这个承诺。两天紧张的培训课程让我们的老师和同学们与矿山青年结下了深厚的友情，这种情缘将随着活动的展开一直延续下去。

矿山青年的生活非常的艰苦，每天超强的工作负荷，单调的文化生活，让我们项目组的每个成员都受到一次教育。荒原几十公里，见不到人影，只有遍地的矿砂和石头。我们走进选矿车间，看着选出的矿石与铁球一同进入磨碎机，机器轰鸣声震耳欲聋，矿泥气味十分刺鼻，经过一定的工艺流程，我们看到摇床上浮现一层黄金带，被熟练的技术女工轻轻划入一个塑料口袋中，我们倍感欣喜。接下来那些剩下的较大颗粒矿石又被送往另一大型的搅拌圆筒进行细菌氧化，通过一定的工序提炼出黄金。几个小时的观摩，让我们深深感到：一个人不经历风雨，怎能见到彩虹啊！没有岁月的打磨，怎能有成功的一天！

我们这次送上的培训课程有：团岗位关键素质储备、社工游戏、团队建设、时间管理、幸福论等课程，学员们很受益也很开心，他们就像过年一样，课后与老师们交心交谈。为了提高授课质量，不断改进，我们及时进行课后互相点评，听取学员意见，大家都很有收获。

在我们与矿山的青年交流中，他们提出的最强烈的愿望就是"找女朋友，想成个家"。因为地处偏远，没有机会结识更多的女孩子，没有结婚的房子，工作环境差，没有业余生活，为此，他们有些焦虑和彷徨。这些都是他们目前主要的困惑，也是让他们的心难以留在矿山的主要原因。开展送培训下基层活动虽然不能解决他们的燃眉之急，但也让他们感受到了一股清泉流入心底，触动他们思考：该怎样面对现在的困境，我要为矿山做点什么？让我们的团干部开始思考：共青团能为矿山青年们的成长和发展做点什么？

对人才培养模式的思考

"行万里路、读万卷书、交万个友、思万个题"，一直是团友会遵循的理念。多年来，我们尝试如何让青年学子们健康成长？是让他们坐在书堆里读死书，还是走出课堂见世面？很多学者意见不同，原因之一就是：现在的社会太热闹，诱惑太多，选择太多，学生们不能静下心来学习，如果一味带学生出去，什么实践啊，什么实习啊，就会让学生们更加浮躁。

我曾经带"送培训下基层学生实践团"到过全国各地，感受很深。不到基层，不能接到地气；不接地气，就难以吸取养分，难以了解真实情况，那么学生们只有书本上的知识，与实际的鲜活的生活结合不上，正如新疆建设兵团农六师的一位副政委所说的：目前的青年精神状态严重懈怠，没有太多的追求，特别的价值观缺乏积极有效的引导，主动作为、勇于担当的意识严重不足，实在令人担忧啊！我们团组织应该在他就学期间就要让他知道社会的真实情况，要把判断和识别的本领教会和传授给他们。而不是一味回避这些问题和矛盾，更不能掩盖这些问题和矛盾，一旦他进入社会，产生很大的落差，并很难适应和分辨。我们要培养青年学生积极面对和迎接挑战的能力。

这次带学生实践团下到新疆，给我最大的启示就是：这些80后和90后的青年真的不能忽视，他们最可贵的一点就是"主动性"，在同龄人都在过暑假，还在玩耍的时候，他们就开始行万里路了，下到基层，与青年一起进行社工游戏、讲授课程，交流座谈，实景观摩等活动了，这样的经历和体验不能不说对他们的成长是很有意义的，与几乎相同年龄的青年和团干部交流，他们可以放开，可以洒脱，可以交心，原有的紧张、拘谨和不自信在经过几个轮回以后就全都改变了。试想：没有这样的实践，怎么可能有这样的进步？

同时，我也发现一个致命的问题，现在的青年学生所讲的内容与基层的青年所处的实际情况还有脱离的问题，因此讲得不够"生动"是普遍性的问题，因为没有深刻的体验和实际的生活，就会干巴巴和没血肉，给人不那么好的感觉，这更加促使我们一定要带学生多下去走走，走多了，感情付出了，就很容易融合在青年中，他们的基层味道就会浓一些。

送培训下基层的目的关键不在于我们要给基层的青年传递多少知识，更在于我们要把一种精神和一种状态传递出去，要让青年的那种不甘于落后、永领时代之先锋、闯时代之先河的潜质得以开发，得以发扬光大，要积极传播正面的积极的有效的信息，告诉青年朋友们：你行，我也行！我们都是这个时代的佼佼者，没有什么过不去的，只有我们自己主动勇敢地承担起民族伟大复兴的重任，才不会辜负时代赋予青年的期望！

有时候，我在想：自己也是从青年走过来的，青年最需要什么？就是能展示的平台和机会，有了机会，不怕青年上不去，不要总以为他们还年轻，还不成熟，不能放开手而把他们管死，这绝对是不行的！我坚信一个理念：这个世界是青年，我们所做的一切都要立足于青年的成长和发展。那么就给青年点阳光，给点阳光，他们一定会灿烂起来的。

担当意味成长，经历意味收获

这两天给社区街道团干部授课，是我感觉比较满意的一次课，一是基本思路清晰；二是又有一些新的思考，三是学员最为配合。讲授《团岗位关键素质储备》时，一直在思考到底什么是关键素质？按照冰山理论模型可以推出关键素质是什么。比如：从一个人的外在技能的展示、社会角色的担当、自我认识的定位和人格特质的测量可以基本确定其行为的动机的性质和强烈程度；相反，也可从通过一个人动机性质和强烈程度，可以预测到其人格特质、自我认识程度、能够承担的社会角色及所能发挥的技能水平高低，即目标、愿景。如果是清晰的、有价值和有意义的，其这个人的状态一定与无目标、无愿景的人大不一样，前者是积极主动的，后者是消极被动的。在这个世界中，这类人只占10%，60%的人是处于一般性的状态，而30%的人则无状态。有了良好的动机和明确的目标，其内在的定力和能量都会发挥到极致，如同催化剂一样，调动身体的所有细胞。"主动性"恰恰是一个人成长的最关键素质，正所谓"态度决定一切"。

今天中央团校的老校长陆老师来到新疆，她无意中的一句话让我更加确定"主动性"的提法。她说："经历意味收获，担当意味成长。"还谈到：团岗位给团干部带来了六种能力，即懂政治、看大局、管廉洁、会协调、善创造、能谋划。所有这些无一不和"主动"发生联系，没有"主动"的催化，就难有这些能力的具备和提升。

但目前我们团干部的状态很令人担忧。在该培训班上，我做了一个统计，参训学员80人中，特别愿意从事共青团工作的人只有7名，占8.7%；

无奈接受共青团工作的有 6 名，占 7.5%；在被迫与喜欢之间的有 45 名，占 56%；选择无所谓的有 17 名，占 21.1%；放弃选择的有 5 名，占 6.2%。这让我感觉作为共青团工作理论者身兼责任的重大，从内心发出的"要让软力量硬起来"的呼吁更加强烈，同时也对未来充满信心。共青团事业的春天讯息慢慢临近我们，因为事物总是两面的，低谷就会意味着波峰的到来。我们时刻期待着！

敢于挑战权威的精神值得我们学习

在疆的日子过得很快，转眼间就一年了，每一天都有一些事值得回味，让我倍感充实和兴奋。

一天早上，我的办公室进来一位新疆团校的退休老教师，他叫高伯舟，年事已高，走路和说话比较慢，我没想到高老师是来给我送书的，书的名字——《〈辞海〉质疑》，这更让我吃惊，因为在我的概念中，《辞海》堪称是国家权威的工具书，应该没有什么人能对它产生质疑。带着好奇和兴奋的心情恳请他给我慢慢道来其中的缘故。

高老师是教经济管理的，但他从年轻的时候就有一个嗜好，喜欢翻工具书，他是一个杂家，知识涉猎非常广。也许是知识的渊博，他在无意中翻阅《辞海》时，一眼发现其中的错误，便斗胆给《辞海》编辑部发去他的更正意见，2000 年版《辞海》编辑部竟然采纳了他的意见，并在新版的修订中将这部分内容放了进去，这对他来讲无疑是对莫大的认可。后来翻阅《辞海》成了他的家常便饭，他根本无法停下来。他不断发现其中的问题，累计下来，就写成了现在的这本书——《〈辞海〉质疑》。

我虽然不很了解其中的知识，但对高老师这种向权威提出挑战的精神颇为赞赏，且在社会物欲横流的今天，他还能孜孜不倦为了"真实"和

"真理"，排除干扰，甘于寂寞治学，这让我很感动并惭愧，我们要向老人家学习的地方多着呢！

　　一个人来到这个世界上，一定有他的过人之处，一生能为做好一件事乐此不疲，真是一件幸福快乐的事！尤其在诱惑干扰繁多的境地中，他能不为之动摇，持之以恒坚守原则就更了不起。想想我们自己，往往遇到一点困难挫折，就想随时放弃，真是惭愧得很！老人家用他一年的工资出版了这本书，他收入不高，平时都是省吃俭用，没有其它的奢望，一心只为这本书，岁月让老人的头发有些花白，身子骨非常柔弱，但老人一讲起这本书就兴奋不能自己，目光睿智头脑清晰表达流畅，我格外珍惜这天赐良机，及时将老人的故事记录了下来，这样的资料对我来说是相当宝贵的。

　　我感谢高老师对我的信任和厚爱，一定努力工作，潜心研究，坚持到底，正如一位青少年专家黄志坚教授所说的："要想获得比别人高的成就，就要付出比别人高的劳动，坚持下去，就一定有清泉涌喷。"我绝对相信这是一个真理！

读《南怀瑾谈历史与人生》书之感

　　南怀瑾先生是台湾著名的学者，出生于浙江温州乐清的书香门第，自幼接受严格的私塾教育，少年时期已遍读诸子百家。熟知文学、书法、医药和易经、天文等。"上下五千年，纵横十万里，经纶三大教，出入百家言"，真实反映出南老宽阔的胸怀和执著的追求。

　　南老有几个人生哲理让我很受益，比如"高官厚禄、实至名归、风光热闹的事，都集中在上层朝市。基层工作者，必须具备有愿入地狱的菩萨心肠和成功不必在我的圣贤怀抱"。无论是处于哪个位置，都要有"己所不欲，何望于人"，即要有恕道之怀，推己及人，替自己想也要替人家想。

如将这个"恕"字分开来,解作"如"和"心",就是合乎我的心,我的心所要的,也是别人想要的;我想占的利益,别人也想占。那我们分一点利益出来给别人,这就是"恕"道;觉得别人不对,原谅他一点,也就是"恕"。其最好的注解就是"己所不欲,勿施于人"。

  现实生活中做到这一点实际上是不容易的,当我们失意和落魄的时候,常常纠缠于某个人的言行,实际上完全没有意义,责怪又能解决什么问题呢?日子还要一天天过下去,不妨两头看人生。我们只要到妇产科去看看,发现每个婴儿都是四指握住大拇指,而且握得非常紧,人一生下来就想抓取,但只要我们再去殡仪馆看看,那些人都是手松开的,即使你让他手里抓点什么也抓不住了,所谓的撒手人寰。当看清楚人生的两头,中间的过程我们就会变得不那么较劲了,正如《易经》所谈到的"变易"、"简易"和"不易",非常精辟。人生中没有一个状态是永恒的,每天都在发生着改变,当"失意"到来必然有"得意"的隐现,当"黑暗"压抑在身必有"黎明"曙光浮现,只要那么一点"忍耐"和"坚持"而已,一切都会过去的,如同海面上的浪翻滚过去,不会永恒存在的。那么"简易"就是:宇宙间的万事万物,有许多是我们的智慧和知识没有办法了解的,有"有其理无其事","有其事不知理",但一定可确定的是:宇宙间所有的事一定有其存在的道理,只是我们的科学实验、我们的智慧还没有达到而已,但一旦了解达到了,一切就会变得简单了。另外"不易"是指:万事万物都在变化,但有一项永远是不变的,那就是"规律",哲学家称之为"本体",科学家称之为"功能"。比如"塞翁失马焉知非福,塞翁得马焉知非祸"。还比如"崇高必致堕落,积聚必有消散。缘会终须别离,有命咸归于死","日月经天,昼出夜没,寒来暑往,秋去冬来","功成、名遂,身退,天之道","势利之交,难以经远。士之相知,温不增华,寒不改弃,贯四时而不衰,历坦险而益固","欲除烦恼须无我,各有前因莫羡人","虽富贵不以养伤身,虽贫贱不以利累形","功名看器宇,事业看精神","穷通看指甲，寿夭看脚踵"等这些都是"不易"的精髓部分。

近些年来，我们很多人都很喜欢曾国藩的至理名言，比如他有赠沅浦九弟四十一生辰的一首诗，是这样写的："左列钟铭右傍书，人间随处有乘除。低头一拜屠羊说，万事浮云过太虚。"淋漓尽致表达了曾国藩当时所处的环境和对此的深刻感悟，即人世间多了这一头，一定会少了那一边，一加一减算不清，人还是要有屠羊说的胸襟——"万事浮云过太虚"才对。

总之，人一生要励志成为大智慧的人，要成为有很高精神修养的人，虽不能达到圣境，但要力求趋向趋同，无为而治。正如清人的诗所写"天增岁月人增寿，春满乾坤福满门"，能够享受生命带来的一切，"把眼前的路留得宽一点，让后来的人走走"（宋朝大哲学家邵康节）。

对团干部关键素质的再思考

这个暑假真得很忙碌，但很充实和愉快，其中最有价值和意义的事，就是与基层的团干部不时能够面对面、实打实和心贴心地交流，这种愉悦心情是无法用语言表达的，可以说这是我最想做的。没有组织给我提供这样好的机会，无论如何实现不了我的愿望，所以倍感珍惜且心存感激。由此想到一个问题：什么会让一个人有使不完的劲？什么会让一个人始终保持激情状态？

在我教育孩子的经历中，我没有刻意要求孩子做她不喜欢的事情，比如学练钢琴、打跆拳道，包括报课外培训班等等，都是孩子自己主动提出来的，我只是去尽可能满足她的这种想法，并鼓励她这样想的好处。记得有一件事让我突发感悟：我妹妹的孩子经常被锁在屋里学习，生怕他出去玩，或者看电视，而我的孩子没有人管，我们在看电视的时候，她偶尔也会看，这期间我不会说一些劝她少看点电视等等类似的话语，但不长时间她自己会主动离开电视干她自己的事情。有时候她看时间长了还会自言自语说句：看电视太费时间了。两个孩子岁数只差一个月，但学习的主动性差异很大，这种差异导致两个孩子在高中毕业考大学时，一个上了北京外国语大学，一个上了民办大学，当然这不足以说明什么，我也没有很好地思考"主动"与他们的未来是个什么关系？

　　当自己从事青年干部成长规律的研究中，我开始关注这个问题，因为优秀的青年一定有他优秀的特质，这个特质表现在哪呢？是不是能力特强？是不是只是非常渊博？是不是目标特清晰？是不是社会责任感特强？是不是人格特别完备？是不是意志特别坚强？等等这些我都仔细认真观察，发现决定这个青年人能不能成长得好，很大部分取决于他自身的主观能动性，取决于他自己怎么想？他自己怎么看？他自己怎么办？一切的一切都要涉及一个关键词，那就是"主动"！没有主动的态势，再好的机会也会擦肩而过的；没有主动的态势，再好的方法也会对牛弹琴；没有主动的态势，再好的条件也不会起作用。但往往我们发牢骚、提意见，埋怨总是外部环境、客观条件、他人责任等等，独独很少涉及自己，特别是自己的"主动"状态是怎么样的？很少有人提及。

　　实际上，我们从哪里来是不一样的，要去哪儿也是难以统一的，怎么去更是千差万别，但是去的过程中的状态非常重要。三百六十行，行行出状元，这其中有一个共通性，那就是"主动"，这是必然的，也是带有普遍性的规律，没有一例他不是凭借"主动"去完成的。并且他这种"主动"超乎常人！他的这种成就获取需要他付出常人所不能承受的代价，需要他克服常人所不能想象的困难，没有"主动"或者"甘愿"是难以做到的。所谓乐此不疲，痛并快乐着，因为是他主动，是他甘愿，才有常人不能理解的"失去"，这种"失去"最终让他获得了超乎常人的"成就"，严格意义上讲，符合能量守恒定律，只是"主动"还是"被动"的差异而已。

　　人的这种"主动"特质的培养与家庭教育分不开，更与他进入社会的某个岗位的训练分不开。父母对孩子的培养如果是从孩子的内心愿望出发就会宜于孩子这种"主动"特质的养成，如果仅仅关注于孩子的外在，比如不容许孩子这样或者那样，或者仅仅从自己的内心愿望出发要求孩子按照既定的轨道前行，孩子就会有很多叛逆或者反抗的举动，即使沉默，内心的能量也会聚集，必有一天进行释放和爆发。很多出问题的孩子，就往往因为内心的渴望得不到满足，能量得不到释放，能力得不到展示，发展得不到平台，表现得不到激励，就会陷入一种被动、压抑和彷徨，从沉默到反抗，最终成为别有用心的坏人利用的工具，成为危害社会稳定的重要因素。

当然作为共青团，一定要主动发现和培养优秀的青年，给他们成长发展的机会和平台。在这个岗位上，没有"主动"特质，是无法带领青年前进的，比如要积极宣传党的思想主张，要能用理性倾听青年的呼声，要实实在在服务好青年，特别是创业就业方面的帮助，要满足青年的兴趣爱好，要有个人的人格魅力等等。同时，共青团岗位的独有属性也为团干部的"主动"特质的烙印提供了条件，这种"主动"特质为他们转业后的成长和进步发挥了很大的作用，这是《转业回头看》课题重要研究成果之一，也是共青团干部在团岗位储备的最重要的关键素质。

美丽的哈密巴里坤让人神往

来新疆后第一次去哈密市和巴里坤县，感觉好极了。一是那里的团干部真的太可爱了，特别是女团干部，就像冬天里的一把火，能在见面的瞬间将你的激情点燃，让你旅途上的疲劳一扫而光，不知不觉进入一种轻松愉快的状态之中。尤其当你提出一个想法时，她们能很快做出回应，并非常认真地加以实施，行动之麻利，态度之真诚，让你无不动容，心悦诚服。正如哈密市的一个转业团干部所说的：当领导交付一项工作时，从来不去想能不能办到，只想怎么干好。我在哈密地州的几天内所接触的无论是在岗团干部还是转业团干部，那叫一个"爽"和"诚"，说话利落，举止大方，幽默快乐，这种共青团特有的文化品质在哈密女性团干部身上表现得淋漓尽致，并且带有普遍性。二是巴里坤的自然环境真的太美了。天空是碧蓝碧蓝的，空气清新凉爽宜人，随处都是美丽的草原，牛羊无数，哈萨克的毡房让人温暖，我没有一点陌生感。哈萨克这个民族最优秀的地方在于群聚嬉闹、乐于助人、心胸广阔，很少有排斥、歧视和对抗之感，和他们在一起，非常开心融洽。因为生活在一望无际的大草原，使他们的性格粗放豪爽，对客人大度包容，乐善好施，很少吝啬冷漠。他们大多及时行乐，守卫故土，非常容易满足。

在哈密让我难以忘怀的是：我们的转业团干部贡献了非常宝贵的智慧，他们将自己的酸甜苦辣向我们倾诉，那种发自内心的信任感激励我们一定要做好工作。有时候我在想，一辈子把一件事做好是极其不容易的，这其中很大的部分在于我们的工作能得到多少人的支持和认同？从个人来说，我们的力量真的很渺小，如果遇到那些对我们工作无私付出的团友，我真的从心底里感激他们，我没有理由不去将这一课题——《转业团干回头看》坚持下去。如果遇到那些对我们不屑一顾，或者纯属表面应付的团友，我也会以包容的心态不去刻意强求，不去埋怨和指责，我自己会跟自己说：你就是一个普通的青年工作者，你有什么了不起？别把自己太当回事，慢慢来，一切都会有的！从我们所做的工作来讲，没有什么更多的东西奉献给别人，就不能对别人提出太高的奢望，还是平常心待之为好！这样会让自己的心平静下来，以保持充沛的精力做更重要的事情，事实上，遗憾总会过去，曙光终将来到。

我感谢哈密的团友，他们让我的激情再次得到释放，我从内心想为他们实实在在做点事，来回报他们对我的厚爱。我难忘的哈密团友，巴里坤团友，我永远为你们骄傲，永远为你们的成长加油！

拿什么奉献给我们的青年朋友们

　　来疆整整一年了，这一年从南疆到北疆，从自治区到兵团，一直在与青年朋友们进行密切的接触，不是座谈，就是访谈，不是授课，就是谈心，总之没有离开过我们的青年朋友们。他们分布在学校、企业、机关、社区、街道等，我们就跟随到这些领域去服务，送培训到基层，让党的阳光普照到每个青年的心里。他们在边境、在口岸，我们就赶到那里去看望他们，哪怕和他们聊聊天，听听他们的委屈也是好的，但让我兴奋的是：越是特别艰苦的地方，青年的精神状态反而比在城里物质条件优越的青年的要好得多，他们那种乐观积极向上的状态着实感染着我们。前不久，在博州给基层团干部授课，利用空档的机会，前往阿拉山口岸，看望那里的边境哨兵，一交流才知道，都是一些不到20岁的小伙子，内地这个年龄的青年基本正在大学里读着书，父母供着学费和生活费，而他们十八九岁就远离家乡，到这边缘的地区守护着祖国的大西门了。当问及他们想不想家的时候，他们不好意思地说：很想家，但不能回去，这里需要他们。他们最最开心的事就是："我们与哈萨克斯坦边防哨兵一起联合巡防，一起进行联欢活动，那边出一个节目，我们这边就出一个节目，在活动期间，大家可以稍加自由走动，我们两国边境线上哨兵一直保持着非常友好的关系，虽然语言不通，但丝毫不影响我们之间的交流，有时候一个手势就能解决问题。我们每天在岗楼2小时一换班，如发现越境者，我们会很快在第一时间处置，很少出现工作失误的情况。虽然这里生活艰苦，特别是文化生活比较单调，但我们无怨无悔，我们也不是特别羡慕内地的同学、同乡过的舒适生活，相反他们会对我们充满敬意和羡慕的，我们觉得自己工作非常神圣和有意义，我们也很想一直在部队干下去。"

　　在我与哨兵的访谈中，我关注他们的表情和神态，非常朴实、非常从容，岁月让他们比同龄人显得更加沉稳和自信。他们晒得黝黑的脸上不时流露出甜美的微笑，让我们动容。和他们一起拍照时，他们仍然保持的军人特有的军姿，使得我们在他们面前很矮小，但我们为他们自豪，祖国边防正因为有了他们，才让老百姓放心啊！同时，一路上我也在思考，他们为我们守护边防，我们拿什么奉献给他们呢？

　　实际上从年初南疆调研回来，我就有了一点想法，我们不能给青年太多物质上的帮助，但一定要给青年精神上的更多的帮助，这是我们完全可以做到的，我们的心是热的，是诚的，还有什么比这更宝贵？只要我们想做就一定能做，目前这一想法很快就要实现了，在两年期间，用自己的积蓄出版一套《援疆札记》系列丛书，每一本都有三部分组成，之一是：青春舞动的追梦者、纯净眼睛的发现者、守望生命的耕耘者；之二是：命运多舛的幸运者、纯净心灵的感悟者、神圣事业的投入者。总之，用自己的亲身体验，向青年传递积极正向的信息，给他们的生活增加一点绿色和亮色，让这个世界变得更加和谐！

致博州基层团干部的一封信

亲爱的青年朋友们：大家下午好！

　　能有幸来到博州，与大家面对面、实打实、心贴心地交流，我非常愉快和开心。特别想和大家分享几点想法和感受。

　　三天的博州之行，让我感到博州的共青团工作基础非常好，几代团干部所营造的工作氛围十分浓厚，这为今天从事共青团工作的青年朋友们提供了天然的良机，我们没有理由不去将共青团的文化传统继承、弘扬并延续，没有理由不将自己最美好的时光奉献给共青团事业，没有理由不轰轰烈烈干一番时代赋予我们神圣的伟大事业。

　　青年朋友们：长大不容易，成长有规律。在我们多年的学习研究中，一个人的人生目标确定以后，发现一个人的成长路径是非常重要的。每个人所走的路都是不一样的，但有最佳的成长路径，那就是在群团组织岗位和基层实践岗位的磨砺，前者是人生写横，后者是人生写纵，缺一不可，有了群团组织平面地毯式的狂游和基层组织深度潜艇式的遨游，就基本对社会这个水池的宽度和深度有了底，即使遇到什么也不会被吓住或者淹没，总能化险为夷，总能从容面对，总能战胜一切。

青年朋友们：我们是从事共青团工作的团友，要倍加珍惜这个岗位所能带给你的一切。懂政治、顾大局、葆清廉、结友谊、善活动、提能力等是这个岗位本该留给我们的宝贵资源和财富，但如果我们不在意、不投入，这些就会离我们而去，要永远知道我们真正的转业是体验加时间加能力，那种只有时间的加速度转业是不成功的，全身心的投入体验才会获得丰厚的回报，才是最终让你走得更远更稳的内驱力，"主动"是每一位青年朋友们加速成长的关键素质。

作为共青团的一名干部要永远清楚一个理念：只有脚踩大地才能很好地仰望星空，所有能量的来源都取决于你与大地的亲密接触，只有立地才能顶天，要把功夫下在人们看不见的地方，当你不断储备不断积累，永远保持那么一种精神，一种坚韧，最终迎接你的是葱绿的 茂盛的叶子，你的人生从此与众不同；要永远把根留住，并深深插在泥土里，你的人生会更加精美绚丽。

《把信送给加西亚》是一本值得反复翻阅学习的教材，书中刻写的一个关键词，就是"主动"二字，明确方向的目标、恋爱般的热情、顶呱呱的身体、坚忍不拔的毅力、非凡的执行力等等，所有这些如若没有"主动"，无疑是纸上谈兵。经历是收获，只有担当才是成长。

让我们快速地行动起来吧！从我做起，从现在做起，主动主动再主动，相信自己，一定能成功；相信自己，只有努力才能改变，只要努力就能改变！

最后祝愿我们博州的共青团工作蒸蒸日上，祝愿我们博州的共青团干部成长越好越快！

思念过去的老朋友

原打算利用暑期，邀请曾经帮助过我的企业界老朋友一起来新疆聚聚。1995年到1997年，我在中国青年企业家协会秘书处工作期间，承办过第十四期到第二十期的"全国厂长经理研究班"，那时候的培训学员基本上与我同龄。当时作为培训班的班主任，我特别幸运。说心里话，每期班我都是很认真投入、忘我地工作，日后的十多年里，大家依旧保持密切的来往，成为彼此精神力量的支撑。应该说，这也是我成长的人脉基础，没有他们的鼎力支持，我无论如何也难以在北京坚持下去，那时候，真的是他们让我在京待了下来，我从心底里对他们充满感激。

来新疆的其中一个因素也是与这些朋友有关，记得一个老团干给我说过：一个人要去什么地方，一定是这个地方有什么特别喜欢的人。我坚信这个理由引向了新疆。只是转眼间，大家已经从青年走向中年了，有的已步入老年的行列中了。虽然，平时工作十分繁忙，但只要一见面，大家会拥抱在一起，彼此有很多话要说，丝毫不感到陌生。也确实印证了我的研究结论：在很年轻的时候结下的友情，一定是刻骨铭心的，会成为日后成长的主要动力源。我是这样一路走来，每每遇到挫折和麻烦，总是他们在第一时间出现在你的面前，为你遮风挡雨，保驾护航。这种情缘早已融入我的生命中，难以割舍。如果真的什么都没有了，至少还有他们，陪伴自己十几年的故事，也会让自己的心安静下来，这足以让我大声地对整个世界发出：我很满足，也很富足！是他们让我的生活与众不同，能得到他们十多年的厚爱、关照，我一生有幸，感激不尽啊！

有时候，我静下来会思考这样一个问题：茫茫人海，怎么会让我们相遇？这种概率是多么的不易，我们还有什么不满足的？能不好好珍惜吗？今年新疆举办第二届亚欧博览会，给我们再次创造了相聚的良机。一见面，大家感动得要流泪，彼此的思念在这一刻化为热情的拥抱，看到老朋友的鬓角已有一丝白发，但目光依旧闪亮光芒，神采奕奕，没有一点疲惫感，这就是动力、激励，是旅途中的驿站，是事业腾飞的加油站和催化剂。我为他们骄傲，为他们自豪，他们永远是我的知己和永恒！

　　我不去想以后大家会怎样？但有一点我是清楚的，这个群体需要有人去做凝聚者，这一任务无疑落在我的肩上，应该说，对我而言，也是最合适的和最擅长的。实际上，目前，我们一直在做这样的工作，即用心呵护每一个宝贵的"珍珠"，将他们一个个串起来，成为一副精美绝伦的项链，向世人展示他们的精彩，欣赏并包容他们的每一姿态，让他们尽情地舞蹈。当我们那也走不动的时候，不能为他们做任何事的时候，就把这凝聚心力的项链挂在脖子上美美享受并永久珍藏。

　　常人说：没有完美的个人，但一定有完美的团队。无论大家身处何方，常通个电话，问个好，也许让大家的心贴得紧一些，偶尔能找个理由大家聚聚，也是一种幸福和甜蜜，当然，聚在一起还会有奇迹发生，那一定是最美最动人的故事，一直会伴我们享用终身！无论你信还是不信，我是坚信不疑，并想立即行动，实现这一愿望！

体育舞蹈的内在魅力

　　来新疆以后，很少触及国际标准舞，一是没有时间碰到这类舞蹈的老师和训练场，二是没有合适的合作伙伴，更多的时候是在练习芭蕾和跳民族舞蹈，比如维吾尔族舞蹈、哈萨克舞蹈、塔吉克舞蹈等等，一年下来，仅仅学会了几只舞，但身体没有太强烈的感觉，往往是音乐在带动身体的运动，而且是外在的感觉大于内在的感觉，简单地说：外力大于内力，多是跳给别人看的。

一次偶然的机会，因事没有来得及参加中午的形体训练，无奈赶晚场训练，没曾想到是拉丁舞，但这一次让我的内心再次涌动，舞蹈老师的一番话将我的思绪拉到了过去，他说：拉丁舞主要是训练身体的终端肌肉，这部分肌肉平时很少用到，故长期闲置导致脂肪堆积。实际上，我真正懂得舞蹈的还就是从跳摩登舞开始的，2003年非典，北京的很多室内训练场关闭，人们只好去爬山或者到公园散步，也就是在那个时候，我遇见了我的国标舞老师，他带给我的是：整个人状态发生了天翻地覆的变化。在这之前，偶尔在跳民族舞，但身体情况不是太好，那时候，精神状态特别差，心理承受力极度脆弱，最后都到了想放弃工作回家休息的地步，你很难相信那时候的我是个怎样的状态。就是我的国际标准舞老师把我从这种状态解救了出来，从训练舞步到进行套路，从简单的华尔兹到复杂的狐步，前后历经五年，身体的肌肉从疲软面条式到提拉弹力状，从过去的短促到后来的延伸，使整个一个人的气质发生了根本改变，让我找到了自信和勇气，我开始尝到了这种舞蹈的甜头，也正是这种甜头让我与舞蹈结下了不解之缘。

来疆后的一年，尽管工作很忙碌，但没有停止训练，就像吃饭睡觉一样，它已成为我生命的组成部分，我与身体的对话是在舞蹈中完成的，可以说，在众多的舞种中，能够跳给自己看，或者说只有自己最明白，只有自己最感知，堪称是国际标准舞啦，因为这类舞蹈基本上是在训练肌肉能力，外人很难用眼睛看得清楚，正如一位资深舞者说过：永远不要相信眼睛看到的，当别人看你最轻松最美丽的时候恰恰是你调动身体所有机能最吃劲的时候，你的付出与观众的感觉是相反的，因为你的功力是在脚底下，而观众的视线是在你身体的上半部分，内行绝对将注意力放在你身体的下半段，因为他知道：脚下的功夫决定身体的展示，且展示部分无需刻意，只是结果而已，如果硬性摆出的造型一定是支撑不了多久的，也是不真实的。

　　舞蹈这个东西真是好，它让你懂得，生命力量的原动力在哪？如何协调身体的各部分肌肉？如何使身体肌肉形成一个完整的板块步调一致，同时又能根据需要进行局部分解配合进行？特别有趣的是：本可以主动行动的腿和脚偏偏成了被动的肢体，一切都从内心发射一种能量，传到身体的肌肉，带着它们行进，特别是在国际标准舞蹈中，腿和脚就像灌了铅似的，永远不能离地，好似与地板有一丝粘合度，如同在泥泞的路上艰难步行，但瞬间感觉有风轻柔飘过，就像天空的风筝，线永远被手扯着。而往往应该被动或者闲置的部位，比如中段肌肉却成为主动的进攻者，极度灵活，它是枢纽也是重地，身体各部分的能量集于它，又由它发散分配出去，很是神奇，正是它作用的特殊，很多训练，尤其拉丁舞训练重点任务在开发中段部分肌肉，让这部分肌肉学会说话，并表达音乐的思想内容。

　　我喜欢体育舞蹈，它的魅力无穷，尤其对一个中年人来讲，最为适合。它既不张扬，又含蓄内敛，既幅度不大，又显深沉，关键是内心的体验让人着迷，持之以恒后，当力量慢慢走到自己的身上时，你就永远难以割舍，想放弃都难。

以学习的心态去对待困难和麻烦

　　在很年轻的时候不知道害怕，什么事都敢闯，只担心领导不给安排事。干不好了，虽然挨批，但不后悔，哪怕前面是刀山是火海，也在所不辞。随着年龄的增长，慢慢开始有一种惰性，遇事会犯怵，特别碰到难事也会绕着走，实际上，人这一辈子没有不遇事的，尤其难事，与其回避，不如面对，虽然能躲避一时，但终究会因为事情没有了解，很多麻烦还会自动找上门来，正可谓有因必有其果，有果必有其因，一切的一切都会顺乎一种"大道",不可小视更不能忽视。

曾经有这样的体验,在别人容易做的事,对自己而言很纠结,对同一件事的反映程度差异性很大。我观察很多青年干部,有一些人对"麻烦"很乐观,他们为能遇到这种"麻烦"津津乐道,并充分施展自己的智慧将其解决,我对这类人简直佩服得五体投地,自认为:这类人是能干大事的人。我没有认真做过调查,这类人应急处置能力是不是一定也很强,因为这类的训练已经成为他们生活中的家常便饭,小菜一碟。而对于大多数人来讲:心理承受能力会差一些,总会多一事不如少一事,喜欢做点自己喜欢的事。往往这类人遇事却不经折腾,出了问题容易先摘清自己,错误都推给别人,很脆弱也很无奈。

有时候细细琢磨:人在这个世界上遇事是非常正常的一件事,每天过日子怎么可能都是晴朗的天空,阴云满布、电闪雷鸣都是有可能的,也正因为如此,才让我们的生活充满精彩和奇特。假想我们每天的餐桌上只有一种佳肴,即使美味鲜口,也总有吃腻的那一天。同理,如果遇到事,特别是自己未曾遇过,或者自己不很擅长,如果抱有惊喜,那对事情的解决相当地有帮助,心情一好,思维就会处于活跃状态,只要想解决,就一定能想出办法,只怕你不去想。

曾经有人这样问我:遇到你不熟悉的事情,或者不擅长的事,你会怎么办?我说:无论遇到什么事情,只有两种态度,一是积极,二是消极。积极的状态会吸引更多和更大的能量,消极的状态会让周围变得更糟,麻烦更多,因为你的态度不积极,也会影响周边人的情绪,如果你再发些牢骚就足以让周围的空气凝固。如果你在其中也会受到这种"瘟疫"的传播,与其身在其中,自毁长城,不如早日摆脱阴霾,乐观处置。如果能做到后一种,你会在不经意中得到启示,收获意外,并享受过程带来的美妙,那时候,你会感谢周围的人,让你的情绪再次高涨,为下一次的挑战积聚更大的能量。这就是"正向吸引力法则"。反过来,一旦有排斥心态,就会将心灵的大门紧锁，不与外界进行能量互换，外面的一切都拒之千里，那么能得到的只有抑郁寡欢，孤芳自赏，慢慢地如昙花一现，很快消失在茫茫的人海之中。

我在新疆一年中，确实发现一些能人。这里特殊的地理环境，占全国六分之一的土地，让这片热土上的人内心有一种宽厚粗放的线条，什么都向"大"、"爽"等关键词靠近，人特别地重义气，讲仁义，表达感情的方式都是如此奔放，没有一丝的忸怩和小气。在广阔的草原，特别是边境地带的人们，对客人有无尚的尊重，把家里最好的东西拿出来让客人先用，但一旦有谁冒犯了他们，他们就会与其战斗到底，那份守土如则的使命感、责任感和紧迫感之强度要胜过内地。

世界之大，无奇不有，每个人所经历的事也会有所不同，无论什么人遇上困难和麻烦，都要怀有敬畏之心和感激之意，冥冥之中，似乎上帝有意安排你去经受，与其整日回避和抱怨，不如认真对待，用心学习，因为这种机会转眼之间就会失去的，好好珍惜，好好享受，不远的将来你会因这段经历得到上天的馈赠和善待。

艺术都是相通的

从小不擅长唱歌的我，最喜欢合唱艺术，这主要源于在宁夏大学政法系从事学生工作期间遇到一位合唱艺术的专业老师，她叫吴芳希，每每听她教唱歌时，我都被她深深迷住，那叫一个"绝"！她最打动我的是"投入"，其投入程度直至病倒在床上，至今让我为之动容。你很难想象她是如此对合唱艺术痴迷、如此为了合唱艺术可以献身的人，似乎她就是为合唱艺术来到这个世界上的。可以说：她改变了我很多，真正是我从心底里喜欢和感激的人，那种对艺术的执着、那种对生活的热爱、对生命的渴望都让我油然对她充满尊敬。

我喜欢美声歌唱家，虽然不懂美声唱法的技术技巧，但只要讲到其中的原理，我就特别会产生共鸣，视乎遇到知音，偶尔会静静地聆听她们的歌声，并请教一些问题，很受用，尤其对舞蹈的训练也很有帮助。后来，特别喜欢听歌，也偶尔去看合唱比赛，比如中央电视台举办的合唱比赛，很关注点评老师的表达，像徐沛东老师说的：合唱艺术水平的高低在于看谁能把弱音唱弱，强音唱强。还有合作的艺术和技巧，这些对我的研究也带来一些启迪。

来到新疆团校，才发现这里人才济济，真是有能人，像今天晚上见到邓老师，她的合唱音乐课让我着迷，两个小时，一点不觉得疲惫，她像一团火燃烧，让你的激情始终不减，她把一个很抽象的合唱搞得非常通俗，很有趣，涉及技术技巧，也很容易被没有任何基础的人接受。比如：前音唱后，横音唱纵；字正腔圆，向下用力；胶囊循环，音不外泄；下巴下压，腰部用力；口与后腔，形成喇叭，双肩放松，向外打开；座椅前段，身体摆正。这些原理好记并适用。整个教唱过程中，让你很享受，不知不觉学会了唱歌。

合唱是一个非常美的艺术，既考验团队的合作能力，又感受了合唱艺术的魅力。我总有一个感觉，搞艺术的人不大容易做假，因为"假"会让艺术家们内心很痛苦，与艺术本质背道而驰。但凡有点艺术造诣的人都不会太过偏离社会的主流价值，因为艺术会让他们始终保持一种激情，不容易衰老，艺术生命也最为长青，

我以为：要提升整个国民的素质，需从艺术谈起。内心有了对真善美的追求，无疑成为一股强大的精神动力，更加促进社会的和谐，推动世界的和平。

在第十二批南疆四地州乡镇公务员岗前培训见面会上的讲话

青年朋友们：大家晚上好！

真诚地欢迎大家来到新疆团校进行为期大半年的培训，这是我们的幸运，也是我们的骄傲！相信这份奇遇，会为大家以后的成长带来光明和希望，也衷心地期待大家，要倍加珍惜这一难得的学习机遇，努力争做人民满意合格的公务员。借见面会之机，想给大家分享几点思考和感悟。

我是去年8月25日作为中央国家机关、央企第七批援疆干部来到乌鲁木齐，正好赶上与2011年来我校培训的公务员见面，目前他们都已上岗快一年了，这期间我去南疆看过他们，他们的工作和生活环境，我多少有些了解。最让我感受强烈的是：我们一些公务员在艰苦的环境中，硬是磨练自己，与群众实打实、心贴心交流，用一颗真诚的心服务群众，赢得了当地群众的拥护和厚爱，但是，也有一些个别的公务员与群众脱离，从语言上就无法与群众沟通和交流，自然难以融到群众中去，甚至与群众发生争执和斗殴，严重影响了公务员的良好声誉。由此我想到，对初任南疆四地州乡镇公务员来说，要从心底里想通三个问题，一是我为什么要当公务员？二是我为什么要学双语？三是怎样做一个合格的公务员？

为什么要当公务员？这个问题不从根上解决，后面的学习就缺少内驱力。学员们要知道，我们做一件事，没有一个让自己信服的理由，就会漫无边际，盲目盲从，如湖上的小舟漂浮不定，难以到达预定的目的地，也许中途就会翻船夭折。我们细细思量一下：党和国家为什么要下这么大的血本，往边远艰苦地区派送公务员？难道是一时拍脑袋的想法和冲动？绝对不是啊！从90年代苏联东欧发生剧变，世界第一个社会主义国家垮台，到2003年乌克兰发生橙色革命，格鲁吉亚玫瑰事件，离我们新疆最近的吉尔吉斯斯坦国家也在2005年发生了郁金香革命，还有阿拉伯之春和英国伦敦的骚乱以及华尔街事件，都无不警示我们：不打牢执政之基不行啊！不夯实基层工作不行啊！历史无数次经验教训告诉我们：基础不牢，地动山摇。我们党很多好的政策通过层层环节落到基层就出现了问题，有时完全走偏走样，老百姓不了解，甚至产生了误解，严重影响了党在人民群众中的形象。群体性事件频发，一个网络言论的误导就有可能会让一个政权毁于一旦，这不是天方夜谭，而是摆在我们每一个有良知的中国人面前的大课题，无论哪一个政党，谁如果不与群众血肉相连，他就会被群众永远地抛弃，这是铁的事实，毋庸置疑！往南疆四地州派送公务员是党中央从国家战略高度加固边防和夯实基层的一项重大举措，在座的每一个公务员务必要有这样的认识，否则，我们难以履行职责，难以不辱使命。正如《公务员之歌》中的词：我们是国家公务员，为人民服务记心间，立党为公谋发展，执政为民用好权，我们和国家共命运，我们和人民心相连。

　　为什么要学习双语？语言是我们联系群众，特别是与南疆维吾尔族百姓直接交流沟通的手段，语言不通，根本谈不上贴近群众，走进群众心里，这是一项最基础的工作。我在南疆调研期间，对在乡镇工作长达十几年的汉族干部充满着一种崇敬之情，他们为了成为百姓的当家人和领路人，硬是学会并掌握了维吾尔族语言，甚至学会当地的土话，每当出现突发事件，他们凭借与百姓多年积累的感情，总能让事件从大化小，从小化无，当我问及社会稳定的秘诀时，他们会毫不犹豫地回答道：基层干部与人民群众的真挚感情。要培养这种感情，不懂语言，特别是不懂百姓的语言无论如何难以稳定一方疆土，更谈不上实现新疆跨越式发展和长治久安的战略目标！

　　怎样做一名人民满意的公务员？既然我们知道了当公务员的价值和意义，接下来，就需要从实际行动上去践行这一理想和目标。我认为需要从三个方面做起。一是要以恋爱般的热情学好双语，没有这个状态，就很可能被"枯燥、单调"压垮，研究表明：人要做成一件事，没有激情难以维系，没有兴趣难以持久。能不能做，想不想做，肯不肯做中，后两者是关键，前者是能力问题，后者则是态度问题。在我看来，态度比能力更为宝贵，因为有了端正的态度，没有过不去的坎，但是光有能力，态度不积极，一切也会无济于事的。二是收获友情积累人脉。我们在这个世界上要想获取成功，必须有人帮衬，有人辅佐。在我们很年轻的时候结下的深厚友谊之树，会在日后像天上的星星一样伴随我们成长，我们要倍加珍惜和维护，要对同伴呵护关爱，要先有"舍"才有"得"，要善于包容和欣赏同伴，要尊重和爱戴我们的老师和师长，更要像海绵一样吸收一切有利于成长的知识和养料。那些有排斥心理，小肚鸡肠，玩弄心机的人永远没有发展的机会，只会两败俱伤，无一点益处。三、要完备自己的知识结构，不断提升综合素质。一个人要立足社会，成为一个高尚的人、一个纯粹的人、一个脱离低级趣味的人，必须提升自己整体的综合素质，这需要较完备的知识结构体系。单一结构的知识储备都难以抵挡来之社会方方面面的各种压力，难以承担党和人民交付的历史重任。因此在学习双语之外，还要学习政治、政策、农业农村、公务员等各方面知识，最重要的还要学习做人的知识和礼节，另外还要积极参加学校组织的各类活动，培养储备自己的组织、协调和公关等能力，学会带领团队的本领，提升自己的人格魅力，发挥最大的影响力，只有这样才能成为人民满意的公务员。

衷心地祝愿我们的公务员从我做起，从现在做起，从培训做起，努力成为一个人民需要的，有利于人民的公务员！

与大学生面对面、实打实、心贴心交流

这一届大学生刚刚进入校门，正在进行军训，之后就是新生入学教育，要给他们讲一课。我在想，给他们讲些什么管用呢？可能最急用的就是学业和职业规划。

大学时代是人生最美好的一段快乐经历,也是一段重要的成长关键时期,基础如果打得牢,就会为以后继续学习深造或者就业创业提供极大的帮助。

大学和中学最大的不同,我认为是在于对学生自主性的开发空间有很大的不同,中学多以高考的指挥棒进行着所有的工作,目标相对集中和单一,大学则不同,一定是把学生的综合素质提到一个比较重要的位置上考虑。在我们跟踪毕业生调研情况看,绝大多数的用人单位更看重毕业生的综合素质和能力水平,特别是为人处事、与人沟通、善于合作、勤于工作等方面的表现,对其专业方面的要求虽然也有,但相对前者来说,比重相对较低。这让我想到卡耐基说过的一句话:一个人的成功有75%是凭借他的情商,只有25%是依赖于他的专业技术。在大学里学好专业是对每一个大学生起码的要求,在这个前提下,才有可能腾出更多的精力来储备和提升社会所需的素质和能力。

今年,共青团中央书记,中国青年政治学院第一院长陆昊同志亲临中青院新生开学典礼,并对新生提出五个层级的目标,一是要学好一门基本的专业知识。他说,社会的进步最终靠不同的专业领域的进步来整体推动。大学生毕业后立足于社会的最基本的本领就是掌握一门专业知识,因此要有专业化意识,熟悉本专业课程,学好专业知识。二是要形成合理的知识结构。他说,学生们在大学不仅要学到知识,更重要的是掌握好获取知识的能力、方法、路径。因此,每个专业的学生要在老师的帮助下建立起那些有联系的能够形成整体力量的、形成获取新知识能力的知识体系,建立起与专业对应的、合理的知识结构。三是要培养综合素质。他说,学生们第一要有培养综合素质的意识,第二要合理适度地参加社会活动,不能走极端,也不能片面。他强调,可以通过参加一些社团活动和社会活动培养自己的沟通、表达、组织、协调、与人相处等能力。但是,不能因为有了培养综合素质的意识而放松基本理论基本功课的学习,不能把当学生干部当做"职业活动家",要合理安排好时间,在保证休息好、学习好这两点刚性要求的前提下,合理和适度地参加社会活动。四是要磨练意志品格,有自己独特的精神追求。他说,人,归根结底要活在真诚的而不是虚假的情感关系里,活在自己喜欢的那份事业追求里,活在别人对我们发自内心而不是表面的尊重和认同里。如果要想赢得别人发自内心的永久的尊重,靠的是精神品格,靠的是服务社会、国家的本领,靠的是对人民群众朴素而真诚的感情。现代社会,功利化的东西不会赢得别人对我们的内心里持久的尊重。五是要坚定走中国特色社会主义道路的理想信念。要深入贯彻胡锦涛总书记在今年纪念中国共青团成立90周年大会上提出的五点希望,他还说,年轻人要有时代性,有批判的精神、有思考问题的见解,能用科学的方法来支持创新;但年轻人同时也要有历史感,要用一种历史的全面的方法分析问题,理解中国近代社会发展进步的历史逻辑,理解政体和国情。最后,陆昊提出,在新生入学后的一个月,各系要和新生们保持高密度的接触,对新生入学后有关"大学里怎么学习、怎么学好专业、怎么生活、怎么参加社团、怎么参加社会活动"等切实关心的问题形成良好的互动,让新生们在面临人生的新选择时既能够满足自己的爱好和选择,也能把握好基本的规则和规律。

另外,我同时想到曾任美国微软在中国的总代理李开复说过的一句话:要有能力改变可以改变的事情,有勇气面对不可以改变的事情,有智慧分辨两者的不同。同一件事,内心的驱动力不同,其行为选择不同,但选择的确可以决定一个的命运。中国人民解放军艺术学院知名教授说过这样一句话:在什么时候要干这一时候应该干的事,最怕这个时候不知道干什么事,这是人生最可悲的。过多把精力投放在那些不可控制的事情上更是最浪费的。

同学们在大学的时间是很有限的,从一进入校园,就要面对各种各样的生活选择和学习压力,面对来自社会方方面面的诱惑和干扰,你是去选择应付还是随众,完全在于你自己,你内心真正想要的,以及未来社会所需要的，要把很多问题想明白想透。虽然不一定看得清自己的未来到底是个什么样子？但大方向不能有太大的偏差，同时还要清楚自己的真实状态和现有的条件，即准确的定位。其次就是分析自己现有的优势和面临的危机，我们常使用的"SWOT"分析法，做好这些功课以后，就可以基本保证自己的内心有一定的力量，不大会在以后的学生生活中左右晃动，不知所云，另外根据情况的变化，适当的调整也是需要的，但绝对不是翻天覆地的大调整，那样的话，人生的成本代价太高。

三年的时间转眼一瞬，需要认真细思。大一入道，了解熟悉情况和团队文化认同；大二的时候强化专业意识，专业知识的储备；大三开始接触社会、职业方面的熏陶，将理论与现实进行接轨，寻找问题，及时改进并适应，为就业和升学蓄力。

最后我还要给大学生们推荐一本书《把信送给加西亚》，无论怎样，所有的素质中最关键的素质还是"主动性"，正如这本书作者阿尔伯特·哈伯德在开头提到的：主动性，世界会给你厚报，既有金钱，也有荣誉，只要你具备这样一种品质，那就是主动。什么是主动，让我告诉你，主动就是不用别人告诉你，你就能出色地完成任工作。次之，别人告诉了你一次，你就能去做，也就是说，把信送给加西亚。那些能够送信的人，可以得到很高的荣誉，但并不总能得到相应的报偿。再次之，就是这样一些人，别人告诉你两次，他们才会去做，他们不会得到荣誉，报偿也很微薄。再次之，有些人在形势所迫时才能把事情做好，他们得到的只是冷漠而不是荣誉，报偿更是微不足道了，这种人是在磨洋工。最等而下之的就是这种人，即使有人追着他，告诉他怎么做，并且盯着他做，他也不会把事情做好，这种人呢只能是失业，遭到别人蔑视也是咎由自取。

总之，一个人在大学时期，有了主动的品质，无论将来遇到什么样的困难，都会想方设法扛过去的；无论遇到什么样的挑战，都会积极乐观迎接它的到来。有了这样的储备，才可以说：大学，我没有虚度！

做成一件事要历经三个境界

昨天下午是第十二批南疆四地州乡镇公务员岗前培训班学员代表、各班班主任、教学教务、学生管理等人员的情况通气会。会上学员们讲了很多住宿、吃饭方面的问题，特别是对伙食价格偏高、吃剩饭拉肚子、宿舍设备简陋、还有早自习和晚自习以及周六上课等问题提出了很多意见，其中不凡发泄一些不满情绪，随后我们的管理人员针对同学们的问题一一作了回答，特别是教学方面的规定，比如学时量是严格遵守自治区公务员局的文件规定，不能改变等等。我在前面学员和管理人员发言的基础上，经过认真思考，谈了三点想法。

一、充分肯定情况通气会的重要性。这种通气要成为常态化的机制固定下来，每次要有一个校领导参加，同时还需要邀请后勤宿管食堂等方面的负责人出席，进行现场办公，及时回答并力争解决学员们的问题。为什么说这种通气会是非常重要的呢？特别是在新疆这一特殊的地区，第一时间不了解学生和教师的想法和举动，无疑会造成信息不畅，当一种负面的信息流不能及时释放出来，就容易聚焦聚集形成能量。而我们都知道，一个人一旦有想法的时候是不能自动消失和解除的，只有为其提供表达的机会和平台，赌住和抵制是万万行不通的，他不在这个时候说，一定会在其他时候说，当面不说一定会在背后说，在你面前不说，一定会在组织考察你的时候说，与其把话说在暗处，不如主动迎上去，积极提供各种机会让其充分表达，这样带来的好处是：我们可以随时掌握学员们的情绪和想法，同时考验我们迅速地做出思考和选择的能力。一方面你要对自治区公务员局出台的相关文件和政策有很好的了解并熟知；第二方面你要快熟地将学员们和老师们提出的问题进行分类并识别，对可以马上解决的要做出安排，对不能立刻解决的要提出初步的方案督导相关部门去按照一定的程序力求解决；还有对一些问题，提出不合理的理由，完全属于不可控制的范围内，要引导学员把精力不要纠缠于其中。

二、要集中力量引导学员们将主要精力放在培训的目标上。我们自己也常常会犯一个错，走着走着，就忘了我们要去哪？尤其路上遇到一些障碍的时候，满脑子只想到怎么搬掉这个碍物，却忘了我们要奔的方向和目的地。作为一个过来人，作为一个人生的导师，就要及时提醒学员们无论遇到怎样的麻烦，都要盯准目标，紧紧咬住不放松，不然，我们就会本末倒置。我们目前的主要任务就是通过双语，学习双语是要经历三个过程，也是三个境界，正像诗人王国维《人间词话》中总结的"古今成就大事业、大学问者，必经过三个境界：昨夜西风凋碧树，独上高楼，望尽天涯路；衣带渐宽终不悔，为伊消得人憔悴；众里寻她千百度，蓦然回首，那人却在灯火阑珊处"。我们的学员刚刚结束完军训，身体体力上的消耗很大，一进入课堂安静下来，每天连续十几个小时的苦读，自然有一个承受极限的问题，但心里的煎熬也只是刚刚开始，离后面的要求相差还很远，我们务必有一个清醒的定位，不能学员一叫喊，我们就发软让步，这是不行的，要把每一过程实打实走完，力求完美，总之，不进就意味着退步。

三、要抓紧时间研究下一步教学工作，特别是教学相长的艺术。怎样的老师让学员学习津津乐道，学员们乐此不疲；开展怎样的活动，让教学成果固化并产生效率。最近要抓紧和第十一批学员联系沟通，反馈一些情况，同时也抓紧访谈一些优秀老教师，探索双语教学的规律。一定要以研究促培训，以培训带研究，这个理念要坚守，虽然过程不易，但意义重大。我们的很多工作都不能只是在表皮上浮动，都不能只是任务驱动，更重要的是要解决"里子"和"根子"的问题，只有看到长远，才能做好当前，才能遇事从容，没有什么可以担忧的，因为你比任何人看得远，才能胸有成竹，一步一个脚印地奔向预定的目标。

第二部分

抱怨他人就等于不放过自己

常言道：原谅他人等于放过自己。我们自己都有体会，抱怨他人对解决问题一点价值都没有。一是吸引力法则告诉我们，说了别人的坏话，这种负向信息会很快传播到他人的耳朵里，你想收回都是不可能的，虽然想让周围的人闭嘴，但怎么可能呢？听到的人就不会有什么好心情，如果控制不好，总有一天会将怒气折射到你的头上，也许是以几倍的能量反击过来；二是在抱怨他人的时候，自己也不会产生好心情，相反身体充满毒素，心态失衡，会对肝脏等器官产生破坏作用；三是对周边人没有好处，大家除了看热闹，就是暗自猜想，他会不会在背后也说过我的坏话，进而对抱怨者产生戒备心理。关于这方面，我仔细观察到：大凡经常抱怨的人都不怎么受周边人的欢迎，一方面没有人有时间和精力听其絮叨；另一方面这在不利于解决问题的同时，还会让别人看笑话。那些相对比较智慧的人总会在问题的解决上下工夫，而且是以积极从容的态度去处理矛盾，在不经意中将隐患消灭于萌芽状态。

世界之大无奇不有，你不能很精确地预测到要发生什么样的问题，但是万事万物的道理都是相通的，一定有它必然发生的理由。这一点你不能小视，只能去学习和了解。一旦这种规律被我们掌握或者熟知，你就会胸有成竹，任其现象纷繁复杂，总能透过现象找到根源，而不会被动地跟着现象游动，不至在痛击别人的同时，弄得伤痕累累，两败俱伤。

我们再回过头来，分析抱怨是如何产生的。一个人为什么要抱怨，直接的意思就是"不满"，对别人的做法不满意。人们往往在心中有一个标尺，希望别人按照自己的要求做，这是常人都能理解的。一方面，领导要求下属，父母要求子女，这相对容易些，付出多的一方要求付出少的一方，而平等关系的双方相互要求就比较复杂些；另一方面，被要求的一方是情愿的还是被迫的，这不好说，表面的服从和尊重是无法持久的。现代家庭，父母想要要求自己的子女也很难了，因为子女长大成人，他们都有自己的想法，你管住他们一时，难以管住他们一生。明智的办法就是彼此遵循一定的道德法则或者游戏规则，抓住根本，即道德的底线和正确的方向，其他放诸四海，包容以待。

我们每个人都有自己独特的人生体验，实际上，对别人提出要求自己也并不轻松。因为稍有不如意，你就会产生负面的情绪，可是这个世界上有多少人是为你活着呢？他们有自己的人生轨迹，有自己的人生选择，你怎么可能主宰别人的命运呢？你能把控好自己的命运就已经不错了。显然，与其将压力和力量放在对方身上，不如将力量聚焦在自己身上，让别人的空间大一些，退一步海阔天空。我的国际标准舞老师常说，"自己的力量强比什么都棒，因为你有力量可以托起对方，让对方先过去，你有自信让伙伴离不开你。"那种总想压住对方，给对方施加压力的行为，不是强者凶悍的表现，而是弱者不自信的表达。那些常常声嘶力竭、张牙舞爪的人，其实最是内心虚弱，没有实力，只能凭借外强去掩饰自己的空虚。

另外，我们还有一个体会，在要求别人的时候，我们是消耗正向能量的，因为我们的关注点不是放在自己身上，而是聚焦在别人的问题上。即使是老师对学生的要求，具有大教育理念的人，也是将目光聚焦"发现"上。因为"发现"会让人兴奋，产生一种正向能量，传递出去也会收到意外的激励和奖赏，并在周围形成一种正向能量磁场，营造出积极的氛围。时间证明，这种磁场非常利于人的健康和成长，环境改变一个人，是不知不觉的，而不是被迫无奈的。选择一个优秀的团队与选择一个好的领头人同等重要，因为一个优秀的团队是领头人最得意的成果。

因为身边关注抱怨的人多了，我便给自己定下一条规矩，不要随便发抱怨，即使更年期期间也要控制好，尽可能让周围的人快乐些、轻松些，不能给他人带来太多的物质利益羁绊，至少不能带来烦恼和痛苦。另外，要善于识别哪些抱怨是可以控制的，哪些抱怨是不可以控制的，要智慧地远离那些对自己有负面影响和不可控制的抱怨者。同时，也要在可以控制的抱怨者中耐心倾听，积极引导，尽力去解决一些问题。当然，自己要善待他人，不抱怨，给自己轻松。

第一次给非公经济组织的团干部授课

来新疆后，我频繁地给企业领域的青年干部上课，比如新疆金属有色企业集团、独山子企业、新疆华电企业集团、克拉玛依黄金矿，还有吐哈石油公司，受训学员达400多名，但这些都是国有企业。这是第一次给非公企业的团干部上课，感觉更为强烈。一是我曾在民营企业做过三年，那段时间留给我的记忆刻印是难以忘怀的，至今想起都有一丝酸楚，说不清道不明，没有这段经历的人难以理解在非公企业做事的感受；二是非公企业的地位还是无法与公有企业相对等，在90年代地位更无从谈起，私企老板在社会上的声誉和诚信也要差一些。在那个年代，从一名高校教师走到民营企业是一件不可想象的事，但我尝试了，现在也觉得这样的选择只能有一次，但我不后悔。

现在，看到这些来自非公企业的青年干部，感觉和我们那个年代的青年确实有很大的不同，整体素质非常高，整个人的状态也非常好，这大大出于我的意料。无论在表达思想方面，还是工作拓展方面，他们都是非常出色的，非公经济组织中人才济济。

目前，共青团将注意力放在非层级化的组织领域，特别是在非公企业建团，意义非常重大。过去这块是盲区，至少在我们那个时期，没有什么团组织一说。但是，我在民营企业见到过自治区机关团干部，给我留下的比较深刻的印象就是他很能为老板办事，特别是在协调与政府职能部门的关系方面发挥着很大作用，这使办事的成本就相对较低。今晚的讨论会上，有学员提出：能不能与政府职能部门的团干部进行交流挂职。我听后异常兴奋，因为这也是我多年来一直思索的问题。我认为，完全可以尝试换位体验，这既有利于非公经济的发展，也有利于团干部素质能力的提高。我们曾设想怎样构架机关、高校、企业、乡镇团干部交流挂职的立交桥，不能单一发展，一定要相互补充，让青年干部的成长更趋向健康、全面和均衡。

讨论会上曾冠军书记谈到：我们国家什么时候取消非公经济的说法，就意味着社会什么时候进步。目前，学而优则仕要是改为学而优则"企"，那情况一定大为不同。我们现在的大学生都心无旁骛地考公务员，不愿意进企业，不愿意下基层，这是一件很可怕的事。试想一个倒三角的结构是极为不稳定的，基础不牢后患无穷，人才不被用、不好用、不适用的情况比比皆是，令人深思。现在比较乐观地看：非公经济组织的人才数量急剧增加，这是以往所不能比的，越是艰难的企业越容易磨砺意志，因为他们的生存欲望会更加强烈，那种等、靠、要的意识相对国有企业要少得多，从这些学员精神状态就可以看出这种求知欲的强烈性。

我有一个观点，要把精神营养送到那些需要的青年中，因为不饱和，才会倍感珍惜你提供他的一切。在这些学员中，不难看出他们也有思考，比如他们一针见血地提出：现在的共青团如同有鱼缸、鱼钩，但没有鱼饵，因而青年不那么愿意跟共青团走。还有的描述：在非公企业中，共青团虽然握着青年工作的方向盘，但要把车向哪里开，那是老板说了算，因而很多工作受制于老板。他们中一些人纠结于青年对很多活动的漠然，不知道用什么办法把青年的兴趣调动起来，特别是那些流动的青年如何组织，如何让他们对组织产生归宿感。还有学员提到：共青团要能种别人田，不荒自家地。在企业共青团，他们提出一个口号：要把别人的钱装进企业的口袋里，要把企业的想法放进别人的头脑里。我觉得学员们的思想还是相当活跃的，青年干部就应该是这样的，要有自己的想法。

曾书记在解答学员的问题中谈到：一定要找到非公经济组织中共青团的内生动力源。要紧紧抓住企业老板所思所想，特别是对企业的经济和社会效益、企业有生力量和后备力量的培养，在企业的刚性需求前提下，一定要在柔性的空间中找到自己的一席之地，来做补充、替代和补偿等方面的工作，辅助企业人力资源的开发。只有找到与老板利益的最佳契合点，你开展的活动才会赢得老板的支持。

另外，冠军书记还指出：共青团干部要善于回到归零状态，不能只停留在让企业老板主动支持团工作的阶段，而是要我们主动迎合上去，通过自己的研判能力、选择能力和表达能力等，去努力赢得老板的支持。最后，他还谈到：共青团是中国共产党最智慧的政治设计，就是要通过这一组织培养一大批的优秀青年干部，让他们在这一最佳平台锻炼成长，在这个平台上，也最能练就做青年群众工作的本领。

陆昊书记也曾讲过：要赢得青年对你发自内心的尊重，没有服务青年的真情实感和真实本领是不可能的。他说，人，归根结底要活在真诚的而不是虚假的情感关系里，活在自己喜欢的那份事业追求里，活在别人对我们发自内心而不是表面的尊重和认同里。如果想要赢得别人发自内心的永久的尊重，靠的是精神品格，靠的是服务社会、国家的本领，靠的是对人民群众朴素而真诚的感情。现代社会，功利化的东西不会赢得别人对我们的内心持久的尊重。

这次讨论中，学员们对党的政治主张如何在青年中实现传播的问题有些迷茫，觉得这很难达到一个令人满意的结果。我认为，主要是我们的产品供应跟不上，同时，我们在传播真理的过程中，对情感、信任、信仰等因素和感情、艺术、时尚等元素考虑和运用得不够，因而导致我们不能在青年急需的状态下及时送上可口的"营养饭菜"，这不是青年的问题，而是我们组织的问题。另外，在关注青年的生产技能提高的同时，也要关注青年的非生产性技能，比如交际能力、爱的能力、情绪调试能力等，往往这些非生产性技能才是青年能够健康成长的关键。

今天的讨论非常有收获，更增加了我对非公经济组织建团这项工作的信心以及对非公经济组织团干部的期待。感谢自治区团委领导，感谢学员们让我学到了很多知识！

对承接自治区选派南疆四地州乡镇公务员岗前培训工作的一点思考

当前，新疆要实现跨越式发展和长治久安的战略目标，南疆四地州的发展和稳定是其中的重要一环，也是关键一环。发展稳定的基础在乡镇，关键在坚守一线、坚守重镇，而一线的坚守首先要靠乡镇干部和广大的基层群众。南疆乡镇公务员这一群体则是其中的重要组成部分，他们直接接触主要依赖土地等资源生存和发展的少数民族群众，自然地就与农村、农业、农民有着最直接、最密切的联系，是各级党和政府的工作基石。

做好培训和服务是我们的使命。要使我们的公务员在岗前对农村有所了解、对农业比较熟悉、对农民富有真情，使他们成为党和国家急需的具有现代知识、现代思维、现代眼光的乡镇青年干部，并真正成为我们党夯实和巩固基层政权的重要力量，需要我们每一个培训工作者倾入大量的心血和智慧。这既是守土责任，也是光荣使命，是我们义不容辞的职责！我们唯有积极作为，勇于担当，才不辜负自治区党委、政府对我们培训单位的信任。

目前，新疆正处于大建设、大开放、大发展的关键时期，我们的培训工作要与时俱进。在认真总结以往培训工作经验教训的基础上，突破传统思维定式，积极探索先进的培训模式，建立大培训大教育的理念，有效整合各培训单位的优质资源，形成共享机制，提升整体贡献率。

在几年的培训实践工作中，我们有五点感受和思考与大家分享，也期待各位领导、老师和学员多提出宝贵意见。

一、培训工作要始终把握正确的政治方向，一定要把培养公务员的政治品格和政治意识放在首位。

公务员肩负着党和国家的政治使命，能否与党中央、自治区党委在行动上保持高度一致，是衡量每一位公务员政治上是否过硬的前提；能否与基层百姓面对面、实打实、心贴心沟通交流并真心实意为百姓服务，是考验每一位公务员政治上是否合格的重要标准。为什么要学习双语？语言是我们联系群众，特别是与南疆维吾尔族百姓直接交流沟通的手段，语言不通，根本谈不上贴近群众、走进群众心里，这是一项最基础的工作。在南疆调研期间，我们对在乡镇工作长达十几年的汉族干部充满着崇敬之情，他们为了成为百姓的当家人和领路人，硬是学会并掌握了维吾尔族语言，甚至学会了当地的土话，每当出现突发事件，他们凭借与百姓多年积累的感情，总能让事件从大化小，从小化无。当我们问及社会稳定的秘诀时，他们毫不犹豫地回答道：基层干部和人民群众的真挚感情。要培养这种感情，不懂语言，特别是不懂百姓的语言，无论如何难以稳定一方疆土，更谈不上实现新疆跨越式发展和长治久安的战略目标！

因此，在培训过程中要始终引导学员坚持两个基本点，即一切为了发展，一切为了稳定。要坚定跟党走，坚守基层生命力工程，要始终与人民群众保持密切的联系，要从内心真正想明白两个问题：党和国家为什么下血本为南疆四地州培养和输送公务员？我为什么要当公务员？是理想、信念，还是利益，情感驱动？这些问题不明白，不想透，政治上过硬的要求就难以达到，不但影响青年干部的健康成长，还会给党和人民的事业带来灾难。

二、培训工作要在抓好双语教学工作上下硬功夫，确保学员语言通过率。

语言的学习是有规律的，特别是青年学子，他们经历了四年本科或三年专科的专业学习，部分学员在社会上还有一定的工作经历，根据他们的实际情况，怎样开展双语教学，是需要认真琢磨和研究的。

首先，要明确一种理念。教学和研究是相互依赖的，仅仅关注"教"是不够的，在教的基础上，还要研究我们的对象的接受程度和承接方式。既要关注他们的普遍性规律，也要关注他们的差异性特点，两者需要有机地结合起来。

其次，要坚持一种互动。教与学是相长的，教师和学生的积极性都要调动起来，缺一不可。始终要在头脑中坚守能量守恒定律，教师传达给学生的一定有两个重要的讯息，一是信息的准确内容，二是附加在传递信息上的情感和态度。真正对学生有触动的则是后者，前者是作为一名人民教师应具备的基本能力，后者则是成为优秀人民教师的基本素质。

对学员的情感和态度是决定我们教师能否胜任工作，并完成教学任务的内在关键指标。有了这样的认识，我们就要对那些为了学员勇于奉献积极进取，刻苦钻研教材教法的教师给予大力的表彰和激励，并将其树立为学习的楷模。

三、培训工作要在管理上精细化、科学化，着力抓好管理队伍建设。

培训工作要向管理要效益，要让每一个管理者和参与者都懂得管理不是目的，而是为帮助学员未来更好地胜任岗位所采取的必要手段。要抓好管理队伍，实现任务分解，更加有效地完成自治区公务员局交付的培训任务。

首先，我们要加强教师管理队伍建设，进一步优化培训师资。不分年龄大小、职称高低，坚决辞聘、解聘一批授课过程中不负责任、学生意见大、教学效果不明显的教师，选聘一批在相关学术领域具有权威性的专家学者以及一直从事基层工作、在基层担任重要职务，并有着丰富实践经验的党的领导干部，不断充实教师队伍。同时，将不惜投入资金邀请在全国有知名度的学者来校为学员讲座，着力提升培训层次，建立一个由不同层次、不同类别、不同专业领域的人员组成的高质量的师资库。

充分发挥培训工作教学督导组的作用，严把三个质量关："备课质量关"，严格审查、评议教师的教案，对教案内容中存在的需要改进的突出问题提出修改和调整意见；"授课效果关"，采取学员随堂打分，督导组随机抽查、分析评议等方式，对教师授课情况做出评估反馈，并将考核结果与优秀教师评选、奖励补助相挂钩；"学习效果关"，进一步加强对学员考试成绩等抽样检查、综合分析工作，查找教学中存在的不足，认真研究，不断改进，确保教学督导工作取得扎扎实实的成效。

其次，我们要加强学生管理队伍建设。在进一步严格班主任选聘工作的基础上，注重加强对班主任的培训、培养工作。在每期开班前，通过派遣班主任到乡镇党政部门锻炼，了解基层干部工作现状；通过组织班主任学习公务员局关于公务员岗前培训工作的相关文件精神，掌握培训工作的具体要求；通过要求班主任撰写班级管理工作计划，进一步提高对班级的管理能力。

第三，要加强党团队伍建设。充分发挥学员党支部、团总支的战斗堡垒作用，每月召开一次校领导与学员代表面对面的交流座谈会，了解学员思想动态，共同商定学员活动计划，解决学员反映的教学、管理和后勤保障等方面出现的问题，确保学员在良好、积极向上的氛围中学习、工作、生活。同时，要积极开展学员的第二课堂活动，提升学员的综合素质。

四、培训工作要用现代文化聚心凝力。

文化最大的特质就是具有极强的渗透性和持久性，如同我们生存不能缺少的空气一样。因此，培训工作必须运用现代文化营造和谐的团队氛围，提高教职员工的幸福指数，用真情经营事业，用事业固守感情。正如共青团中央陆昊书记所说的："人归根结底要活在真诚的而不是虚假的情感关系当中，活在自己喜欢的那份事业追求当中，活在别人对你内心而不是表面的尊重和认同中。年轻干部也要意识到，现代社会，只靠权力不会带来别人对我们内心里持久的尊重，要靠自己的精神品格、靠服务国家与社会的本领、靠对人民群众的真诚感情，来赢得人们的尊重"。

青年永远是富有朝气的，他们始终引领着时代的潮流。要让他们的创新意识和潜在能力有发挥施展的机会，我们就要给他们提供表达的机会和表现的舞台，要让他们的心声有呼应，他们的才华有展示。要想他们之所想，充分发挥他们的自主性和首创性，以现代文化凝聚一种精神，一种奋力拼搏永不放弃的精神，一种感恩社会回报社会的精神，一种民族团结合作共赢的精神。

要用文化艺术等不同的形式将培训教学成果和学员日常生活心灵感悟一同表达出来。在学员的思想引导工作中，"既要看到真理本身的魅力，又要看到感情、信任、友谊等因素以及情感、艺术、时尚等元素在真理传播过程中不可替代的作用"。我们多次策划"南疆四地州乡镇公务员岗前培训双语教学成果汇报表演"、开学报到后所进行的军训和汇报表演、演讲比赛、音乐诗歌朗诵、汉族和维吾尔族歌曲大联唱、读书读报比赛、与新疆师范大学学生结对子、汉族和维吾尔族人民同居一室相互学习等不同内容形式的活动，大大增强学员的口语表达能力，营造"比学赶帮超"的双语学习氛围，同时也让学员们收获了友谊和真诚。总之，培训工作重在开发师生员工的自主性，提升工作管理的艺术性，以第二课堂活动来补充和巩固第一课堂的教学成果，公选动作和自选动作有机结合。

五、培训工作要建立以培训带研究、以研究促培训的科学理念，坚持理论与实际相结合。

培训工作中出现的问题是研究的重要课题，研究的成果将用于培训工作的改进和提高，并进而为上级出台相关政策提供有价值的依据。

今年，我们要依托新疆团校科研部，并在新疆自治区公务员局的指导下，着手开展《南疆四地州乡镇公务员上岗回头看》《双语教学质量提升法》课题，先以新疆团校去年已经培训的第十批和第十一批公务员为研究对象，通过书面访谈和问卷调查的形式，了解他们上岗后的一些基本情况。通过他们半年的工作体会反看岗前培训带给他们的帮助，从他们工作的真实需要出发对岗前培训提出一些有价值的建议，并对新一批岗前学员提出要求和目标，对当地公务员有关使用方面的政策和公务员发展前景等问题提出自己的看法。

目前，已有40多名上岗公务员接受了我们研究人员的深度访谈，并整理出第一手资料。《双语教学质量提升法》课题也已经从今年开始实施，拟在所有培训教学点选取最优秀的双语教师和优秀的学员作为研究对象，通过观摩其教学、教案、教法以及与学员的关系等路径，进行交流访谈，回顾梳理和挖掘其思想核心内容和关键事件中的要素，提炼出双语教学魅力法，帮助学员们用好记善记的口诀加以掌握。可以相信，这项研究工作有着非常重大的意义，如果坚持做几年，就一定会有很多成果展现，这对于青年干部成长规律的深入研究也有着积极的作用。

乡镇公务员是党和国家的希望和未来，社会各界给予他们深切的期望。一是期待他们能以自主的热情学好各项培训课程，掌握双语。没有这个状态,就很可能被"枯燥"、"单调"压垮。研究表明:人要做成一件事,没有激情难以维系,没有兴趣难以持久。在能不能做、想不想做、肯不肯做中,后两者是关键。前者是能力问题,后两者则是态度问题,态度比能力更为重要,因为有了端正的态度,就没有过不去的坎,但是光有能力,态度不积极,一切也是无济于事。二是祝愿他们在这培训的殿堂收获友情,积累人脉。我们在这个世界上要想获取成功,必须有人帮衬,有人辅佐。我们年轻时结下的友谊之树,日后会像天上的星星一样伴随我们成长。我们要加倍珍惜和维护,要对同伴呵护关爱,要先"舍"后"得",要善于包容和欣赏同伴,要尊重和爱戴我们的师长,更要像海绵一样吸收一切有利于成长的知识和养料。三是希望他们尽快建立和完善自己的知识结构,不断提升综合素质。一个人要立足社会,成为一个高尚的人、一个纯粹的人、一个脱离低级趣味的人,必须提升自己整体的综合素质,这需要较为完备的知识结构体系来支撑。单一结构的知识储备难以抵挡来自社会各方的压力,难以承担党和人民交付的历史重任。因此,在学习双语之外,还要学习政治、政策、农业、农村、公务员等各方面知识,最重要的还要学习做人的知识和礼节。另外,还要积极参加学校组织的各类活动,培养自己的组织、协调和公关等能力,学会带团队的本领,提升自己的人格魅力,以发挥最大的影响力,只有这样才能成为人民满意的公务员。

作为自治区岗前培训工作承训单位——新疆团校,成立于1957年,隶属共青团新疆维吾尔族自治区委员会。依托共青团强大的组织网络优势,除进行公务员培训以外,还坚持团干部、少先队辅导员及青年骨干在职培训、全日制专科教育、成人继续教育、青年职业技术培训等多层级多类型的教育方式,累计为社会培养万余名青年人才,2008年成功创建中央团校新疆培训基地、自治区青年创业培训基地和自治区扶贫办劳动力转业培训示范基地。凭借已积累的办学经验和办学实力,我们郑重承诺,我们将始终坚持以"培养高素质的南疆公务员干部"为目标,在培训过程中不断审视自己，剖析问题，改进方法，全力以赴探索乡镇公务员岗前培训的新规律，集中精力研究"双语"教学的新模式，坚持不懈破解抑制培训工作发展的瓶颈，高标准、高水平、高效益开展培训工作。通过我们广大教职员工的努力，力争让每一位培训学员感受到党的温暖，力争让每一位学员都能顺利通过语言关并愉快地走向祖国最需要他们的地方，在那里生根开花结果。只要努力就会改变，只要努力就能改变，让我们一起努力再努力！

对大学精神的思考

记得科学家钱学森在离世前曾对来看他的领导讲过这样一句话：中国的大学为什么培养不出世界的大师？为什么世界的诺贝尔奖获得者不是出自中国？他谈到近些年来中国的大学核心本质在哪，他回忆曾经的国外留学经历，曾经他就读的国外大学带给他的感受，学术自由，思想活跃，创新意识浓厚，特别是人文精神带给他的帮助，艺术熏陶对他科学发明的启迪，从这些话语中你会体会到一个老科学家对中国教育的担忧和顾虑。

我很赞同中国青年政治学院常务院长王新清老师对大学精神的概括，即追求真理、人文关怀和促进和谐。我理解为三个关键字——真、善、美。对真善美的追求是大学精神的高度凝结，世界上不知道还有什么力量超乎真善美？

目前，高校的一些情况不尽如人意，无论是教师还是学生。似乎大学精神被一种功利化的色彩替代了，人们将目标锁定在一种眼前的物质利益追求上，比如学生参加各种社团、参加社会实践和竞选班委等似乎都是为了增加一个学分。将手段当成了终极目标，这是一件很可怕的事。另外，为学专业知识而学专业知识，并没有考虑到要成为一个全面发展的社会人，需要一个较为完善科学合理的知识结构。自然科学和人文科学在某种意义上需要兼顾，不可偏废，因为在一个人的成长和发展中，它们是缺一不可的，是彼此相互作用的两个方面。不难看出，曾经的自然科学家们为什么同时具备人文素质，准确地说是内心有一种人文精神。比如爱因斯坦在发明相对论的同时，也是一个小提琴手；钱学森在搞原子弹的过程中，也对艺术情有独钟。他们身上体现的就是一种对真善美孜孜以求的精神素养，这恰恰是我们现在大学应该认真反思的部分。

这些年，我们不得不承认在这些方面有所忽视。老师不能静下来教书，学生不能静下来读书，在学校想外面的事，进入社会又想躲回学校，这种纠结和自相矛盾的心理对青年人十分不利，只会让浮躁变本加厉，既不利于社会发展，也不利于青年人健康成长。这种不稳定的动因来源于我们对大学精神内涵实质的不了解，没有真正懂得上大学是要获取哪些对成长有益的元素，没有真正明白大学是什么。在学生的眼中，大学仅仅停留在高楼大厦、先进设备和美丽校园，往往看不见的恰恰是这个大学的大学精神。这种大学精神需要"大师级"教师的风范来体现，需要先进的文化来展示，它无时不在，就像空气一样，你无法不受影响。这种影响甚至会深深刻印在你的骨髓之中，永世难忘，这种力量绝对不是眼睛能看到的，但能确确实实感受到，如同强大的磁场让你无法逃离和摆脱，这种内生动力源才是引导你走向成功的秘诀。

对于一个刚刚步入大学的学子来说，一定要引导他把注意力放在学习上。这种学习不是狭隘的，而是一个大学习的理念，要建立第一课堂，老师讲授；第二课堂，社会实践；第三课堂，主动学习的意识。三人行必有我师，学习是随时随地的，是需要用心的，是过程式的，短时间内也许难以显现其效果，但长期积累就一定会将优秀与普通的人区分开来。大学精神也是通过学习一点一滴渗透到我们的血液中，并成为我们的一种特质和标识，永远传承下去。

同时，我们还要给新同学讲清楚人生的方向比规划更重要，即做正确的事比准确地做事更重要。方向是第一位的,设计路径是第二位的,常常在心中问自己三个问题:我从哪里来?要到哪里去?怎么才能去?北京新东方董事长俞敏洪的个案给我们很大的启示,严格意义上讲,他是一步一步走过来的,他的人生不是规划出来的,而是一点点干出来的,常人看到的是他的结果,只有明白人看他的过程,特别是那些最艰难最无助的时候他是怎么走过来的过程。在大学期间,他是怎么学习的?比如,他为了从别人那学习一些东西,甘愿主动为别人服务,给别人泡方便面、沏茶等,因为他清楚不付出难以获得。为了办英语培训班,他发过传单,在电线杆上贴过广告,这些都不是他以前规划好的,而是残酷的现实让他不得不这么做,不然就难以生存。其中的关键在于:常人会吃不了苦挺不下来,而他挺过来啦!诗人王国维在《人间词话》中总结,"古今成就大事业、大学问者,必经过三个境界:昨夜西风凋碧树,独上高楼,望尽天涯路;衣带渐宽终不悔,为伊消得人憔悴;众里寻她千百度,蓦然回首,那人却在灯火阑珊处。"很多人没有成功,不是规划得有问题,而是没有走完过程,特别是在面对人生的 100 米时,跑到 50 米就回头了,而俞敏洪坚持跑完了 100 米。在他看来,跑回去和继续跑代价的是一样的,只是方向不同。

综上可以看出:人生的方向是第一位的,也是最终决定你成功的关键,而确定好人生的方向恰恰需要一种精神的支撑,这就是大学精神的本质内涵。要让我们的学生学会学习,学会做人,学会合作。学会学习,就是要学好专业基础知识,及早掌握规律;学会做人,就是要有人文关怀,与人为善;学会合作,就是要与他人和谐共处,有团队意识,时刻准备着为社会贡献智慧和力量。

给孩子的一封信

丹琪：

　　长时间以来，我都想和你聊聊，但不知道该从哪开始。

　　也许一直以来对你的宽容和放松，没有给你更多的压力，使你在对自己的行为约束方面形成了很多值得思考的问题。

　　我们这一代是比较艰难地挺过来的，你的姥姥爷爷更是如此，因此，我们都对今天的生活倍感珍惜。即使你让我们大手大脚，我们也很难改变勤俭持家的习惯，不愿意给家人带来丝毫的经济压力和负担，总想着给家里贴补一下，多为家里减轻负担。

　　在你这，我发现我和你爸对你的教育是有问题的，对你行为的纵容和顺从是我们最大的失败。你没有觉察到，你每一次的决定都让我们付出了很大的代价，当然，我经常也会安慰自己，付出点"学费"也是应当的。在校期间，父母可以为你付出任何成本，这是我们的责任；现在不应该了，你走入社会，一切都需要你自己付出成本和代价，不能再让父母替你买单，不能再让父母为你揪心，既担心你生活得不规律影响身体健康，又担心你哪一天又有一个什么决定让我们支付成本，你现在已经是一个成人了，要学着慢慢成熟起来。

　　我一直为你没有形成一个良好的生活习惯而感到纠结，也不想说得太多，一个女人真得要在家善理家事，在外精明强干，哪一头都要立得住，不能叫别人瞧不起。动作磨磨唧唧，不会察言观色，都会让领导和同伴不认同，这些都是我的担忧，我们身边如果有这样的年轻人，大家的认同性都会很差，如果不被认同，怎么能安身立命呢？

　　一直以来，我和你爸都顺从你，尽可能满足你的一切需求，让你发展好成长好，但你也不能一味地固执下去，一切应适可而止。有多少实力就办多大的事，没有实力就尽量克制自己，不能由着性子想干什么就干什么，试想，这个世界有多少人能满足你的所有愿望？你是不是要先考虑一下别人的感受？在一切不影响他人的前提下做自己的事，不然会让周围的人不开心，也会让周围的人想要逃离你。你的自主自为建立在牺牲别人的代价上，这是万万不可以的。

另外，要管好你自己，不要管不在你涉猎范围内的事。爸爸妈妈都有自己的事和想法，他们的资产也是一点一点积累到现在这个程度，它不属于你，你要善于归零。你走向社会的第一步，就是建立起自己一无所有的意识，一切从头开始，要凭借你的本领去创造你自己的美好生活，不要去管理别人的财产，你没有这个权利也没有这个义务，它不属于你。你没有把这个年龄最最应该做的事抓住，这也是最糟糕的。

我不反对你做出的各种决定，你有这个权利，但一定切记，自己做出的决定，一定要自己负责，即便是付出代价。在你做出每一项决定前，都细细想想，你有没有这样的精力和资本来承接这样的选择。我们既不能替代你，也不能确保这样的选择是正确的。父母也不是万能的，很多事也拿不准，很多事情也不一定看得透，这完全需要你自己研判，即使我们认为不妥的，你也不一定非要接受，请在决定前考虑清楚，把事想透想明白再行动。

还要抽时间多学习，把学习作为一种生活方式坚持下来。学习不只是在课堂上，在工作生活中随处都可以学习。有一点收获就把它记录下来，短时间也许看不出有什么效果，但积累下来，就是一笔厚厚的财富，这笔财富比你有多少钱更有价值。这段时间你太关注物质方面的利益啦，把精神方面的提升远远丢掉了，这是非常可怕的。一个人要赢得别人内心的尊重，不全由功利化的物质利益驱动，更多的是为你对自己喜欢的事业的追求、对现在工作的真情投入、对同伴对亲人的真情实感所折服。不要活在虚假的利益关系之中，少一点浮躁，多一点踏实，少一点索取，多一点付出，只会对自己的成长有利，不会有损失。一个人归根到底不能活在表面的虚荣里，不能完全活在物质里，要真真实实地活在现实里。

也许我的话语重了一些，那是我希望你要猛醒过来。一段时间后回过头来看看已经走过的路，清理清理自己的思绪，看看哪些决定是对的，哪些选择是错的。对的为什么对？对在哪？错的为什么错？错在哪？从中得出什么有价值的东西？其中有什么规律可以遵循？有什么教训一定要汲取，不能再重蹈覆辙？最好的办法，就是用文字记下来，好记性不如烂笔头，多给自己的内心世界营造一些踏实厚重的成分，这些财富是别人永远拿不走的，也是自己建立稳固内心定力的关键，切记切记，永远远离迷茫、空虚、漂浮和摇摆，甚至人云亦云、不知所措。

相信妈妈说的一切，这些都是生活的经验，甚至是以血的代价得到的，你要善于汲取和吸收。养成一些好的习惯，就是这些习惯让妈妈尝到很多的甜头，比如刮风下雨也不间断的锻炼，比如经常性地整理内务，比如经常写随笔杂文，都让自己的生活更加健康、充实和宁静。

我也仔细观察到，你与人的合作没有问题，你有自己的想法也没有问题，你也有很多的创意，这些都非常好，每个人都有弱项和强项，怎么可能完美无缺呢？但问题是，有些好习惯现在养成也不晚，它会让你的生活从此与众不同，会让你的生活品质有所提升，不妨试试看。

另外，不要太在意别人对你的想法，要把这种在意放在提升自己水平的维度上，你就会对别人有感激之心，变被动接收、排斥拒绝为主动担当不是更好吗？你在很多事上受外界干扰过大，敏感度过强，内心的定力还是不够强大，经受的挫折太少，受艰苦日子磨砺的机会太少，这是我比较担忧的。长期生活在繁华闹市，不接触社会底层的人的成长是有缺漏的，只是不知道怎么才能补上这一课啊！

要说的就先说到这，你自己冷静思考一下，妈妈说得也不完全对，仅供参考。日子还得一天天过下去，还得自己过好，世上从来没有什么救世主，一切都要靠自己。我们只是你的生命驿站，偶尔停歇一下，接着你还要继续前行！

关注当下，享受投入带来的快意

一个人能活在自己追求热爱的事业里，活在人与人真实的情感中，实际上是非常快乐的。

我们都有一个感觉，一个人的关注体验往往要高于思维逻辑。生活不是数学公式，不是可以精确计算出来的，计划常常赶不上变化快，很多事情难以用逻辑解释通，但它就是发生了，你只有面对这种现实，接受这种现实，才是最智慧的选择。我们需要具备两种思维——感性思维和理性思维。缺少感性思维，会少些雅趣；缺少理性思维，会多些误判，总之，在二者之间还是要寻求一种平衡。

在新疆，我最快乐的事就是能与青年朋友在一起，尤其是在讲堂上与他们进行交流。他们那种关注的眼神，最能打动我，让我忘却所有杂念，一门心思地投入在所讲授的内容上。非常放松，超常发挥，那种快感很难用语言表达清楚，很难用逻辑思维诠释明白。相反，如果学员们上课走神，或者我走神，彼此在配合上就绝对会出现问题，可以想象这堂课也不可能成功。

我会时时训练自己集中精力做一件事。因为我知道，一个人如果做事注意力不集中，实际上会带来两个问题：走神，事情就不能做到极致。自己不快乐，事情也没有做好，这是最大的败笔。

训练注意力的集中度，我是从习舞开始的。一听到音乐，身体的各部分器官就会产生一种不自觉的反应，特别是肌肉便有拉伸和收缩的欲望，身体的细胞开始活跃，并加速新陈代谢，滋生出的荷尔蒙让人心情愉悦，很有激情，能保持一种精力充沛积极向上的状态。

现实中，我们受到的外界干扰实在太多，诱惑也太多，如果把持不住心中的定力，很容易动摇，这种心情是最纠结和痛苦的。什么都想得到什么都可能得不到，即使得到了，也会很快失去。中国有个成语叫"水到渠成"，真是这样，天下没有免费的午餐，没有风雨难见彩虹，还是要把心踏实下来，关注当下，尽其所能，做到极致。与其被动做不如主动做，做出感觉做出精彩，剩余的就只有顺其自然，顺势而为了。在我看来，结果不是刻意做成的，而是自然形成的，脑子里老想结果是没有用的，因为无法预料的情况有很多，唯一能掌控的一点就是：关注当下，享受过程。正如北大临床心理学博士、首都师范大学应用心理研究所副所长刘兴华副教授所说的："要善于温和而坚定地把自己从一个个想法中拉回到当下的体验中来。"我们能做的就是做好当下，一旦进入当下，心就会安静下来。倾听到自己的呼吸，自己的心流，每天这样重复，日积月累，你就会发现有丰厚的成果回报自己。

将弱声唱弱是一种能力

音乐家徐沛东曾经说过一句话：合唱是一种最美的艺术，它的美是一种团队合作的美，一种和谐的美。评价一个合唱团的水平高低，是看队员们能不能把弱音唱弱，强音唱强，弱到无声，强到震撼。

天性喜欢艺术的我，在学生时代就参加了合唱团。后来当了老师，就开始组织学生合唱团，甚至承担指挥的重任。在大家看来，搞合唱是一个非常费时费力的活，可在我看来，它所带来的美是任何力量都无法超越的，甚至对学生的影响是终身的。这期间大家所付出的艰辛只有参与者自己才能体会到，但收获也是很大的，一是没有过程的刻意训练难以保证质量。那种只要结果不要过程，甚至在合唱训练中投机取巧的做法是行不通的；二是不提倡个人英雄主义。个性化的色彩不凸显，更需要大家整体一盘棋的合作精神，这对队员们学会合作是有帮助的；三是艺术无止境。同一首歌可以用不同的方式处理，跌宕起伏，既可以平静如水，也可以如火山爆发，这完全根据主题的需要。从中我们可以领略到：学习永无止境，艺术超于生活；四是从内而外地释放情感。一个人归根结底要活在真诚的情感中而不是虚假的关系中，这在合唱中尤为明显。感情不真挚，唱出的声音就会发假；不是从心底里发出的感情，听众就会觉得不舒服，也不会被打动。我觉得，世上做假的人一定不是搞艺术的，因为对真正的艺术家来说，他对真、善、美的渴求比任何人都要强烈，他们内心是纯粹的、高尚的和干净的，不然就搞不了艺术。

这次区团委在国庆前夕组织"祖国在我心中"歌咏会，新疆团校师生代表队以《映山红》和《祖国不会忘记》两首歌取得了较好的成绩，这是团队一起努力的成果。

实际上，我们在工作和生活学习中，也需要像在合唱中那样，不断变换角色，营造和谐的氛围。能上也能下，能强也能弱，不能固守一个传统的模式，要善于创新。曾有学生问我：学哲学和艺术有什么用呢？又不能当饭吃。在我看来，作用太大了，随着阅历的增加，在能力差异不大的情况下，就看谁的哲学和艺术功底深厚了。不是常有人说到"境界"这个关键词吗，智慧的选择完全取决于一个人的涵养程度和境界高低，这背后就是哲学和艺术的支撑。

我不是一个艺术家，但从来都对艺术怀有一种敬畏之情，特别对艺术家们的尊敬之意。我心里特别清楚，当今的世界，一味追求物质利益，永远不能获得别人发自内心的尊重。大学也是这样，要引导学生追求真理，甘于寂寞，学好专业知识；要有人文关怀，学会做人；要和社会接轨，以促进社会和谐为己任，成为真、善、美的追求者、践行者和传播者。这就是大学精神。

看《国家命运》有感

最近中央电视台1套正在播放《国家命运》这部电视剧，我已看到第十三集。电视剧主要反映在我国解放初期，经济最困难的岁月里，毛泽东、周恩来、聂荣臻等老一辈革命家高瞻远瞩，不甘于中国一直处于被动挨打的局面，决心掌握世界高端科学技术，制造原子弹和发射导弹的艰难历程。在当时，没有人才，没有技术，没有资源，完全依靠苏联专家，以钱学森为代表的一批科学家在祖国最需要他们的时候，排除万难，历尽艰险，从国外返回祖国，投入到中国社会主义建设的事业中。

故事情节一下子把我们这些60年代的人拉回到当时的情景中，很多记忆都比较深刻，一是世界反共大合唱，我们国家与美国、苏联、印度几个大国的关系非常紧张，一时间苏联专家单方撕毁合作协议，并撤走专家；二是美国利用他们的尖端武器肆意对我国领土重要地区进行侦察和破坏；三是国内经济处于十分困难的时期，全国人民吃不饱饭；四是阶级斗争和政治斗争异常激烈。在这样的处境下，中国的核工业是继续前行，还是果断放弃？聂荣臻元帅的大胸怀、大智慧、大境界此时表现得淋漓尽致，让我们很是动容。当时，他及时赶到北戴河，对持放弃意见的人进行说服工作，在周总理的启发下，安排张爱玲等人下去进行调研，为不放弃中国核工业提供理论和数据支持。可以想象，假如当时中国的尖端科学爬到一半放弃，就很难有现在的伟大成就啊！

剧中有一段情节描述：中国部分知识分子被扣上资产阶级的帽子，在政治方面受到很多不公正的待遇，这时，聂帅挺身而出，及时引导，并颁布《科学工作十四条》，这些行为都具有里程碑式的意义。科学的春天已不远，过程的积淀导致不出结果都不可能，在当时，便产生了国家内部发生动荡，而核工业却发展迅速的奇异现象。

为了国家利益，多少官兵牺牲在了核工业基地建设的场地上，临死他们都不知道他们在干什么。但那种壮举和甘愿牺牲的精神，让共和国永远记住了他们的名字，祖国不会忘记，人民不会忘记。比起他们，我们的生活不知好到哪里去了，我们要学习他们这种牺牲精神，要有这样的胸怀和气度，不能整天患得患失自怨自艾。

　　伟人之所以成为伟人，就在于他们敢上天空揽月，敢下五洋捉鳖，既可气吞山河，又可心贴百姓。这从毛泽东同志写的《咏梅》中便可看出，"风雨送春归，飞雪迎春到，已是悬崖百丈冰，犹有花之俏。俏也不争春，只把春来报。待到山花烂漫时，她在丛中笑。"在那段异常艰苦的岁月里，中国人吃饭问题还没有解决时，他们还想着制造中国的原子弹和导弹，这需要多么大的勇气和魄力啊！在这样的困境中，他们还能保持一种超然的、富有革命理想主义的情怀，实属是"大家"气度"伟人"风范。

人生的意义在于做不会的

　　一直忙忙碌碌，终于在今年国庆中秋节时，让生活节奏放慢了一下。这种感觉特别好，一个人在大街漫步很惬意，这里看看那里瞧瞧，轻松极了。偶尔在商场外墙的大屏幕处逗留一会儿，看看节目也很过瘾。无意间看到了一则广告语：人生的意义是做不会的。我很惊讶，很少有这样论人生意义的，我细细品味了许久，才不情愿地离开了屏幕这儿。几天后，我从这句话中得到了一点启发，并运用到了形体训练的课程中。

　　在我的头脑中一直有一个很顽固的想法，那就是对自己不擅长的要学会避开，总有一个借口让我放弃些什么。比如形体训练中，我基本不做两腿劈叉和手握住脚后跟抬腿等动作，骨子里就认为这是不可能的，因为没有一次成功过。也不愿意和别的舞者比赛，自认为自己有先天骨骼结构的不足或者缺憾，具体是什么问题也不去研究，这种念头也许源于小学三四年级一次办黑板报的经历。

那时候，我是班里的学习委员，承担办黑板报的重任。当时的学校校舍都是平房，没有高楼，条件也比较差，黑板都在校舍的外墙上，距离地面不低。我那时个子矮，必须踩在放在桌面上的一把椅子上，才能写字，冬天天黑得比较早，如果站久了，就容易脚酸胀。我记得，就在冬天的一个晚上，我从椅子上狠狠地掉了下来，从此，腿多少有些毛病，跳舞还可以，但形体训练就比较吃劲。但我一直也没有停止训练，只是有些动作做不了。

看到这句广告词后，我心里多少有些触动，也有一种冲动，心想，不然试试看看！也许会有奇迹发生。在后面的几天里，我开始刻意尝试以前做不会的形体动作，第一天没觉得有什么变化，但是过几天我发现我的动作竟然比前两天好了很多，手臂可以和大腿练成一体了，可以慢慢把腿举起来，虽然与其他舞者相比仍有很大差距，但较之过去的我可是进步了很多。我心中一阵惊喜，谢天谢地，我看到了希望。

一位著名的舞蹈老师说过这样一段话：舞蹈是一门肢体语言的艺术，肢体的表达程度完全依赖于你内在功底的深厚程度，比如两腿之间呈180度、135度、90度、60度、30度，它能表达的意义和范围是不同的，在180度的功力上，你能表达的词汇就会比在30度夹角的位置上丰富得多。当然，他也提到，功力越强，支点越稳，重心越容易控制，同时转移也相对轻松。舞者都有一个感触：功力扎实，重心从一条腿转移过去非常容易；功力差，往往重心老是在两腿之间，不清晰也不干净，总是模棱两可，拖拖拉拉。一个好的舞者，总能像燕子一样处于飞翔当中，很轻盈，因为她的功力完全抵消了大地的重力。

从今天开始，我要改变过去的想法，尝试做不会的，即使不成功也不要紧，因为只有自己亲身体验，才能发自内心地将这一理念传达给身边的人。

人生的最好境界就是"不欲盈"

前两天看到内地所在单位领导发来的短信，内容涉及从新疆过去挂职的一个同事，这个同事有一个不太好的心态，我曾和他多次交流，但效果不是很好，因为直到现在，他仍有两个地方没有改进，一是对眼前的物质利益看得过重。比如常常拿上万元的发票找各方面的领导报销。我不能理解，谁给了他这么大的权力，有什么理由要报这么多的票据，这完全是一个不懂规矩的人，我从心底里对他有些反感；二是与同事们的关系不融洽。一出问题，不是从自己身上寻找原因，总是一味地认为是大家的过错。一谈起同事，就说没有多少人是在帮助他，反而都在有意和他过不去。我总在想，长此以往，这对他的发展没有一点好处，期盼他到内地后能有所改变。可是不到一个月，他的老毛病又犯了，无缘无故又拿着几万元票据让挂职单位领导报销，我觉得他太过分了，简直不可理喻，连一个正常人的思维都没有了，是不是要看心理医生？我有些难过。

当今社会，人们要生存，对物质利益有所追求是没有问题的，但要把握一个合适的尺度。君子爱财，取之有道。《书经》说："谦受益，满招损"，这里的"谦"字亦可解释为"欠"，含义是指万事不可过头，不然会带来不好的结果。比如在新疆，我经常会看到喝酒过头的人，狼狈得就像地上的一堆乱泥，丑态百出，周围都被搞得脏兮兮的。我想，感情的表达方式应该是丰富的，酒场上的醉态怎么可能说明一切呢！我记得一个高层团干部说过这样一句话："喝酒的本事不在于喝的量有多少，而在于无论怎样喝，形散而神不散。"我欣赏他的判断。喝酒在于适当，过犹不及，欠一点没什么坏处。我不认为酒文化的实质内容就是让人喝酒。相反，一个好的文化应该植根于人们内心的修养，是无需提醒的自觉，是以约束为前提的自由，是为别人着想的善良。凡事适可而止为最美。

在我研究青年干部成长规律的过程中，经常会涉及能力储备的问题。

世上要培养的能力太多了，但我认为有两种能力特别关键，一是"主动"，二是"平衡"。前者是做事的程度，后者是做事的艺术。有的人主动得过于执着，有的人主动但也能统筹兼顾，前者可以成为专家，后者可成为领导；前者需要"尖"和"钻"，后者则需要"平"和"广"。当然，也有一身兼得两种特质的人，他们堪称学者式的官员，特别是在高校，这种学者式的官员很受大家欢迎。

另外，感情的问题上也需要"不欲盈"的境界。我们常说，世上最难断的是感情，世上最难求的是爱情，世上最难还的是人情，世上最难得的是友情，世上最难分的是亲情，世上最难找的是真情，世上最难受的是无情，世上最难猜的是心情，世上最难报的是恩情，世上最痛苦的是自作多情，世上最可爱的是你微笑的表情。这些"情"中都渗透着关键词"适当"，因为过"盈"或过"满"都会带来麻烦。南怀瑾老先生曾经说过，此情可待成追忆，只是当时已惘然。在虚无缥缈的境界中，回味那似有若无之间的情意，也会有很多余味啊！

我们每个人都活在两个世界中——物质世界和精神世界。学会在其中找到平衡状态非常重要，过于偏向一头都会有问题，因为我们无法摆脱这两个世界带给我们的一切，唯一能控制的只是其中的过程。把握适当，就会顺势而为。这个世界如此美妙和奇特，凡事不可占满或者全占，一时拥有不代表一生相伴，精彩瞬间不同于平淡一生，但是无论怎样的生活，我们都要经历，都要以平常心看待和以智慧心处之，总之，你要想清楚，不可奢望和贪求！

善于归零，享受当下

一个好的舞者有一个特别好的习惯，那就是善于归零。因为舞者在行进中常常面临一个不可避免的情况，即动作变形，很难做到始终如一，保持结构的完整。怎么办呢？只有重新归零，回到蓄力待发的状态。这就是我们常说的"收"，很好地"收"是为了更好地"放"，没有"收"就没有"放"，这是再简单不过的道理了。但是，生活中我们却常常不能收放自如，一放就像脱缰的野马，难以驾驭和控制，这是很可怕的。

我在东北师范大学就读时，冬天要上滑冰课，协调性还算可以的我，也常常会因速滑而多次摔倒。在我毕业准备返回家乡时，体育老师意外地送给我一双冰鞋，并嘱咐我：一个好的滑冰选手，不是赢在速度上，而是赢在控制上。已经过去20多年了，老师的这句话至今对我影响极大。

有时训练，我也会坐在一旁的椅子上，静静地看其他舞者训练。真可谓内行看门道，外行看热闹，那些善于及时归零的舞者，总能从容不迫地舞动自己的肢体，没有觉得他有多累，却能给人一种轻松惬意的感觉。而那些急于前进的舞者，因为速度太快，动作已经发生变形，但却丝毫不减慢行进的步速，结果不是窜就是跳，给人很闹腾很忙叨的感觉，看得人也觉得非常累。这给我很大的启迪，在生活旅途中，要善于控制叫停，善于恢复原有的状态，保持蓄势待发的状态，可谓磨刀不误砍柴工。

善于归零还有一个好处，就是可以享受当下，因为在你归零时，过去的都已经过去了，该放下的都放下了，要把过去的一切远远甩在脑后，眼前只有开始，好的开始才是成功的一半。目标虽然是未来，但当下才是最重要的，聚焦也要在当下，全神投入不能有任何杂念。拉弓没有回头箭，射箭的准确度，在于拉弓的力度，眼睛瞄向前方，但身体却处于拉弓的状态上，当箭射出后，结果就随它去了，因为一切的一切都在预料之中，这个时候只有回归零点，重新开始。

我们做事常常不成功，不是能力不行，而是考虑结果太多，杂念私欲太多，我们的心理负担太重。实际上，在前行中，我们只要把握好每一个环节，把它做到极致，结果是自然而然的，不是刻意追寻的。有句名言，要把言变成行，行变成无形，这就是一种成功。在通往成功的道路中，每一个节点都非常重要，只有完成好每一节点该完成的工作，最终才能达成目标。想轻轻逃过这些节点，或者一下子跳到终点，都是不靠谱的。那些认认真真在每个节点刻印的人，虽然有些笨拙，但离成功已不遥远。那些经过每个节点及时调整归零，而不留任何痕迹的人，才是真正的成功者，他们总能把当下的每一个动作做到极致，给人们带来美妙的感受。

生活也是这样的，或者说，人是一节节地活着，在哪个山要唱哪个山的歌，在哪个年龄要做哪个年龄的事，但无论怎样，都要做到极致。好汉不提当年勇，时代发生变化，人也会随之变化，顺势而为，借力作为，及时调整自己，善于归零，就能有机会蓄力，再重新前行。要永远对未来充满憧憬，对新事物充满好奇，使自己时刻与时俱进，松弛但不懈怠，紧张而不僵化，做一个智慧的前行者。

为中学、中职团委书记授课

一个人的发展离不开环境，特别是岗位赋予你的一切帮助。比如中学、中职共青团岗位的特点与一般岗位相比就有很大的不同，如果不能清醒地认识到这一点，就会消耗最关键时期所带给你的正向能量。我一直认为，中学、中职共青团工作非常重要，其一，中学是青少年人生价值观形成的关键时期，如果我们的工作不能及时跟上去，就会对他们的未来成长造成很大的负面影响。如同弹钢琴讲究"童子功"，病人看病讲究一个"最佳治疗期"，都是一个道理。其二，我们大学教育的思路和理念也需要从这里建立，如果小学教育是把工作的重点放在青少年的习惯养成上，那么中学则要在养成教育的基础上增加"发现特点"、"开发潜质"等素质的培养，而不仅仅是将关注放在青少年的分数上，家长望子成龙的心态上，否则将完全背离一个人成长发展的客观规律。

目前，中学生们都是围绕着高考指挥棒运转，虽然国家每年都要提出加强素质教育的口号，但收效却不大，因为高考录取凭借的主要依据就是"分数"，一个学生的综合素质很难在高考中体现出来。这是其中的一个方面，另一方面，随着大学生就业压力的凸显，中学生们普遍感到缺乏学习动力源，新一轮的读书无用论又开始"重振旗鼓"，厌学风气一石激起千层浪。在这样的环境下，中学、中职共青团工作更是难上加难，颇有些力不从心的感觉。这是目前的实情，我们不能逃避。

因此，我们要解决两个问题：一是中学、中职共青团工作要怎样迎接挑战？二是我们的发展将走向哪里？中学、中职共青团工作的特点不是我们这节课讲授的重点，这需要专门时间来探讨。现在，我们把精力放在人的发展规律上，我们应该如何做，才能发展得更好。

长大不容易，成长有规律。万事万物都有其自然的发展规律，人也不例外。在这个世界上，有普通、优秀、杰出的区分，那么，我们要怎样看待一个的成长和发展呢？我们有一个理论模型，即冰山理论模型。它分为显现、内隐和外显特征，通常我们的发展都要遵循一个基本规律，从外显可以探求其内隐，从内隐可以预测到表现。除此之外，一个人有三个发展层级，一是基本胜任力，二是鉴别胜任力，三是发展性胜任力。第一个层级将不好与一般区分开来，比如一个人的沟通能力，这也是保证事业成功的最为基础的能力。第二个层级将一般与优秀区分开来，比如一个人的分析判断选择能力，即在同一个岗位上，对绩效差异的识别能力。第三个层级将优秀与杰出区分开来，即晋级更高职位所需要的能力，比如成就动机等方面的能力。通常意义上，作为一名青年干部，需要从第二层级开始训练，通过自身的努力和环境的历练，力争向第三层级奋斗。哈佛大学对目标即动机做过一个测试，目标动机不同，人们二十五年后的差异非常大。从这个表格可以看出：选择比能力重要，内在动机比选择更为重要。"主动"潜质的开发无疑是当前中学、中职共青团工作最基础的环节,同时,"主动"也是中学、中职共青团干部在团岗位上可以储备的关键素质。

目前的问题是:我们的学生,包括我们自己,不是缺在能力上,而是输在"主动"上。一个人归根到底不是活在虚假的情感关系里,不是活在别人对自己表面的尊重认同里,而是要活在对那份事业的投入里和如饥似渴地学习中,这一切都不是被动的,相反,这是内在动机的有力驱使,自己愿望的真诚表达。只有处于这种内在驱动力下,一个人的性格才能完善起来,对自己的认识才能客观起来,自己的社会角色才能建立起来,才会为了修身齐家治国平天下,而想方设法学知识练技能。因此,从这个意义上讲,知识技能,充其量只是我们人生成长中的冰山一角,这种知识技能的缺失还可以通过团队的合作加以补充,我们要把真正的工夫花在尽早确定人生方向、完善人格、全面认识自己、建立社会角色上。当然,也可以通过知识技能的掌握,进一步趋近我们的人生目标,成为一个纯粹的人,一个脱离低级趣味的人,一个有利于人民的人。

我们要知见正确,而不能死于无知

国庆的长假里补了医学方面的常识,对过去的盲知深感内疚。总是错误使用身体,比如,为了工作不惜以身体健康为代价;一有毛病就去想这个病的现象,而不追究病的根源,为了减轻痛苦恨不得马上服用去痛片;或者继续消耗自己的身体;另外,遇事不能冷静下来,心气平和地看待一切,而是火上浇油,这些无疑都对身体造成了重大的伤害。看完书后,我受到很大的启发,愈加感受到建立全新的健康理念是多么重要啊!

现代新的疾病模式是一种疾病,三个阶段,两个根源,五种路径。基因表达异常是一种疾病,要经过细胞功能障碍、组织局部受损、器官功能衰退三个阶段，根源多为营养不足和病毒积累，这些与食物、医药、生理、心理和环境等五个路径相关。在过去，我常常是单一地想问题，现在看来不完全是这样，比如我们曾经的医学治疗理念是：头疼医头，脚疼医脚，把注意力聚焦于疾病的症状上，而不是放在疾病的病因上。现在要改变这一误区，身体出了问题，一定有其内在的根源，需要搞清楚后再决定治疗方式。另外，疾病是我们身体为对抗各种伤害而产生的变化，我们不能与之抗衡和对立，而是要智慧地看待疾病。比如高血压，多是因为错误的饮食习惯造成的，自己吃太多油腻的食品、酗酒等，一下子把血管堵住了，我们血液运行的高速公路堵车了，没有办法通行了，身体只能采取提高血压的方式，让血流动快些。现在，患者不是去调整饮食结构和喝酒习惯，而是服用大量的降压片，这是人为地不让血流快，那会发生什么呢？血压虽然降了下来，但却把人体正常调节的功能破坏了，你血管里的垃圾不但没有被清除，反而越积越多，人体正常调节功能失效，久而久之，就会导致肾脏衰竭（人为地让血压降下来，还要将身体的垃圾运出去，就只能加重肾脏负担，造成尿毒症等疾病）、心脏衰竭（为了继续维持生存，只好让心脏跳动得快些），你的血液不能正常运行了，一旦气血不能正常运行就会让患者一辈子吃药，要花很多钱，自己还要受很多苦，就是等死。治标不治根是很害人的，最明智的治疗办法是：改变自己的饮食习惯，让自己的肠胃清洁，血液干净。一旦我们的身体环境变好了，血里的多余脂肪排出来了，血液就可以正常流动，血压就会自动降下来。吃降压药是一个很笨的方法，不可取。只能管一时，但管不了一辈子啊！

现在医学治疗的大忌主要有：一是抑制症状，粉饰太平。原来我们一感冒、咳嗽、发烧、呕吐、腹泻等，就马上吃消炎药，这是很错误的，这些症状恰恰说明人体正处于排毒的过程，你一吃药，就会人为地截断这一过程，将毒素牢牢地锁在身体内。表面上这些症状消失了，但实际上带来的麻烦更大，因为这些毒素在身体里面还要发生反应，第一是炎症，第二是纤维化。顺其自然，让身体的毒素自然排出来才是明智的选择，否则，人体将永远无法调节，疾病缠绵不愈。

二是借兵打仗，引狼入室。现代医学上的化疗、打胰岛素等治疗方式都是借兵打仗。身体的系统和器官通常是用进废就退，长期不用，就会逐渐萎缩，人体本有的功能就会退化，这些都会造成人本身免疫力、抗病能力的退化。另外，激素也是借兵打仗。激素的确起作用，效果也非常显著，但它是凭借我们身体的能量，凭借肾脏里封藏的阳气，把我们的生命元气调动出来，而这些元气是养命的，不是用来给你治病的，一旦用尽，你的身体就会全面衰竭，导致短命。

三是掩耳盗铃，自欺自害。好像防控警报一样，你的大脑知道要调动免疫系统和其他部门积极抵抗疾病。可一服用止痛药，虽然可以消除器官向大脑的求助信号，让大脑得不到身体病态的信息，最后情况却会更糟糕。

四是丢车保帅，自毁长城。现在，我们哪个器官一出毛病，不是先想着找找原因，而是就地切除，以为这样就完事大吉了。实际上，我们的身体是一个完整密合的系统，相互之间是你离不开我，我离不开你的，比如肝胆相照，就像一双筷子，无法分离。我们把某一个生病的、有肿瘤的部位切掉，并不能让我们身体更健康。手术切割，只是在确定疾病危及生命的时刻，万不得已的行为，只能作为救命的方式，不能解决根上的问题。

五是器官移植，偷梁换柱。人体有排异反应，你还需要长时期地服用药来防止它的排异反应，到晚期的时候要天天去医院报到，活着就是去受罪，去送钱。

另外，医学告诉我们，营养不足通常由三个原因造成：一是主食中的三大杀手，即人工精制的糖（需要调动很多人体的能量去消化，还中和身体血液中的钙质，迫使骨头钙抽出，导致骨质疏松）、精制的米和面粉（大米本身所包含的 60% 钙、75% 镁、75% 锌、90% 钴、95% 维生素 E 和

80%维生素B1和B3被破坏了）、高温加工的食用油（人体中的细胞壁要排除垃圾吸进营养，它的主要成分是不饱和脂肪酸，需要顺式脂肪而不是反式脂肪，而高温的油就是反式脂肪）；二是反季节食品和精加工的食品；三是人体不能正常吸收营养。

还有毒素的积累，是由四个原因造成：一是环境污染和水污染，二是食品的毒素，三是生活中的毒素，四是人体产生的毒素。

目前，导致我们生病的原因主要有五个：食物不当、医药和治疗不当、生理和心理问题、环境的污染等。要综合起来看待我们的健康问题。

新疆还是有奇人

这两天再次见到《〈辞海〉质疑》的作者高伯舟老师，我很惭愧，没来得及好好拜读他的书，不能与他很好的沟通。回到办公室，我集中读了前言和后记，并重点读了其中的部分篇章，主要是关于钓鱼岛方面的内容。文中是这样说的："台湾省的范围除了台湾岛还包括澎湖列岛和赤尾屿、绿岛、兰屿、彭佳屿、钓鱼岛等岛屿。钓鱼岛及其附近的南小岛、北小岛和几个岛屿礁组成钓鱼群岛，其东北的黄尾屿，以及更东的赤尾屿，都是我国的领土，二战后，台湾归还中国，上述台湾属岛理应一起归还中国。日本政府胡搅蛮缠，企图继续霸占这些岛屿。事关中国领土主权，中国人自当毫不退让。"

而我们在《辞海》里却看到，除了无法争议的澎湖列岛和绿岛、兰屿（后两个岛屿面积较大，在台湾岛东南不远处），只收录了一个钓鱼岛：

"钓鱼岛　在中国台湾省本岛东北约180千米。面积约5平方米，海拔362米。主要由火山岩组成。明代陈侃《使琉球录》称钓鱼岛。明代以来，向属中国海防管区。明、清两代凡自闽境出使至冲绳岛琉球王国的那霸港，均经该岛。是台湾省附属岛屿，它和日本琉球群岛之间隔有2000米以上的深海沟。是中国东海的一个渔场。岛上盛产山茶、棕榈、仙人掌、海芙蓉及珍贵药材。台湾、福建等地居民常在此捕鱼、采药。周围一带海底富石油资源。"（197）

"海拔362米"，钓鱼岛是一个平顶的台子，整个海拔362米吗？显然不是，还需要一个"最高点"。明代陈侃《使琉球录》是否是钓鱼屿见于文字的最早记录呢？说"明、清两代凡自闽境出使琉球王国，均经该岛"就够了，"至冲绳岛"和"那霸港"都是多余的。"它和日本琉球群岛之间隔有2000米以上的深海沟"，钓鱼岛在板块上与台湾和我们的大陆架是一体；"是中国东海的一个渔场"，钓鱼岛附近海域早为中国人开发使用，这都是钓鱼岛属于中国的证据，辞书只需说明事实，没有必要论证。"岛上盛产山茶、棕榈、仙人掌、海芙蓉及珍贵药材"，更不必赘言了。

看完这部分，我最直接的感受就是：这种对《辞海》的质疑再合适不过了。特别是针对当前钓鱼岛争端事件，如果按照《辞海》原有的内容，似乎太缺少那种只需说明事实，无须论证的话语了。但是，有谁会像高伯舟老师那样经常翻阅辞海，发现其中的问题呢？即使发现问题，又有谁愿意拿出一生的积蓄出版这本《〈辞海〉质疑》的书呢？特别是在当今如此浮躁的社会里，有谁会静下来潜心研究《辞海》，并"不知天高地厚"地去质疑《辞海》呢？这样的人可谓奇才也。

高伯舟老师是我来新疆后见到的第一位让我惊叹的尊师。在与他的交流中，你会产生一种很真的感觉。在他面前，假丑恶一扫而光，唯有对真理的追求；在他面前，那种飘忽不定的心情会一下子平静下来，你可以安静地思考一会儿。这个物欲横流的年代，迫使国人急功近利，并不是每一本书都能给人带来立竿见影的经济效益，耐得住寂寞，受得了清贫，肯静下来读书的"傻子"太少了。就像高老师称自己是"傻子"，这样的"傻子"少之又少了。可是，这恰恰是一个国家和社会最该树立的标杆啊！这样的"傻子"理应得到荣耀，得到世人的尊敬，得到社会的奖赏啊！

作为援疆干部，我要说，新疆有奇人啊。只有刻意去发现甚至挑剔自己产品和服务中的缺陷，然后不断想方设法改进，才会打造出许多质量过硬的产品和品牌。智者千虑必有一失，最具权威的《辞海》也不例外，有人能质疑，这就是对人民负责对国家负责，这样的人我们难道要让他们在付出劳动心血后还要伤心流泪吗？要给他们提供研究的平台和充裕的物质条件，让他们的智慧闪闪发光。

学而优则仕

现在不少人把公务员当"官"看，仅2013年国家公务员考试报名人数就达20839人，招录比例达90:1，创下历史最高记录。这种现象的背后动机确实值得人们思考。

一个国家的政府并不创造价值，政府只是国家预算的执行者，将优秀的人才聚焦到这里，其结果就会导致创造财富的地方缺乏人才，也就是国家的财富源头不能积聚优秀人才，后果不堪设想。再细分析，在当今社会里，为什么人们要对一个所谓稳定的岗位趋之若鹜？这反映出国民的心态，一方面有利益驱动，公务员的岗位始终和"官"相连，"官"自然有油水有利益，这与中国传统的"学而优则仕"思想一脉相承。另一方面有稳定之念，在人们心目中，公务员是最稳定的职业，这多少反映出人们对未来的一种焦虑情绪，希望能稳定下来。这就迫使人们逼着自己往公务员队伍挤，通过这个通道，改变自己的命运，以保住相对不错的有保障的稳定生活。这种现状有些过度和畸形，需要社会的方方面面都给予关注，及时刹住这匹脱缰的野马。现在，中国最需要做的就是改变逼迫年轻人考试的社会大环境，及时减少这种"挡不住的诱惑"。

当然，也需要加大其他行业的宣传力度，构建相对稳定的人才结构，适度平衡、控制人才流向，打通各方面的有效通道，扩大青年上升的机会平台，形成有效运行的人才立交桥和四通八达的运行网络，让青年有地方去，有人要，没有太悬殊的强弱差距。即使不成功，也不觉得活得比别人差，这样，社会就会少些喧闹、激动和浮躁，人们才会变得更加从容平和，整个社会才会更加稳定和谐。

要关注自己的身体发出的信息

每个人从什么地方来，爹妈是什么情况，都是不是自己能决定的，但最终的归宿是一样的，正所谓出生不确定终归要离去。最能把控的只是生命的过程，既可以让过程精彩些，也可以让过程平淡些；既可以让过程快乐些，也可以让过程痛苦些，这完全取决于你的选择，选择不同，结果就不同。在我看来，选择方向远比规划路径重要得多。

年轻的时候，我就很清楚要成为某个领域的专门人才是很难的。直觉告诉我，不能固守在一个地方，要多出去走走增长见识。从大学这个高贵的殿堂里迈入社会底层，的确需要一些胆量，也需要一点魄力。过程虽然有些煎熬和痛苦，但却很值得，因为你清楚自己要去的地方。经过的路上有鲜花也有荆棘，我一直选择前行，没有停止。当然，有得到必有付出，几十年后，当发现同伴无论是职位还是职称都远远超过自己时，我没有失衡感；相反，在默默祝福他们的同时，我也为自己小小的成就感到欣慰。关键是自己内心的平静让我明白一个道理：这个世界上的能量是守恒的，选择不同结果就不同，问题在于"主动"还是"被动"。

进入中年后，身体的消耗达到最大值，我开始关注身体发出的各种信息，特别是来到新疆后，更加关注酒与身体的关系、饮食与身体的关系。

说心里话，过去在这方面真的很盲很愚啊！为了工作舍弃身体的健康是我所不愿的，但有时常会处于矛盾和纠结之中。究竟要怎样处理好它们之间的关系？在这里，也想和大家分享一下这方面的体会。

目前，虽然人类不断了解外在的世界，一直探索到外太空，但是我们对自己身体的了解程度，还处于很低的水平。在我看来，每个人的身体就如同一个非常精密的、能够自动排毒的、能够再生的完美系统。在这个系统中，不能简单地认为，一个零件坏了，重新换一个就完事了，而是要构建一个全新的健康理念。大凡系统内出现问题，都不是瞬间发生的，一定由量的积累而成，一定有引发它的内在根源，这需要我们像对待工作那样，认真思考我们身体时时发出的各种信号。

俗话说，吃好、睡好、心情好。一是药补不如食补，食补不如气补；二是我们的休息要与日月同辉，特别是晚上11点到3点，是胆脏和肝脏的工作时间，错过了就会对身体造成很大的伤害；三是心情好，要多做善事，多做积德的事，不要留下心病。也就是常说的，富润屋，德润身。另外，我们也有必要对身体各零件所发挥的功能多了解一下，有助于我们积极配合，永葆青春。

我们知道，生命的本源是气血充沛，生命的完结也是气血停止，身体出现问题往往也出于气血不足。我们全身的每一个器官，每一个细胞，要存活，就要不停地运转，要运转就离不开气血的供应。血带来营养，又带走废物，我们身体中的动脉，其功能就是要把输出来的血，即供应营养的血，清洗一番，然后将能量送到每个器官和细胞里去；而我们身体中的静脉，就是要把那些用过了的血、染污了的血回收回来，再经过肝、肾的排毒清洗，把那些毒素排出去。那些用过的废气通过肺的呼吸，慢慢排出体外。

在我们人体中，肝脏是一个非常重要的器官，它是人体新陈代谢的中心站，也是能量枢纽和转化站。所有维持人体生命力的营养成分都是在肝脏里面产生的（肝藏血），同时肝脏又能进行废物处理，所以，肝脏也负责人体中解毒排毒的工作。各种疾病的发生都与肝脏有着千丝万缕的联系，万万不可忽视。那么影响肝脏功能正常发挥的因素有哪些呢？

一是饮食不当，比如吃过多油腻的食品等；二是喝酒；三是睡眠的方法不当；四是经常生气，心情不好。油腻食物和酒精都容易加重肝脏的负担，负担一加重，肝脏自然要热起来，肝脏一热就会导致三种后果——肝炎、肝硬化、肝癌。另外，如果一个人白天体力透支，还一直勉强撑着，肝脏就会变热，这时候，你想入睡也很难。除此之外，怒也能伤肝，也会让肝发热。

我们知道，木克土；肝脏出现发热，自然导致脾虚；脾一虚，就不能及时将心脏的废水运走，导致心包液太多；心包液一多，就会压迫心脏，导致心脏运血能力下降，不能将血及时运送到关节，又致使关节里面的垃圾长期堆积。过多的尿酸晶如同玻璃碴子般摩擦着关节，人一动就难受。这种病一旦形成，其结果就是：肉体痛苦，精神折磨，身心煎熬，人财两空。生命的过程已然是苦痛的，再有什么想法也只得付之东流。如果想要防止这种情况的发生，那么从现在起，我们就要学会关注自己的身体。现代的健康理念就是要及早开始治未病，这种预防只能靠自己。

我不主张一有病就吃药，因为吃药并不是什么好习惯，如果养成了对药物的依赖，那也是很可怕的。因此，我们还是要从根子上进行调理，过程无非四个方面：一是合理的膳食结构，二是适当的运动，三是科学的生活方式（如戒烟、戒酒），四是良好的心态。总之，只要有一项出了问题，就会对身体造成伤害。因此，务必要改进不良的生活习惯，不然老天爷就会让你付出沉重的代价。你要想好了，要什么，不要什么，完全由你来选择，而选择什么，结果就是什么。工作可以替换，自己的身体却是永远不能替换的啊！

要交真朋友

10月15日凌晨，中国人民的真朋友西哈努克亲王逝世。在我们的记忆中，他一直都是带着微笑的样子，很难看到他冷色的一面。可以说，因为他的存在，中国和柬埔寨的友好关系绵延了几十年。这种关系是在患难中建立起来的，中国人在他最困难的时候接纳了他，这也成为中国当时"反霸"外交的一个高调之举。当然，这里也有国家利益的考虑，但更多的是超越国家利益，处处闪烁着道义光辉的真心帮助。

那时候，我们常常可以从镜头上看到亲王来到中国访问，每次都受到了中国人民的隆重欢迎，并享受最高的国宾礼遇。现在想起这些，心底会涌出一丝感动，也会静下来重新思考：什么是真正的朋友？在我看来，不全从利益出发，能在对方遇到困难时，真诚接纳给予，并长久保持，这样的关系才经得住时间的考量和实践的考证。

当今世界，这样的真朋友实在是太少了。无论是国家还是个人，都将利益放在首位，当然，这也是无可厚非的，但问题是：在利益面前，很难有那种真正的朋友，更多的则是利益朋友，一旦利益缺失，朋友各自东南飞。寻求更大利益的朋友，很多都是不靠谱的，比如中苏关系就是一个比较典型的实例。利益维系的朋友也是最危险的朋友，他能让你叫天天不灵，叫地地不应；就算有所得到，还要用几十倍、几百倍的代价偿还。当然，也有人这样说道：只有永久的利益的朋友，没有纯粹的友谊的朋友。我认为，这样理解朋友一词，实在是小商人气的、民粹的，这不是一个大师、大家所为，更与一个大国的风范和气质格格不入。

现在，国际关系纷争复杂，过去那种对抗的时代已经结束了，现在需要对话和融入，这就更需要交真朋友。前提是，也更需要我们保持自我的支撑和策应，而非对自我的过度克制和掩饰，要清晰地认识到那些与我们有利益冲突的西方大国是难以成为真朋友的，但同第三世界的国家交朋友还是可行的。我们应当有新的西哈努克这样的真朋友，有更多的巴基斯坦这样的"全天候朋友"，即使为此投入一些资源，承担一些西方的压力，也是值得的。

交朋友不能有算计的心态，因为真正的友谊很难计算得清楚。谁付出多些，谁付出少些，一旦有了计较的成分，估计这种朋友也很难交下去了。朋友是什么？他了解你的优点和缺点，最终能够全部接纳，不过多计较，遇事会站在你的位置和角度上考虑和处理问题。特别是在你最需要的时候，他会放下自己，甚至有时会牺牲个人。一个人要生存，一个国家要立足，没有真正的朋友是不行的，我们要舍得放下一些自己的利益，但不失原则地，去交一些真正的朋友。

要让爱哭的孩子不一定有奶吃

在我们身边可以看到三种人，一是埋头苦干的，无怨无悔；二是边干边说的，干得多，牢骚也多；三是自己不干的，但还在一边发议论。第一种人的数量很有限，这类人可谓是老实人。"不让老实人吃亏"，这是张春贤书记来新疆以后反复提及的一句话，我特别赞同，这是一个社会主流的、最基本的价值取向，如果这类人得不到应有的肯定，就会助长更多向社会索取而不贡献的人，那么，正也就自然压不住邪，那些老实人在流汗的同时也会流泪！

我想重点谈谈第二种人，爱哭的孩子有奶吃，就是指的这类人。这类人最大的特点就是"能干"，他们是单位领导所倚重的对象，手脚麻利，嘴巴能讲。但是，在付出的同时，他们内心是很不平衡的，可以说，付出是他们不怎么心甘情愿的，往往在做了一大堆好事的同时，很多牢骚和埋怨不知不觉地就从口中发出。我小的时候，常常看到母亲辛劳的身影，为了一家人能过上好日子，她省吃俭用，没日没夜地干。但情绪不好的时候，她就会将所有的埋怨发泄在身边的人身上。当时，我也觉得这样的埋怨应当发泄，但实际上，这种发泄的效果并不是很理想，可那时候也并没有对此事有过更认真的思考，也无法提出更好的解决办法。随着年龄的增长，我开始关注这类人，逐渐发现那些常常发牢骚的人，干事的本领也很大，对其周围人的影响力也很大，让他们的嘴巴闭上是不可能的。同时，他们做成事的成本也是很高昂的，有时也会把事情办坏，可谓有风险。因此，启用这类人还是要慎重一些得好。

　　从我个人的感受出发，如果遭遇到那些满腹牢骚的人，我的心情不会太好。一是发泄者不是从解决问题的角度出发，没有建立一起想办法的主动心态和合力架构，听者往往是被动而无奈的；二是发泄者在心底里是将所有问题归结于他人，自己没有检讨和反省意识，缺乏从内而外的基本哲学常识，无法按常理沟通。因此，我们在与这类人交流的时候是很费时耗力的，没有一点的收获，充其量只是对一些问题有了个大概了解，但这也不能帮助我们做出真实的判断；相反，有的时候还会让自己误判，万万不可随着他们而去。我真的很敬佩那些做信访工作的人，他们基本上每天都要和这类人打交道，在学会与各类群众打交道的本领的同时，还要保持自己头脑的清醒，确实是非常难的。

　　这方面，我做得不是很好，常常有一种想躲开这类人的念头，因为直觉告诉我，自己并不怎么喜欢和爱发牢骚的人在一起。正因为有这样的感受，我就会不自觉地养成一个习惯，在做事之前先想好，自己是心甘情愿的吗？做事的价值意义在哪？我愿意为此付出真情吗？想通这些问题后，我才开始行动；一旦行动，就绝不能有一点埋怨。我心里清楚，埋怨不会产生任何生产力，反而会影响周边人的情绪，因为吸引力法则告诉我，正向的信息发出去后必然返回正向的信息，负向的信息发出去后也一定会有负向的信息返回到你这里来。与其发牢骚，不如就不要做，要做就心甘情愿地做，没人逼你。当然，从一个听者的角度来讲，我还需要培养耐心，还需要学会做个很好的听众。

我记得一位名家说过这样一句话：牢骚和嫉妒是这个世界上最没有价值的一种情绪，对己对人都没有任何意义。要让自己摆脱这种情绪的干扰，让这类人发生改变，唯有增强自己的实力，将这类人远远甩在后面，让他们无语。我们要随时随处管住自己的嘴巴，不要把精力放在对他人的议论和牢骚上，在自己力所能及的范围内，多干一点事。这不会把自己累死的，只会为自己的成长储备更多有价值的元素。牢骚过多影响了自己的健康，划不来！当然，那些不干活空发议论的人，更是让人从心底里产生鄙意！

以学习的心态去对待困难和麻烦

年轻的时候不知道害怕，什么事都敢做，只担心领导不给安排任务。干不好了，虽然挨批，但也不后悔，哪怕前面是刀山是火海，也在所不辞。随着年龄的增长，慢慢开始有了一种惰性，遇事会犯怵，特别是碰到难事会绕着走。实际上，人这一辈子没有不遇事的，尤其是难事，与其回避，不如面对。即使能躲避一时，终究会因为对事情没有深入了解，而造成很多的麻烦。正可谓有其因必有其果，有其果必有其因，一切的一切都顺乎一种"大道"，不可小视，更不能忽视。

曾经有过这样的体验，别人容易做的事，自己做来却很纠结。这说明，对同一件事的反映程度，个体的差异是很大的。我观察过很多青年干部，有一些人对"麻烦"很乐观，他们为能遇到这种"麻烦"而兴奋，并能充分施展自己的智慧才能将其解决。我对这类人简直佩服得五体投地，自认为这类人是能干大事的人。我没有认真调查过这类人的应急处理能力是不是也很强，因为这类训练常常是他们生活中的家常便饭，简直是小菜一碟。

而对于大多数人来讲，心理承受能力会差一些，总会觉得多一事不如少一事，更喜欢做点自己喜欢的事，这类人遇事却往往不经折腾，出了问题容易先摘清自己，错误都推给别人，很脆弱也很无奈。

　　有时候细细琢磨：人在这个世界上遇事是非常正常的一件事，过日子怎么可能都是晴朗的天空，阴云满布、电闪雷鸣都是有可能的，但也正因为如此，才让我们的生活充满精彩和奇特。假想我们每天的餐桌上只有一种佳肴，即使鲜美合口，也总有吃腻的那一天。同理，如果遇到事，特别是自己未曾遇到过的，或者自己不擅长的，能够抱有惊喜的心态，那对事情的解决是相当有帮助的。心情一好，思维就会更加活跃，只要想解决，就一定能想出办法，只怕你不去想。

　　曾经有人这样问我：遇到你不熟悉的事，或者不擅长的事，你会怎么办？我说：无论遇到什么事，只有两种态度，一是积极，二是消极。积极的状态会吸引更多和更大的能量，消极的状态会让周围变得更糟，麻烦更多，因为你的态度不积极，也会影响周边人的情绪，如果你再发些牢骚就足以让周围的空气凝固，你在其中也会受到这种"瘟疫"的影响。与其身在其中，自毁长城，不如早日摆脱阴霾，乐观处置。如果能做到后一种，你就会在不经意中得到启示，收获意外的结果，并能更好地享受过程带来的美妙体验。那时候，你会感谢周围的人，这也让你的情绪再次高涨，为下一次的挑战积聚更大的能量，这就是"正向吸引力法则"。反过来，一旦有排斥心态，心灵的大门就会紧锁，无法与外界进行能量互换，将外面的一切都拒之千里，那么能得到的只有抑郁寡欢，孤芳自赏。

　　我在新疆一年中，确实发现了一些能人。特殊的地理环境，占全国六分之一的土地，让这里的人形成了一种宽厚粗放的心理，什么都向"大"、"爽"等关键词靠近，特别重义气，讲仁义，表达感情的方式特别奔放，没有一丝的忸怩和小气。特别是边境地带的人们，对客人有无尚的尊重，总是把家里最好的东西拿出来让客人先用。可一旦有谁冒犯了他们，他们就会与其战斗到底,那份守土如则的使命感、责任感和紧迫感远强过内地。

世界之大,无奇不有,每个人所经历的事都有所不同。无论遇上什么样的困难和麻烦,都要怀有敬畏之心和感激之意,冥冥之中,似乎是上帝有意安排你去经受,与其整日回避和抱怨,不如认真对待,用心学习,因为这种机会转瞬即逝,要好好珍惜,好好享受,也许将来你就会因这段经历得到上天的馈赠和善待。

艺术都是相通的

从小不擅长唱歌的我,最喜欢合唱艺术,这主要源于在宁夏大学政法系从事学生工作期间遇到了一位合唱艺术专业的老师,她叫吴芳希,每每听她教唱歌时,我都会被她深深迷住。最打动我的地方是她的"投入",你很难想象她对合唱艺术是怎样的痴迷,她就是那种为了合唱艺术可以献身的人,似乎她就是为了合唱艺术才来到这个世界上的。可以说,她改变了我很多,那种对艺术的执着、对生活的热爱、对生命的渴望,都让我对她充满尊敬。

我喜欢美声歌唱家,虽然不懂美声唱法的技术技巧,但只要讲到其中的原理,我就特别会产生共鸣,视乎知音。偶尔会静静地聆听她们的歌声,并请教一些问题,感觉很受用,觉得这对舞蹈的训练也很有帮助。后来,特别喜欢听歌,也偶尔去看合唱比赛,比如中央电视台举办的合唱比赛,很关注点评老师的点评,像徐沛东老师说的:"合唱艺术水平的高低在于看谁能把弱音唱弱,强音唱强。"还有合作的艺术和技巧,都对我的研究带来一些启迪。

来到新疆团校,才发生这里人才济济,真是有能人,像今天晚上见到的邓老师,她的合唱音乐课很是让我着迷,两个小时上下来,一点也不觉得疲惫。她就像一团燃烧的火焰,让你的激情始终不减。她把一个很抽象的合唱课程搞得很通俗，也很有趣，即使涉及技术技巧方面，也很容易让没有任何合唱基础的人接受。比如，前音唱后，横音唱纵；字正腔圆，向下用力；胶囊循环，音不外泄；下巴下压，腰部用力；口与后腔，形成喇叭；双肩放松，向外打开；座椅前段，身体摆正，这些原理好记并适用。整个学习过程中，自己很是享受，不知不觉就学会了唱歌。

合唱是一个非常美的艺术，我总有一个感觉，搞艺术的人不大容易做假，因为"假"与艺术的本质背道而驰，会让艺术家们内心很痛苦。但凡有点艺术造诣的人都不会太过偏离社会的主流价值，因为艺术会让他们始终保持一种激情，不容易衰老，所以，总说艺术的生命最为长青。

我认为，要提升整个国民的素质，需要从艺术谈起。内心有了对真善美的追求，无疑会成为一股强大的精神动力，有利于促进社会的和谐，推动世界的和平。

有些应酬还是少一点

有一个朋友说过，到了这个年龄，参加大场合宴请活动的次数就要减少了，因为精力毕竟有限。确实如此，一场宴请下来，连人的名字都记不住，更别说留下什么深刻印象了。大场合规矩多，套话多，细细想想，这些正确的废话真的挺耗时的。特别是官场上的宴请，排场很大，菜肴丰盛，但参与者往往都是附和者，不能发自内心地与他人沟通，更别说真诚以待了，你说这种感情真实的成分能有多大？总有那么一点虚虚的，假假的，没有一点打动人或触动人的成分在。有些有想法的官员，还能让你产生不一样的感觉，通过他的言谈举止，你会从内心对他产生好感和敬意。最不受欢迎的是那些端着架子的官员，假模假式地摆谱，实际上，每个人对他的尊重都不是发自内心的，而只是表面的"顺从"，我不知道他这样下去内心会不会别扭，反正大家看了不很舒服。

小时候学语文，有一篇文章叫《皇帝的新装》，至今刻骨铭心。实际上，现在社会上就有这样的现象，大家都不敢讲真话，明知是有问题的，但都装作不知道，这种情况延续下去是很可怕的。另外，还有固定的讲话套路，如同过去的八股文，如今也复燃了。大家都在说一样的话，喊一样的口号，心里却想着别的事，一级看着一级干，一级做给一级看，这种作风和做派一旦被青年干部延续，后果更是不堪设想。

另外，我们很多干部每天都很忙，我们并没有去专门研究他们的时间分配。如果跟踪领导干部，就可以看看他们有多少时间在思考，有多少时间在学习，有多时间在应酬，又有多少时间在开会，还有多少时间在接待。一个月下来，就可以对我们的干部的工作、生活状况有一个基本的了解。有一个研究者曾说过：忙有三种，一是无事忙，二是应酬忙，三是会议忙。真正用于解决问题的时间非常少，浮躁的心态比以往任何时候都更加严重。没有定力，随波逐流。

特别是青年干部，正处于成长的关键期，一定要有选择性地减少一点应酬，多思考些问题，多读点书，绝对没有坏处。在完成规定任务的基础上，要有自己的定力，静下心来看点书，研究点问题。在交朋友上要慎重，不能什么朋友都交，要有自己的判断力。

团中央陆昊书记的一段话需要我们青年干部认真领会，他说，一个人，归根结底要活在真诚的而不是虚假的情感关系里，活在自己喜欢的那份事业追求里，活在别人对我们发自内心而不是表面的尊重和认同里。如果要想赢得别人发自内心的永久的尊重，靠的是精神品格，靠的是服务社会、国家的本领，靠的是对人民群众朴素而真诚的感情。现代社会，功利化的东西不会赢得别人对我们内心里持久的尊重。我们每个人还是要警醒自己，多实实在在做点事，少点虚套，起码也要像国学大师季羡林一样，真话不全讲，假话全不说，总是每天真诚待自己好些！

在疆二次过中秋节、国庆节

原打算中秋、国庆回京与家人团聚，但考虑节后有一个重要的会议需要筹备，只好耐住心思看看书，在周边走动一下。说心里话，从假期开始就忙于送培训下基层，开学又忙于事务性工作，真的很难静下来想想事，也很想回去和亲人、朋友团聚。这个时候才知道，来疆最大的考验还是"坚持"，特别是当一种正常的生活，比如感情生活，与常人无法相比的情况下，你能坚持下来，而且不影响自己的工作，真的是很难，很需要意志力和控制力的。另外，家人也要付出一些代价，不能常常在一起，需要相互理解支持，这都需要考验。

感谢援友，每当他们出现在我面前时，都会带给我一种动力，因为这种精神上的鼓励比任何力量都强大。特别是援友们将自己的收获和作品与我分享的时候，我就会觉得弥足珍贵。他们的眼神告诉我，一切的付出都是值得的，我为他们激动，为他们自豪。当你看到他们将大自然里的人物、动物、植物、景色等千奇百态的事物拍摄下来时，你也一定会被震撼的。你很难看到的一个简单的"蘑菇"，在援友的细心观察下，就有无数种类和形态，宛如一曲动人的歌，让你激动不已。真的可以搞系列摄影展，那一定会产生惊人的效果，我是这么给援友建议的。

感谢内地的朋友，他们在百忙之中专程赴疆看我，给我激励。有时候，我觉得这都是一种奇缘，不知不觉大家一起走过快二十年了，往日一起合作的点点滴滴都会被重新提及，有艰难也有摩擦，有欢乐也有狂喜，但无论大家是如何地忙碌，一旦有需要，就会克服重重困难，在第一时间出现，这真的是一种上天赐予我的"良缘"。他们从没对我要求过什么，总是积极地给予，无私地援助，如果没有这些朋友的鼎力支持，我是绝对不可能走到今天的。

这个长假过得很有意义，二次到喀纳斯，看望了援友。雨中的喀纳斯别有风韵，宛如人间仙境，美不胜收，让你的身心都得到一种放松。每当这个时候，我就深深感叹"活着的价值"，只要好好活着，一切皆有可能，包括梦想。对于一个人的生命来讲，没有什么是放不下的，只要我们想活好，没有什么可以阻挡我们前行的脚步，因为选择完全可以由自己掌控。我从来都主张：与其活在讨好别人跟随别人上，不如活在发自本意听从内心上，在这一前提下，我们有能力有智慧去关注他人的感受和选择，并试图找到相互支撑的契机，这样，我们才有实力与他人平等合作，才能永远处于主动之态，立于不败之地！

珍惜瞬间、立足长远、甘于平凡

一个人活在这个世界上，精彩的瞬间总是短暂的，多半是要与平凡、繁杂、琐事和单调相伴随。要及时将精彩的瞬间记录并刻印下来，作为成长的动力，和生命辉煌的展示。研究表明：一个人的自信有时来自于参加的某一次活动，对某个人留下比较深刻的印象有时也来自于某个活动，特别是那些能给人力量和启发的活动，能展示团队合作精神的活动，更能让我们的生活多姿多彩，并给我们留下刻骨铭心的记忆。

这次区团委举办的系统职工运动会和"祖国在我心中"歌咏会，无疑为广大的教职工送上了一道精神大餐，实际上，这也是对大家平日工作紧张情绪的一种调整，更是加强职工之间感情联络、了解民意的一次机会。在动员大会上，为了提升教职工的参与热情，我讲了三点活动的意义：一是对团队合作风貌的一种展示。我们很多的工作都需要团队一起完成，没有大家的配合难以形成合力；二是对我们自身健康状况的一种检验。一个人的健康取决于两个方面——体质和精神，精神状态与年龄之间没有必然的联系；三是平衡工作和生活的一种调剂。我们每天的工作负荷比较重，需要进行适度的减压释放，这有利于更好地开展工作，提高工作效率。我比较关注一个人的幸福指数，它与三个因素有关：有人爱，有事做，身体好。在每个元素下面还有三个支撑，比如有人爱，是由亲情、友情和爱情维系；有事做，是由事业、工作和兴趣组成；身体好，是由精、气、神构成。无论怎样，三足鼎立是最稳当的结构，也是抗衡社会压力的最有力的结构。目前，人们物质生活水平普遍提高，可精神状态却不如以前。20岁的年纪80岁的状态，而80岁的年纪20岁的状态，这形成一种年龄状态的倒挂。尤其是我们的小学生、中学生以及大学生的体质状况不容乐观，精神面貌令人担忧，这需要引起社会各界特别是家长们的重视。学习、工作、生活的本质内涵已被远远地抛在脑后，健康快乐程度与物质贫富并无本质的直接联系。一个贫穷落后的地区，也不乏精神的巨人，这是我在南疆调研后得出的基本结论。

我们既要珍惜瞬间的精彩生活，又要做好平常的小事。北京新东方集团董事长俞敏洪来我院讲学时说过这样一段话：我们每个人每天都在捡破砖乱瓦，从表面的行为上看，没有什么区分，但实际上区分很大。有的人在捡砖头的时候就想好了用这些砖头干什么，他要盖一幢漂亮美丽的大房子，即使刮风下雨也丝毫不停歇；而有的人是任务驱动，不得不捡，如果任务完成他就会立马放弃这一行为，对他而言，是及早地摆脱为快；还有一种人是无所谓，捡也可以不捡也可以，完全采取放纵和随意的态度，每一天都是在无序地消耗时间，仅仅是为了当一天和尚撞一天钟。实际上，在我们周围这三类人随处可见，要善于观察，并对照自己的行为，判断自己该属于哪一类人。

总之，我们不要留下遗憾，要先把眼前的事情做好，不惜全力，因为它是转瞬即逝的。同时，要甘于平凡，不因事小而懈怠，只要心中存有目标和愿景，再小的事情也能与这一目标联系起来，并把小事做到极致，为这一目标提升贡献率。当然，一个人的生命是有限的，也要将最好的时间和精力投放在最关键的事情上，这完全在于你智慧的选择！

第三部分

对核心竞争力的思考

最近一直忙于中国青年工作院校协会第三届理事的换届大会和中国人才研究会青年人才专业委员会的成立大会，虽然没有千头万绪那么夸张，但就分管的局部工作而言，就感到有些力不从心。比起共事的年轻人，无论精力上还是体能上都有不小的差距。过去30多岁的时候是不怕事，现在大不如从前，有点担不住了。虽然敬业，但却做不到全局把握，这一点我还是有点自知之明的。

新成立的研究院，自然会成为大家广泛关注的部门，可每个人都要成为一个有业绩的研究学者还是比较难的。当今的世界是一个要打组合拳的时代，单打独斗很难成事，必须打造团队的核心竞争力，相互补台，默契合作。我以为，这些还不够，必须构建起研究业务框架结构，提高每个人的工作贡献率。

受沈杰专家启发，研究业务框架在我看来，要由动态和静态内容共同组成，如同一个人的身体结构，有机体固定，还要有血液循环流动，还要有食物进入和排泄物排出。目前，研究工作有四个板块，即良好的舆情网络监测数据平台（社调体系）、一定质量的学术研究活动、具有重要影响力的研究成果，还要有成果的社会转化机制。既有静态不变的内容，又有相对动态衡变的内容。

在这个框架体系内，很难把不同的人放在同一个板块中，每个板块都需要有人去充实它，这就需要很好地组合，充分发挥大家的所长。有的人就适合一直在前台，有的人就适合在后台，有的人就适合跑动联络，有的人就适合去谋划和管理，没有干不成的事，只有放不对的人，凡事都需要统筹协调。

我认为，决不能过分强调某个部分的绝对重要性，比如基础研究很重要，这一点我不反对，但是因为你的职责还是要为共青团事业做出贡献，就必然要完成党交付的重大使命和任务，你无法超脱这一现实，因此，应用研究就要与纯学术机构有所不同。有些部系领导完全不顾及这一现实，过于强调基础研究工作的重要性；可在现实的工作中，特别是处于当今大变革的时代中，青年的成长成才问题、共青团工作理论和方法创新问题、团的工作难题破解问题等，都要等着你拿出实招或者理论根据去加以解决，完全不顾及这些是不行的。

基础研究的时间相对较长些，应用研究又迫在眉睫，怎么办呢？只要集合基础研究的专家来一起做，研究院不能"一家独大"，要建立一种大开放、大包容、大视野、大集成的平台，吸纳全社会各个领域最好的专家和学者来共同研究。那么，你会问一个问题：凭什么最好的专家要到你这个地方和你合作呢？这就是我们前面所讲的，因为你有权威的社调网络体系平台，你有快速的研究成果转化机制，一进一出的独特优势，不怕搞不出成果来。正如我们的身体一样，有良好的机体，又能吃又能排，就有了干成事的基本条件，很难想象一个整天病病怏怏的人能把事情做到极致。

核心竞争力，不是某个局部的竞争力，而是整体的竞争力，需要大家共同努力，把自己的那部分工作做到极致，确保每个环节不掉链子，结构不变形，就能把工作整体推上去。目前，还是要在发展中解决问题，边干边调，不能整天议论。要干起来，从自我做起，认准的事就干下去，不干永远不知道有什么问题,在干中成长,在干中收获!

多多少少,少少多多

　　世界上有很多事很难说得清,比如谁得到的多,谁得到的少。在人们眼中看似多得的人,实际上并不一定就是多得,因为真正的答案很难算出来,主要是在得失的背后有很多看不见的因素。

　　我们常常有很多的烦恼,这些烦恼本身其实没有什么,究其根源也主要是人们对利益的看法,特别是对得与失的计较。人一旦计较起来,问题就多了,因为计较就会导致心理失衡,如果周边的人再说三道四,就会感到更加不平衡,烦恼就是这样来的。

　　这个假期遇到一些事,感触颇多,对此有了更加深刻的体验。我不知道别人怎么样,就我个人而言,过去想不透的问题,现在反而想开了,很少和周围的人较劲,这在我的人生历程中是个不小的进步。现在,当女儿遇到同样的问题时,我便能以一个过来人的立场给她一些指导,比如:遇事要控制好自己的情绪,要善于寻找路径自我消化。当然,在我年轻的时候,也时不时情绪失控,对最近的人发泄不满,等冷静后,才觉得很失策。因为发火的结果就是什么也得不到,彼此还都会受伤,换一种方式也许就会好很多,比如,想尽一切办法转移注意力。其实,健身也是释放能量的绝好方式,还有一些女人会采取的疯狂购物等方式。当然,我并不赞同那些极端的做法,它们也许一时可以解决情绪上的问题,但却会反弹,并变本加厉地升级,得不偿失。我也发现,情绪一旦不加以控制,就会成为一种习惯,任其发展下去,如洪水猛兽,最终要伤到自己。

　　有一个朋友说过:要时不时传递一种正能量,给自己积极的暗示。这么多年,我就是这样做的,得到了也不觉得狂喜,失掉了也不会觉得吃亏,因为总会在平衡与不平衡之间找到支点。特别是别人都认为是吃亏的事，我做起来反而更感觉踏实，因为心里不是空的。我知道，这里发生的故事，有很多是付出了才得到的；相反，当别人都认为是得到的事，我做起来会倍加谨慎，不敢妄自尊大，有时候还会把自己藏起来，低调行事。

这个社会一切变化都很大，越是一个大变革的时代，越要施行减法，原本不该得的，如果得到了，视其为一种"幸运"，就该及时收住自己；如果该得的没有得到，就耐心等待，或者将其视为一种"保护"，好事总会多磨。总之，每个人来到这个世界上，什么时候来，自己不能决定，但最终的结果是一样的，何必要在人生的旅途中算计多与少呢！

我很在乎过程的品质和质量，自己过得好不好？周围的人过得好不好？特别是离自己最近的人过得如何，如果有力量，就去助他一臂之力。如果遇到自己需要别人帮助的时候，没有得到，要永远相信一个理：不能对别人要求太高和太多，你并没有资格这样做的。即使你过去对别人有帮助，也不能图回报，朋友是这样，自己的孩子更是如此。无论发生什么不快，都要有能力自行消化。

要享受和在乎当下，因为，你可以选择做还是不做，未来可以期待，但不能假想，既然现在做了，就永远不要后悔。再者，从长远角度来讲，很多事的利弊是相当的，它们同时存在，很难再有哪些绝对利弊分明的事情了，做了就做了，不要纠结其中，既拿得起又放得下，可退可进。唯有一点，不能做那些伤害别人和自己的蠢事。还有一点，就是要学会因时因地变化调节，把关注点放在已有的事物上。比如亲人分离，在大家看来都是一件极为痛苦的事情，但当我们不能改变这一境况时，就不要再纠结于这一点，要赶快转移超脱，把注意力集中到自己的事情上来，看看书，写写文章。这期间，你会得到一份意想不到的礼物，那就是"孤独享受的美"。要知道，一个人的时光，也是思考问题的良机，万不能错过。在有桃树没有杏树的地方尽情地享受桃树，当在没有桃树而杏树满山的时候要尽情地享受杏树，这才是最明智的做法。这个世界总是多多少少，少少多多，你又何必那么在意呢？

身体是第一位的

　　从春节到现在，一直没有好好休息过，干了很多的重活，当时干了就干了，也没觉得怎么样，过后才发现各种各样的不适都来了，疼痛难忍时，才意识到：自己已不再年轻，不能再像当年那样拼命了。

　　身体虽然很关键，但精神则更为重要。很多病都是自己造出来的，如果平时多懂些养生知识就好了，也不至于那么鲁莽。另外，身体上有点不舒服，精神上还是要放松些，不能太紧张。要知道，人吃五谷杂粮，没有不得病的，只要心情乐观，就一定能克服困难。

　　我还是比较欣赏"未病先预防"，这就是营养师与医生的区别。前者是研究如何保持健康，后者是研究如何消除病症的折磨；前者的专业是生病之前的控制过程，后者的专业是生病之后的处理过程。等一个人得上病就晚了，还是要在平时多注意些。这样，相对来说，成本也会低些。

　　人的体质有很多差异，单单就一个细胞而言，就能看出活力的程度。细胞不饱满，游动得慢，就意味着气血不足；细胞间夹杂着各种垢、刺、异样的物质，就会影响其新陈代谢；当细胞的颜色变暗或者变黑时，就意味着有问题出现。这些都要通过做检测查出来，不过平时自己也会有感觉，要注意细心观察。

　　还有一个科学的原理，即现代的养生应是"排"大于"补"，我们不能只给身体注入很多也许是多余的"营养"，而不去关注排泄的问题。进的多，消化不了，如同洗衣服放多了洗衣粉，既浪费也无益处，所以，应适度进补。另外，只有排泄正常了，身体才会有更多的空间容纳新的营养物质。现在，我们的物质生活水平提高了，食物中的油性也大增，这样必然导致肠道壁上有粘连的食物，这很难排泄掉，因此就需要清理肠道。如同家里的下水道，要经常保持疏通清洁一样，不然各种肠道炎、痔疮等疾病就会找上门来。严重者，还会污染血液，产生毒素，影响机体，造成无法挽回的后果。那时候真是叫天天不应，叫地地不灵，即使有再多的钱也无济于事。

道理清楚以后，只有坚持，持久以恒，日积月累就会有奇迹发生。总之，一个人只要健健康康的，就有希望，就有实现梦想的可能。

要紧紧抓住事物最核心的东西——本质

我们都知道，通常一个习舞者要经历五个必要的阶段，即模仿、技术、节奏、音乐和交流。初学者往往处在模仿阶段，高级舞者则完全从前四个阶段超脱出来，进入情感的交流环节。实际上，从核心的内容来看，还是要把功夫下在基本功的训练上，因为只有把根子上的问题解决了，才能自然而然地表现出任何动作，这一点来不得半点虚假。仅仅是模仿只解决了表皮，时间长了却是效果甚微。当基本功训练到一定程度，特别是力量上去了的时候，就会有新的体验和感悟，能激励你进一步训练，获得更大的收获。其核心就是要始终稳住身体的重心，坚挺中轴，一切围绕中轴前行。

我们在生活和工作中也是这样的，整天处于热闹繁杂的事务中，完全不注意平时的积累，不看书，不写作，忙过去后就会感到内心空落，似乎有点本领恐慌，那样是有害的。无论做什么，都需要搞清楚，你要什么，你从中可以获取哪些能量，特别是是否对内在能量的蓄积有帮助。如果只是一个简单的表面的应付，而且很多事情都是做给别人看的，那么，这种事你就要脱出来。当然，既然承接了，特别是阶段性的任务，就要全力做好，要聚焦，每一个环节都尽可能做到极致，相信自己，在这其中你也一定会有收获。把握好节奏，试着用充满音乐的心去做，就不会觉得累。同时，要在团队中营造交流的氛围，把一件有意义的事情做得有意思。

　　舞蹈对我们的帮助是很大的，特别是体验这个环节是非常奥妙的，不进去永远难以感受舞者内心的真正感受。永远不要相信眼睛看到的，因为纷繁复杂的动作会让你的视线停留或者游离，真正要去关注的应该是舞者脚底下的功力，从哪里来？怎么来的？自己清楚，行内人清楚，唯独外行难以识别。与其整日忙忙碌碌，不如抽出片刻的时间思考和学习。学习是永远不会过时的，短期内看不出人和人之间的差距，长时间后就会有显著的区分。当我们循着正确的目标，认真走过每一个节点，你会发现，这些轨迹或者线条随着功力的加深，变得不那么死板了，反而越加圆融和柔性，正可谓哲学上的说法，从必然王国即将走向自由王国，就如同一个总注意脚底下动作的舞者，很难自由地飞翔一样。可万事万物就是这样开始的，任何人任何事都难以超越这一必然的过程。即使是世界舞林高手，也需要每天老老实实地训练基本功，因为这是最最根本的，没有这样的刻意训练，是无法将美带给这个世界的。而我们这些凡者，更要从现在开始，坚持下去，删去繁杂，静下心来，好好研磨。

对《转业视角下的少数民族团干部发展性胜任力实证研究》课题的思考

　　该课题是我来新疆后确定的研究课题，也是自2006年以来一直持续进行的课题《转业团干回头看》的子课题。该课题要用三年的时间完成基础研究部分，对全国转业团干部初步进行一个摸底，因此选取的样本分别来自不同省市、不同层级、不同领域、不同年代、不同民族、不同性别的人，总体从共通性出发，暂时不涉及各类化和特殊性的问题。这一阶段的研究多为感性体验和认识阶段，研究成果也多为个案描述、部分诠释和基本结论。2010年后开始转入分类研究阶段，即分层级、分民族部分。在分层级部分中，我们课题组从团市委层级开始着手，通过电话个案访谈的方式，已对二十余名曾经担任团市委书记的党政领导进行访谈。2011年后转为分民族进行研究，这主要与本人三年援疆工作有关。目前，该子课题预计将于2014年8月完成。2014年后，继续从分层级、分领域、分性别、分年代部分依次展开。

作为该项目的主持负责人，我曾在2007年至2011年期间，带领研究团队赴辽宁、山东、黑龙江、江西、陕西、浙江、宁夏、福建、安徽、西藏等地区进行深度调研，对九十余位来自不同层级、不同领域的转业团干部进行了一对一的个案访谈。一是通过他们回顾曾经的共青团工作经历，特别是那些令人刻骨铭心的事件和人物给他们日后的成长带来的帮助，提炼出其中有价值的元素，这些元素恰是共青团岗位与其他岗位的区分标识和显著特征，从而进一步对在岗团干部的培养起到积极的指导和帮助作用，而不是仅仅对他们进行口号式的"热爱团的岗位"等内容的说教，帮助他们真正从心底里认同团的岗位给他们带来的价值和帮助。但在这一阶段中，对少数民族干部的研究还没有涉及太多的内容。在我们的前期调研中，发现在团的岗位锻炼的时间与带来的收获并不成对应关联，而是与在其岗位的投入程度有直接关系，故此，得出一个基本的结论，即有效的转岗＝投入＋素质储备＋时间，而非单纯意义上的时间概念，即加速度转业。

二是通过他们真实描述转业后的适应情况，力图寻找共青团工作或者团干部培训等方面存在的不足，也就是目前我们所谈到的共青团工作方面的短板。通过一定的科学编码对这些相关因素进行分类，进一步识别哪些是可以控制的，哪些是不可以控制的，进而警醒我们要高度关注这些问题，并对一些可控的因素加以防范和有效的调节，并在团干部的培训过程中增加相应的课程内容和有效的历练方式和路径规划，将转业后出现的问题前移置在岗期间，为他们以后的健康成长奠定基础，起到保驾护航的作用。

三是通过他们跳出团再看团，梳理问题整理归纳，回归理性思考，本着对团的事业积极负责的态度和精神，对现在的共青团工作和团干部的成长提出意见和建议。这些建议为我们下一步为上级和同级党组织进行团干部的使用、培养和输送工作，为新时期的党建团建工作提供理论支持和实际意义的帮助。

《转业视角下的少数民族团干部发展性胜任力实证研究》拟在南疆四个地州开展，前期已在新疆完成约十五位转业团干部的访谈，其中也有部分少数民族的转业团干部，发现新疆汉族的转业团干部在很多情况上与内地转业团干部的差异性不是太大，但少数民族的转业团干部情况就有些不同，需要对这类群体进行单独的研究。2011年8月至今，我们先后四次去南疆实地调研，对那里的基本情况有了大致的了解，特别是与四个地州的团委领导都有所接触和合作，这对于获得他们对该课题的支持起到了一定的帮助作用。除此之外，2010年期间，我们课题组成员前往宁夏和西藏调研，也对那里的少数民族转业团干部做过深度访谈，并完成了宁夏和西藏转业团干部情况研究报告，这些第一手的资料都为此课题的开展奠定了一定的基础。

目前的问题是：一是问卷的结构框架需要再确定下。是由三部分即基本信息、核心品质和核心能力排序、共青团岗位可以获取的品质和能力组成的吗？二是发展性胜任力与核心品质和核心能力是什么样的关系？发展性胜任力是趋向更高职位的品质和能力，核心胜任力是区分同级人员的品质和能力。我们现在的关注点要放在什么角度？是比较共青团岗位和其他岗位，还是就共青团岗位和转业岗位的关联进行阐述？三是样本选取的条件是否可行？或者有何价值意义？这里涉及成长路径的问题，你是要专门研究单一成长路径的人群，还是要对不同成长路径的人群进行比较研究？另外，新入职第一份就是团工作的人越来越少，很多都来自基层一线上来的，这之间怎么进行区分？四是我们这样研究，其主要目的是什么？培训课程设置是一个需要，其次是为了转岗的需要，现在转岗的情况也很复杂。最终这些研究还能给团带来怎样的价值和帮助？我总觉得这些还没有从深层次上找出一个理由来。

我在思考的时候，总会找寻问题的原点。陆仕祯老院长曾经的一番话又浮现在我的脑海，她说，对于研究而言，举个例子来说，就如同探索某个孩子在梦里的变化的感觉，及时跟踪这个事件更新的相关情况。必要时，从已有的资源考虑所需的相关联的东西。一定要以框架结构为前提，用这些视角去规范规划这些事件。若缺了某个视角，相关研究工作则有偏颇。然而，想深入研究这件事情，还需要以经典理论为基础。我们得客观地评价自己已有的理论基础，"怎么个走法"这方面仍需下大工夫。理论知识储备量不足，那么便不易从感性认识上升到理性认识。

以尊重相关文化、制度为前提，重视人才结构和人才培养模式这两个方面。我们的眼光可放长远些，眼界可放开阔些，从横向角度出发，即将海内外的有关情况进行比较研究，将国内外的有关情况进行深入分析并总结，力求将相关研究完全掌握。

该课题的理论支撑是发展胜任力理论学说。胜任力最早是西方学者提出的概念。1973 年，美国心理学家戴维·麦克莱伦首先提出了胜任力概念，他把胜任力称作是把优秀者和一般者区分开的特性，包括知识、技能、社会角色、自我概念、人格特质和动机或需要。知识、技能属于表面的胜任特征，很容易被发现；社会角色、自我概念、人格特质和动机或需要，属于深层次的胜任特征，是决定人们的行为及表现的关键因素。上世纪 70 年代，他受美国新闻署（USIA）委托，首次采用了行为事件访谈（Behavioral Events Interview，BEI）的方法调查了 USIA 官员。此后，其学生和资深同事鲍耶兹通过大量的文献检索和实证研究，归纳出优秀管理者的胜任特征，其代表作《胜任的经理人》的出版在很大程度上促进了胜任特征研究从学术背景中转移出来，进入直线管理者、咨询顾问和HR从业者的世界。经过十多年的研究和实践检验，美国著名心理学家Spencer等人提出了用于判断和评价某人能否担任某些特定职位的胜任力理论，称为通用胜任力TDL模型。通用胜任力TDL模型由三个独立的维度构成：基础胜任力（Threshold Competency）、鉴别胜任力（Differentiating Competency）、潜在胜任力（Latent Competency）。它们之间的区分在于：基础胜任力，是比较容易通过培训和学习获得的、符合某一职位的基本能力，例如，沟通能力；鉴别胜任力，是短时间内较难改变和发展的、能在某个职位上获得优秀绩效的关键能力，例如，分析判断能力；潜在胜任力，是短期内难以改变和发展的、帮助向更高职位晋升的发展能力，例如，成就动机。而潜在胜任力是一个人向上发展，胜任更高职位的关键能力，并非单纯的培训所能培植的。那么，这种能力是从何来的呢？是通过怎样的成长路径历练就的呢？它与共青团岗位与经历有着怎样的关联呢？少数民族团干部的发展性胜任力养成有哪些特点与规律？所有这些都需要我们从众多特定的研究对象中寻找答案。

共青团工作理论研究所的两大根本职能就是：全力服务共青团干部的成长，全力推动共青团的工作。《转业团干回头看》是共青团工作理论研究所自2007年成立以来一直开展的研究项目之一，在几年的艰苦探寻中，我们发现，共青团岗位的确是一个年轻人成长的最佳通道。正如很多转业的团干部所说的：他们在这一岗位中，比同龄人更早懂得了中国政治大局观，掌握了组织协调整合资源的本领，结识了一批志趣相投富有抱负的精英，养成了善于学习勤于思考的习惯，积累了富有创新性的组织活动的经验，学会了低调做人高调做事的品格，尤其是培养了勇于担当积极进取的精神，这些都内化为共青团特有的文化特质，这些文化特质将成为青年干部成长过程中不可缺少的营养元素。在研究中，我们同样发现，共青团岗位不可逆转的转岗机制也给团干部的成长带来了一定的负面效应，加速度转业现象在一定程度上影响部分团干部的健康成长。转岗机制如同一把双刃剑，在帮助团干部提升的同时，也在考验着每一个团干部的承受耐力和全身心投入工作的聚焦能力。判断一个年轻干部健康成长的关键指标就是发展性胜任力。

期望在以往研究的基础上，总结出更多的经验教训，将研究工作推上一个更高的水平，正如团研所所长吴庆老师所警示的："要考虑研究的科学性和针对性问题。一是科学性。我们开展此项研究的核心理论是否已经完全吃透？核心胜任力的调查是否完全把握？定量和定性的研究的科学性还需要大大提升。可能还需要进一步把握方法的科学性。二是针对性问题。调查出来之后，核心的成果到底是什么？对全团的推动是什么？过去我们做了些工作，但还不够。我想，下一步最重要的工作是将我们的热情建立在科学之上，将我们的速度建立在质量之上，真正获得科研的效率。"

无论有多艰难，一定要做好该课题，不然明年离开新疆的时候，我会后悔不已的。同时，我也对此充满信心和期待，无论怎样，我们正在做的事情是有价值有意义的，一定会得到新疆共青团的各位领导和同仁的大力支持的！

爱和善良可以激活一切

节后来疆多少有一点不适应，感觉有点陌生了，突然找不到能聊在一起的人。这个时候，我做了一点大胆的尝试，放下担心，主动和不熟悉的人打招呼，无论是在训练地点还是工作区域，始终保持真诚、热情和友好。奇迹发生了，没想到会得到很多人的回应，一下子感到周围的支持系统运转起来了，没有心结，没有烦恼，所有的人都对自己如此的热忱。过去不愿意和别人靠近，怕暴露自己的身份，越是这样，就越得不到呼应。其实，在人和人之间的交往中，真诚是最能打动一切的，正如歌德所说的："人类凭借着聪明，划出了一条条界限，最后用爱，把它们全部推倒。""爱和善良超越一切，又能把一切激活"，这是我最近看的余秋雨的《何为文化》这本书里的经典语句，他说："没有爱和善良，即便是勇敢的理想，也是可怕的；即便是巨大的成功，也是自私的。相反，如果以爱和善良为目标，那么，文化的精神价值、生活方式和集体人格，全都会因为这个隐藏的光源，而晶莹剔透。"

我曾经看过《秘密》这本书，其中讲到人世间有一种神奇的能量互换，你发出的讯息是正能量，得到的一定也是正能量；当你的状态，特别是心态不正的话，你发出的讯息就可能是负能量，累积到一定程度就会使你周围的空气凝固，你也会感到有一种喘不过来的气氛围绕着你，足以让你窒息，对你和周围都没有一点好处。我记得余秋雨老师在一次青歌赛上做评委时说过一句话：世界上有两种最糟糕的情绪，一是抱怨，二是嫉妒。因为这两种情绪都是传达的负面讯息，都对己对人无任何益处。如果自己哪一天遭遇这样的情况，只有强练内功，用超强的实力摆脱这样情绪的人。

实际上，一个人在一生中应保持动静平衡。前几天训练时，偶然听到一句话，让我颇有感触。原话是这样的，生命在于运动，长寿在于静止。细琢磨起来，还挺富有哲理的。静止会让一个人修心，运动会让一个人练身。心和身，内心与外在都需要修炼。一个人既要能耐得住寂寞，也要能守得住繁华。当独处的时候，就去好好享受沉默带来的冷静和思考；在共处的时候，就去充分享受繁华带来的美妙和神奇。在独处时不抱怨不诉苦，在共处时不张扬不吝啬。

今天早上跑操的时候，遇到区团委阿书记，与她的一番交流让我受益匪浅。她说，来区团委两年中，就做了两件事，一是整理，二是思考。在我看来，她一直在前线，亲自组织和参加了很多活动，每一次她都冲在前面，一头扎到青年堆里。她很实在也很真诚，原以为她要诉说和罗列众多所干的工作，但她没有，只是简单的四个字，却让我由衷地敬佩。一个人什么时候能进入归零状态，是一个人成熟的表现，意味着他开始蓄积力量再次准备出击，正如1986年我在东北师范大学攻读双学位时，一位滑冰老师送我一双冰鞋，并告诉我，真正的滑冰高手不是跑得最快的选手，而是能及时在行进中刹住脚步的高手。我觉得，阿书记堪称一位智慧者。接着，她讲到这两年中总结出的两点经验，一是个人的想法一定要转化为大家的行动；二是用干部比做事重要，别人干比自己干重要。这些年，我一直在关注共青团干部的成长，并力求与他们成为很好的朋友。但是，能与一个高层级的团干部这样真诚的交流还是有限的，人生中能找到志趣相投、真诚相待的朋友是极为难得的。我被她感动着，也愿意为她做一切力所能及的事。

明天下午要给新疆师范大学的学生骨干讲授《通用管理能力》课程，但在讲授之前，还是要让学生干部懂得什么是成长中最关键的素质。要成为一个坚定的青年马克思主义者，不是一个简单的过程，其中要有很多的历练和思考，要承受别人不能承受的一切，最重要的是，要具备高度的理论自觉、鲜明的实践品格、深厚的群众基础和勇于创新的精神。要在重大的政治事件面前，发出声音，表明态度；要在涉及个人利益的事情面前，以大局为重，要在主管领导出现原则问题时，不随波逐流；要具有高度的理论自觉，把学习当成一种生活方式；要一级带着一级干，一级做给一级看。实际上，无论你的能力有多高，做正确的事永远比正确地做事要关键。

在疆第一次参加兵团公选领导干部出题工作

上次旁听自治区公选干部的陈述，这次能参加兵团领导干部公选出题任务，可以从不同角度来体味在新疆最需要什么样的领导干部，以及他们目前所处的状态是否达到要求。

　　实际上，无论是出题还是旁听，都需要内心有深厚的理论基础。因为考察什么？怎样通过一些手段和路径，真正识别出我们所需要的领导人才，这是我们的出题目的。这次，我们是对报考兵团师级团委副书记一职的考生进行笔试测试。从考题结构上，不能缺少基础知识，比如共青团组织的四项职能、走进青年的基本路径、共青团组织的基本属性，以及对团史的基本了解。其次，是对一些问题的认识和理解，比如理论上的成熟是政治上成熟的前提，共青团在青少年思想引导方面，要关注"信任、尊重、感情"因素和"时尚、艺术、情感"元素在其中的运用，共青团干部要"立志做大事，不要立志做大官"或者有为才能有位，共青团岗位带给你的关键素质有哪些等。上述问题都需要简答，以便了解考生报考的动机和对报考该岗位的了解程度。再次，要通过适当的案例分析题，考察报考者对社会问题的敏感度和党政问题的关注度，青年应对难题进行分析，并结合当地实际，运用自己所学的知识和具有的阅历，特别是从该职位的角度，提出实质性的建议和举措。还有，要从共青团岗位的特点出发，考察报考者对组织青年开展活动是否具备一定的基本功。比如，我们按照共青团中央的要求，在全国青年中广泛开展"我的中国梦"主题教育活动，那么，作为兵团师级团委副书记，要如何实施这一主题活动。这主要考察报考者联系实际设计主题的整体思路，以及是否具备勇于创新的品质等。共青团活动的策划惯例，通常有这么几个步骤：一是基层调研科学论证。看看上级要求的主题活动落到基层能开出怎样的"花和果"，需要将主题内容本土化，真正确定适合本地实际情况的开展活动的可行性方案。二是及时与上级和主管领导汇报，阐述活动的意义和价值，认真听取他们的意见和建议，关键是要找到党政关注点，弄清楚当前党政中心工作与即将开展的主题活动之间是一个什么样的关系，从什么样的角度切入，出发点和落脚点在哪里，通过怎样的可行路径实施。这些问题都需要在下达通知前，反复与相关领导、专家、不同领域的青年代表等沟通，不断修正活动方案，并建立足以支撑活动持续进行下去的内外部支持系统，同时，获取必要的开展活动的有形资源和无形资源。三是广泛动员，积极造势。充分运用青年普遍接受的新媒体，广泛宣传活动的意义，特别是与青年利益直接相关的价值点，宣传得越实际越具体越好，切忌假大空，把活动与个人生活分离开来，把活动与实际工作割裂开来，把活动与党政工作脱离开来。舆论宣传需要整体设计和推进，不断掀起高潮，要有固定栏目和固定板块，要有理论强势和贴近实际的文章分步骤分节奏成系统地登载，不断在社会上发出声音，形成影响，打造品牌。四是扎实推进。活动通知下发后，要进行督导和推进，并安排适当人员进行现场辅导和示范，并配以活动的规范和标准，特别是考核要求，以免使活动流于形式或者中途夭折。五是挖掘潜能，选塑典型。积极进行现场示范和推广，并认真总结提炼形成标准范式。同时，形成文字材料向上级领导汇报并听取意见。六是认真反思总结经验，提出整改意见，在全团进行现场推进会，并形成必要的成果。七是巩固成果，勇于创新，持续改进，不断提高。实际上，在考察报考者的同时，也是在检验我们考官自己过去已积累的知识，在评卷的同时，考生的回答也会给我们很多的启发，让我们眼睛发亮，可谓一举两得。

我很享受在五家渠将军府宾馆里度过的那几天安静的日子，没有手机的干扰，没有上网的浮躁，只是单纯的思考。我在想，人生有的时候需要安静，要知道别人没有了你，日子一样过得很开心，很悠闲。此时，你只需要静静享受即可，别的不需要太过操心，只要知道就好，一切都该怎样还是怎样。只要关注当前就好，集中精力做好当下你要做的一切事情，当这一过程结束后，你能无悔地说："我很享受，我很知足！"

当今是大数据的时代

在一次南疆深度调研期间,一位库车县的领导给我说:"共青团要多关注一下青年的思想动态,能在第一时间及时将青年的所思所想通报给党委和政府领导,这是我们最期盼的事情啦!至于共青团能否再承担一些别的工作,我们没有考虑太多,或者说,有些工作不一定是共青团组织能做的,但随时掌控青年的思想状况并对他们进行及时的引导,这一定是共青团组织义不容辞的职责。"当时,听完这些话,我没有及时回应,而是深深地陷入思考之中。

是啊!共青团组织的价值功能定位就是巩固执政党的青年群众基础,打牢青少年的思想基础。让青年永远跟党走,恐怕就是共青团组织存在的根本意义。可是,如果我们连青年在哪里都不知道,他们都在想什么都不清楚,怎么可能建立起他们对组织的认同呢?没有组织认同,怎么可能有思想上的认同?没有内心想法的一致性,怎么可能跟你走呢?

现在的时代和社会背景下,青年远不是传统时代意义上的青年。面对他们流动的分散性、网络的集聚性、表达的强烈性、参与的分层性、常态的随意性、应急下的伟大性等各种情况,要掌握他们的所思所想谈何容易。唯有建立起常态的持久意义上的青年舆情监控测量系统平台,真正从感性走向理性,从定量走向定性,从一般数据走向大数据。未来的社会,谁掌握了青年的思想动态,谁就掌握了社会管理的主动权,谁就在经济跨越式发展和长治久安上做出了积极贡献。

这次杭州之行,收获颇多。首先,杭州团校的做法值得我们学习。以钱永祥校长为代表的研究队伍,二十年来始终坚持青少年社调机构的建设。从 80 年代起,他们就意识到共青团干部教育缺乏后劲,干部教学中遇到的最大的问题就是:对青年的认识和把握缺乏数据支撑,亟待构建青少年理论研究合作体系,特别是调查研究体系。1989 年后,正值下海经商高潮，青年的流向呈复杂多向性，更难以把控他们的去向。此时，他们更加意识到需要建立中国青年研究联合合作模式。从 1992 年开始，建立研究课题《现代化进程中的中国青年发展报告》，之后每隔五年设立一个课题，即 1997 年《迈向 21 世纪的中国青年发展报告》、2002 年《21 世纪的中国青年发展报告》、2007 年《和谐社会中的中国青年发展报告》、2012 年《十二五规划与中国青年发展报告》，拟定 2017 年确定《实现中国梦的中国青年发展报告》。我敬佩他们二十年如一日的坚持，不断探索，不断积累，克服了难以想象的困苦，如今换来了丰厚的硕果，先后建立了被动接收数据平台和主动调查数据平台，并在此平台上，承担起团中央、团省委等单位一个又一个的攻关课题任务，取得了令人振奋的成果。通过二十年的研究总结，钱老意味深长地告诉我们：这项工作给他和他的团队带来了快乐和荣誉。他越加感到，把控青年问题是共青团工作的必然要求，是提高团校教学水平的必然路径，是青年教师成长的必然途径。通过对中国青年发展脉络的清晰展示，报告为共青团工作把握方向提供了非常重要和及时的帮助和理论支持，也为团校进行团队培训的教学工作提供了第一手资料和信息，为提升培训工作的科学化和时效性提供了支持。做到现在，钱老有三个最深的体会：一是要充分依靠团组织的力量，二是要充分组织好热心青年，三是要经常不断建设和维护系统平台。

目前，中国青年政治学院青少年研究院准备建立中国青年社会调查中心，建立完整的数据库，对社会整体青年状况进行跟踪式的调查和数据发布，在全国团校设立社调测量站点，对全国青年进行抽样调查，分析出来的数据可以进行交换，也可以由某个省独享。

总之，《中国青年发展报告》的出版是今年的重点工作，前提是需要建立中国青年舆情监控系统。此项工作势在必行，有了杭州团校的经验，可以相信，此项工作一定会得到各级共青团组织的大力支持，也会让党对共青团充满期待和抱有信心。

大学生宿舍透视出当代大学生人际交往存在的问题

从80年代起,我一直从事着与学生打交道的工作,曾经作为学生政治辅导员时,为了摸清学生的思想情况,还与学生同吃同住。那时候,我大学刚毕业,几乎与学生们同龄,之间可以说没有任何代沟,学生们也没有把我与他们分离,经常直呼其名,让我也倍感亲切。

记得那时候,学生宿舍有值日安排,负责值日的同学每天要打水(六个暖瓶)、扫地、收拾整理物品等,大家都很自觉。因为没有学费的负担,相反还有每月22.5元的生活费,这对家境不太好的学生蛮有吸引力的。那时候,大家都很和睦,彼此相互帮衬,比如男同学不够吃,女同学就会自动把剩余的饭票给他们,同学们很少浪费粮食。当然,那时候的物价还是很低的,比如,5角可以买一个肉菜,蔬菜也才2到3角,一个月22.5元对我们女生来说还有剩余。那时候,学生活动也很丰富,每周五晚的交谊舞会,大家都会积极踊跃地参加,这也为男女同学提供了难得的交流机会。毕业后,我又留校担任辅导员,常去学生宿舍,定期评选文明宿舍。给我总体的感觉是,那时候的学生宿舍还是相对比较干净的。

最近,我观看了赵薇导演的《致我们终将逝去的青春》,看到学生宿舍的情景,倍感亲切。但不同的是,宿舍的主人已换成如今的80后和90后了,他们很多都是独生子女,相对独立,个性化也比我们强很多,但物品的摆放显得要乱很多,很多时候进去的人都没有落脚的地方。前几年,我偶尔去女儿宿舍的时候也有同感。特别是女生宿舍,更是没法入内,如果只是从她们的外表或者着装来看,你很难想到她的闺房是一个什么样子,非常不协调。让我最感揪心的是,她们竟然不会收拾屋子,也没有整理物品的意识,不知道她们成家以后还会不会这样。很难想象在大学里没有养成整洁的习惯,会在成家以后有所改变。

曾经,我在晚上接到院长的电话,她说:"你马上到学生宿舍看看,有一个男生失眠，你给他带一片安眠药，他有精神上的问题。"我马上赶过去，去找这个男生。一进屋，我都呆了。桌子上全都是方便面空袋，没有人打扫，屋里还有一股恶臭的怪味，几扇窗户紧紧关闭。我难以在屋内停留，几乎要窒息，便叫男生与我一同走出屋子。一路上，他说了几件事引起了我的关注。一是他们宿舍里的男生瞧不起他，他的家境最不好，每天只有吃方便面，但其他同学都很富足，吃好的，穿好的，他心里实在不平；二是同宿舍的同学都有对象，而他没有，女生都不怎么喜欢他，而且还躲着他，他很郁闷，不知道该怎么办；三是他想通过家教赚些钱补贴自己，但每次都被拒绝，家长说他有口音，怕耽误孩子，他想不通怎么会是这样……他一口气说了十件令他烦恼的事情。我问他，平时和谁能交流这样的事情，他说，没有。没有同学可以交流，没有老师主动问候，他自己很孤独，很难受，不知道到哪发泄，总感觉上天有意和他过不去，他几乎要崩溃了，整夜整夜睡不着觉，有时候还有自杀的念头。这不，实在受不了，才找院长要安眠药。现在和老师说了这么多，一下子感觉好多了。

回来的路上，我一直在思考一个问题，这样的学生恐怕还有很多。目前，城市里独生子女的家境条件越来越好，但我们的农村还不是太好，同宿舍的学生从心理上就分成了两个阶层，贫富的差距本不是他们造成的，但他们却要承受这样的后果。我曾经做过一个调研，同宿舍的两个同学毕业后分别结婚，城市的那个学生双方父母都能拿出一套房子给他们，他们还没有为社会创造价值，就已经拥有了上百万的固定资产；而来自贫穷家庭的学生连房子都租不起，一结婚，就欠债不少，背上了很沉重的负担，现在工作又很难找，无疑是雪上加霜。这种贫富差距必定会给社会带来不稳定的因素，那种仇官仇富的心态无形中就在弱势青年群体中不断增强，这种积聚的能量最终不是在沉默中爆发，就是在爆发中裂变，实在是一个极为可怕的定时炸弹，随时会殃及我们的国家和人民。

高等学校的青年学子本处于最美好的青春阶段，但现实生活的残酷，让他们产生了心理分裂。尽管拥有高学历的头衔，但他们心理的荒凉、情商的低能、爱的缺失和对生命的无视，总会将自己送上不归路。他们要发泄，要爆发，要毁灭，就会逃离人性、良心的正常轨道，就会采取给同室人的下毒、自残自杀等极端行为，这样个案在近十年里屡屡发生。我曾经处理过女生宿舍两人打架的事情，其中一个女生把方便面泼在另一个女生的被窝里。我非常震惊，这连起码的公德都丧失了。不能不关注现在的大学生宿舍出现的种种问题，这值得我们认真反思教育的结构问题。我们在拼命提高学生智商的同时，是不是忽视了学生教育隐形的一面，比如做人方面的教育、敬畏生命的教育、艺术与美的教育？我们所有的教育是不是过于功利化了？是不是太缺乏理想信念的教育？良心和品德教育什么时候被我们弱化了？即使有这样的教育，是不是也流于形式了？我们的家长将孩子在每一成长阶段所需要做的事情全部包了下来，很多不是孩子的选择，而是家长的一厢情愿，这终究会让我们的孩子在该选择的时候不会选择，或者处于漠视和无奈的状态；可不该做选择的时候，却会根据自己的情绪随意乱为，这就是当前高校大学生的心理通病，也是令社会普遍担忧的生命安全教育的重要问题。

高校大学生宿舍近年来发生的伤及生命的事件虽然是个案，但背后投射出很多值得人们深思的问题。世界上任何事物都有必然性和可能性，量的积累终究会发生质的变化，从来没无因之果，也不会有无果之因，与其把过多的目光关注于是什么人干的，不如深刻反思我们自己的问题。因为对生命的轻贱与冷漠，也许比剧毒的化学物质更凶险。

对开展《少数民族团干部发展胜任力实证研究——转业视角》充满信心

《少数民族团干部发展胜任力实证研究——转业视角》是共青团工作理

论研究所自2007年成立以来一直开展的研究项目之一,即《转业团干回头看》中的子课题。

作为该项目的主持负责人,我曾在2007年至2011年期间,带领研究团队赴辽宁、山东、黑龙江、江西、陕西、浙江、宁夏、福建、安徽、西藏等地区进行深度调研,对九十余位来自不同层级、不同领域的转业团干部进行了一对一的个案访谈。一是通过他们回顾曾经的共青团工作经历,特别是那些令人刻骨铭心的事件和人物给他们日后的成长带来的帮助,提炼出其中有价值的元素,这些元素恰是共青团岗位与其他岗位的区分标识和显著特征,从而进一步对在岗团干部的培养起到积极的作用,而不是仅仅对他们进行口号式的"热爱团的岗位"等内容的说教,帮助他们真正从心底里认同团的岗位给他们带来的价值和帮助。在我们的调研中,发现在团的岗位锻炼的时间与带来的收获并不成对应关联,而是与在岗位上的投入程度有直接关系。

二是通过他们真实描述转业后的适应情况,力图找寻共青团工作或者团干部培训等方面存在的不足,也就是目前我们所谈到的共青团工作方面的短板,通过一定的科学编码对这些相关因素进行分类,进一步识别哪些是可以控制的,哪些是不可以控制的,进而警醒我们要高度关注这些问题,并对一些可控的因素加以防范和有效的调节,并在团干部的培训过程中增加相应的课程内容和有效的历练方式和路径,将转业后出现的问题前移置在岗期间,为他们以后的健康成长奠定基础,起到保驾护航的作用。

三是通过他们跳出团再看团,梳理问题整理归纳,回归理性思考,本着对团的事业积极负责的态度和精神,对现在的共青团工作和团干部的成长提出意见和建议。这些建议对我们下一步有效开展工作起到一定的推动作用。

该课题的理论支撑是发展胜任力理论学说。胜任力最早是西方学者提出的概念。1973年,美国心理学家戴维·麦克莱伦首先提出了胜任力概念,他把胜任力称作是把优秀者和一般者区分开的特性，包括知识、技能、社会角色、自我概念、人格特质和动机或需要。知识、技能属于表面的胜任特征，很容易被发现；社会角色、自我概念、人格特质和动机或需要，属于深层次的胜任特征，是决定人们的行为及表现的关键因素。上世纪70年代，他受美国新闻署（USIA）委托，首次采用了行为事件访谈（Behavioral Events Interview，BEI）的方法调查了USIA官员。此后，其学生和资深同事鲍耶兹通过大量的文献检索和实证研究，归纳出优秀管理者的胜任特征，其代表作《胜任的经理人》的出版在很大程度上促进了胜任特征研究从学术背景中转移出来，进入直线管理者、咨询顾问和HR从业者的世界。经过十多年的研究和实践检验，美国著名心理学家Spencer等人提出了用于判断和评价某人能否担任某些特定职位的胜任力理论，称为通用胜任力TDL模型。通用胜任力TDL模型由三个独立的维度构成：基础胜任力（Threshold Competency）、鉴别胜任力（Differentiating Competency）、潜在胜任力（Latent Competency）。它们之间的区分在于：基础胜任力，是比较容易通过培训和学习获得的、符合某一职位的基本能力，例如，沟通能力；鉴别胜任力，是短时间内较难改变和发展的、能在某个职位上获得优秀绩效的关键能力，例如，分析判断能力；潜在胜任力，是短期内难以改变和发展的、帮助向更高职位晋升的发展能力，例如，成就动机。而潜在胜任力是一个人向上发展，胜任更高职位的关键能力，并非单纯的培训所能培植的。那么，这种能力是从何来的呢？是通过怎样的成长路径历练就的呢？它与共青团岗位与经历有着怎样的关联呢？少数民族团干部的发展性胜任力养成有哪些特点与规律？所有这些都需要我们从众多特定的研究对象中寻找答案。

共青团工作理论研究所的两大根本职能就是：全力服务共青团干部的成长，全力推动共青团的工作。《转业团干回头看》是共青团工作理论研究所自2007年成立以来一直开展的研究项目之一，在几年的艰苦探寻中，我们发现，共青团岗位的确是一个年轻人成长的最佳通道。正如很多转业的团干部所说的：他们在这一岗位中，比同龄人更早懂得了中国政治大局观，掌握了组织协调整合资源的本领，结识了一批志趣相投富有抱负的精英，养成了善于学习勤于思考的习惯，积累了富有创新性的组织活动的经验，学会了低调做人高调做事的品格，尤其是培养了勇于担当积极进取的精神，这些都内化为共青团特有的文化特质，这些文化特质将成为青年干部成长过程中不可缺少的营养元素。在研究中，我们同样发现，共青团岗位不可逆转的转岗机制也给团干部的成长带来了一定的负面效应，加速度转业现象在一定程度上影响部分团干部的健康成长。转岗机制如同一把双刃剑，在帮助团干部提升的同时，也在考验着每一个团干部的承受耐力和全身心投入工作的聚焦能力。判断一个年轻干部健康成长的关键指标就是发展性胜任力。能走多远，能飞多高，不是单纯的职务晋升，而是对社会贡献的价值大小。

《转业团干回头看》是共青团工作理论研究所要长期开展的课题，2007年就已确定了十年的规划，即用三年的时间完成基础研究部分，对全国转业团干部初步进行一个摸底，因此选取的样本分别来自不同省市、不同层级、不同领域、不同年代、不同民族、不同性别的人，总体从共通性出发，暂时不涉及各类化和特殊性的问题。这一阶段的研究多为感性体验和认识，研究成果也多为个案描述、部分诠释和基本结论。2010年后，开始转入分类研究阶段，即分层级、分民族部分。在分层级部分中，我们课题组从团市委层级着手，通过电话个案访谈的方式，已对二十余名曾经担任团市委书记的党政领导进行访谈。2011年后，转为分民族进行研究，这主要与本人三年援疆工作有关。目前，该子课题预计将于2014年8月完成。2014年后，继续从分层级、分领域、分性别、分年代部分依次展开。

《少数民族团干部发展胜任力实证研究》课题拟在南疆四个地州进行，前期已在新疆完成了约十五位转业团干部的访谈，其中也有部分少数民族的转业团干部。发现新疆汉族的转业团干部很多情况与内地转业团干部差异不大，但少数民族的转业团干部情况就有些不同，需要对这类群体进行单独的研究。在 2011 年 8 月至今，我们先后四次去南疆实地调研，对那里的情况有了一个大致了解，特别是与四个地州的团委领导都有所接触和合作，这对于获得他们对该课题的支持起到一定的帮助作用。除此之外，在 2010 年期间，我们课题组成员前往宁夏和西藏调研，对那里的少数民族转业团干部做过深度访谈，并完成了宁夏和西藏转业团干部情况研究报告，这些第一手的资料都为该课题的开展奠定了一定的基础。

为了全面客观反映全国少数民族转业团干部的情况，课题组吸纳广西党校的教师、曾在共青团工作理论研究所研修一年的赵晓刚老师加入，负责广西地区部分少数民族转业团干部的研究工作。同时，吸纳我所郑伦老师（心理学专业博士）加入，承担云南地区转业团干部的研究工作。另外，特邀请全国知名专家、国家行政学院政治教研部胡月星教授（领导心理学、领导人才素质测评），作为该课题的理论指导教师。因此，我们完全有信心有能力完成好该课题。

对转业团干部访谈系列研究的再思考

来到新疆已经有一年半了，一直想完成新疆地区转业团干部访谈课题，只是感到没有找到合适的路径和共同参与的合作伙伴。每每想到这，总有一种说不清的苦涩。这一年半中，只是利用送培训到民族地区的时候，做过二十多个个案，感觉研究的模式仍然没有跳出以往的框框，对于这一点，我自己也很纠结。这两天，我又把我们的老院长陆仕帧老师去年住院期间说过的一段话找了出来，细细品味其中的含义。

她说，对于研究而言，举个例子来说，就如同探索某个孩子在梦里的变化的感觉，及时跟踪这个事件更新的相关情况。必要时，从已有的资源考虑所需的相关联的东西。一定要以框架结构为前提，用这些视角去规范规划这些事件。若缺了某个视角，相关研究工作则有偏颇。然而，想深入研究这件事情，还需要以经典理论为基础。我们得客观地评价自己已有的理论基础，"怎么个走法"这方面仍需下大工夫。理论知识储备量不足，那么便不易从感性认识上升到理性认识。以尊重相关文化、制度为前提，重视人才结构和人才培养模式这两个方面。我们的眼光可放长远些，眼界可放开阔些，从横向角度出发，即将海内外的有关情况进行比较研究，将国内外的有关情况进行深入分析并总结，力求将相关研究完全掌握。从可贵有用的角度来说，进一步了解人的社会性发展，需要强调政治社会化问题。再考虑到我国国情的情况下，需要通过政治的社会化和人本身的不断发展来引起全世界的重视。

一个人对一个事物的认识总是要经历肯定、否定、否定之否定三个阶段的。目前，我在思考如何进一步梳理该课题，使之从一定的感性高度上升到理性高度，进一步抽象其中感性层面的内容，开始从现象、事件的描述，过渡到对问题的诠释，正像我院知名专家沈杰老师所说的：研究有五个阶段，即现象描述、解释原因、问题诠释、归纳抽象、提出对策。我们要从现象描述中向解释原因和问题诠释上靠近，特别是心中要有完整的理论研究框架和很好的理论储备，同时，要充分吸纳海内外的有关研究成果，通过联系性、差异性、多元性对比，在人才结构和人才培养模式上探寻出新的规律。

我整体回顾了这些年我们的研究情况，感到问题如下：一是研究目的和研究定位还不是太清晰。没有从人才结构和人才培养这样大的战略高度去思考问题，仅仅是为了给在岗的团干部培训提供一定的支持。定位太低，因此没有产生较强的社会反响，并引起各方的关注。二是研究课题没有与当地团组织的强烈需要结合起来。坦率地说，我们的研究成果没有惠及他们的工作，当地团组织热衷于短期的应急性工作，对一些长远的打基础的工作并不是太关注，比如拜访老团干也只是形式上的看望，并没有从深层次挖掘一些有价值的内容。三是该课题研究的对象是一个比较敏感的特殊群体，在公开场合不好谈及，怕引起非议，因此有回避之念。再则，这些转业团干部身担重任，难以抽身接受访谈，因此需要当地团组织牵线搭桥，无疑给他们的工作带来额外的负担，并且对他们的工作也没有实质性的帮助。四是我们自身还存在着一定的问题。比如，理论储备的不足，对人才结构、人才培养、胜任力学说理论等还没有完全掌握，对现在团组织的现实工作没有完全领会，因此理论与实际的结合不是很好。目前，要把功夫下在吃透经典理论和研究框架的完整性上，不能缺东少西。同时，要定位深远，要从内心里想透：研究这类群体想要干什么？他们与其他群体的差异点能说明什么？研究方法有哪些？访谈、对比、文献等，哪些是可行的？分层级、分领域、分路径、分区域、分民族、分性别等，都是为了说明什么？什么时候可以达到"星星之火可以燎原"，并组建研究队伍和舆情站点？

近来，因为要给县科级干部上课，有机会跳出团工作，来接触这些非团经历的青年干部，这给了我很多启示。他们身上与曾经的共青团干部有什么不同？怎样用科学的测评体系去考量和比较这两类不同的群体？经过对比，我们会得出怎样的结论呢？通过这些结论，我们要说明什么？如果再细研下去，共青团这段经历在一个人一生的成长中占据怎样的地位？没有这段经历的人会有什么缺憾？另外，再延伸到家庭的成长环境、工作的成长环境以及他个人的努力和作为方面，特别是性格特质等因素，都赋予他本身哪些优秀成分？还有民族地区的这些转业团干部又有哪些特点？以及全国不同地区的少数民族团干部与汉族团干部的差异性在哪？这些都需要在疆一年半的时间来完成，不然，明年8月份离开新疆的时候，我定会留下遗憾的。

我已经做好了准备，排除各种干扰，也要将这一课题进行到底。只是需要关注这一个目标，一个一个接触并访谈少数民族转业团干部，积累到一定程度，自然就会有所收获。试试看！一定可行的！

要给年轻人施展的机会

人生中的第一次都是我们刻骨铭心的记忆。我们都有体验，自己年轻的时候，如果有人给一次机会，说一句激励的话，或者和一位名师近距离接触过，就会无形中受到很大的感染，有时甚至会改变自己的一生。

我来新疆后，特别想为这里的年轻人做一点实事，去满足他们心中的梦想。我在南疆的一个小学校里，看到孩子们的画，其中一幅画描绘的是海南的景象，有椰子树，有红太阳，有在海里玩耍的孩子们。我问及画画的孩子，你心中的梦想是什么？他的回答让我吃惊，他说他特别想去海南看看那里的椰子树，学校功课紧，南疆维稳重，他们出不去，只能凭借自己的想象来画椰子树。我听后半天无语，心里很难受！孩子的梦想不算大，这在内地学生看来是多么容易的一件事，但对这里的孩子却成了一种奢望。

最近，在给年轻教师上团课时，我注意到一个特别的现象，16位培养对象中有13人没有去过中央团校。他们希望能够去到那里的强烈愿望很打动我，我在想，人生中的第一次，我们一定要去满足他们，这在他们的成长中有多么重要。要让他们多去见识，多创造和大师见面的机会。满足他们的强烈愿望，就是我们在为实现中国梦的路途中迈出的重要一步。

谁没有青春？谁没有梦想？但我们不能因自己过了青春，就忽视年轻人的心中梦想。我们总想让年轻人听我们的，顺从我们的心意，这怎么可能？相反，我们要俯下身子去主动倾听他们的内心声音，耐心听他们的诉苦。他们遇到的困难，在你看来也许都已经不存在，但我们不去帮助解决，谁去解决？我们不去争取，谁去争取？结果只有一个，就会让别人把他们洗脑。新疆出现的好多问题，我认为不能单纯地怪罪我们的青年。试想一下，我们有多少时间是花在青年身上的？有多少事情是青年内心真实的愿望？我们的很多想法都是从显现性、功利性、业绩性等角度出发的，我们还有一些人天然对年轻人持一种怀疑态度，却没有反思自己，到底给年轻人提供了多少发展的空间。当他们的人生遭遇痛苦时，我们有多少人会主动地贴上去，解困答疑？即使做了也只是做给别人看，发自内心的有多少？正如访谈中一位南疆青年说到的，在最需要帮助的时候，有一个人过来靠近他，问他有什么需要帮忙的。他说了自己内心很多的苦闷，然后这个人说，这个世界不好，你愿意随我到另一个世界吗？结果，这个人轻易地就把年轻人带走了。很多的事情，我们都需要认真梳理，并加以研究。

事物往往是双向的，有正反两个方面，之间的力量自始至终都处于一种抗衡中，不是你压过我，就是我压过你。所以，争夺青少年刻不容缓，我们没有理由不在青年的成长关键期给他们助力。青年永远是可塑造的，可大有作为的，只有给他们更多的期待，给他们更多的信心和勇气，才会让他们享受更多的阳光普照，小苗才能茁壮成长。

我们中老年要抱有学习的心态，向年轻人学习。要知道我们的一个看法、一个言辞、一个举动，都会传递给他们很多的信息。有些信息是不良的，若干年后，我们必定要为此付出沉重的代价。那时候，我们会为此遗憾，也会在以后的生活中留下阴影。我坚信一点：青年是国家宝贵的稀缺资源，给点阳光，他们一定会笑得很灿烂！

高度的理论自觉才能使信念坚定

昨天受新疆师范大学团委书记的邀请，给本期青马班工程的学生骨干授课,这是我第二次给师大的同学们授课。之前是在去年建团90周年之际专题讲授《建团90周年——青年领袖的成长路径》,这次结合习近平主席提到的"中国梦",讲授《冰山理论素质模型》。在整堂课中,我对同学们的表现非常满意,主要表现在以下几个方面:一是年级学生构成比较合理。大一和大二学生几乎占到全部,大三学生极个别出现,大四学生没有,这符合这堂课的内容要求,宜在低年级学生中移植这样的理念;二是学生专业结构比较多元。有文理专业、还有音乐等专业的学生,这样比较宜于从专业视角去理解冰山理论素质模型;三是学生角色多样。238人中,有8%的是普通学生,有92%的是学生干部,这样可以换位思考,并听到对方对己的评价;四是小组讨论环节特别踊跃。这出乎我的意料,让我发现了部分优秀的学生干部。

为了激发同学们的听课情绪,我采取了分片划分小组展开竞赛的方式来与我互动,效果果然不错。没想到,不少学生自荐当组长,在组长的号召下,组员们不甘落后,抢答我提出的问题。比如,当学生干部对你最大的帮助是什么?当干部以后最纠结的问题是什么?这两个问题同学们的回答五花八门,有特点的大致有:当干部可以满足自己虚荣心、方便交朋友、可以提升能力和水平、可以多接触领导和老师、可以有机会服务大家、可以提高责任心等。当干部以后,最纠结的问题是:学习和工作发生冲突、与同学发生矛盾、费力不讨好、夹在老师和同学之间很难受、不好找女朋友、女干部被大家认为男性化、很辛苦很受累等。在提问后,我特意邀请几个普通学生谈谈他们眼中的学生干部是个什么样子。他们说道:不喜欢那些官大一级压死人的学生干部;觉得学生干部太辛苦,当同学们开心地玩的时候,他们还在写活动策划书;当学生干部需要能力强等。最让我感动的是,在看模型谈感悟这个环节中,只有两分多钟的准备时间,同学们竟能从十个角度谈了自己真实的想法,这在历次授课中都是不多见的。

一是提到冰山如果在不同的环境里,情况是不一样的。这位同学触及到成长的环境，实属难得。我记得，曾经的西安电影制片厂导演和厂长吴天明来我校讲课时，提到一个人的性格决定一个人的命运。他说，一个好的政策可以改变一代人的命运。1977年恢复高考制度，很多上山下乡的知识青年考上了大学，从此他们的命运发生彻底的改变。

二是提到从知识技能到社会责任、自我概念、人格特质、动机之间的顺序是可逆的，既可以从动机到知识技能，也可以从知识技能到动机。实际上，通常我们了解一个人，主要是通过他所展现出的知识技能，此时，他内心的动机我们并不能完全掌握，但经过一段时间的观察，看他的责任担当情况、看他对自己位置的摆放情况、看他为人处世的性格表现等，来推测他真正的目的和动机是什么。反之，我们通过他的行为选择，发现他的动机和目的，来推测他的性格和品质、对自己的把握和了解程度、所能承担的社会角色以及具备的知识和技能。

三是从自己所学专业的视角来看素质模型。一名音乐专业的学生提到，他看冰山理论的四个层级就想到了合唱中的四个声部，露出冰山一角的是高音部，在冰山底层的是低音部，中间的部分是中音区域，它们之间的关系是相得益彰，相互配合的，缺一不可。我记得音乐作曲家徐沛东曾评价合唱是一个最美的艺术，美在团队合作精神，美在它能把弱音唱得令人心动，能把高音唱得令人震撼。其实，无论是知识技能还是心中梦想都无法跨越，只是前者容易识别，后者不易发现，这恰恰说明内心的梦想要从脚底上升起。还有一名物理专业的学生，他说道"压强"这个词，让我一震。他说，一个人在成长的过程中随时会受到来自各方面的压力，要做好迎接的准备，压强大，压力就会小，所以要保持内心的定力，以抗衡外界的干扰。

四是从弗洛伊德精神分析法来看冰山素质模型。一个女生说，冰山的底部是本我，中部是自我，最上端是超我。本我是不容易被人发现的，自我是可以控制的，只有超我是我们可以努力做到的。我们现在在学校要好好储备知识技能，让我们的自我和本我得到进一步的修炼。

五是从高楼地基的比喻看冰山模型。一个女生是二片区的学生代表，她在发言中说道，冰山底层就如同高楼的地基，需要稳定，地基不牢地动山摇，成长最关键的部分是在冰山底层，而非冰山一角。

六是从培训的难易性角度来分析。冰山一角的知识技能很容易得到，但冰山的下部不容易从培训中获得，需要从小到大一点点积累，并配合成长环境的正确熏陶，正如一位专家提到的：政治领袖不是课堂上培养出来的，而是实践中孕育产生的。乱世出英雄就是这个道理。

七是从动机和知识技能的关联性来分析。动机欲望强烈，知识技能获取的速度就会加快，它们成正比；反之，动机不强烈，获取知识技能的动力源就不足。

八是从成长的路径角度来分析。基层组织潜艇纵深式的遨游和群团组织地毯平面式的狂游利于青年的快速成长，力量从底层上来，要接地气，才会平稳。

九是从成长的结构角度来分析。三角结构最为稳定，需要打基础管长远，而非单一地盯住知识和技能。

十是从多元角度看模型。要全面地看问题，系统地看问题，辩证地看问题。不同的环境、不同的节点、不同的角度，冰山模型都会有不同的变化，因此，也要发展地看问题。

在课的最后，我让同学们写下一句话：做正确的事永远比正确地做事重要，当好党的干部要永远将党的思想主张化为大家的实际行动。只有高度的理论自觉才能使信念坚定！

这堂课中，我也从同学们那里获取了很多有价值的营养，感谢同学们，你们让我再一次感受到，青年人的智慧是不可低估的，要永远给青年信心和希望！

关注心理资本的增值

这两天，我关注了北京交通大学心理素质教育中心的资深讲师张弛4月27日作客中青的新闻，我对他提到"心理资本"这个话题非常感兴趣并颇为赞赏，在这之前，少有专家提到这个词。通常意义上，我们在描述一个人的成长规律时常用冰山理论去阐述，即外在的技能、知识，内隐的动机、人格特质、自我概念和社会角色六个部分。实际上，外在的相对容易获取，比如通过培训、学习等方式很容易达到倍增；但内在的部分具有长期累积性，很难一时凸显效果。目前，将某个人胜任岗位的情况，分为基础胜任力、鉴别胜任力和潜在胜任力，前一种属于外在和基础性胜任力，比如一个人的沟通能力。第二种介于外显和内显之间，它是同岗位之间区分优秀与普通的标识，比如一个人的分析判断能力。第三种则是趋向更高级别的一种胜任力，比如成就动机方面。

在我们的一生中，你会接触到各式各样的人，人与人在人格上是平等的，但能力和素质的差异性非常大，外在的表现只是其中一个方面，深层次的内涵要经过细细观察才能发现。如同平静的水面，你不知道水底下的能量什么时候会释放出来。比如海啸，其能量无比，仅从外观是看不出来的，有时候外观还会带来假象。在识别对方是一个什么人，是一个怎样的人，他从哪里来要到哪里去等方面上，仅从他所表现出的知识和技能方面是难以辨别的。比如近十年来，高校频发一些比较优秀的学生受到伤害或者被伤及性命的事情。他们遭人嫉妒的事情是常有的，但反过来，也要反思我们的教育还有成长结构内容方面的不足。关注外在的方面远远胜于内在的方面，常常导致外在的能量大大强于内在的能量，这种能量的不平衡就会为日后埋下隐患，酿就悲剧。

在与青年学生交流中，我常用一个国际舞林高手的话来启示大家。他说，永远不要把压力放在对方身上，用自己的内力把它消化掉，你能做的就是引带、吸纳、包容、留位。关键是在强化内功上,大凡内功差的舞者很容易把力量用在对方上,容易破坏对方的重心,双方都会感到不舒服!正如古语所云,"己所不欲,勿施于人。"

要提升个人的幸福感,就需要让自己的心理资本增值。所谓心理资本,正如张弛老师说的,你是谁?即一个人的心理状态和心理素质;同时强调,你想成为什么样的人?心理资本包括自我效能(自信)、希望、乐观、坚韧、情绪智力、主管幸福感、情商、组织公民行为等各种内容,可以归纳为:认知、信念、情绪和行为。我们细细琢磨,这些词都可以是冰山下的部分,形成很漫长,但一旦形成恢复也不容易。此时,需要一种弹力或者复原力,即从逆境、冲突、失败、责任和压力中迅速恢复的心理能力,这种心理资本将是一个人走向成功的最为关键的因素,让心理资本增值是每一个人亟待完成的必修功课。

结合实践,解决实践中存在的问题永远是我们研究的动力源。浙江团省委周艳书记在研修班提出的《双网互动》团建模式,让我们在场的学员耳目一新,倍感振奋。该模式是浙江共青团委实现"两个全体青年"目标,以一定的网络为团建工作单元,在科学合理的网络范围内,把各类组织载体和流动团员青年融入网格、科学设置团的基层组织,充分利用党政及社会资源,统筹开展团的活动,实现资源配置最优化、组织效能发挥最大化、教育管理最佳化,增强基层团组织服务能力和凝聚能力的一种团建理念和模式。所谓的"双网",一是指双网的覆盖,即通过团的各级组织"网络"体系,包括层级化和非层级化的团组织,和通过一个区域按照青年的聚集情况或团组织的功能划分成若干"网格",来实现"团的基层组织网络覆盖全体青年"的目标。二是指双网的影响,即通过"网上网下"影响青年,"网上"互联网,"网下"组织网络和网格的共青团组织、青年组织实体活动。

从共青团组织价值功能定位的角度,浙江团省委推出的"双网互动"

模式恰恰是共青团组织价值功能的充分体现。他们用"网络＋网格"建构了青年聚集方式和流向分布相一致的全面覆盖的基层青少年组织体系，用"网上＋网下"全方位影响的青少年思想引导体系，而这两条就是执政党最关注的青年乐于接受的工作模式，是新时期共青团工作创新的典范。

该工作模式突破了原有的工作局限，他们通过开发党政认可青年满意的网格工作项目、建立资源共享开放共联的网格运行机制、培养一支素质过硬充满活力的青年骨干队伍等手段，实现了对青年的双重叠加覆盖，找到了与青年联系的最佳路径，第一时间了发出青年动态信息。可以说，这种工作模式开创了新时期共青团组织覆盖活动影响的新局面。

该工作模式在履行共青团组织四项职能方面做了大胆的探索，比如在组织青年方面，科学合理划分网格、准确掌握网格信息和加强网格团建；在服务青年方面，组建服务团队、丰富服务项目、突出服务效能；在自身建设方面，培养青年骨干、发挥团员青年主体作用、规范和发展基层团内民主；在引导青年方面，按照开放式互动的要求，激发基层组织的整体活力，增强共青团在互联网上的影响力，着力加强"网上"和"网下"的互动，着力加强网格内和网格间的互动。总之，这种工作模式的推进，使传统意义上的共青团工作更为贴近青年的实际，更为与社会的发展合拍，更为与党政的中心工作相吻合。

每一次南方之行都给我留下了很难忘的回忆。前几年温岭的共青团工作就很给我启发，他们青年联系卡的实施、活动社会化项目运作、干部队伍富有朝气的面貌，都让我久久不能忘怀，总能给我留下希望、向上、创新、勇气、智慧的美好印象。共青团最前沿的做法在浙江，最创新的举措在浙江，最能发出正能量的行动还是在浙江，这永远是我们研究者汲取营养的沃土。

看《致我们终将逝去的青春》电影有感

这部电影是赵薇导演的，看后很有触动，总体感觉这是一部成本不大，但很有时代感和现实意义的成功的影视作品。

每一个人都有青春的岁月，大学生活给人留下的记忆是抹不去的，特别是发生在宿舍的故事，可以一直伴随人们的一生，说也说不完。

我们这一代的大学生活与现在的80后、90后的大学生活有些不同，比如，他们考虑问题的现实性就非常强，很讲实际，也很让人揪心；他们的个体非常独立，很要面子，很要尊严，也很伤不起；他们对政治性问题，对国家层面的大事不很关切，很淡然，也很让人担忧；他们个人情感方面很不稳定，基础的薄弱和分合的自由，给青春期的男女情感带来很多不确定性，其隐患和焦虑感也在不断增加；他们生活自理能力也有所减弱，不擅长整理自己的生活物品，不愿意付出劳动为他人服务，以至于宿舍集体卫生差到别人无法进入的地步，而且其气味也影响到同屋人的身心健康。

最近，看到清华大学同室学生投毒事件，联想到云南大学马加爵同学杀人事件，还有我看到的同一宿舍女同学之间打架并将方便面的汤倒在对方被子上的事等，这一系列事件中，无不反映着一个不能忽视的问题：大学生的生命健康教育是目前高等教育的一个短板。对生命的敬畏，对他人的呵护，对劳动的热爱等，这样的教育有所削弱。越是社会物欲横流的情况日渐凸显，我们就越要用人格和精神的力量去与之抗衡。正能量不压倒负能量，处于青春期的青年人的肌体免疫力就会下降。

《致我们终将逝去的青春》给人留下了很难忘的印象，比如故事中的男主人公在接受杨澜访谈时说过一句话："我们的事业成功是用做人的失败换取的。"我很欣赏女主人公那种敢爱敢恨的精神，为了得到真正的爱情，她拒绝学校里有钱子弟的追求；看到自己的女友因男友失去生命而难过不已；当知道过去的恋人有人追求时，毅然放手远去，所有这些她都做得坦坦荡荡，为爱可以撕心裂肺，为情可以用心极致，但同时，你会为她青春的美丽欢呼，对她曾经犯下的错给予理解和包容。

我一直认为，青年的可塑性极强，有积极的一面，必然也有稚嫩的一面；有张扬的一面，必然也有内隐的一面；有光亮的一面，必然也有灰暗的一面。我们走进青年，不是简单地靠近他们，而是要走进他们的内心世界，要知道他们的苦与乐、喜与悲，要倾听他们内心的声音，要分享他们得意的成果。青年是给一点阳光就灿烂的群体，要让他们健康快乐地成长，就要创造条件和机会让他们展示自己，释放自己，并在他们投入的过程中，不忘及时给予他们指点、引领和激励，相信他们一定可以走得更好！

要了解新时代背景下的青年

当前共青团工作要解决的首要问题，就是要了解时代和社会背景下的青年。

按照我院青少年研究院研究员沈杰老师的分析，时代和社会背景之一是现代化的历史潮流。三次现代化浪潮分别发生于十八世纪的欧洲、苏联和发展中国家，第一次现代化是传统的现代化，属于早发、内生类型，后两次现代化均为晚发和外生类型。后现代化被前现代化的结果影响着，比如环境污染，全球气候变暖等问题，均为前现代化反身作用的结果。

时代和社会背景之二是中国结构的转型。从封闭社会向开放社会变迁，从农业社会向工业社会变迁，从乡村向城市变迁，从礼俗社会向法治社会变迁。从同质性社会到异质性社会变迁，从世袭式社会向成就式社会变迁，在这样的变迁下，中国结构转型从宏观层面上呈现三元社会并存的特点，即农村、城市和流动社会并存，中观层面上呈现单位制社会（职业发展场所）和后单位制社会（社区是公民发展的主要单元）并存的特点，微观层面上呈现个人空间和自主性扩大的特点。过去表示关系亲密的行为，现在也有所改变。比如，见面之前需要事先联系，尊重个人空间，保持个人隐私，这些都是社会进步的表现。

时代与社会背景之三是中国文化的变迁。世俗化，是现代化的文化特征，文化世俗化的核心是现实生活价值观的最大化。当今，有多少人系统地读诗歌、美学和哲学？我们一谈文化就是文化产业，并不是真正的文化事业。现代社会比任何时候都更加呼唤文化大师的到来。

时代和社会背景之四是社会心理的嬗变。从社会心理结构角度而言，有理性、深层和稳定特点，人们从注重理性到注重现实、从注重义务到注重权利、从注重集体到注重个体。从社会心态角度而言，有感觉、表层和动态特点，人们更具开放性，容易接受新事物；更具自主性，乐于自我选择与决策；更具多样性，进行多群体层面的表现。

由此也带来许多问题。我们的青年在这样的大背景下，就会出现轴心维度的价值观念的变化，表现出集体取向、合理利己、奉献与索取兼顾的特点。优秀传统文化和道德观念仍然体现在青年的观念和行为中，同时，青年对金钱的态度表现了现代人应有的健康心态，比如他们认为金钱不是人生追求的最高目标，它只是人们事业成功的副产品。另外，从个人层面的观念和心态来说，青年更趋于选择现实成功型的人生榜样，比如，保尔·柯察金是他们精神的偶像，而盖茨则是他们现实社会的榜样。从政治组织角度来说，近些年推出的榜样都是自上而下的，多为体现社会价值观的，体现人性情况的并不多。我们要从青年喜欢的偶像出发，用偶像机制塑造榜样，也许会产生更有效的结果。其次，青年的经济自立意识增强，更注重实质目的。再次，青年人际交往愈发呈现出理智性和间接性的特点，恋爱婚姻观念上表现出更加理性和开放的态度，比如婚前性行为、财产公证、个人隐私保护、不生育等。在择业观念的意愿上表现出多样性特征，从收入高求温饱，向求发展，再向潜能开发特长发挥、实现自我价值方面转化。最后是青年的公共服务意识或者志愿精神日益增长，还有青年的环保意识比其他年龄的群体更加超前。

与此同时，青年的问题也愈发凸显，比如，历史意识淡漠、诚信机制缺乏、心理承受力减弱。就深层原因来说，有社会文化的原因，中国结构的复杂多样化，导致利益多样化，文化价值观的多样性，还有青年个人心理发展中的困扰。另外，中国社会处于一种传统、现代和后现代的三维时空之中，物质主义作为一种价值观，影响着人们的意愿、决策和幸福观。这种物质观带来的人格特质便呈现一种获取、追求和以自我为中心的情况。而后物质主义价值观更加注重自我表达、个人自由、追求终极目标意义、倡导宽容品质、重视环境、注重民主与参与。

80后和90后的青年在人格特质方面也有所差异。了解这些大背景下的青年，对我们做好共青团工作很有意义，无论怎样，青年永远是我们关注的群体，我们应为他们的成长成才提供一切帮助。

适当放慢自己的节奏

一段忙碌的工作以后，很想放松一下自己的心情，冷静一些日子，细细回顾一下前一段工作的成效。发现有一些事情做得很盲目，完全不是自己能掌控的、原本可以拒绝的事，但碍于工作上的考虑和领导的面子，很勉强地承接过来，后来，做起来也很是辛苦。对于自己并不擅长的事情，一切要从头开始，周围又缺乏可以依靠的力量，很多工作都要自己亲自上阵，身心倍感疲惫。也许在别人那很容易的事情，自己干起来就很吃力，这个世界就是很奇特，要清楚确实有这样的差距，不然，结果一定不怎么好。但事物总是具有两面性，有得必有失，做事情的过程或者经历还是很有用的，以后遇到与此相关的事情，也会一些帮助。另外，对一个陌生的群体也有了更多了解，这对于青年研究工作也不是一点帮助没有。比如，农村幼儿园教师这类群体，她们面对幼儿，面对农村艰苦的环境，该以怎样的状态去履行她们神圣的职责？这个课题就带有普遍价值和通用意义。

这次回到北京，总想和家人多待几日，回归家庭，安静享受家庭主妇的角色，不喜欢有人打扰，如果连续接到疆内朋友的几个电话，心里便感到一丝焦虑，说不清楚是不是自己有问题。想切断和所有人的联系，曾经的好友也不想见面，以前那种拼命三郎的风格已不存在，因为在一起不会让自己放松，相反会有负担，当然和团队在一起时会好很多，这种心理的变化是最近产生的。

有时候，我在想，真的不能让自己太为难，要学会放弃一些东西，要开始进入减法的过程。很多时候要承认自己已不是从前，要去更多地向年轻人学习，什么都想做是不可能的，还是要把机会留给别人，还是要保持一颗博大宽容的心，不要计较不要争功，那样，才能做到无欲则刚，自己才能活得洒脱些。要知道，这个世界没有你一样精彩，要学会放下一些东西，只管做好自己，不要太纠结于别人的想法，因为，你无法掌控。

前几天与女儿谈话，我感觉非常开心和享受。女儿真的长大了，她的很多想法让我看到了如今90后的理性光辉，她们是后物质主义的践行者，没有我们那么多的思想框框，对事情包容度和接纳度都超过我们，有独立选择的意识和能力，并不因眼前可观的物质利益而放弃自己的理想追求。也许，过去对他们的很多担心都是多余的，一代人必有一代人的活法，我们不能以自己的想法去左右她们的想法，如果那样的话，一方面我们会很疲惫，另一方面，也会在两代人之间竖起一道墙，得不丧失。不如做一个智慧的家长，去欣赏她们吧，去为她们做一些服务工作，在帮不上更多忙的情况下，就去给她们一种勇气、信心和正能量，同时，在与她们的交流中增加我们自身的厚度，不至于远离她们的世界。

我们现在需要放慢一些自己的节奏，该为家人做点什么了。他们为你付出的是最多的，在你最失意的时候，也没有忘记给你精神上的慰藉；在你最得意的时候，也没有沾沾自喜或者享受到什么特别的好处。现在，需要给他们多一点的陪伴，把心放平静一些，毕竟，你是要和家人一起度过未来的日子，好好补救吧，一切都还来得及！

成长收获 = 投入 + 激励 + 时间

昨天是极有意义的一天。新疆师范大学青年政治学院进行了2010级毕业生支教工作的总结，以及2011级学生即将开始实习的动员大会，会议主题为"用支教生活点亮人生梦想"。

有两位实习带队老师和九名学生代表做了总结发言，在他们的发言中，你会时时感受到，每一位经历过四个月支教生活的师生都掩饰不了心中的那份激动、那份真诚和那份沉淀。

去年的8月25日，他们怀着忐忑的心情和无限的憧憬坐火车来到了喀什的麦盖提乡。190多名支教学生被分布在相隔很远的乡村小学、中学，还有幼儿园，每个人看到的环境，特别是居住的地方、校舍的设施，都与他们的想象差距甚远，但让他们坚持下来的，却是这里的孩子、老师和领导眼神中流露出来的那份"在乎"、那份"尊重"和那份"热情"。其中，有部分学生一周要上28节课，几乎覆盖全校的所有课程。从他们的讲述中，我深刻感受到农村教育资源的严重匮乏，但物质的贫穷和生活的艰辛没有让这里的孩子放弃梦想，相反，他们更多了一份对亲人的眷顾。比如，我们的支教学生发现她所带的班所有学生都没过过生日，于是，她就用自己的零花钱买了一个大蛋糕和一堆棒棒糖给全班学生集体过了一个生日，其中有几个家境贫困的孩子舍不得吃分给自己的那点少得可怜的蛋糕和棒棒糖，都留下来给家里的弟弟妹妹吃。还有一个支教的学生代课两个星期，才发现班里坐在最前排的女孩子每天都不抬头并用左手写字，身体几乎贴在课桌上，她很好奇，问她为什么穿如此大且长的衣服？为什么总用左手写字？这个女孩才抬起头来给她看自己的右臂，我们这位支教学生惊呆了，因为她的右手袖筒是空的，这个女孩是独臂，一直在用左手写字，女孩看着支教的学生说，她要把字写得最好。实际上，这个女孩的字在全班确实是写得最好的。我要保存好这个女孩的照片，她让人揪心，更让人感动。

我们的学生在四个月的支教生活中时时被这样的故事感动着，激励着，但同时又更加深刻地感受到自己肩上担子的沉重。我们的支教学生一直关注着那些特殊孩子的成长，他们发现，那些父母离异的孩子学习不上心，那些从小因为偷东西被人砍去小指头的孩子总被大家孤立。还有一些因生活所迫没有像样的衣裤和鞋袜，冬天穿着露脚指头的鞋的孩子。这些都让他们内心难过纠结，但他们没有放弃，而是选择尽量给予这些特殊的孩子温暖，用爱滋润这些孩子。当他们的付出终于有了回报的时候，他们自己都被这样的成就感动着，体会到了一种从未有过的"价值感"和被人需要的"满足感"，他们甚至说到，这是他们人生中最愉快的一次体验。当有的孩子在他们想家的时候拉着他们去自己家里，有的孩子下了课还拉着他们说悄悄话，有的孩子让他们承诺不离开这里的时候，他们被孩子的童真和稚嫩所打动，以致结束支教工作离开的时候，都抑制着自己的情感悄悄离去，这份厚重的情谊将伴随他们一生。

在支教过程中，安全、生活和工作是三个最主要的部分。在南疆，要时刻把安全问题放在首位，特别是下去支教的学生多为女生，带队老师的任务就显得格外重大。他们每天都要下到各个实习点去落实、检查和督促，更多的还是给学生们带去组织的关爱、温暖和一种心理上的安全感，只有这样，支教的学生才能全力以赴地投入到工作中去。更为可贵的是，这些原本生活条件优越的学生，去到环境极为艰苦的地方，学会了生炉子，学会了做饭，这在他们的人生中也是一个极大的收获。在他们讲述的过程中，我一直在思考一个问题：青年人成长中的收获是从哪些因素获取的呢？总结会结束后，答案也出来了。有三个因素必不可少：一是投入。没有全身心的投入，就没有深刻的体验，不入虎穴焉得虎子，不亲口尝尝梨子就不知道梨子的滋味；二是激励。这也是一种正能量的反馈，这种愉快感受来自于他们服务的对象，也可以说是他们付出的对象给予的肯定、喜欢、兴奋、尊重、难舍等积极情绪的表达。这些表达给予他们一种"被认可"、"被激励"、"有价值"的讯息，让他们更加奋发努力，做到好上加好，不让对方失望；三是时间。一个人的体验不是循环而成的，而是多次重复多次受益的结果，这就需要时间的积累。人们在接触一项新鲜事物时，从不熟悉到熟悉，从预想到现实，从平衡到不平衡再到平衡，从有序到无序再到有序，从感性到理性，从不自觉到自觉，都需要一个量的积累。没有达到一定的量，就难以形成质的变化，心理的过程就不可能达到实质性的变化。因此，这三者缺一不可，需要我们认真地加以思考，要在青年人以后的成长中，多多提供这样的机会，而不是整日地逼迫他们做一些无效的事。真正让他们去感受大自然，感受人间的冷暖，让他们主动作为，承担应尽的社会责任。

五家渠的郁金香很有名

如今，郁金香节已成为五家渠市的一张"金字名片"，"西域水城"郁金香的品牌走出新疆，走向了全国，成为六师五家渠市、兵团乃至新疆旅游业的一个特色品牌。

郁金香的花语是博爱和关怀，它象征着美好、庄严、华贵和成功。郁金香花色艳丽、变化多端，以红、黄、紫色最受人们欢迎。红色郁金香表示我爱你，紫色郁金香表示忠贞的爱，黄色郁金香表示没有希望的爱，黑色郁金香代表骑士精神（或忧郁的爱情）。

关于郁金香有很多传说。在荷兰，有一个关于郁金香的美丽传说。相传有一位美丽的少女住在雄伟的城堡中，三位勇士同时爱上了她，一位送给她一顶皇冠，一位送给她一把宝剑，还有一位送给她一块金子。然而，美丽的少女对谁都不钟情，只好向花神祷告，花神深感爱情不能勉强，便将皇冠变成了花朵，宝剑变成了绿叶，金子变成了球茎根，这三样合在一起，就变成了神秘而高贵的郁金香。这个故事加深了人们对郁金香的印象，从观感中我们可以发现：郁金香的花朵呈杯状，由六片花瓣复合组成，叶子是披针状，根是球茎根。由于皇冠代表无比尊贵的地位，宝剑又是权力的象征，而拥有黄金就拥有了财富，所以在古欧洲，只有贵族名流才有资格种植郁金香。

郁金香是世界著名花卉，又称洋荷花，属百合科多年生草本植物，种植球根。有资料考证，经过各国园艺家长期杂交栽培，目前，全世界已有8000多个郁金香品牌。

郁金香起源于中国新疆、西藏，17世纪风行欧洲。在贵族中，昂贵的郁金香是地位的象征。一个郁金香球茎的价值达到了相同重量的金子的一百多倍。郁金香被视为胜利、美好和爱情的象征。荷兰，土耳其，匈牙利等国家将其定位为国花。

而今，五家渠的春天也成了郁金香的天堂。青格达湖旅游风景区内百万株郁金香花竞相绽放，红的似火，紫的似烟，如织锦般铺泻在青格达湖畔，让人醉心于这姹紫嫣红的美景中，流连忘返。

享受独处

我们一生中有很多时间需要独处。过去常常强调与人交往的能力，但在我看来，一个人独处的能力恐怕比交往的能力更为重要。特别是随着年龄的增加，独处的时间会越来越多，这也需要不断修炼。

有一个朋友曾在不经意间说过一句话，对我很有帮助，他说，在哪个山就要唱哪个山的歌，在没有桃子只有李子的地方，就要好好品味李子，在没有李子只有桃子的地方，就要好好品味桃子。最怕的是，没有桃子念叨桃子，没有李子念叨李子。最后的结果是，什么都没有品尝出滋味来。

世界上万事万物总是遵循着能量守恒定律，当得到什么的时候，一定也是失去什么的时候，有得必有失。因此，在心理上一定要想清楚这个问题，不然你会过得不快乐。别人怎么想是一回事，但你一定要想明白这个道理。

今天瑜伽老师让我们练习静坐，过去让我盘腿坐上半个小时是根本不可能的，很奇怪，今天我竟然坚持下来了。于是明白了瑜伽老师说的一句话：我们不要总是纠结于身体各式各样的感受，那样你总会感觉不舒服，不是腰酸就是背痛，如果你站在旁观者的角度超然轻松地看待这一切，知道就好，不过如此，那你就会不那么难受了。类推到我们生活中的很多事，我们的累一是来自于纠结，深陷其中，无法摆脱；二是不满足，自己与别人攀比，无意间增添了许多不舒服的感觉。但试着像瑜伽老师说的那样做，超脱局限，解放自己，你就会获得一种释然。别人永远不会和你过不去，因为别人的关注点不在你这，只有自己和自己过不去，给自己一点放松，你的感觉就会好很多。

当一个人能安静下来，特别是独处的时候，就会有意外的收获，就会听到自己的呼吸，无论是长还是短，都是你自己的。这证明你还活着，通过一呼一吸的强弱变化，你会感觉到身体的能量充满全身，一种兴奋的愉悦会让你惊讶，生命是如此的玄妙。就是这么简单的一呼一吸，你突然发现，自己特别知足，身外的一切都是那么渺小，享受当下才是最重要的。

生命在于运动，长寿在于静止，这两者之间并不矛盾，而是紧密相连的。安排好自己的工作和休息，既要动如脱兔，也要静如老龟，闲暇时修身养息，工作时雷厉风行，让自己的大脑活跃起来，将正能量传递给周围的人。

心中要有历史，才能事半功倍

很久以来，我一直在思考一些问题，如何能把一件事做深做透？如何看待基础理论研究和应用实证研究？它们间的关系是怎样的？

据不完全统计，全国县一级以上的团干部平均不到一年九个月就会转岗。在人员变动如此迅速的情况下，资料档案的保存工作就显得尤其重要，不然，我们就会重复劳动，或者常干一些换汤不换药的活计。那么，现在最关键的就是，急需各级团校将此重任担负起来，从现在开始，整理已有的资料，有时候还需要抢救历史资料，特别是从社会上收集已经"失散"多年的文档资料。有了资料，我们就能知道，过去、现在和将来都是什么样子的，正如常念叨的一句话：知古而明今。作为一名理论工作者，也有责任向现任领导班子提供积极的建议。

从北京回到乌鲁木齐，一切都感到那么清新和熟悉，这里的人和事都让我感到踏实。要做得事情很多，从哪儿做起呢？这两天静静地思考着，无非要顾及两头，一是眼前急需做的事，二是着眼于长远的工作。比如新疆共青团史、新疆团校史，这些工作是繁杂的，需要持久地做。还有眼前要做的事，比如申报自治区精神文明单位，长则一年，短则半年，这也符合我们援疆期限只有一年半的实际情况。

但是，事物往往是对立统一的，真正管长远的还是要做一些打基础的工作，虽然耗时长，但对以后有很大的帮助，正所谓前人栽树后人乘凉。目前的问题是，大家普遍不愿意去做这类工作，因为这类工作不容易出成绩，还会费力不讨好。于是，大家都只管眼前，不顾及太长远的事，各家自扫门前雪，谁管他人瓦上霜。这种情况一旦成为普遍现象，我们的组织就会面临"嘴尖皮厚腹中空"的境地，根基不牢，地动山摇。

一个民族之所以能立足，除了物质经济发展外，恐怕最重要的原因是悠久的历史文化，厚重的积淀是必不可少的。一个组织也是这样的，要有历史记载；一个人更是如此，要深得下，还得能展得开，只有力量向下，才能向上展开更大的空间。浮在表面的小树，也终会因不能抵挡风雨而夭折，唯有深深扎下根，筑牢根基，才能保证树的健康生长。

当今世界变化之快让人有些炫目，有时候会受到很大的干扰，越是这样，我们越要有内心定力，稳住自己，万不可随波逐流，成为别人的牺牲品。要时刻清醒地认识到：你是谁？从哪里来？要到哪里去？不能和别人做太多的对比，自己永远就是自己，不是别人，别人能做的事，自己做就不一定合适；自己能做的事，别人不去做，也要能够理解，万不可强加于人。有力要使在自己的身上，尽可能成为别人的帮助者或者托起者，而不是强压者。不是有一句话说嘛，哪里有压迫哪里就有反抗，这话不假，只有顺势而为，才会事半功倍。要顺势而为，就需要知道力量是从哪里来的，怎么来的。堵和压是不可取的，只能消化掉。

在疆的时间还有一年半，还是要做历史资料的整理工作，比如通过访谈历届新疆共青团干部，了解新疆共青团的历史。即使这个工作一时做不完，也要先从新疆团校的历史开始做，从眼前可以够得着的工作做起。另外，可以借申报自治区精神文明单位这项工作来强化这项基础工作。试试看！

学习是成长的永动力

一个人活着每天都要给自己供养，给养的方式很多，有来自自然的能量，比如空气、阳光和水，还有遇见什么人、听到一个关于那个人的故事、看到一个令人兴奋的画面等。前两天，我参加新疆师范大学第十三届运动会，当教育学院学生方队走近主席台时，学生们突然打开了一幅美丽的成长树画布，我一下子惊呆了。只见树的枝条上，突然冒出很多绿叶，这些绿叶转眼间变成了好大的绿叶，细看才知道画布下有同学在摆弄绿扇，一个个小手在画布的洞口上不停地将扇子合上、打开，让人惊奇不已，我为同学们有这样的创意精神感到骄傲。开幕式上还有上千人的团体操表演，同学们伴随着美妙的音乐翩翩起舞，队形变换多姿多彩。还有艺术团的舞扇等，都让我感到很提气，青年就应该是这样的活法。

最近，我院准备申报新疆师范大学继续教育学院"国培计划"的子项目，虽然没有做过，困难着实不少，但一想到这是一次挑战，就充满了信心。万事万物都有同理性，抓住根本的部分，就可能取得重要突破，有第一次就有第二次。有时候，人生中有很多富有奇特性的内容，去年曾在南疆调研时去过几个牧区幼儿园，没想到这些经历就都派上了用处，真如一位朋友说的，人生的经历没有浪费的。老话说，隔行如隔山，但在我看来，外面看山也许有一番感受，进到山里倒有可能看不清楚了。什么事都是从不知道到知道，这个逻辑路径是通用的，一个人认识事物的过程就是记忆—理解—分析—应用—评价—创造。即使从没有体验过，现在开始也不晚，听别人讲得再好也不是自己的。同时，我也发现，一生中有很多要做的事，有些事也许不是自己喜欢的，也许精力达不到。但如果遇到了，又无法回避，没有别的选择，只好应对。尝试总会有收获的，排挤或者逃避永远一事无成。有些事看着很难，实际进去以后，也许会别有洞天，老人说得好，"眼睛是怕怕，手是知了"，干起来了一切就简单了。我很欣赏许书记的一句话，"要做别人做不到的，要做别人想不到的"，不然就无法超越。因为我们在山外，就会更清楚地看到山里面的情况，想好办法，另辟蹊径，很可能会有意外的收获。比如，要拿出共青团特有的文化来搞项目，活动的影响力和组织的覆盖性是我们的看家本领，资源的整合性和教育的仪式性是我们的擅长之处，需要认真备战。

学习是一个人减缓衰老的秘诀，永远都不能把自己与外界隔离，要把每一天过好，就要每天学习。学习是个大概念，我们要给自己动力源，哪怕学习一个名言一个名句，也是给自己动力。比如，保尔·柯察金的名言曾经鼓舞了一代又一代的青年，他说："人最宝贵的是生命，生命每人只有一次，人的一生应当这样度过：当他回忆往事的时候，他不会因为虚度年华而悔恨，也不会因为碌碌无为而羞愧。当他临死的时候，他能够说：我的整个生命和全部精力，都献给了世界上最壮丽的事业——为解放全人类而斗争。"人应当赶紧地充分地生活，因为意外的疾病和悲惨的事故随时都可能结束你的生命。

要关注思维的结构性

长期以来，我一直关注一个人的思维与其成长的关系问题。特别是思维结构有缺陷的话，就会出现很多障碍，比如看待事物的角度、宽度和深度都会受到一定的局限，自然在与人的交往交流中就会显得有些各色，让人感觉交流得不那么顺畅。

因为工作的关系，我与各类人群打过不少交道，时间长了，就会关注其中的细节。人与人之间的思维差异性非常大，你不能不承认，那些职场上的高手们还有官场上高官们，他坐到这个位置上必然有他坐到这个位置上的道理。无论遇到什么样的问题，他们总能从容应对，他们就是能够超前于普通人那样去思考一个问题，方方面面都能考虑周全。这与他们的成长经历有着密不可分的关联，因为见识多了，遭遇各种复杂难题的机会也多了，很多都是历经磨难一路熬过来的，这些无疑都为他们的思维提供了极好的营养和素材，相对普通人来说，思维训练机会要多很多。日久见证，在处理各种关系上，他们就要相对老道一些，或者说智慧一些。

前一段时间，在北京筹办中国人才研究会青年人才专业委员会成立大会暨中国青年人才论坛（2013），有幸与北京教育学院副院长、中国人才研究会人才学专业委员会副会长钟祖荣老师见面，并聆听了他所做的"中国青年人才国际化优势比较"的演讲，收获颇丰。就其中对"智慧"进行诠释的部分，我很赞同他的观点。他提到智慧的五个关键要素，我的理解是：一是能站在更大的系统中看问题，即要有"大系统"意识；二是要能用历史和未来的眼光看现在，即有"长时间"准备；三是要回归事物的原始、原初和基本问题，即有"归零状"行动；四是要能在动态中寻找平衡，即要有"动平衡"状态；五是要能始终保持内心充满爱的情怀，即要有"爱情怀"心智。具备上述五要素，便能成为一个智慧的人。要培养出一个有大爱的人，恐怕要比培养出有知识和有能力的人更为艰难和重要。

我们要成为一个思维健全、充满智慧的人，其实也不是件特别困难的事。其一是因为中华文化赋予我们了充足的智慧源泉，比如，目的＋整体、仁爱之心＋阴阳之合、乾坤、刚健与厚德、入世与出世、上善若水、利万物而不争等，给我们提供了丰厚滋润的土壤。只是近些年，我们将这部分丢掉了，现在重拾起来也不晚。其二是我们中华民族从来都是一个勤劳的民族，我们经受的苦难世界罕见，这种感受比任何他国人都来得强烈。没有吃不了的苦，也没有做不了事，只要认准道路，就一定能坚持下去。

我记得，新任国务院总理李克强在回答记者会上说过这样一句话："行大道、民为本、利天下。"这给我很大启示。与其说很多正确的废话，不如说最核心最本质的内容。我的国际标准舞老师就曾说过："在跳国际标准舞的时候，就把住一个核心要素，即要始终保持身体的中轴（脊柱）垂直地面，无论怎样跳，都不能偏离中轴；其次要善于归零，因为在行进中，动作会发生变形，必须及时归零，回到身体的原初状态，以便蓄力准备下一次的前行。"万事万物都是相通的，同理而言，人的思维也是这样的，舞蹈状态下的身体是有结构的，人的智慧也有五个部分的组织结构，那么人的思维更是需要结构支撑的。目前看来，至少与一个人成长的树状结构紧密相连，即基本（树叶）、核心（树干）、根本（树根）。人与人思维的区分就在于高手看问题能一下子触及事物的根本，普通人通常看到的只是事物的表面，多数人往往还会被事物繁杂的表面"欺骗"，无法透过现象看到事物的本质。这就需要我们不断学习，不断思考，不断训练，逐渐让自己的思维丰满起来，成为一个充满智慧和大爱的智者。

以冷静和平和的心态看待新政

新的政府近来出台了一系列新的政策和举措，比如提出实现"中国梦"，比如倡导廉洁型的政府、服务型政府。这使过去那种公款大吃大喝的浪费之风得到遏制，普通百姓无不拍手称快。还有两会前国务院出台的"国五条"细则，意在控制房价的飙升。正如美国经济学家斯蒂芬·罗奇所说，"中国在行动"，"中国现在决心贯彻一种新发展战略。眼界和战略对实现中国梦至关重要，响亮言辞须伴以大胆的行动。"（《环球时报》2013年4月1日）

"中国梦"的提出，实际上是在给中国人民乃至世界人民传递一种正能量，一种强信号，诏示着未来，中国要行动。一个充满自信的中国要做些什么？无论前进中会遇到什么困难，我们都要毫不置疑地相信新一届领导班子一定有能力，有办法，有智慧去解决的。因为他们深爱中国人民和这片热土，深谙世界政治和世界经济。

我们细细观察，不难发现新一届政府始终在三个基点上着手。第一点是"行大道"。世界江河向东流，顺我者昌，逆我者亡。无论是谁，都不能逆行而上，违背世界的发展规律。那么，中国经济结构的转型也是大势所趋，迫在眉睫。过去经济高速发展带来的高污染、高耗能、高成本的代价已不能承受，需要转型调结构，在这一过程中会遇到阻力，如何将改革的红利惠及人民，将考验这届政府的能力水平和智慧。

第二点是"民为本"。要始终依靠人民，服务人民。要坚决惩治腐败，消除贫富差距，提升人民的福祉。今后一个时期，要通过提高人均收入带动消费结构升级，由过去的投资为主导向以消费为主导的经济模式结构转变。比如，在老龄化日趋加重的背景下，加强对医疗保健等需求的满足。许多投资于高度相关的产业，其需求难以回到过去十年高速增长的状态，但收入水平的持续提高、消费人群的持续扩大、消费结构的升级，为消费与服务行业提供了巨大的市场空间。随着政府社会管理能力水平的提高，就会从"更深层思考和理解城镇化建设，不是简单地与投资驱动、房地产经济画上等号，更多地考虑人的城镇化，更多的是社会、经济等综合性配套改革，而不是简单地造城、造房。那么从长期来看，真正受益的是与消费群体扩大与消费结构升级相关的行业，而不是简单的钢铁、水泥等投资相关行业"[环球时报 2013 年 4 月 1 日张辉（汇添富基金副总经理兼投资总监）《对投资主题的一点思考》]，这就是民为本的理念。

第三是"利天下"。当改革进入攻坚时刻后，只有将成果惠及更多的百姓，改革才能持续下去。比如政府打压房价的举措，不能忽视高房价背后的动因，一是供需，二是成本，三是货币。只有调控供需，才符合经济规律，单纯依靠行政干预能解一时之难，但不能解决根本问题。目前，即将要实行的不动产登记以及全国联网，就有助于摸清全国房产的供需情况。这是一步妙棋，虽然举步维艰，但为后续稳定房价起到重要的基础作用，这类举措就会受到广大百姓的拥护。当然，中国房地产的蝴蝶效应远没有那么容易消除，它涉及方方面面的因素，比如地方权力集团的势力等，要抑制就需要勇气和决心。另外，货币的发行，以及低价、税费、建筑等房价构成因素都需要防控，要有大系统意识、长时间准备、原问题基础、动平衡状态、爱民怀情，才能立于不败之地！

与新疆大学双语骨干教师交流的收获

分管新疆团校南疆四地州公务员岗前培训工作近两年了，一直想通过研究带培训的理念来提高工作的质量和效率。研究可以从深层上理解我们所从事工作的意义，这是我两年来一直推崇的理念，如果不能从根上吃透，那么为什么要做这项工作？不懂价值意义，就很难有做好这项工作的驱动力；没有驱动力，就不能很好地激发人潜在的各种能力和智慧，就会陷入为工作而工作，为完成任务而完成任务的状态，人们就会把精力投放在疲于应付和疏懒工作的技巧上，这是一个很糟糕的精神状态，因为在这种状态下，再好的工作方法和路径都是对牛弹琴。

从这个意义上，建立研究框架就显得非常有意义，比如，从学生的角度如何看双语学习？其中有什么普适性的规律？从教师角度如何看双语教学？怎样教才会让学生提高学习的效率？从管理者的角度来体会学习双语的意义，进行怎样的管理模式，才会让教师和学生两个积极性都调动起来？这三个方面都是我们可以控制的因素，当然，还有从国家公务员部和自治区人社厅公务员局的角度，考虑怎样在全疆建立学习双语的价值导向也是一个非常重要的课题。但就目前工作的急迫需要来说，还是从眼前能掌控的局部和角度着手为宜。

该课题作为团校科研工作的重点项目，得到了中国青年政治学院青少年研究院沈杰教授的帮助和支持，他在《南疆四地州乡镇公务员岗前培训上岗回头看》课题的立项中提出：同意立项。选题具有较强的现实意义。建议课题名称改为《南疆四地州乡镇公务员上岗培训效果测评》，以便与一般的用语接轨。应该设计出具体的或具有可操作性的课题研究的整体方案、程序步骤和方法技术。尤其是要设计测评这种效果的一些具体指标。本课题具有较强的现实意义。在《如何提高乡镇公务员岗前维语教学质量》课题立项中,他提出:同意立项。建议将课题名称改为《进一步提高公职人员岗前培训维语教学质量的调查研究》。应该设计出具体的或具有可操作性的课题研究的整体方案、程序步骤和方法技术。包括如何确定调查的地点、调查的对象及其数量等。

关于前一个课题,我们已对前几批上岗的部分学员进行了跟踪回访,有了一定的基础支撑,只要继续加大研究的力度即可。而后一个课题还没开始进行,需要零的突破。我建议课题组一定要走出去,从观摩教学到交流座谈,反复与富有经验的双语骨干教师进行面对面的交流和沟通,通过他们几十年教学经验的回顾和总结,从中提炼出有价值的规律性因素,把我们的思路彻底打开。这种想法终于在上周得以实现,事实证明,这种交流方式非常有效,收获颇丰。

上周在与新疆大学双语骨干教师的交流中,他们提到的几个问题引起我们观摩团队成员的关注。一是学习双语,关键在于学生学习的态度和教师对学生的态度上。二是在于语言的环境。比如,组织部安排的基层干部双语培训班,愿意学习的人数要多于司法厅安排的公职人员双语培训班,前者有一定的语言环境,双语过不了,就无法开展工作,但司法厅人员与监狱的劳教犯进行维吾尔族语交流是有局限的。三是教学方面的问题。关注发音基础训练,另外,按照年龄段选取合适的歌曲,进行大声歌唱,在唱之前,把歌词发音和意义先讲解清楚,一加上优美的旋律,就会让学员们觉得歌词朗朗上口,很容易背记下来。另外,一些骨干教师还提到,学习双语前,最要紧的是先解决学员们的思想问题,比如学习语言的价值和意义,只有他们想通了这个问题,才能放下包袱轻装前进。同时,还要处理好教师与学员间的认同关系,学生不认同老师,课讲得再好,效果也会打折扣。教师要爱我们的学生，要以人为本，而不是以民族为本，教书之前要先做好人。最后，还有老师提出，语法不应讲得太多，不然学生会陷进语法里出不来，进而影响听力的训练。总之，要想方设法运用各种教学手段，激起学生学习双语的兴趣，只有思想想通了，产生动力源，才能把语言学好！

这项工作，我们还要继续坚持下去，还会与更多的老师分享他们的教学成果，期待我们有更多的收获！

对成长三段论的再思考

今天拉丁舞训练课上，老师的一句话让我有所启迪。他说："拉丁舞蹈有独特的风格，可从其手型和腰部的动作进行识别，因为拉丁舞的表演通常是在四面都有观众的地方进行，故其五个手指呈张开状，大拇指朝下，观众从不同的角度都可以看到。另外，其腰部的扭动也是最有特点的，在保持中轴垂直地面的情况下，腰部的灵活性尤其关键，它要说话，要表达，这种腰部的扭动不是单独的扭动，而是靠踩地面踩出来的，力量一定是从脚底下升起的。"

实际上，一个人的成长也是这样的，如果把其比作大树，其动力源一定不在树叶，而在树根，舞蹈中常说的一句话就是，欲向上必先下，重心下移，才能接地气。从树根来讲，它具有隐藏性、持久性、给养性的特点，不同树的根部都埋在地下，通常很难从树根来区分不同种类的树，所有树根都具有不易辨识性。再说树干，不管是什么树种，其共同特点都具有直立性、干扰性、核心性和外显性。不同的树只是粗细有所不同，如果受到外力的强压，首先会表现在树干上，就是被压弯或者折断等，另外，受到污染、虫害等，树干会变成空壳。我们通常也可以从树干上发现问题，并及时采取保护措施。最后是树叶，最容易识别的就是树叶，它的形状让人一眼就能看出它是什么树种，它具有可识性、可修性和干扰性等特点。同时，树叶的颜色也会给人以假象，比如，一时看着很绿，其实根部已经腐烂，只是我们没有察觉而已。

在我们的世界中，有无数种树，但其生长的原理都与人的成长规律有很多相近之处。十年树木，百年树人，我们没有办法知道生命的长度，但可以控制生命的过程。每个人会成为怎样的大树，是先天和后天一起作用的结果，无论成为怎样的树，真的没有绝对的好坏区分，只和有什么需要发生联系。不同的大树，其生长原理是一样的，根本的动力源都在树根是否给养上。什么时候养分最足？我想，一定是根部相对深厚，土壤相对坚实，有水有空气还有阳光等外部因素的共同作用的时刻，但最关键的是根部牢固。树干是能量的中枢部分，也是能量上升的通道，所以直立时，能量传递路径的距离最短。给养越丰富，树干就越结实和挺拔。而树叶是树生长的结果，种什么种子结什么果，但我们往往都更多地关注树叶，很相信眼睛看到的结果。如果事物过于繁杂，就会让你失去判断，迷失方向。因此，要坚持正确看待事物的方法，不应该只看结果，而是要看源头或者动因，顺着树叶、树干，深探到根部中去，看看根部发生了怎样的变化，出现了什么样的问题。因为最不容易识别的就是根部，而那却是一切事物发生变化的关键动因。

应用到我们的现实生活中，就是不能以外在的物质世界为判断的标准，而要以自己真正的内在需要为出发点，不要用别人的好恶来左右自己的行为，而要以自己内心的指针为人生导航。总体要符合客观规律，所有梦想都是从脚底下升起的，一味向上攀附，终究会导致脚跟肤浅，只有牢牢扎根于泥土，才会永葆树叶的繁茂和青绿。

再论目的和路径的关系

一直以来,在共青团工作领域内,特别是不同层级、不同领域的团干部都很急切地想知道工作应该怎么开展,尤其期待专家支招。这种心情我特别能理解,但同时感到,"焦虑"和"浮躁"等情绪团干部身上反映得比较明显。

实际上,怎样开展工作,说的是工作路径问题,试想,在一线工作的同志,更多的是需要过硬的执行力。路径有很多,但工作的目标只有一个。如果不知道目标在哪里,就很难进行科学的工作内容设计,也就是工作路径的规划。即使有了很好的工作路径,也会因目标不清晰,最后导致路径的急转弯或者路径的中断。

近来,在与自治区团委阿书记的交流中,我也受到了一些启发。民族团结活动遇到了瓶颈,很难有所突破,便萌发请内地的青少年专家出出点子,支支招的想法。在不到十天的时间里,能否满足这些高层团干部和基层团干部的要求,我心里没有把握。但有一点我特别清楚,理论一定要与鲜活的实践发生碰撞,在碰撞中才能激起火花。也许它不能清清楚楚地告诉我们的团干部具体怎么做才能把工作做好,但一定能或多或少地激活团干部内心的动力源,触发他们的灵感和智慧。当一个人有了想把工作做好的欲望,只要有人及时点拨,就会产生很大的正能量,不知道的事情也会变成知道的。什么人特别想把工作做好?一定从心底里认同这份事业对成长的价值和意义的人。当然,不排除有的人就是想做官,想做事摆给领导看。实践证明,前者是持久的,后者是短暂的;前者是真实的,后者是虚假的。我们能感觉到,当一个人为了名和利,特别是个人的私利时,就一定表现出急躁、浮躁的情绪,迟早会出问题的。从这个意义上讲,目标的价值认同是第一位的,也是别人无法取代的。但路径可以创造,可以没有条件创造条件,有单选,也有多选,因此,与目标相比较,它永远是第二位的。

阿书记认为，共青团能做的事情看似很多，其实抛掉表面的东西，真正能做的而且是必须做的，就是意识形态领域的事情。意识形态是看不见的，同时也是最复杂的。一个复杂的结果，怎么可能通过简单的，甚至是短平快的过程完成呢？叶小文曾在他的《宗教七日谈》中提到：宗教是把一个简单的结果做得很复杂事情，出生起名、男孩割礼、青年婚嫁、死后上天，它无处不在，无时不有。而我们对青少年的思想引导工作，仅仅通过时续时断的活动就能完成吗？显然是不可能的。这更不是我们用一种行政式的命令就能改变的，或者一种成人化的想当然的思路就能左右的，再或者整天有形的政治口号就能影响的。它一定是贴近青年心理的，通过满足青年的愿望、倾听青年的呼声、提升青年职业化技能和我们团干部自身的魅力等多种路径来完成的。

具体怎么干？谁说了好使？一定是基层干部最有发言权。即使专家支招，也是远水解不了近渴。但完全可以预测和发现，提炼和归纳，再上升到理论高度，作为普遍性的典型进行推广，这是专家能够做到而且擅长的事。我们常说，要从群众中来，要到群众中去，智慧在基层，创造在基层，我们不能幻想解决所有问题，但所有问题中的最核心的问题不是事情本身，而是人的问题，是这个地区的人愿不愿意把事情做好，和做好事情的动力源在哪，这是我们要关注的。动力源建构增长机制是我们要研究的，这是一个人成长的支点，翘起这一支点，很多事情就会变得相对容易。这也就是所谓的乐此不疲，痛并快乐着！问题是，我们不是没有路径，而是我们的基层团干部不愿意做这件事。当一个人没有做事情的动力时，即使有人给他指明工作路径，他也会熟视无睹，他只会把精力用在应付了事上，把脑筋用在钻研权术上。所以，我认为，在谈工作路径之前，要先解决人的动力源问题，并设立一种共同的愿景。此时，智慧的运用和潜能的开发都不是问题，想做事的人会想尽一切办法去探寻工作路径。另外，从组织上来说，要及时做好制度上的安排，不让老实人吃亏，要公平公正公开地选人用人，形成风清气正的氛围。

　　在共青团工作理论研究上，一方面要推动共青团工作，另一方面要促进团干部的成长。工作要谈，成长也要关注。还是要谈公转和自转的关系，很多情况，比如什么时候转岗，领导是否喜欢和接纳自己，都不是我们所能控制的，唯有个人的调整是我们可以做到的，比如一项工作，不能仅仅停留在任务的完成上，而是需要借助组织的力量，找到与个人发展目标相契合的对接口，在完成任务的同时，也达成自我的提升。一定要和自己的过去对比，看看哪些部分取得了进步，哪些部分获得了突破。这样，即使公转出了问题，我们自己仍然没有趴下，依然可以坚持下去，因为我们的动力源还在，也就是人生的发动机还在。

　　我们服务青年的途径有很多，但万不可认为这就是我们共青团组织的目标，为服务而服务，为活动而活动。目前，这种情况非常多，我们一旦失去了对青年思想方面的引导地位，就无法从政治上完成巩固执政党青年群众基础的重任。因为服务、活动等都是路径，最终我们要清楚要把青年带向何方。如何让青年跟着我们走才是关键，不可为了路径失去目标，这是考验每一位共青团干部政治上是否过硬的根本尺度，也是衡量共青团组织价值功能的重要指标。

这个五一过得挺充实

　　原打算五一节回京看看家人，但感觉时间有些短，另外，正逢五四青年节前后团的活动比较多，所以准备踏下心来在疆过五一节。

　　五一训练完，几个舞友准备一起吃个便饭，有人提议邀请形体老师石杰一起聚聚。我们点好菜等着石杰老师，因早上饭吃得较早，训练完已经饿得有些发晕，想先垫点儿东西再等，但被舞友阻止了，只好遵从，但从心底里被舞友诚恳待人的态度打动了，也深深感受到石杰老师在舞友们心中的分量是非常重的。

来疆后，在训练室中我一直保持低调，一是不熟悉这里的情况，二是因为工作身份比较特殊，不好公开。随着与大家的交往的加深，我越来越感到，他们是我在疆生活中相对比较重要的精神伙伴，工作之余可以交流生活、家庭、舞蹈等内容的重要对象。从她们训练的坚持性和执著度来看，不难发现，无论哪个年龄段，她们都将舞蹈视为最爱，她们的功力都非常强。特别是退休的学员，有时候整天泡在训练室里，也不觉得累，每个人都乐此不疲。

在这里，每天训练的内容非常多，比如，形体舞蹈、民族舞蹈、有氧舞蹈、肚皮舞、古典舞蹈、拉丁舞等，就瑜伽的种类也非常丰富，比如，灵慧瑜伽、流水瑜伽、心灵瑜伽、印度瑜伽、养颜瑜伽、特色瑜伽等，还有动感单车。随意哪个时间段，你都可以抽身去训练，只要坚持就有收获，还可以找到切磋舞艺和感受的伙伴。

石杰老师和我在北京的舞蹈老师李忠很相像，都是军人出身，无论做什么动作都非常干练，说话也很风趣。他从事舞蹈教学很多年，一直在爱好舞蹈的女人堆里，天然地对女人的心理特点和肢体语言特别了解，善于激励队员，给她们正确指导和心理抚慰，从没有因为什么事排斥和歧视过队员，这一点让我对石老师的敬重感倍增。他是一个注重内功训练的老师，每周都要上芭蕾课，把杆擦地踢腿。他要求队员要有爆发力，要在基本功上下工夫，还要求队员相互帮助，一起进步。跟他训练这么久，我还是第一次听他讲这么多话，句句真知灼见，让人受益匪浅。我隐约感觉到，石杰老师是可以帮助我们完成心中梦想的那个人。

舞蹈可以健身，对我而言更是一个不可或缺的研究视角，因为亲身的体验胜过所有。更为重要的是，它会让一个人永远保持年轻的心态，可以让人始终处于积极进取的状态。通过训练，展示真、善、美，永远把正能量传递给周围的人，让我们的生活永远充满阳光。

致参加团体操比赛的同学们的一封信

我们都有过参加学校运动团体操或其他项目演出、比赛的经历，每当想起这些，我总会为曾经的自己骄傲。随着年龄的增长，这样的机会日趋减少，看到现在正在操场上训练的同学们，我不由得投去羡慕的眼光。这就是青春，这就是记忆，它伴随你的成长，留下了一抹鲜亮的刻印痕迹。

但是，我也看到一个不愿意看到的事情，就是我们的同学们还没有意识到它的价值和意义。试想，参加这样的团体操比赛，一生能有几回？屈指可数。并不是所有的同学都有这样的机遇，很多同学会羡慕你们，会为你们自豪。在这样的情况下，你只有珍惜这个缘分。当然，部分同学从一开始就是带有情绪的，我们说一天两天可以谅解，但三天就有问题了，因为情绪的调节是一个人长大和成熟的标志，你不能快速地将自己的行动调整到集体的目标上来，你的成长和成熟进程就会被迫延缓。同学们可能不认为这件事有多大，但是，我要告诉你们的是：将自己的兴趣和愿望尽可能和集体、社会的需要同向，是一个人智慧的表现。我们都知道，同向必然带来能量的递增；相反，逆向则会减弱正能量。其次，在人的一生中，有很多情况是你无法选择的，你需要调整，更需要识别，哪些是可以控制的，哪些是不可以控制的。如果是不可以控制的事情，怎么处理呢？需要把它变成可以控制的事情去对待，因为这样做事是最明智的，比如对你不喜欢的事，与其纠结不如接纳，在接纳中还要将利益最大化，那样，你就是天底下最聪明的人。李开复曾经寄语大学生：要有能力改变可以改变的事情，要有勇气面对不可以改变的事情，要有智慧分辨两者的不同。

有勇气面对不可以改变的事情，就需要认真投入，而不是纠结或者逃脱。我们是一个团队，团队的每一份荣耀都与同学们息息相关，一荣俱荣，一损俱损，这是一个不可争议的真理。作为年轻人，我们是一个充满朝气，积极向上的群体，难道有谁乐意服输吗？我们怎么能让别人看得起？不是靠说，而是靠行动，没有心动难有行动。在这个世界上，最打动人的不是技术技巧，而是心灵的投入。投入的程度是你可以控制的，别人难以代替或者强压。我们先算笔账，投入有几个好处：一是节省时间成本；二是动作到位，利于身体肌肉舒展，利于身体健康；三是获得激励的能量，投入就会获得来自方方面面的好评。我们说，好孩子是夸出来的，我确实做过研究：很多成功人士都是在一种正向激励中成长起来的，当然，不排除个案的成功。有一本书推荐给大家，《天才来自于——刻意练习》，不要相信那些耀眼的外表或光圈，背后都是艰辛的付出，那种一夜成名是不持久的。今天，我刚在《环球时报》上看到一条谚语：只有经过泪水浇灌的土地，才能收获幸福。这里深有内涵，望同学们细细体悟。

我对团体操或者舞蹈都有一些了解，在我看来，投入到极致是大家完全可以做到的，特别是年轻人，没有一点问题。要把一项有价值的活动变得有意思，需要大家的集体智慧，比如对每一个动作的把握，对每一句歌词的体会，都是一篇励志教育的生动教材。眼神很重要，从一个人的眼神中可以看出他做事的愿望强烈与否，如果每个人都感到强烈，那集合起来的，能量势不可挡，甚至会发生聚变。我们获得的荣耀就会激励周边所有的人。我们就可以说："我们向世人展示了我们的青春和美，而且不愧于新疆师范大学青年政治学院的一员。我们是最棒的，我们也是最优秀的。"

中国传统文化中的大智慧

古人的名言颠扑不破。正如南怀瑾老先生所说："如果读了《三字经》《百家姓》《千家诗》《千字文》这四本书，努力一点，三个月的时间，中国文化基本上就懂了。"(《南怀瑾谈历史与人生》P223）这四本书，浅近明白，把中国文化的精华都表现出来了。

说到《千字文》这本书，还有一段不为人知的故事。梁武帝在位的时候，有一个名叫周兴嗣的大臣，据说他犯了错误，梁武帝就责罚他一夜间写一千个不同的字，而且必须写成一篇文章。没承想，这位臣子头发都给急白了，硬是写出了"天地玄黄，宇宙洪荒。日月盈昃，辰宿列张……寒来暑往，秋收冬藏"这四个字为一句的韵文，从宇宙天文，一直说到做人做事。

还有一本《长短经》是唐人赵蕤写的。如把《左转》《国语》《战国策》《人物志》《长短经》《智囊补》，以及曾国藩的《冰鉴》等，编成一套，那么就都属于纵横术的范围。(《南怀瑾谈历史与人生》P238）《长短经》中的相关内容与中国太极拳的原理有些相似，诸如四两拨千斤、举重若轻等方面内容，让人很是受用。

我曾经在博客中发表过这样的观点：能量守恒定律是我们一切行为应遵循的规律法则。《长短经》中的反经，其意思是讲，天地之间的事情，都是相对的，没有绝对的。没有绝对的是，也没有绝对的非。有正面一定有反面，有好必然有坏。归纳起来，有阴就一定有阳，有阳就一定有阴。正像南怀瑾老先生说的，"当一个人春风得意时，得意就要忘形，失败的种子就已经种下去了；当一个人失败时，所谓失败是成功之母，未来新的成功的种子，已经在失败中萌芽了，重要的是能不能把握决定成败的时间机会与空间形势。"

实际上，宇宙间的事没有绝对的，而是根据时间、空间换位，随时都在变。古人早已将这种理念暗含在"祸兮福之所倚,福兮祸之所伏"等语句中了。问题是,怎么知道事情的好与坏呢?一定是通过行动来识别的。没有行动,就没有好坏之分。"在动的当中,好的成分有四分之一,坏的成分有四分之三,凡事逃不出这样的规则。"(《南怀瑾谈历史与人生》P240)无论怎样,我们要知道其中的道理,道理通了,就会知道做坏的结果,努力做好的,结果麻烦的成分就少,计算下来,还是为善最划算。

另外,如果懂得了其中的道理,知道了宇宙万事万物都在变,我们就要顺势而为,择机而动,不要等着都变了才跟着变,或者等都变过去了还在那空发牢骚。不然,迟早会被历史遗弃,被时代淘汰。

参加自治区团委党组中心组的学习体会

袁民书记自担任自治区党组书记以来,第一次组织学习并发表诚挚中肯的讲话,让我受到很大触动。特别是他在讲话中提到如何落实工作的几个关键环节,一是紧密围绕党政中心任务开展各项工作,找准着力点和切入点,要关注党政所盼和青年所需方面的工作,努力增强共青团活动的影响力。二是处理好继承和创新的关系。坚定不移地继承好传统和品牌,比如走进青年、五大板块等活动。同时,也要勇于创新。三是要注重形成团的影响力。目前,这方面主要有三个阻碍因素,一个是基层力量薄弱,二是青年的聚焦分散,三是工作设计的问题。前两个一时难以改变,第三个我们可以控制并努力做好。四是多做管长远打基础的工作。狠抓落实,要狠练内功,比如调研、策划、发动、督导、总结、改进、提高等环节,不可漏缺。其次,他还谈到学习方面的问题。对学习的理解不能仅仅局限于考研究生等行为,而是要学习与工作有关的内容,特别是部门的一把手要业务精熟,比如,要知道在所分管的领域或者战线里,党中央、团中央的要求、最新的理论前沿问题、当前工作的难点重点、长期目标和短期步骤等,要能说得清清楚楚。部长们要想事和干事,部门是推动工作的单元,我们要议大事、懂大局、管长远。要在全局中思考问题,在大局中谋划工作,在全疆中推动工作。要有办事的能力,知程序,懂规矩,要多学习高水平的范文和领导的讲话以及相关学科的知识。多理解多观察,要言之有物。第三,他谈到作风建设和精神状态方面的问题。作风问题对团干部更为重要,党与团最大的不同就是党可以用GDP、重大工程、数据等内容来说话,共青团没有这些优势,讲作风可谓是共青团的优势和特点。党对其成长的关爱,只有更严格的要求自己才不致辜负。作为共青团干部,一定要有理想主义的情怀,要志存高远,要做到"精益求精让自己满意,挖掘潜能给组织惊喜",细微处见精神,穷尽自己,做出最大的努力,让个人满意,让别人夸奖。最后,他还谈到怎样保持工作激情的问题。有三种激励,一是物质激励,二是精神激励,三是能力提升。当然,升迁也是一种激励,但并不是保持工作激情的根本动力源,它最多能维持半年时间,即使提拔到国务院,也很难持久保持工作激情。原动力仍然要回到"你为什么要当官"这个问题上,立志做大事而不是做大官,做大官是做大事的结果,不能搞反。我们要时刻铭记党对共青团的要求,以及青年对我们的期待,不能整天忙于自己的小算盘。另外,我们也不能做假,比如捏造不实数据等,特别是不能触碰团结和作风的高压线,要努力树立正气,增强制度意识,严谨办事,善良做人,忠诚为党。

现在,我们是用青春奋斗;以后,我们也会回忆青春。到那时,我们会说:"我们的青春是充实的、温暖的和持久的,更是无悔的。"个人要做的事和组织要做的事要分开,不能混淆,要时刻保持朝气蓬勃的状态。

今天的学习让我很有收获,是啊,一个人不能放弃学习,特别是一位从事共青团工作理论研究的同志,更不能忽视学习,要向身边优秀的团干部学习，他们的每一次讲话总能让我看到一种希望和愿景。正因为有了这样一批批优秀的青年，我们党的事业才会薪火相传，永远持久！

做研究要千万次地问

此次全国共青团和青年工作研究高级研修班上，我校青少年研究院研究员沈杰主讲"青年研究的发展进程与理论视野"专题，在场的学员对研究的敬畏之情不断加深。

他认为，面对学科来说，我们要有敬畏之心，了解学科的脉络，特别是历史人物、主要代表作、所采用的研究方法等，都是我们要做的功课。我们现在的研究有先天的不足，它不是学科自然衍生出来的，而是工作需要生发出来的，专业性不那么强，因此很容易被其他专业所替代。

他始终认为，基本的学科定位非常重要，支撑青年学的支柱学科有青年心理学、青年社会学和青年文化学。青年学是人文学科，也是社会学科，一个学科产生的动因通常有三个方面，即学术资源长期积累的结果、相关学科支撑的方法和现代社会的需要。青年学是现代社会的产物，工业革命时代没有青年学。最早提出青年概念的是卢梭，当时社会对专业训练，即劳动技能提出要求，随后便产生各级各类的学校，使得一批具有相同志愿的人进入学校，相同的年龄的人聚集在一起衍生出群体文化，这样才有了今天意义上青年的出现。什么是青年？就是为进入未来的社会做准备的那批人。这批人有一个比较完整的学习阶段，其特点是富有激情和潜能。目前，青年心理成熟的时间不断推后，但生理成熟的时间不断前移。

在阐述青年研究脉络中，他提及了一些重量级的大师，比如柏拉图、亚里士多德、康德、迪尔凯姆、弗洛伊德等，他认为，真正形成青年学开端的是霍尔，其代表作反映了青年在某个时代具有大动荡，即躁动和不安的特征。他认为，一代人的生命周期越短，对社会变迁的影响越大。霍尔的思想促成了青年社会心理学的出现，使青年研究有了学科，开始了青年学科化的进程。对青年社会心理学贡献最大的是勒温。勒温认为，人的行为是人的个性和环境的函数。青春期心理的冲突交锋就在于是生物决定心理，还是环境决定心理。随后，班杜拉通过实验验证，提出了榜样的示范作用。沈杰研究员认为，目前，对青年的一些刻板印象多是对青年异常行为的放大、社会对青年的偏激评价和大众媒体对青年的危言耸听而造成的。

沈杰研究员提出科学研究方法论的问题，他认为，方法论是一个完整的体系，由哲学思维、研究方式（量化和质性等）、研究方法（抽样、实地等）和技术（问卷和提纲等）四部分组成。通常意义上的经验研究，是指收集资料基础上的研究，而实证研究是通过假设、收集资料、验证和量化分析的研究。

20世纪30年代，我们进入了学科化时代。随着拉扎斯菲尔德、帕森斯则基和美国的科尔曼等人研究的深入，人们提出了青年文化和青年社会的概念，认为青年对娱乐、消遣的关注，和青年时期的过渡性、角色的冲突性，即向往成年，又有对儿童时期的依懒性，其地位处于边缘、模糊不确定的地带。随着青年运动风起云涌，社会变迁与青年的关联问题被提到了重要位置，比如那个时期的代表作《大学生运动》《怀疑的一代》等。自弗洛伊德之后诞生了新精神分析学派，代表人物是埃里克森，他提出了一个很重要的理论，即人生的八个阶段，要建立自我同一性和防止产生同一性的混乱。当遇到社会转型时期，对自我是一个什么样的人的分析就会变得不清晰。建立自我同一性在当今是非常难的，适合做什么不清晰，容易产生同一性的混乱。比如一个人出生在美国，在德国接受教育，在澳大利亚工作，那么，这个人是哪一国人呢？可见，文化认同和民族认同真的非常重要。随后有专家提出了文化资本的概念，同在大学接受教育，走向社会后分别成为社会的上层和下层，此时期凸显的特征是代际之间的差异非常大，代表性的研究成果有三个文化理论《成人榜样文化》《青年榜样文化》《同代人文化》。值得一提的是，此时期东欧学者编著的《青年问题与青年学》，推荐大家看看，他们治学的严谨态度和坚定执着的精神确实值得我们学习。

青年文化是帕森斯提出的。他专门研究亚文化、边缘群体和越轨行为者。他认为，任何人的过激行为都是想通过引起社会关注而解决自身的问题，其根本原因是社会结构带来的缺陷问题。看到亚文化，这是青年能动的意愿和与众不同的思想对中世纪的反抗。

如果对青年研究的历史脉络进行反思，我们就会发现：从生物体、心理存在、文化现象到社会群体，是一个一个现象的出现产生了青年研究的需要，是一个一个学科的出现发展了青年研究，是三个支柱学科支撑起了青年研究。青年是现代的产物，对青年主体的认识，具有历史和逻辑的一致性。其次，在青年研究中要注意三个向度，一是学科的基本问题的研究，即研究对象、研究方法和学科体系等研究；二是要与国际接轨，了解国际研究的游戏规则，不然难以和大师们对话；三是要掌握学科的发展规律。很多学科都是从哲学母体划分出来的，对事物的研究应是多学科的、跨学科的综合性研究，这一条必须坚守。绝对不能横空出世或者随意填补空白，这是不符合客观规律的。我们只能站在前人的肩膀上，小心翼翼地向前迈进。另外，传统意义上青年已经不存在，80年代鲍德里亚、鲍曼、哈贝马斯等大师先后提出了哪些有价值的理论学说，我们都要清楚。但同时要知道，他们与我们的问题不同，要能与他们对话，更要有我们自己的想法，这就是可以创新的空间。

我是第一次这么专注地听沈杰研究员讲述青年研究的历史，很受用。不知道从哪里来，就不清楚今后要往哪里去，感谢专家给我们提供了这么丰厚的精神食粮，我要好好吸收，下去以后多沉下心来，看一些大师的代表作，让自己的研究步入理性和专业化的轨道。

世界上万事万物都是相通的

回京后一个最大的收获就是参加了团十七会议和团十七届一中全会,见到了很多老团友,也发现这个队伍中又多了很多新面孔。

在团十七届一中全会上,新当选的团中央书记秦宜智同志传达了习近平总书记在中南海接见他们时的讲话,听后颇有感慨。特别是习总书记提出的四点意见极为中肯,其中提到,共青团组织提升凝聚力和影响力的关键,是要高举理想信念的旗帜,我对此非常赞同。

从一个人成长的规律上看,大凡成功人士,都有一个共同的特质,就是他们在很年轻的时候就确立了非常清晰的人生理想和信念。虽然这个比例很有限,仅仅占到全部的3%,还有27%左右的人对自己的人生目标只有大致的规划,虽然不很清晰,但依然可见。这部分是有梦想的人,有梦想的人和那些没有梦想的人,从精气神上就可以区分开来。试想,一个没有想法的人,即使能力很强,知识很渊博,也总感觉差了点什么,无法完整实现人生的全部价值,或者说,对社会的贡献率也是有限的。但如果有想法,动机却不正确,那么带来的将是灾难性的后果。

我常常思考这样一个问题,共青团要恢复过去的影响力,怎么恢复?靠什么呢?单单靠权力、金钱、地位和活动吗?恐怕难以做到。因为在当前需求多元化的时代,我们的物质生活极大丰富,外在的刺激和诱惑只能管一时、一地,并不能持久。三种激励,即物质给予、能力提升和精神荣誉,都是外在的,其发挥的作用也是有限的。最能管长久的不是外在因素,而是内在动机,即理想信念,通俗地讲是"梦想"。每个人小时候的梦想都是不同的,因此,需要共青团帮助青年筑梦、追梦和圆梦。试想,一个人在青年时代梦想如果破灭了,这对他来说是多么大的打击和悲哀,这个时候,如果有组织来帮助他实现梦想,那么,这对青年来说,该是一件多么幸福的事。

我曾与中国人民大学附中刘彭芝校长接触过，对她的教育理念和教育行为颇为欣赏，特别是听到她曾为某个学生举办个人演唱会，曾亲自看学生画画，曾带领学校艺术团赴国外演出，曾支持校足球队参加重大比赛等事情后，我对她更是由衷地敬佩。这才是一位真正懂教育的大师。因为她知道帮助学生圆梦远比灌输知识来得更有价值和意义，因为她知道一旦学生们有了梦想，他内在的潜能就可以畅通无阻地被激发出来，正如一位名人所说的，对知识的渴望要比知识本身重要得多。教育者不是单纯的传授者和解惑者，在我看来，应该是被教育者的梦想启迪者。我们不是要管住青年，而是要去发现青年的梦想，引导青年的梦想，并帮助他们实现梦想。

心理学家毕淑敏的书，我特别喜欢看。记得其中有本书记录着毕淑敏儿时的一段故事。小学时与同学们一起参加学校的合唱比赛，由于她的发声不怎么正确，老师指令她站在合唱队伍中但不能发出声音，因为合唱比赛打分标准其中有一项是参加的人数。这一小小的指令让毕淑敏很长时间都不会唱歌，也不敢唱歌。这样的老师现在也还是不少，殊不知，他们是扼杀孩子梦想的真正的罪魁祸首。

我常习惯一个人静静地在训练室练功，每次练功时，我都在和身体进行对话。身体处于怎样的结构是最能迎接地气能量的呢？我发现把身体的重心下移，即身体的上下两个部分要折成椅子背式，能量就会从地心传导到脚面，从脚面传导到两腿，再从两腿通过腹沟传导到身体的上半部分，整个身体就会贯通，我很惊奇，这样的结构如此稳定且充满能量。在这样的结构框架下，我可以随时归零蓄积能量，为下一次的移动做好准备。当然，我们的两脚始终不能离开地面，要保持与地面的粘合度，两个腿还要对上话，这一切都需要舞者自身建立起一种信念，即迎接地心的能量。我也试着不这样做，发现整个状态都是轻飘飘的，没有一点力量感，如同缺钙一样得了精神的"软骨病"。我也注意到，越是高级的舞者，重心的下移程度越大，因为他们渴望把舞跳得更好，这种追求最好的渴望比一般舞者更为强烈。很难想象一个没有建立迎接地心能量信念的舞者，或者没有追求最好的渴望的舞者，会把舞跳到观众的心里。

我曾试着为跳舞而跳舞，不需要从心底里发出愿望，就去摆弄肢体就够了。但你会发现，这个舞蹈没有感染力，因为它是外表的。但如果你从心底里发出一种呐喊，你的肢体似乎可以瞬间被你的想法激活，大大超乎它们的局限，连你自己都会被它们感动。只有在这种情况下，才会出现那种"大汗淋漓，酣畅心流"的快感和满足感，即使什么都没有，你也会感觉自己很富足。我在南疆为那里的少数民族青年宣讲党的十八大的时候，就把舞蹈《美丽家园》搬上了讲坛，效果一点也不亚于口若悬河。

来疆后，我一直有一个梦想，想和不同民族的青年同台演出，如果可以举办一个舞蹈专场就更为美妙。我不知道自己能不能圆梦，我只是在为这样的梦想每天准备着，期待有组织有朋友来帮助我，我清楚地知道，这也是每一天活着的理由。同时，我更想把这种个人梦想与青年梦想联系在一起，与实现中华民族伟大复兴的中国梦更好地结合起来。

总之，世界上的万事万物都是相通的，外因再怎样强势，也只是事物变化的条件，事物发生变化的根结还是在内因，即内心的信念和理想。对一个民族来讲，它是精神支柱和力量源泉；对个人来讲，它是前进的动力和支撑。过去，它是我们党从胜利走向胜利的根本法宝，现在，仍然是我们实现中华民族伟大复兴的根本保证。

倾听未来者的声音

来到新疆后，一直在关注新疆的青年，关注他们的喜怒哀乐，关注他们的所思所想。四次下南疆，虽然和那里的青年在语言交流上有障碍，但他们的表情和神态，只要用心，也是可以读懂的，他们眼里透着单纯，透着真诚，透着期待，有时还透着迷茫和戒备。当你走近他们的时候，伴随着音乐，与他们共舞的时候，他们的神情就完全放松了，脸上的笑容是最灿烂、最动人的。这个时候你会发现，他们开始对你产生好感，产生兴趣，愿意和你交流了，话也多起来了，各种手势等肢体语言的表达都变得很丰富很神奇，前后简直像两个人似的。

我常思考这样的问题：单纯的青年，特别是受教育少的青年、无业青年和无居所的青年，我们通常称之为易感青年群体。这一群体中的人，其精力和身体状况都处于人生阶段中的最佳时期，如果不能找到释放的平台和机会，就会变得沉默，长久的沉默就意味着危险，一旦遇到需求的提供者，就会毫不动摇地跟随。因为头脑简单，就会很容易接受各种思想，没有识别的能力，往往最先进入的思想最容易在青年心中扎根，最不容易被其他思想代替。这就给我们提出了艰巨的任务，一定要抢时间抢速度抢阵地，想方设法去争取我们的青年，如同一场无硝烟的战争，要占领制高点。

近来临近7.5，各种暴力恐怖事件频发。我们需要认真研究参与其中的青年的情况，比如，他们是如何走上这条不归路的？是什么人什么组织影响的？他们本来的生活、家庭和工作状况是什么样的？问题出在哪？我们的组织对他们做了些什么？我们还缺乏什么有效的手段？我们的内心是否想到过他们？同时，我们还要清楚地了解到敌对势力是如何影响青年的，比如，如何对青年洗脑的？如何对青年进行培训的？这些情况如果我们不掌握，就像瞎子和聋子，十分被动，即使工作，也往往滞后，起不了什么效果。

这次，团十七大，习近平总书记与新当选的团中央领导谈话时指出：要提升组织对青年的影响力，关键要从青年理想信念抓起。要在心里扎根，一辈子为之奋斗的青年才是党、国家和人民所需要的。我们搞什么活动，都要问问自己，到底影响了多少青年？要做到心中有数。一位地州团委书记曾说过：我们现在的活动搞得越来越精细化，越来越完美了，从程序上、从形式上、从内容上都挑不出任何毛病，但活动的影响力怎样，谁都不去算算账。我听后，觉得这位团干部是一个用心的干部，是一个懂政治的干部。我们有多少干部一直忙于面上的工作，一直被文山会海淹没，没有时间去接触青年，更没有时间思考文件和活动背后的价值。我们每个团干部有几个知心贴心的青年朋友？在关键的时刻，能有多少青年能视死如归地跟党走？这是一个严峻的问题，也是事关执政党生死存亡的问题。

《倾听未来者的声音》这本书的撰写，是我来新疆后一直持续做的事情。我要把青年的所思所想真实地反映出来，让社会各界对青年群体，特别是对新疆的特殊青年群体广泛关注，关注他们就是关注未来，关注他们就是关注希望。虽然在疆的时间只有三年，但我愿意为他们呼吁，为他们奔波。作为一名援疆干部，虽然不能为他们带去物质食粮，但至少要为他们的成长和发展提供有价值的精神食粮；虽然不能解决他们眼前的实际困难，至少也要给他们一种希望和信心！

与此同时，还要配合这本书，制作一个光盘，主要内容就是要让不同民族的青年通过舞蹈展示自己，表达他们的所思所想，把有价值的事情变得有意义。新疆是个能歌善舞的多民族地区，我们要将青年所喜欢的流行、时尚、情感融入我们的工作中去，要在青年思想引导方面，充分体现我们对他们的信任、尊重和感情，只有这样有效结合，才会真正触动彼此的心灵，在思想碰撞中，在心灵交汇中共同成长。

参加团十七大会议有感

每次参加团的代表大会心情都很激动，激动之一是党和国家领导人对青年工作的关注。在京的七位政治局常委全部到场，从他们的面目神态中，你会感觉到他们对青年的极大厚望。在刘云山所做的祝词中，你可以感受到，对青年的要求、对共青团组织的要求和对团干部的要求，都凝聚着党中央集体智慧的结晶和深情的期盼。比如，对青年的五方面要求与习近平总书记在今年的五四青年节的讲话是一脉相承的，五方面的要求从结构上讲也符合现代青年健康成长的基本规律，五项必不可少的基本元素是一个青年人在成长道路上必须始终坚守的，并需要不断完善。这次团代会特别提出：要做一个肯付出、勇担当的有责青年，做一个守底线、讲诚信的有德青年，做一个热心肠、愿助人的有爱青年。在祝词中，还提到：路是人走出来的，事是人干出来的，成功是奋斗出来的。顽强奋斗、不懈奋斗、艰苦奋斗是青春厚重的底色。在小组讨论中，一位来自新疆哈密团地委书记讲到对祝词的感受时说：对青年的五个方面的要求完全是从人的全面发展角度提出来的，是对青年的高度尊重，也是当代青年实现中国梦的五个条件。一个青年学好如登山，学坏如崩山。最重要的还是要坚定理想信念，没有这一条，就无法保证走中国特色社会主义道路。他还关注到一个细节，习总书记和克强总理离席时是带着材料走的，这一举动让在场的参会代表非常感动。

这次大会上的少先队献词也非常精彩，一方面代表全国的少先队员讲述了他们的心中梦想，另一方面传达共青团组织对他们的影响。言辞真切，让在场的每一位代表由衷感叹，并报以无数次雷鸣般的掌声。六个少先队员也很有代表性，农民工子女的代表、少数民族孩子的代表、残疾孩子的代表等，他们的故事很动人，听后人都泪眼朦胧，心灵很是触动。

我特别关注到祝词中对团组织和团干部的要求，提到了三个力，即团组织对青年的凝聚力、青年对党的向心力、团组织自身的影响力。这三个力之间是必然的逻辑关系，你中有我，我中有你，相互分不开，彼此消长。只有凝聚力和影响力上去了，青年对党的向心力才有可能形成，向心力是凝聚力和影响力最后的结果。另外提到，要建立学习型、服务型和创新型的团组织，这为新时期怎样建设团组织，建设什么样的团组织指明了前进的方向。同时，对团干部在三个方面，即政治方向、过硬本领和作风建设上，提出了明确的要求，特别强调要加强对实践工作的提炼和对新情况新问题的研究，要在"理论根底、知识根底和业务根底"上功夫，这些提法都顺应了时代的潮流，体现了对青年干部健康成长规律的不断探索的可贵精神，我们每一位共青团干部都应认真领会和把握。

一定要对历届团代会中祝词对团干部的要求进行一个彻底的梳理，从中找到这些要求与时代特征的关联，与社会背景的关联，与团组织自身建设的关联，以及与青年干部成长规律的关联。但因各种繁杂事务，这些工作耽搁至今。这次会议后，还是要在基础性研究上下点功夫，这是管长远的事情，务必投入极大的热情和精力。

和新疆的共青团干部说点什么？

刚参加完团的十七大就赶回乌鲁木齐，随后就给新疆地州县这一级的团干部授课。在课程的准备过程中，思考最多的还是我能在有效的时间内带给他们怎样的工作帮助和成长助力。按照区团委的要求，让我讲授活动策划方面的内容，这主要涉及活动具体操作方面。在我看来，作为从事共青团工作理论研究的工作者，我们需要与团干部深度交流工作和活动背后深层的背景和机理，这可能有助于他们的成长和发展。

具体要讲什么呢？我想想，主要还是要结合团十七大会议的精神，给他们讲共青团搞活动的理论支点，从共青团组织的价值功能、组织属性和岗位特质等不同的角度，让他们建立对活动的价值认同。没有价值的认同，即使再好的活动策划，也难以实施和持久。在这部分内容中，我融入了团十七大习总书记与新当选的团中央书记班子见面时的谈话内容，比如，共青团要把握三个根本问题，一是培养走中国特色社会主义道路的接班人，二是巩固执政党的青年群众基础,三是围绕党政中心和工作大局找准切入点和结合点。前两点是共青团组织的价值功能,落在具体工作内容上,就是青年思想引导和组织有效覆盖上。第三条就是共青团工作的主线,或者中心轴,你不能脱离这个中心轴自说自话,自弹自唱,那样你就无法引领广大的团员和青年,无法有效覆盖全体青年。没有引导好广大的青年和有效地覆盖广大青年,也就谈不上培养党、国家和人民需要的接班人和巩固执政党的青年群众基础,共青团组织的价值功能就无法体现。

关于共青团组织的属性,我们经常谈到的是四个,即政治属性、思想属性、群众属性和社会属性。前两个属性是团干部比较容易接受和理解的,但群众性和社会性部分,很多团干部不一定能说得明白,或者想得透彻,需要我们认真诠释。这四个属性之间有必然的逻辑关系,前两者是共青团组织的根本性的问题,后两者是这一根本问题实现的路径。没有联系青年、团结青年、服务青年和赢得青年,就不能带领广大团员青年在实现中国梦,即中华民族的伟大复兴中,发挥生力军作用,在全面实现小康社会目标中建功立业,更何谈体现共青团组织的政治性和思想性。从团干部成长的角度来看,共青团组织的政治性和思想性,就要求团干部政治上过硬,这是党对团干部的第一位要求,要有先进的思想,要高扬理想主义,要有"党的意识、组织意识、责任意识和全局意识"(李援朝同志在团十七届一中全会的讲话)。同时,要把对青年的思想引导工作放在共青团工作的重中之重,因为青年的思想引导工作关系到我们共青团组织自身的影响力、组织对青年的吸引力以及青年对党的向心力问题,如果青年不跟党走,就是我们共青团工作的最大失败。要做好青年的思想引导工作,关键在于青年的理想信念教育,不能对中华民族、中国文化、我们的国家、我们的党很好地认同,而且是发自内心的认同,就不能从心里扎根,一辈子奋斗,共青团干部第一位的工作任务就无法完成。而共青团组织的群众性和社会性,就要求共青团干部联系广大青年、依靠广大青年,要有青年为本的意识,时刻不能脱离青年，要善于以青年为友，多交知心贴心的青年朋友，关键时候上得去，跟得紧青年朋友。要有与青年同行、与青年相伴的意识，不能落后于青年，要了解青年的时尚话语、交流方式和聚集方式，永远植根于青年之中。同时，还要"激发广大青年的历史责任感，在实现全面小康奋斗目标中建功立业。把报国之举转化为立足岗位新业绩、经济建设主战场、文化发展大舞台、社会建设新领域、科技创新最前沿、重点下乡第一线、基层实践大比武，贡献青春和智慧"（习近平总书记与新当选的团中央书记班子谈话）。

当前，共青团工作存在两点不足，即青年思想引导欠缺和组织覆盖有效性不足。这是新形势下党中央领导对共青团工作提出的新要求，要像拉住牛鼻子一样，下大力气解决这些问题。青年思想的引导工作有这么几个特点：过程性、复杂性、累积性、隐形性、系统性和干扰性等。我们不能企图把它当成一种政治口号或者工作目标去执行，不能把它想得过于简单和直接，要有足够的心理准备和打持久战的战略意识。特别是"当前，世界上各种思潮交融、交锋，国内各种矛盾和热点叱咤风云，敌对势力对我国全盘西化的战略一刻都没有放松过"，这些都会对青年的人生观、世界观和价值观产生很大影响。面对形形色色的社会思潮，我们更需要从理想信念方面对青年进行及时的引导。共青团是先进青年的组织，先进性和光荣感从哪里来？一个很重要的方面就是从理想信念中来。如果团员都和一般人一样，那就很难发展，就很难有先进性和光荣感，团组织也就很难有强大吸引力和凝聚力。只有在精神上和思想上具有的吸引力和凝聚力，才能保证内心的强大和持久。团组织和广大团员能不能走在时代前列和青年前列，是决定团组织的吸引力和凝聚力的关键因素。所以，必须要引导好我们的青年。从团干部自身来讲，打铁还要自身硬，我们自己就需要有坚定的理想信念。如果没有高度的理论自觉，就难以有坚定的理想信念，因此，共青团干部绝对不能放松学习，要学习、学习、再学习，向书本学习、向实践学习、向青年学习，必须把学习当成一种生活方式，一种事业追求。

在讲授共青团岗位特性部分内容时，我仍以《转业团干回头看》课题研究成果为依据，通过曾经在共青团工作过的党政领导讲述他们的故事，以及他们对共青团工作的思考，来激发在职的团干部对自身工作价值的认同，进一步了解和熟悉共青团岗位与其他岗位的不同特点，以便更好地在该岗位上工作，充分挖掘自身潜能，很好地经受磨砺，认真地苦练内功，不断储备能量，为将来的转岗提供坚实的基础保障。

今年，我准备在十四个地州继续开展《少数民族转业团干部胜任力实证研究》，结合当前的工作任务，在团干部的理想信念，特别是团干部政治观的培养上，重点关注，深度挖掘，与实现中国梦这一主题有效结合起来。比如，从转岗团干部来看，一个团干部政治过硬体现在哪些方面？怎样才能高扬理想主义？具体表现是什么？通过哪些路径或者条件，能让团干部坚定理想信念？特别是新疆民族地区，在政治方面，少数民族团干部身上具有的更为显著的特质是什么？为什么会有这样的特质？这些问题还是比较尖锐和深刻的，尤其在当前敌对势力较为猖獗，民族分裂、非法宗教和暴力恐怖势力与我们的斗争将是长期的、复杂的和艰巨的，这个课题就显得尤为重要。深度挖掘在新疆这样的特殊环境下，少数民族青年干部内心的真实想法，以及他们对党、对国家、对民族、对文化的认同程度，对我们今后有效加强少数民族团干部培训有着极为重要的意义，因为他们素质的高低，特别是政治方面的表现，直接影响着少数民族地区共青团组织影响力的发挥，更确切地讲，这与共青团完成培养党、国家和人民需要的接班人、巩固执政党的青年群众基础等根本任务息息相关。

共青团活动的科学路径和有效评价标准，也是我最近一直在思考的课题。搞清楚共青团活动的深刻背景和理论依据后，再探讨路径和标准就不难了。方向明确后，向哪里去，怎样去，就好办得多。因为只要你有动机、欲望，特别是有做好共青团工作的想法，你就会发动自身的一切功能，为之努力。没有做不到，只有想不到，一旦有梦想，什么时候开始都不算晚。接下来，你就会关注，会求助，会调动你身体的所有细胞，那时候，什么样路径你都可以找到，都可以尝试，即使遇到障碍，你也会想方设法克服，这就是理想信念的神奇功效。那时候，我们都可以说：筑梦、追梦、圆梦的过程，是人生中最精彩的部分，我经历了，我的青春无悔！

要紧紧跟随团干部的成长

很幸运，一生中能有很多机会和团干部在一起，特别是与不同层级、不同领域、不同民族、不同区域的团干部有过接触。对我来说，每一次交流，每一次合作，都是极为珍贵的。他们的发言，他们的观点，他们的苦乐，他们的得意，他们的无奈，都是我要认真倾听，并仔细记录下来的，因为这样的第一手资料是我研究青年干部成长规律最有效的基础资料。随后，他们转岗，我继续跟随，调查他们转岗后的情况，特别是适应情况。三个月、一年、二年乃至十年后，他们又是如何看待共青团的呢？当时这段共青团经历给予他们成长的帮助究竟是什么呢？曾经让他们刻骨铭心的记忆带给他们的什么呢？这些都是我要持续关注的问题。这项研究工作虽然很漫长，但也很有意义，无论遇到怎样的困难，我都会坚持下去。

青年干部成长规律这一课题，特别是共青团干部的成长特点，不是一个纯理论的研究课题，不能只坐在书屋里研究，而是要投身于火热的社会实践中亲自感受；不能只停留在书本里，而是要去接触鲜活的人物；不能光翻阅大量的文献，而是要倾听现实青年干部的心声。没有跟随是不行的，尽管有时会力不从心，会跟不上节奏，但只要有机会就要跟上去，做一个安静的观察者、体验者和思考者。同时，也要细细研磨拿回来的第一手资料，从中提炼出合理的有价值的部分。对我来说，这项研究工作就是一辈子的事业。无论什么时候，都要与时俱进，绝对不能落伍，绝对不能脱离社会实践。为青年干部的成长助力，永远是我的最爱！

　　每一次团干部培训班，都是我释放研究能量和吸取来自团干部的鲜活营养的机会。他们发出的声音和讲述的观点总能触动我的思考。比如这次县市培训班上，一名来自塔城托里县的团干部讲述了她的一个故事，让现场的每一位团干部热议。我觉得这个个案很有代表性，完全可以放到共青团题库里。她作为团县委领导，带领团队准备参加第二天基层组织的共青团活动。前一天晚上被安排在一个牧区的驻地里，一晚上旁边牧民的帐篷不时传出青年的欢笑声、嬉闹声，她很难入睡。她清楚，这里的少数民族有一个风俗习惯，那就是谁家有喜事，都会邀请孩子的朋友来家里聚聚，唱歌跳舞喝酒打牌等，营造喜庆场面。这位团干部因为无法入睡，心情不悦，就去现场制止，一次不行就两次，两次不行就三次，直到她威胁青年要拨打120时，青年才停止活动。她讲述这个故事的时候，反复阐述现在青年行为的过头，自始至终都没有谈到她自己的行为有什么不妥，特别是对青年的态度和处置方法有什么不妥。后来，在场的团干部开始对此谈自己的看法，讨论场面非常活跃，其中两位地州团委书记的话引起了我的关注。一位塔城地州团委书记说，如果是自己的话，一定会利用这样的机会融入他们，与他们共欢乐，与他们交朋友，而不会远离他们，更不会制止这些青年的行为。也许，这些青年就会被他引导，日后成为他们铁杆和非常知心的朋友。还有一位和田地州团委书记说，和田的青年连这样的娱乐活动都没有了，他们一定会羡慕这样的青年的。过去还有唱卡拉OK的，有打台球的，现在都没有了，青年待在屋子里不出来，父母也不让他们出去，这是一种退化现象。令我兴奋的是，这位讲故事的团干部最后说道，第二天她参加共青团活动时，发现来的青年特别少，活动不很成功，这让她醒悟到：如果我们能把共青团的活动和牧民家的喜事结合起来就好了，把活动搞到牧民家里，一定会有很多青年来参加的。这样的感悟和思考是有价值的。

　　这次培训班上，自治区团委阿书记的课非常生动，我听得很认真。我很欣慰，她在谈团干部的责任和使命，以及共青团岗位的特性时，用了一些我们的研究成果。当然，我也特别感谢，她又为我们的研究结论赋予了一些新的内容。课后我们进行深度交流时，她的一些观点又一次激发了我的思考。一是增加团组织有效覆盖面，改变团组织高位截瘫的举措。自治区团委副书记和干部直接联系县，要在一定的时间内，跑完所在地州的所有县；地州团委书记和干部要建立乡镇联系点，要跑完所在县的所有乡镇；县团委书记和干部直接联系村，要跑完所在乡镇的所有村。按照这一部署，可以想到，不久的将来，基层团组织的薄弱问题将得到很大的改善。二是团干部心里要有青年，不是表面上的，而是发自内心的。她从小生长在农村，对农村的熟悉和对农民的亲近是与生俱来的。在做拜城县县长时，看当地农民演出，现场的气氛非常打动她。演出结束后，大家请她讲几句话，她由衷地讲："别人都说家乡水美、山美，但我要说，这些都赶不上咱老百姓脸上的笑容美。"说完后，底下传来一片雷鸣般的掌声。她离开拜城县的那天，很多百姓来为她送行，她和百姓们互相拥抱，泪水交融，场面至今让她难以忘怀。在拜城县工作期间，她穿的最多的还是洗得发旧的运动服，十张照片里九张是穿着运动服的。她认为，只要心中有群众，穿什么都不重要。三是对南疆维吾尔族女青年穿吉力巴服现象的看法。她说，现在把美丽的眼睛蒙住，把美丽的身体罩住，下一步就是足不出户，这完全与现代文化相悖，是非常有害的，是一种对实现人的自由全面发展的桎梏。

　　这次培训班上，我为团干部讲授的《共青团活动的理论与实践》课程也得到广泛好评，但对我来说，还要持之以恒地下工夫，在研究方法上还要继续创新，坚守以研究带培训的理念，要言之有物，言之有据，言之有理，并坚持自己一贯的讲授风格，与团干部积极互动，进行能量交换。要在课堂上抓住三个环节，一是用瑜伽的方式让团干部收心聚神，展开美好的想象；二是要对团干部进行摸底调研，了解所需；三是要及时调整课程内容，时刻与团干部一起思考；四是要通过游戏活动激发团干部的感悟，并经常进行提炼、总结。

总之，我要在这条路上不断积累，十年，二十年，只要活着，就要与他们在一起，他们是我力量的源泉，更是我生命中不可缺失的营养提供者。

拔疆札记

第四部分

别把自己真当个人物

为人处世这是个很好的例子：不要把自己看得太重。

一只骆驼，辛辛苦苦穿过了沙漠，一只苍蝇趴在骆驼背上，一点力气也没花，也过来了。苍蝇讥笑说："骆驼，谢谢你辛苦地把我驮过来，再见！"骆驼看了苍蝇一眼，说："你在我身上的时候，我根本就不知道；你走了，也没必要跟我打招呼，你根本就没有什么重量，别把自己看得太重，你以为你是谁。"

我们每天都在与各式各样的人打交道，各种情绪随时环绕在我们的周围，有的会留下特别美好的感受，有的会留下特别不好的感受。究其根源，这一定与你对自己的看重程度有直接的关系。你如果特别在乎自己，就一定会无端地生出很多不快的"是非"，我们每个人都有这样的生活经历和深刻感受。

在人的一生中，很多时候我们都放不下，比如一个人来到新疆，惦记孩子，惦记父母。实际上，这个世界离了谁都可以过得很好，孩子有自己的生活圈子，老公有自己的事业寄托，父母有自己的活法。我们原以为亲人和周围的朋友离不开自己，单位同事离不开自己，以为自己缺少不了，可一忙起来就不知道自己是谁了，有时候真的把自己看得过重。

我比较欣赏电影演员许晴说的一句话："当别人把你太当一回事的时候，你千万不要把自己当回事，当别人不把你当回事的时候，一定要把自己当回事。"很多时候，我们遇到的情况差异性很大，可无论遇到什么样的情况，我们都要保持心平气和，从容面对。试想，你来到这个世界上，凭什么你就要和大家不一样，凭什么你就要比别人多吃多占，这样不公平。遇到那些对你太关注或者太关照的人时，你不能迷茫，要认清你自己就是个普通人，除心存感激之外，还要多一份谨慎；遇到那些对你不理不睬或者漠视你存在的人时，也不要生气，而是要平静地想想自己是不是也有过这样对待别人的时候，这种体验会给你警醒和启示，在以后的生活和工作中，要经常提醒自己不能这样做，不能再让别人因为你的冷漠而感到不舒服。同时，要善于调侃自己，不要太认真或者太较劲，也许别人不是有意的。如果方便的时候，可以向对方说出自己的感受，也不要让自己太憋屈，或者让对方意识到自己的做法不够妥当，这也能帮助对方改正错误。

没来新疆前，也有一些经历让我刻骨铭心，比如我的领导对待下属、对待人民教师、对待退休的老同志的方式。她的举动我都看在眼里，记在心里。她拿起电话斥责下属时，我就在想：如果我是领导，一定要这样吗？一定要让下属处于极度紧张的状态吗？我的感受是，人在极度紧张的时候，经常会忘东忘西，原有的计划和安排很可能因为上司的一次发火而变得没有规则，或者出现混乱的状态，更为重要的是，头脑的反映也不会太活跃，会变得更加僵硬和死板。我不知道别人是不是也有这样的感受，我每次紧张都会造成更多的能量消耗。这种体验告诉我，领导发脾气要适度，让下属保持适度的紧张是有效的，但过度紧张只能降低工作效率。因此，在以后的日子里，我在安排下属工作之前，会先调整好自己的情绪，将更多的注意力放在如何激发下属工作的动力源上。大家想着干事总比领导逼迫大家做事要好，被强迫做出来的东西总会像弹簧一样弹回去，不会保持持久的状态。不是发自内心做出来的事情，特别是有意做给领导看的事情，也会大大影响领导和下属之间的和谐关系，团队的有效合作也会大打折扣。当然，我的领导的有些做法也让我一生感动，比如，她曾经安排办公室人员给所有的授课老师各买了一个不锈钢茶杯，上面刻着每位老师的姓名，当老师们拿着水杯进入课堂的时候，那是一种什么样心情啊！越感到被尊重，越认同学校文化，越热爱学生。这些小小的变化都被我观察到，我开始研究"尊重"的价值和意义，这种尊重真的不需要太多的附加成分，有时候就是一个微笑、一句问候、一个眼神或者一个举动。无论外表怎样、肤色怎样，每个人在心底里都渴望被尊重，这是亘古不变的真理。

我们对待别人怎么样，别人就会对待我们怎么样。当然，别人对待我们不怎么样，我们一定不能对别人不怎么样。相反，要抱有敬畏之心和大度之怀，更加善待周边的人，不要过于计较，而要反思或者警告自己不能这样做。只有这样，我们的心才会是永远阳光、健康和快乐的！

到阿拉泰见到地州团委书记

第一次到阿拉泰的时间是2011年10月。那时候，来疆仅有两个月，新疆的企业朋友邀请我们到喀纳斯去玩，当时是路经阿拉泰，住在布尔津，对阿拉泰并没有什么印象。两年后再来阿拉泰，感觉则完全不同。这次是应阿拉泰地州团委的邀请，来这里向乡镇团干部授课，并进行少数民族转岗团干部访谈课题研究。

经过一天的奔波，我们在晚上7点左右到达了阿拉泰，见到了地州的两位书记。他们盛情的接待，让我倍感亲切。两位书记对现在共青团的思考，也让我由衷敬佩，比如他们提出的乡镇团委书记专职化问题，以及要从党抓起，解决目前存在的共青团组织影响力不足的问题等。

他们对从机关上来和从基层上来的团干部进行了区分，认为前者更擅长搞活动，后者更擅长抓落实，他们更喜欢用从基层上来的团干部。他俩都是从基层上来的，曾在村里、乡镇和县里工作过，现在已经共同合作了五年，期待以后能一起转岗并分配到同一个地方。

当我问起对明天的基层团干部班有什么期待时，两位书记说，主要是想让我教方法。我继续问道，阿拉泰的基层团干部中，有多少人是发自内心想干的？他们没有直接回答我，而是说了一个事实，就是很多基层团干部都不是很情愿干这项工作的，他们实是迫于无奈。那我继续问，如果对这类人讲工作方法效果怎样？他们没有问答。我想，当务之急恐怕是要先解决脑袋里的问题。如同一个人不喜欢开车，你偏要给他讲如何开车的问题，他怎么可能听得进去？另外，既然已经走到这个岗位上，就要清楚这个岗位和个人的成长是个什么关系，它最重要的价值点在哪。讲不透或者想不明白这个问题，是无论如何做不好这项工作的。想不想干，才是此次培训班要解决的根本问题。

有了这个基本共识后，我们再进行工作就好办多了。目前，我们有很多问题一时不易解决，那不如就先从我们自身的问题做起，比如成长的普遍规律，以及经历对一个人的重要意义。乡镇工作对我们的意义，群团工作对我们的意义，这两者加起来对我们成长的意义。要让受训的每一个人都知道当下所从事的工作在人的一生中将占据怎样重要的位置，一旦错过就不会再来。

在和两位书记交流时，他们讲到了一个问题，不同年代的人对同一事情的看法有什么不同？比如九零后见到一个乞丐会想它会不会是骗子，八零后见到后会直接掏出自己兜里的钱资助他，七零后不会有太多的反映，六零后会资助但钱很少。这些差异性说明不同的时代造就了不同特质的人。当然，有些学者也会用前物质主义时代、后物质主义时代，以及两者结合的时代对这三种人加以区分。

明天要向基层团干部讲授的课程是《中国梦与我的梦》，晚上还要思考一下究竟从哪个角度切入好。希望能真正讲到他们的心里去。

第三次参加团校老师的婚礼

7月6日是我们团校王宁霞老师结婚的日子。以前曾参加过两位老师的婚礼，这次则和以往有所不同。一是新疆的特殊时期。这一段时间连续发生的暴力恐怖事件，让这里的局势变得严峻起来，乌鲁木齐各大交通要道都有公安民警把守，看到这些也就20来岁的年轻人整日冒着酷暑坚守岗位，心里着实感到心疼。我看到有附近的居民给他们端来水果，但都被他们谢绝了，那种军民鱼水情的场面很让人动容。因为是特殊时期，援疆办有指示，为了大家的安全，不宜参加各种集会和活动。接到邀请后，心里是有过矛盾的，毕竟组织有要求。二是还有一些个人事情需要处理，时间上有些冲突，完全可以不去的。在这种情况下，我还是坚持过去了。当女方家里的亲戚，其中一位年轻人握着我的手说："你们能来参加我姐姐的婚礼，真是太有面子了。"当从新郎新娘以及家里所有人脸上看到那种灿烂满足的表情时，我发现来参加婚礼是对的，其意义和价值不在于婚礼活动本身，更在于给大家带来信心和勇气。这比什么都重要。

参加婚礼另外的意义在于同事间密切的交流。平时大家都太忙，很难有机会听听大家的心声。在这样喜庆的日子里，大家的精神状态都非常好，彼此之间都能畅通无阻的交流，如果我们能够借助这样的机会沟通想法，那该是多么难得啊。实际上，话也不在多，而在真诚，每个人都能自在地表达，这比什么都珍贵。因为大家都是来送祝福的，在送祝福中也在祝福我们自己越来越好，也在祝福我们的新疆越来越好。我想，那些敌对分子终将遭到人们的唾弃，永不得翻身。

前两天不断接到内地朋友的问安电话，我从心底里感谢他们。内地的朋友也许很难想象，这里除了有拿着盾牌的民警和到处停放的警车外，也有另一番和谐的景象。当你坐在公交车上，从窗外看到街道旁空地上拉小提琴的小伙子时，看到几个老大妈在菜摊上说着笑着编织毛衣时，看着走在大街上的那些穿着漂亮裙子的女孩和一对对挽着手臂的情侣时，你不会觉得这里有什么不安全的，就好像没有什么事情发生过一样，一切照旧。

在疆的日子虽然还有一年，我还是要多和这里的朋友在一起，珍惜在一起的每一分钟，也许现在没觉得有什么，但日后会有很多故事与大家分享。在这里参加的每一次活动，我都要认真地记录下来，以便深入了解。最近，我还在为没能参加自治区少工委举办的"少先队辅导员技能大赛"而后悔不已，毕竟失去了一个对当今少先队辅导员深入了解的机会。没有共同的经历，难有共同的话语；不知道她们的喜怒哀乐，难以为她们出实招。不过，下次无论如何要安排好自己的工作，腾出时间去参加活动。

我在新疆也有很多少数民族朋友，他们给了我很多的帮助，无论怎么看民族问题，我认为只要彼此之间是豁达的、开明的、欣赏的，就没有过不去的坎。那种封闭的、僵化的、排斥的态度，无论是在国家与国家之间、民族与民族之间，还是人与人之间都是行不通的。我同意"所有问题背后都是源于利益"的观点，问题是利益是有标准和底线的，它要在法治的范围内去谈，如果以损害国家利益和人民利益为代价，获得小集团和个人利益，那总会被取缔的，来不得任何的侥幸和宽容。针对各种现象，都要去思考其背后的动机，看它到底是为谁，为个人还是为大众。这样，很多问题就变得容易识别了。

我不知道明年回北京还能不能适应，会不会放不下这里的一切。我只是感觉回去以后，很难静下来思考和写作了。回到平常的琐碎的日子里，自己的精力会被撕扯成好几瓣，很难想象会再有这样纯粹和聚焦的日子。以后的日子是什么样，还是以后再说吧！至少现在要立足当下，做自己该做的一切。

对新疆问题的一点粗浅认识

近来和援疆干部的交流次数越加多了起来，主要是大家能聚在一起的机会比以前多很多，同住援疆大楼，同在一个餐厅吃饭，自然交流的机会就多。我始终抱着一个学习的态度去听取援友对很多问题的看法，尽可能站在一个客观的角度去吸收其中相对合理的部分。

对新疆问题的思考是来新疆后一直没有间断的工作，为了达到全面了解，首先，观察身边领导和同事的言谈和行为；其次，通过下基层调研的方式，近距离接触我们的基层干部和群众，尽可能了解他们内心的真实想法；最后，是与一同从北京过来的援疆干部进行交流，倾听他们对新疆问题的看法。

也许，从一个不了解新疆问题的援疆干部的视角来看新疆，多少能带出一丝纯粹和一丝好奇。一些惯性思维常常会阻碍我们对事物的继续观察和了解，往往太熟悉就会产生麻痹感。一位刚从和田县下来的基层干部，他曾有过十年的公安工作经历和二十多年的政法委工作经历，当我问他是不是有过生死的考验、是否有过放弃这种工作的念头、最大的感知是什么时，他的回答到我思考许久。他说：他从没有担忧过掉脑袋的事，最担忧的只是怕自己在任期间会因为麻痹或者误判，把一件很重大的事件当成一件很普通的事情去对待，没有引起高度的重视和采取紧急的措施，最终因处置不当而贻误时机。因为每一分每一秒都意味着百姓财产的损失和百姓生命的丧失，这一点让人非常揪心，工作压力非常大。

的确是这样，在基层一线的每一名干部，几乎都是没有休息日的。在他们的生活中没有周六和周日的概念，很多干部基本把所有精力和时间都用在了工作上，夫妻两地分居的情况非常多。最让我由衷感叹的是，当别的地方出现一些事件的时候，所有的基层干部都要连续值班，一天 24 小时连轴转，没有合眼的时候。每一次电话响起，都让他们的神经绷紧一次，无论是对身体素质的考验还是对敏感神经承受程度的考验，都是我们内地的干部难以想象的。从这个角度讲，无论怎么样，我们都要对新疆的基层干部有敬畏之心，没有他们的付出，新疆难以稳定。我们绝对不能因为新疆出了问题就去单方面地指责他们，那样会伤及他们的感情，也会有"站着说话不腰疼"之嫌。如果换了你，你行吗？我们分配在南疆的援疆干部也有这样的感受，他们的付出的要远远超出我们在乌鲁木齐的援友。已经两年了，他们始终没有离开过工作地盘，因为维稳的压力，要坚守阵地和履行使命，很难有心情和状态去其他地方好好放松一下。我常有一个习惯，无论去哪，一定不能忘了去看我们的援友，特别是在南疆的援友，哪怕见见面聊聊天，都是一种相互的支撑和抚慰。

新疆的问题比西藏的问题要复杂得多。没来之前没有这样的感受，到这里之后，发现有几个特点：一是民族融合的问题。实际上，在7·5之前民族关系情况还是比较理想的，但7·5事件发生后，尽管这方面的工作力度在加大，效果却不尽如人意。尤其民汉分散居住的情况不断加剧，民汉通婚的情况基本不可能发生。民汉交流局限在两个话语体系中，一个不懂维吾尔族语的干部在南疆能发挥的作用是很小的。我自己就有很深的体会，没有翻译寸步难行，但翻译是不是能准确表达彼此的真实意思，我们是无法掌握的。如果不能做到在两个话语体系里对话，你就无法掌控局面。因此，我对基层公务员一定要通过双语关的要求有极大的认同感。我很敬佩那些长期工作在乡镇、村一线的汉族干部，操着一口流利的维吾尔族语，与当地维吾尔族干部和群众打成一片，如果不是他们的长相，你很难识别出他们是汉族人。但是，这样的干部太少了，我们见到的多数汉族干部在遇到事件发生时，都是第一时间把民族干部派过去现场处理，而自己因为不懂语言只能在后方被动等候，长此以往，处置能力和经验都在相对弱化。我一直认为，民族融合的最高境界是通婚，但这方面的禁忌还是很严格的，期待年轻人能冲破这道屏障，这需要几代人的共同努力。

二是宗教的问题。我对宗教的了解还处于皮毛阶段，但在南疆的日子里，真正地感受到了那里的人们对宗教的高度依赖，这是我之前没有想到的。清真寺成了当地人灵魂的安放处、精神寄托所，这些场所的数量都要远远多于现代文化阵地的数量。一些机关干部退休或者学校学生离校时，很可能回到那里去，一些虔诚的信教者把能去麦加朝觐视为自己最高的理想目标，为此可以勒紧裤腰带地攒钱。他们期待去念经，去祈祷，去用精神的力量解决现实的问题。因为对宗教的过度依赖，自然容易被三股势力利用，而我们在引导宗教与社会主义相适应方面的工作还远远没有到位，需要认真梳理和总结经验。

三是官本位的问题。我没有做过深度的问卷调研，只是有一个习惯，见到不同种类的青年总要问一句，你将来最想做什么。他们回答的最多的还是"当官"，接下来我会问到"为什么？"，他们说，当官很有面子，有地位，可以满足很多需要。目前，考取公务员是他们择业的首选。在南疆，等级观念还是很重的，领导干部讲话基本上是一个套路，从另一个角度看似乎给人一种很讲政治的意味。但是，讲话的时候并没有什么人去关注下面的人听进去多少。我不知道这样的套话这些领导干部自己能信多少，是真信还是假信。另外，在讲的过程中，他们是否注意过听众在做什么？他们麻木的表情是好还是不好呢？他们心里到底是怎样想的？每次从主席台上下来，我的内心都很纠结。可当问及当地干部这个问题时，他们都成竹在胸地告诉我，他们知道下面的人是怎么想的。我有些迷惑了。再后来，我一有时间就走到听众中去，不让当地领导陪同，和他们面对面地平等交流。不用念稿，就是拉家常谈心事，我发现他们的表情开始有了些"内容"，似乎神经一下子放松下来了。有时候让他们唱起来跳起来，他们脸上立刻露出灿烂的笑容，眼睛里透出一种渴望和期待，在无形中让我深深感受到：他们太需要文化了，太需要被满足了，太需要被尊重了。曾经，有一个朋友问我来新疆最大的收获是什么。我说学会了讲"政治"。实际上，我从骨子里厌倦官场上的那一套，但我也从中发现了不少这方面的奇才。他们让我知道了，能够在这样复杂的地区，处理好各方面利益集团的事是不容易的，需要魄力和胆量，更需要智慧。我很庆幸自己喜欢舞蹈艺术，一进入艺术的世界里就会忘却所有，变得单纯和快乐。对于官场上的很多做法，我是有自己的看法的，可明知是有问题的，却不能直接表达出来，这也让我感到很纠结。比如，开会的时候，应该头脑风暴，集合群体智慧，广纳意见，但大家往往异口同声，谁都不愿意发表不同意见。高度的一致背后是不是发自内心的一致？我不敢确定。当然，遇到公平正义的一把手领导，这样做的风险不是很大；遇到那些有问题的领导，早晚会出问题。一个不能依靠群众相信群众的领导，或者准确地说是只有表面的依靠、表面的相信的领导，真到了需要群众的时候，就会束手无策，只能动用一些强威性的行政手段。但这样的成本是极为高昂的，也是不能多次使用的。我比较相信一位基层政法委干部对我讲的一句话：对"四个认同"的坚信不够彻底，是导致新疆出问题的根本原因。"不彻底"这个词用的好，内心不能扎根，就很可能被诱惑；内心信念不坚定，就不能坚定地跟党走。

　　四是硬力量太硬，软力量太软。新疆最大的问题有两个，一是稳定，二是经济。稳定在一定程度上更为重要，要在发展中求稳定，在稳定中求发展。但也要意识到，经济问题不解决是不行的，发展永远是硬道理，没有发展我们的腰杆子就挺不直。但是，是不是经济发展了一切问题就都解决了呢？绝对不是。因为有一个事实无法改变，三股势力就像我们屋外的一堆粪堆，屋里打扫得再干净、布置得再美观，一旦打开窗户透气，粪堆上的苍蝇就会飞进来，今天不飞，明天也会飞的。自古以来，这个粪堆就存在，尽管在特殊时期，我们保持高压态势，集中力量消灭苍蝇，情况似乎好了一些，但因为粪堆的存在，它还会滋生出新的苍蝇。人们可能会问：那为什么不把粪堆直接铲除了呢？问题就在于铲除这个粪堆并没有那么容易，它很坚固，长期的日积月累形成，有境外力量的作用，还有本国民族分裂和宗教极端势力的双重作用，需要一代甚至几代人的共同努力。就目前而言，我们是需要集中更多的力量去打苍蝇，但同时，也需要从另一个角度反思，在看不见的战线上，我们是否关注得不够。比如，虽然有粪堆，我们可否制作出抗生的东西，阻止粪堆滋生苍蝇，从源头上想办法？再比如，我们的青年如果从小就能识别出这是一个粪堆，从而远离这个粪堆，或者对这个粪堆采取一定的隔离措施，是否也能起到一种抗衡作用？办法是有的，关键在于我们要去研究它。研究虽然是看不见的，也是要花钱的，但它是管长远的。我们现在维稳的成本相当大，可否在意识形态领域的研究工作上多投入一些成本，好好静下来研究出一套管根本的办法来呢？我相信，这是可以做到的，关键在于你能不能想到，想不想去做。

总之，对新疆问题的思考还在持续，期待在今后的一年里能有些成果。无论怎样，作为一名援疆干部，都要把新疆的事当成自己家的事，也许我们没有带来更多的资金和项目的帮助，但在看不见的战线中，还是要发挥积极的作用。

既然选择就不后悔

已近几个月没有回家了，正常的生活也受到一定的局限，尤其是放假，不能和家人团聚是一件很纠结的事。听到女儿丢了工作，正处于迷茫和困惑之中，远在新疆的我不能前去解忧，心中倍感难受和心痛。此时，自己也被肾结石病痛折磨，一时间难以承受，就买了第二天的机票准备收拾行李回家。刚把一切准备妥当要出发时，天山区文明办马黎部长的电话打了过来，告知我这两天要做好迎接乌鲁木齐文明办的正式审验工作，我的腿再迈不出一步。其实，我完全可以将这项工作推给党委书记，一拍屁股走人，但仔细一想，前期都在抓这项工作，现在突然把工作甩给领导，这样的事我做不出来，这叫关键的时候掉链子。接下来，我干脆地机票退掉了，马上召集相关人员进入第二阶段的迎验动员工作。前一段天山区文明办的初验工作，大家也熬了很长时间，刚刚准备休整，结果又被我从家里叫了回来。看得出每个人脸上都充满疲惫，都传递出一种不情愿的信息，我强打精神，调整情绪，厘清思路，开始安排和布局。当然，也在尽力调整大家的情绪，因为良好的态度是做成工作的关键，细节决定事情的最终成败。

上两周，陪院领导去兵团石河子周恩来纪念馆时，看到了周总理的一句话：出身不由己，道路可选择。我不由得陷入一种思绪中。是啊，过去革命时期多么艰难，年轻的毛泽东、周恩来等一样走上了革命之路，他们难道不知道生命的代价吗？他们难道不知道小富即安吗？但是，在人民需要的时候，他们都挺身而出，带领人民打下了江山。志存高远永远与经受磨难相伴，痛苦越多离成功越近，这句话我记不清楚是谁说的，但它确实是至理名言。

在这次创建工作中，我和同事们建立了深厚的感情，一起挑灯夜战，一起津津有味地吃着泡面，一起探讨相关难题，一起在应急中相互补台。这期间，我也发现，在这里无论是领导还是职工，他们的应急处置能力普遍很强，一旦行动，执行力非常强，反应迅速且准确。我常常有些不习惯，比如，我们通常会把一切准备工作前移，后面留出时间进行修补或者完善，但这里会在最后一刻才交活，而且越到眼前越是进入状态，可事情一结束大家就会立即躺倒、撒手，因为终于结束了，可以好好休息了。我认为这种工作状态是有问题的，因为应急不是一个常态，风险很大，一旦某个环节把持不住就会一泻千里，而且它是非常规的，工作时身体的消耗非常大，没有时间思考没有时间补救。如同临战磨枪不快也光，这样很容易造成盲动。不及时总结，就不会有改进，我们还会在以后的工作中重复过去的错误习惯。

当然还有一些问题，就是部门本位意识太强，将本职工作和总体工作分裂开来，没有大局意识，合作意识不强，不愿意多担事，更不愿意多担责任，如果不是部门领导和学校领导出面，一些人根本调不动，还没有开始做，就牢骚满腹，提出各种借口推脱，你还没有说什么，就已经没有情绪和他继续谈下去了。相反，也有一些干部，真的太给力了，你只说了一点，她就能在你的基础上延伸出两点三点，把你的想法转化成创造性的实践。每当看到她们的贡献时，我总会感动得流下激动的泪水。虽然不能给他们回报什么，但我永远地记住了她们，她们是我这一辈子的骄傲，也是我终身的朋友。领导是什么？就是要出思想，用干部。最称职的领导就是能把自己的想法变成大家的行动的人。那些还没开始干事就先发牢骚的人，是不能得到重用的；那些默默无闻无怨无悔干事的人，也不能让他们吃亏伤心，我们要对得住那些为了工作为了学校的发展勇于舍弃个人利益的同志。在这个过程中，我也发现，学校的基础工作还处于比较薄弱的状况，特别是文化建设方面还需要加强力度，要在提升教师职工的思想境界方面下工夫，积极给予正确的理论知识的武装，调整工作节奏，将所有基础工作常态化。不是为了任务驱动，不是为了迎合上级，更不是为了某个荣誉，而是为了我们自己，为了我们的明天，播下种子，辛勤浇灌，开花结果，让后人乘凉。

总之，既然选择，我们就应该无怨无悔尽心尽力地去干好一切工作。

放假期间的忙碌

今年放假感到比不放假还忙碌，要做的事情特别多，一是接待来往的客人，二是进行创建自治区文明单位准备工作，三是给基层的团干部授课和进行一定的课题研究，四是参加自治区团委组织的群众路线性教育活动等。这些工作对身体的考验程度比较大，每一项都需要投入很多精力和心力，当然也要有一些自己的想法和思考。

这些天，我一直在想一个问题，我们所做的一切工作其积极意义在哪？给我们以后的工作带来了怎样的帮助？如果仅仅是为忙而忙，过后留不下什么东西，实在是有点可惜。

这次在新疆团校承办的两新组织团干部培训班上，我在与学员的交流过程中，发现很多情况不尽如人意，但在培训结束后，学员们对培训课程带给他们的帮助给予了积极的认可，多次提到能不能给更多的青年提供这样高质量的培训课程。从他们的眼神中可以看出那种渴望和期盼，越加让我感到一种兴奋，以及责任感和使命感。

此次培训课程基本由中央团校中文系的老师承担，收到了很好的效果。在几天的交流过程中，与新疆团校初步达成培训和学术交流的合作意向，以此发出一个积极的信号，中央团校的援疆工作开始由面向点展开，各部系借助各自的优势发挥作用，援疆工作进一步向纵深领域拓展。

创建自治区文明单位，是新疆团校一直期盼的事情，从上到下，大家齐心努力。在这个过程中，我最大的收获就是对团校的各个部门和各项工作有了一个全方位的了解，这对今后一年的援疆工作具有实质性的推动作用。同时，在这个过程中对中层领导的能力和水平也有了一个大致的了解，也增进了彼此间的感情。在这期间，我用心关注学校一把手在安排工作方面的风格和智慧，从中也得到不少启发，也可以提升自己行政方面的能力。说实在的，我内心对行政工作一直不是很热衷，总感觉没有什么成就感，慢慢地，我也在转变。一个人的价值如何，能否带领好团队是一个重要的指标，有多少人被你影响，有多少人能跟着你干下去，你的思想能否被大家接受，并转化成大家的行动，是我们当前最需要解决的难题，我应该在此方面有所进步才是。

这次参加自治团委组织开展的群众路线性教育活动，在某种程度上也是对自己过去学习和研究的一次检验，无论是团干部的课程讲授还是课题的研究，都需要不断深化，并践行在日常的工作和学习生活中。还是要把主要精力用在读书上，少一点应酬。的确，在目前提出清理"四风"，重申党的群众路线对执政党地位的加强有着极为深刻的历史和现实意义。但我也清楚地感到：形成已久的"四风"顽疾真不是短时间内就可以消除的。一面是中央的八项规定，一面是地方的执行情况，巨大的反差让人感到揪心和无奈，如果下不大工夫就意味着更大的反弹。我常想，如果能在浪费上刹住车，新疆的问题会好很多，发达地区的简约习惯最应该让新疆的干部和人民好好感受领会，大气不意味着浪费，饭不能不吃，但酒完全可以少喝，可以省点钱省点精力去做更多的事情。

一位专家说得好，有三种忙，无事忙、无效忙、无奈忙。我不知道有多少人在忙碌，我们是不是在忙的同时也应该冷静下来思考一下，这种忙有多大价值？我们在为谁忙乎？是为老百姓，还是为自己？是忙在内容上，还是形式上？如果只是疲于应付，那么这种忙的意义在哪？我很无奈，我能建议的就是：永远都不要去做自己人骗自己人的事情。还是要集中精力放在怎么团结起来一致对付三股势力上，因为他们是我们真正的和共同的敌人，要去研究们要去对付他们，这种忙才有意义有价值。同时，要在我们的本职工作上主动创造，多出成绩，是真正的成绩而不是华而不实的成就。

敬佩梁鸿老师的勇气

我与梁鸿的接触不多，但她给我的感觉就是两个字"朴实"。尽管现在已经出名，但她一点也不张扬，总是给人一种踏实的感觉。她的书我是一口气读完的，对她的勇气颇为赞叹。我比较关注她的研究方法和写作风格，虽然研究是枯燥的，但她写出来的东西很有故事性，实际上，这主要来源于她对家乡的那种"深层的爱"和"相当熟悉"。我们有很多人也是从农村来的，但早已忘却农村的模样，也很难有梁鸿那种状态再回到农村找回生活的原点，更不可能一待就是三个月。

我有幸来到新疆，才有机会去那里的农村看看，真的让你一去就忘不掉，如果你有什么烦心事，恐怕到那里以后就什么都抛在脑后了。长期呆在城市反而会觉得有点迷失了自我，其实一下去就好了。

这两天学校开始放假，我也想回去了，可是一想到还有很多事情没有完成，比如与民族转业团干部深度访谈的事情还没有进行，但前期的准备工作都已经完成；还有中央编译局出版社最近要出版的《带着纯净的心灵——对新疆青年的生存和发展的思考》，还需要认真校对，我就有些犹豫了。要是回去了，这些事情可怎么办呢？还是要安静下来认真做点事情，不然时间一晃就过去了。

偶尔看中国青年政治学院的校园网，心理不免有些悲凉，感到离组织和大家很远了，有些"鞭长莫及"的无奈，也担心回去的适应问题。但细细想起来，还是要关注当下，既然组织把我们派过来，就要认真履职，不能放松自己，万不可有懈怠情绪，凡事多往好的地方想。想想自己的收获还是满满的，最关键的是，这些都是我比较心甘情愿做的，也是喜欢做的。

这几年一直与"先进"无缘，也许还是努力不够，我自己是这么认为的。时间一久，也就不再去念叨这件事了，一有机会就推举年轻人上，自己还是集中精力做自己擅长的事情。有些事虽然也很想做，但没有把握能做好，随着年龄的增长，多少也有点力不从心的感觉，还是不要太苛求自己。

想起梁鸿老师的经历，特别是她曾在农村学校从教三年，可以想象那是一种怎样孤独的情景，这种经历我也是有的，但程度不同。曾经一个人跑到民营企业，一待就是三年，找不到可以交流的人，满肚子的话不知和谁讲；再后来又一个人到北京，虽然呆的地方不错，但也是离家遥远，晚上拼命地参加各种培训班补充能量；现在又跑到新疆，一待还是三年。人生中能有三个三年，这样的经历也是少有的，也许是命中注定，必然要走一条与常人不同的路。比较庆幸的是，我毕竟一步一步走过来了，不管前面的路怎么样，至少会多一分淡然，多一分宽容，多一分回忆。至少到目前为止，不再为名利、荣誉、金钱和地位等外在的东西牵绊，相反会关注一些别人不屑关注的事情，并在该事上用心，而且乐此不疲。我不是别人，我只能是我自己，而且永远是我自己。

人都会有一段时间进入疲劳期，我也是的，这需要自己调节，自己抗衡，并善于从内心说服自己，接纳现实的一切，不去抱怨不去计较，通过不断学习，给自己补充能量。日子还是要一天天过，与其疲惫懈怠，不如打起精神好好过。总之，要知道每个人都是不容易的，大家要相互激励，共同携手，努力不一定成功，但放弃就一定失败。

只有人的好坏，没有民族的好坏

曾经有一个美国心理学家看到几个白人男孩在放飞气球，而一个黑人男孩躲在墙角羡慕地看着这几个白人孩子玩各种颜色的气球，心理学家走过来把黑人男孩拉过去，劝说白人孩子和他一起玩，黑人男孩玩得特别开心，脸上不时露出灿烂的微笑，心理学家拍拍黑人男孩的脑袋，指着气球告诉他：孩子，要记住，气球能升到天空，不是因为气球的颜色，而是因为气球里的氢气。

这个故事给我很大启发。我们看一个人，要看他的本质，外在的身份地位、种族、肤色、国家、地域等，都不能作为评价这个人好坏的标准，关键的是他内在的东西，即世界观、人生观和价值观。

近来，新疆暴力恐怖事件频发，任何一个公正理性的人都能看出，暴力恐怖犯罪是反人类的行径。这样的行为无关民族习惯、宗教信仰和生活方式，严重违背了现代法治社会乃至人类文明的共同伦理价值。暴力恐怖分子代表不了任何民族，也代表不了任何宗教，他们在新疆先后制造了多起惨无人道、令人发指的暴力恐怖案件，其手法日趋凶残、极端，他们既对汉族群众施暴，也对少数民族群众施暴，其目的就是要挑起民族仇恨，破坏民族团结，破坏新疆稳定，进而分裂祖国。想让新疆从祖国的怀抱中独立出去，这是痴心妄想。我们要认清他们的嘴脸，坚决与党中央保持高度一致。

这些天来，是我感觉最为揪心和痛心的。回想四年前的"7.5"事件，让新疆人民辛辛苦苦建立起来的民族团结良好局面整整倒退了二十年，其破坏性的影响到现在还未消除。四年中，党和国家加大了对新疆的援助和支持力度，新疆儿女的生活一天比一天好，街上的马路变宽了，老百姓住的房子让我们这些援疆干部都羡慕不已。特别是南疆的学校，比内地有些省市的数量还多，建设得还要漂亮，还有职业技术教育的学费基本上全免，这在内地都是不可能实现的，还有很多的优惠政策也都是内地难以享受的。正如我们在南疆调研期间，一位牧民大爷告诉我：我们该有的党和国家都给了，如果再问我们需要什么，我们实在不好意思说，也说不出来。从我们所到之处看，确确实实能感受到农村发生了深刻变化，这些年政府所进行的民生工程的力度是非常大的。

但是，就是这样好的生活条件，极少数坏分子乱我新疆之心仍不死。他们一刻也没有停止过对新疆的破坏，不仅没有感恩之心，反而越加仇视我们的党和国家，利用各种机会进行民族分裂等破坏活动，乱杀无辜，残害百姓。这些行径只能说明他们是一群可恶的暴徒，一天不除，新疆的人民就一天不能安宁，我们的社会稳定工作就一天不能放松。我们必须要保持高压态势，坚决打垮这群暴徒，同时，也要清醒地看到：人民的觉悟是当前社会维稳的关键，我们的干部要紧紧地依靠人民，相信人民，汲取群众的智慧。一根筷子容易断，一把筷子就难折，我们的干部要深深明白：民可以载舟，也可以覆舟，保持与人民的血肉联系是战胜一切敌人的法宝，人民群众起来之时，就是一切反动派灭亡之日！同时，也要清醒地意识到：民生问题不解决不行，但解决了民生问题，不等于解决了一切问题，关键的根子还在于人民要从心底里认同我们的祖国、我们的民族、我们的党和我们的国家，心甘情愿地跟共产党走，因为在这个世界上没有一个执政党像我们的党一样，是全心全意为老百姓办事的，没有一个党像我们的党一样历经了九十多年的风风雨雨。只有共产党才能解放中国，也只有共产党才能发展中国，这是历史的选择，也是人民的选择！如果说，我们的党在发展的过程中，有这样那样的问题，那么关键要看这个党能不能勇敢地面对这些问题，是不是有能力去解决这些问题。每一个中国人都要坚信：我们的党是英明的党、伟大的党和光荣的党，要坚持理论自信、道路自信和制度自信。

任何国家、任何民族都有好人和坏人，不能因为这个坏人是哪个国家或者哪个民族的，就认为这个国家或者这个民族不好。就像英雄的儿子一定是英雄，贼的儿子就一定是贼，这样的结论是幼稚和可笑的。

要知彼知己，百战不殆

我在南疆调研期间，曾看到查获的非法宗教宣传用品，几次建议能不能成立一个研究小组对敌对势力的宣传用品和手段进行专门的研究，因为各种因素，未能成功。我一直认为，意识形态有区分，但宣传手段和路径没有国界和意识形态之分，正如同音乐没有国界一样，我们要与敌对势力进行持久的战斗，一定要研究他们的战略，特别是战术技巧。虽然我们处于两个势不两立的阵营，但手段方式完全可以互通，要赢得他们，必须超于他们，要超于他们，必须先了解他们，最终才能用更为超前的手段和方法战胜他们。

美国中央情报局（Central Intelligence Agency，中文简称中情局，英文简称 CIA）是美国政府的情报、间谍和反间谍机构，主要职责是收集和分析全球政治、经济、文化、军事、科技等方面的情报，协调美国国内情报机构的活动，并把情报上报美国政府各部门。它也负责维持美国境外的军事设备，在冷战期间也用于推翻外国政府。中央情报局也支持和资助一些对美国有利的活动，例如曾在 1949 年至 1970 年支持第三势力。根据很多报道和一些中央情报局重要人物的回忆录，中央情报局也曾组织和策划暗杀活动，主要针对与美国为敌的国家的领导人。中情局的根本目的，是透过情报工作维护美国的国家利益和国家安全。几年前，国内许多媒体报道了美国中情局"和平演变"我国的《十条戒令》(Ten Commandment)，曾经引起各界的思想震动。这个《十条戒令》来自美国中情局极为机密的"行动手册"(Rules for Operation) 中关于对付中国的部分，美国内部的代号为"十条戒令"。《十条戒令》的主要内容是：

第一，尽量用物质来引诱和败坏他们的青年，鼓励他们藐视、鄙视并进一步公开反对他们原来所受的思想教育，特别是共产主义教育。为他们制造对色情产生兴趣的机会，进而鼓励他们进行性的滥交。让他们不以肤浅、虚荣为耻。一定要毁掉他们一直强调的刻苦耐劳精神。

第二，一定要尽一切可能做好宣传工作，包括电影、书籍、电视、无线电波和新式的宗教传布。只要让他们向往我们的衣、食、住、行、娱乐和教育的方式，就是成功的一半。

第三，一定要把他们青年的注意力从以政府为中心的传统引开来。让他们的头脑集中于体育表演、色情书籍、享乐、游戏、暴力及犯罪性的电影，以及宗教迷信。

第四，时常制造一些无事之事，让他们的人民公开讨论，这样就在他们的潜意识中种下了分裂的种子。特别要在他们的少数民族里找好机会，分裂他们的地区，分裂他们的民族，分裂他们的感情，在他们之间制造新仇旧恨。

第五，要不断制造新闻，丑化他们的领导人。我们的记者应该找机会采访他们，然后利用他们自己的言词来攻击他们自己。

第六，在任何情况下都要传扬民主。一有机会，不管是大型小型，有形无形，就要抓紧发动民主运动。无论在什么场合什么情况下，我们都要不断对他们（政府）要求民主和人权。只要我们每一个人都不断地说同样的话，他们的人民就一定会相信我们说的是真理。我们抓住一个人是一个人，我们占住一个地盘是一个地盘，一定要不择手段。

第七，要尽量鼓励他们（政府）花钱，鼓励他们向我们借贷。这样我们就有十足的把握来摧毁他们的信用，使他们的货币贬值，发生通货膨胀。只要他们对物价失去了控制，他们在人民心目中就会完全垮台。

第八，要以我们的经济和技术优势，有形无形地打击他们的工业，只要他们的工业在不知不觉中瘫痪下去，我们就可以鼓励社会动乱。不过，我们表面上必须非常慈善地去帮助和援助他们，这样他们（政府）就显得疲软。一个疲软的政府，就会带来更大的动乱。

第九，要利用所有资源，甚至举手投足、一言一笑来破坏他们的传统价值。我们要利用一切来毁坏他们的道德人心。摧毁他们自尊自信的钥匙，就是尽量打击他们刻苦耐劳的精神。

第十，暗地运送各种武器，装备他们的一切敌人，以及可能成为他们敌人的人。

我们的敌人是很狡猾的，手段也是很残酷的，一定要对他们知根知底，这样我们就不会被动挨打。要让青年不跟他们走，我们就要想方设法去赢得青年。既要在战略上藐视敌人，又要在战术上重视敌人，千万不能自己封锁自己，让敌人占去了便宜，我们自己吃了亏。

民族融合的最高境界

来疆后，一直思考民族融合的问题。自治区团委五大板块工作中，其中一个板块就是有关民族融情的内容。民族融情的活动在中小学生中开展得还是比较成功的，但在高校和社会各类青年中做得还不到位，始终没有找到合适的路径和方法。这是目前共青团组织需要着力破解的难题。

在我来新疆前，就认识了一位在团中央统战部挂职的新疆少数民族团干部，他叫艾尔肯，现在已经是巴州团委书记了。当时，我们共青团工作理论研究所邀请他来中央团校，他在交流座谈会上的发言让我深深地记住了他，印象特别深刻的一句话是：你到我家吃馓子，我到你家吃月饼。现在，民族融情工作的内容要比以前更为丰富，比如，我在农村有个家，我在城市有个家。这些活动都是比较适合青少年，但到了青年时期，该开展怎样的融情教育呢？

这里，我想与大家分享一个我们身边人的故事。在我来新疆前，学校轮训部的老师告诉我，如果到新疆团校，可以去找一个名叫麦苏丹的维吾尔族老师，她能歌善舞，很有人缘。果然，他们说得没错，见到她以后，最让我动容的不是她的舞蹈，而是她的爱情。她与汉族爱人的结合，以及长达八年的爱情故事，都让我对她由衷地敬佩。

在这八年中，他们经历了风风雨雨，其间所承受的压力是常人难以想象的。我曾有一次机会见到了麦老师的父亲和母亲，他们到现在也不知道自己的女儿已经和汉族人领了结婚证。当我问及她的父亲如何看待维吾尔族与汉族通婚这件事的，还没等我把话讲完，他就表明了自己的态度，绝对不可以。我听后陷入沉思之中。这位父亲还是国家干部，一辈子从事文艺创作，其综合素质是非常高的，如果连他都不能接受民汉通婚的话，还会有什么人能接受呢？目前，在民汉通婚这个问题上的确存在很大的障碍。我在想，对这些民汉通婚的行为，能不能在社会上大力弘扬呢？甚至在一些政策导向上给予倾斜呢？因为这样做有利于营造民汉是一家的和谐氛围，有利于淡化民族色彩，最终有利于新疆的稳定。现在新疆的局势令人担忧，民汉居住高度分散，相互融合的机会非常少少，这很不利于新疆的稳定。

从研究角度看，融合的前提是接纳，只有接纳才能融合。但融合的程度在于相互欣赏，只有相互欣赏才能相互包容，才不会产生排斥和内心戒备。而融合的最高境界就是通婚，因为两个人之所以能走向婚姻的殿堂，一定是因为彼此的"爱"，在相互包容和欣赏的基础上，才能向着更高的目标发展，这就是"爱"的力量。因此。可以这样说：民族融情的最高境界是通婚。试想，如果哪一天民汉通婚已没有障碍，那时候新疆的问题会不会少很多？各族人民团结一致对付三股势力，那时候的新疆一定是最稳定、最繁荣的！

南山菊花台

来新疆后虽然去过两次南山，当时也没有搞清楚去的是什么地方，大多都是在室内搞活动了。外面的景色不是大山就是河流，印象最深的还是那里的空气非常清新，有氧离子让人整个心肺都是那么的清透。这次去南山，是第一次去菊花台，看到满山的绿草和牛羊，人与大自然共处、与动物共处，真感叹这人间天堂！

这次是和中央团校两位来疆授课的老师一同去的南山，与以往的感觉有很大不同，一是在这段特殊的时期，他们能来看我，我真的很高兴。虽然我们在北京，并没有见过面，但在疆相见却格外亲切，从心底里感谢他们给我增添了很多能量；二是同去的还有放假加班的各部门老师，他们真的很给力，活动安排得极好，招待也极为周到。特别是继续教育办的麦主任和她的同伴，把问题前前后后考虑得非常细致，从她们身上我也能学到很多东西。新疆团校还是有许多能人的,她们的执行力非常强,也有与上下沟通的能力,在关键时刻,总能调动一切力量解决问题,反应迅速雷厉风行,让我感觉很踏实。但也让我感到纠结的是,一些资格老一点的中层干部还是有些指挥不动,可他们在各自的业务中也确实是一把好手。有时候,我在想,凭什么他们就要听从你的安排,你不是迟早都要回去的嘛,因此,我也很能理解他们。在此不能做强行要求,也没有资格做这样的要求,你只能耐心等待时机,期待能用自己的行动去影响他们的时机。也许自己还有很多东西需要向他们学习,也许自己还有很多不足需要调整,不要着急,耐心些再耐心些!我一直认为在新疆这个地方,他们所承受的压力、所从事的工作,要比我们内地的重得多、复杂得多,我们必须摆正自己的位置,一切要积极协助和配合,决不能真把自己当个领导看。水平上要成为领导,工作方式上要低调一些,姿态要谦虚一些。对那些特别需要帮助的同志要用满腔热忱去耐心指导,给他们信心和勇气,对那些不大能接受指导的同志也要主动包容,并努力调整自己,万不可太急,引发不必要的争执,要多商议多沟通。我认为,没有解决不了的事,只是我们的工作和做人还有不到位的地方,要从自己做起才行,埋怨和牢骚解决不了任何问题的。

回头再说一下南山菊花台,在哈萨克民族毡房里,我们和当地的青年畅快交流,他们的歌声是那么纯真迷人,眼神里都透着一股动人的尊重。过去学过一点哈萨克舞蹈,但味道不足,这次有机会和他们配合,发现他们的舞蹈中有一种内在的力量感和节奏感。舞蹈动作并不复杂,但肩膀和手臂的动作特别重要,既要有力度也要有弧度,柔中带刚,刚中有柔,时不时还要跳起来转圈,每个人都跳得非常愉悦。哈萨克民族朋友真是天然的舞蹈家和歌手,那种歌具有天籁般的清凉和大草原的豪迈,听过后还想听,刻骨铭心。

内地对少数民族文化的宣传还是有些偏颇,你如果真正深入他们之中,就会发现另一种惊喜和愉悦。如同发现新大陆一样，你的生活一下子丰富了起来，你的世界变大了，变美了，因为色彩和厚重是这个世界最不缺少的资源。我不知道单一民族的世界会比多民族的世界好多少，但如果只有自己一人生活在这个地球上又有什么意思呢？在这里我们真正认识到：世界民族大团结万岁！

南山菊花台，我爱你！新疆各民族的姐妹兄弟们，我们永远是一家！

努力不一定成功，放弃努力一定会失败

申报自治区精神文明单位一直是我校全体师生员工所盼望的一件大事，但申报的难度是极大的。作为一名援疆干部，分管这项工作我不自觉地会有一种畏难情绪，要带领团队攻克各种难关，内心总有一种说不出的纠结和无奈。但既然组织已安排自己担此重任，我总要用心努力一下，即使不知道结果怎样。

在一个人的一生中，总要面对很多的选择，有些是自己心甘情愿做的，有些是自己无法推脱的，大多数人都要面对后者。自治区团委阿书记曾经说过一句话：什么是责任？把自己并不喜欢的，但是对组织有价值有意义的事情做好，这就是责任。我想，我们现在所做的这项工作对组织来说是有意义的，通过创建活动，可以从整体上进一步改进学校面貌，进一步规范学校工作。我们应反思过去快马加鞭的前进方式，适当地把节奏慢下来，认真梳理一下已有的成绩，看看我们都有什么，还缺失什么，盘盘点，查查账。做不了太久远的年代资料整理，就把近三年的资料梳理个透，比如学校校报和各种制度规章、红头文件、方案、总结，还有学校近三年的大事记等，都具有很大的价值，可以为后来者提供第一手资料。无论要不要创建精神文明单位，做这些基础工作都是在对我们自己负责。

通过翻阅这些天让各部门提交的宣传板样稿，我大致了解了各部门的整体工作布局。从提交的样稿的质量可以看出部门领导的思路和水平，这是一种很好的思想碰撞和指导交流的方式，虽然费时费工，但对我和大家来说都是一次再学习的机会。首先，怎么凸显部门的工作思路？在围绕大局、关注整体的基础上，要充分展示各部门的业务特性和特色能力；其次，站在观众的角度上，怎么能够在最短的时间内迅速了解你部门及学校整体工作的一些关键信息？如果版面设计不新颖，再重要的信息也会失去其价值的，因此在设计的理念方面，需要具有整体一盘棋的思想，从大到小，从笼统到具体，从政治高度到措施实施，能用图体现的不用字，能用一句话不用两句话。另外，我们还要注意关注板报的对象群体，学生、教职工、领导，还有从外单位来校视察的领导和社会各界人士，他们从中要看什么？要让他们了解什么？他们的关注度有多少？耐心观看的时间有多少？在设计时，这些都需要认真考虑。

当然，在这项工作的推进中，我也挺受益的，一是过去没有带领团队全面抓工作的经历，虽然有这方面的理论知识，但实战经验不免还有缺失，仍需多多历练。二是边学习边思考，特别是整体工作的思路和布局，要有前瞻性和创新性，要多向有经验的领导和同事们学习，要虚心要虔诚，多掌握这方面的本领对今后的成长是有益无害的。三是发挥自己的优势，在规定动作做到位的前提下，增加一些自选动作，凸显团校特色和优势。特别是对意识形态领域的研究，要从政治和战略的高度，将青年工作的研究成果和对青年思想引导的意识融入创建工作中。总之，要在工作中寻找机会历练自己，在历练过程中不断弥补自己的缺失，一定不能为工作而工作，而要在工作中学会与大家合作，学会发现各类人才，学会调动集体智慧和力量。

事情都是一点一点做起来的，关键是要时刻把握好重心。基础工作很重要，比如校园环境工作，凸显特色主题也必不可少，如同一个人要有灵魂，还要穿上一套有特色的服装，里外相统一，画龙点睛。另外，还有一整套完备的资料档案需要从现在起加工整理，同时，还要分出一些精力准备汇报材料。这些工作都要及时布置下去，认真督导检查和落实，防止出现忙乱和错失。总之，要靠集体的智慧和劳动，调动一切可以调动的力量，大家一起努力。努力不一定成功，但放弃努力一定会失败。

时时学习，事事学习，处处学习

在新疆有很多学习的机会，因为这里是不同民族文化的交汇地，你在内地不可能接触到这么多不同民族的人和文化。在我的意识中，只要你有一种包容、吸纳或者欣赏的胸怀，你就可以尽情学习那些优秀的文化和品质，让你的生活从此与众不同。

我一直不愿意陷入人世间的是非之中，也不愿意靠近那些搬弄是非的人，总喜欢一个人安安静静地读点书，写点东西或者去跳跳舞，这已经成为我生命中的重要组成部分。官可以不做，但学习不可以停止，始终牢记：绝不可以伤害他人，一定要善待他人，绝不可以制造麻烦，一定要营造快乐。

人的一生实在太短暂了，从哪里来到哪里去我们掌控不了，但中间的过程我们是可以把握的，或浓或稀全在我们自己。内在的力量增长需要把重心不断下移，始终把注意力放在自身修养的提高上，剪剪枝修修杈。同时，在完善自身的前提下，尽可能去帮助其他需要帮助的人。在这个世界上，改变自己调整自己是比较容易的，改变别人是比较困难的，一味地想去改变别人，总会让自己陷入一种纠结和痛苦之中。我们唯一可以做的就是通过自己的言行主动影响身边的人，而不是刻意将自己的主观意志强加给别人，那样做不仅没什么效果，而且会使自己在无形中被孤立起来。

最近，中央团校先后有领导和老师来看我们，他们每一个积极的建议都让我感到一种力量和温暖，我不断地反思自己，尝试改变一些过去陈旧的观点，特别是有时候内心不自觉地就会"排斥"和"拒绝"的东西，比如对酒的态度等。对这里的一些做法，内心总有一种说不清楚的感觉，常常深陷其中不能自拔，在无谓的消耗中虚度了一天，内心又有一种"亏欠感"。这些天我一直在思考，这不是一种生活的常态，就像人生的旅途中突然出现一堆杂草或者一个土堆，可以直接绕过去不去管它；也可以拨弄一下，也许就会发现点什么；还可以一笑而过，心态平衡地待之。万不能让这堆杂草扰乱了自己的心情，或者挡住了自己要去的方向。有时候，也可以想象这堆杂草也许是人生旅途的调剂品，让自己适当地放松下来，稍作短暂的休息，这样不是更好吗？没有什么事是过不去的，很多时候我们常把一些非常态的事物看得过于严重，实际上，当时过境迁时，我们会发现，原来看成西瓜的东西其实只是一粒芝麻，没有什么了不起。始终保持一种从容的心态非常重要，不要去计较，不要去辨别，时间自有公论，何必那么在乎呢！

　　看书、听君一席话、留心身边的故事等都是一种学习，要把学习当成每天必做的功课，不自觉地，你就会感到一种力量的充盈。要记住，只有你自己才知道自己的力量有多大，内力强大，抗压力才会大，才可以托起别人。我们永远不要把压力加给别人，因为那只是自己内心力量不够强大的表现，也不能完全依赖他人，因为那会让自己站不起来或者陷入被动。我们要依靠团队，每个人都不是完美的，能力是可以互补的，但前提是一定要建立一种信任，一种互动，一种感应，在彼此沟通、彼此信任的良好氛围中，才能集中力量办一切事，才能克服一切可以克服的困难。

要始终保持与青年的零距离接触

新疆十四个地州，还有几个地州的青年没有接触上，吐鲁番是其中之一。这次随中央团校中国马克思主义学院专家来到吐鲁番，终于圆了自己的梦想。

要说吐鲁番的景点，我已经看过几遍，但始终没有机会和那里的青年接触。他们在想些什么？他们目前的思想状况怎样？他们最需要什么？他们最困惑什么？这些都是我们做青年工作的研究者需要了解和掌握的。

吐鲁番地州团委丘书记是我的好朋友，几次想去吐鲁番调研都因种种繁事没能去成，但每次在北京或者乌鲁木齐和她见面，都让我深切地感受到一名老团干的那种强烈的责任意识和忧国忧民的心情。她为现在不能很好地用现代文化去影响我们的青年而着急，为吐鲁番地区最近出现的暴力恐怖事件中的主体青年是90后而震惊，认真思考其背后的根源到底是什么。在维稳任务这样严峻的情况下，我们来到了吐鲁番，他们复杂的心情可想而知。

地州团委下了很大的工夫集中了三十多位不同领域的青年，他们分别来自企业、社区、学校等。见到这些青年，专家们都很兴奋。当日我主持这个座谈会，考虑到时间安排和当地的严峻局势，我们将座谈会的议题定为"青年的困惑和青年的梦想"。令我没有想到的是，青年中有很多都是团的干部，他们善于表达，有想法，也很坦白。其中有一名来自基层的团干部，她在座谈会后给我来了一封信，信中这样写道：李校长，今天很荣幸能与您和您的专家团队在吐鲁番相会。也很感谢您百忙之中抽空，听取我们的心声，与我们亲切地留影，并向我们赠书。"相见恨晚"、"听君一席话，胜读十年书"、"醍醐灌顶"这一系列的词，能稍许表达我对您和您的团队的敬意。对于我们，这次高朋满座的会议真的是一次精神补给，正如您《研究杂技》中所言，"给人一种启示，给人一种精神"，这已经是很宝贵的支持了。首先，我想向您简单地自我介绍一下，我来自湖南长沙，一个繁华的城市，2011年大学毕业后，不顾父母的反对，放弃了家族式的企业，只身一人来到了吐鲁番。不瞒您说，其实一开始是奔着爱情来的，很遗憾，这段感情在一年后画上了一个句号。现在的我感到很迷茫，平淡如水朝九晚五的日子渐渐磨平了当初离家时的豪情壮志，吐鲁番休闲安逸的小日子也渐渐冲淡了原本物欲的思想，我找不到以前的自己了。像我们这样，坐着办公室，拿着三四千工资的青年，看似过得很舒服，其实是最贫穷的人。无论从物质上还是从精神上，直白地说，都处于"饿又饿不死，富又富不起来"的窘迫状况。今天我很想告诉您，其实我们这一代年轻人缺的东西很多，比如当初的梦想、信仰，还有行动力等。我渐渐地开始怀疑当初让自己义无反顾地从家中走出来的勇气和魄力，是否只是一时冲动。而冲动的代价让我倍感艰辛，比如，与家人的分离，现实的需求无法满足，以及高昂的机会成本。我期待您能用您的智言慧语，为像我这样的身在外地的异乡人点亮一盏明灯！期待您的意见和建议！致谢！！！祝工作顺利，旅途愉快，愿吐鲁番的美丽风情能长久地留在您心中！

看到这封信，我思考了很多，切实感受到了身上沉甸甸的责任。我们每个人都有年轻的时候，都有迷茫不知所措的时候，都有迫切需要导师指点迷津的时候，我们虽然不能给他们物质上的满足，但一定要给他们精神上的支持，就像自治区团委阿依努尔书记说的：要给青年以信心和勇气。如果连这一点都不能带给青年，我们还配作青年工作者吗？

我来到新疆后，有一个很深刻的体会，那就是青年需要抚慰，一种心灵上的抚慰。抚慰需要什么？就是靠近他们一点，再靠近一点，哪怕是一个信任的眼神或者一个期待的目光，都能让他们躁动的心安静下来。也许不需要太多的道理，不需要太多的话语，不需要太多的物质手段，只是静静地和他们待在一起，倾听他们怎么说就够了，给他们释放能量的时间和空间就可以了。青年是什么，是人世间具有最大能量的生命体，他们要表达要释放，我们只要去满足他们就好了，无需太过复杂。当他们头脑里的想法表达出来以后，我们再去引导也不迟，不要着急把我们的东西向他们灌输，耐心些再耐心些，想清楚了想透了，再去做，也许不需要多做什么，我们的青年就会很开心。别把我们的青年想得太复杂，也许心灵的抚慰比什么都来的直接和管用。

在座谈会的最后，我说了三句话：第一是严格识别可以控制和不可以控制的问题，将主要精力投放在可以控制的问题上；第二是严格区分共青团岗位与其他岗位的不同特点，没有权、没有钱和没有人恰恰是青年锻炼的机会和平台；第三是严格明确我们所从事的工作的性质，坚定认同其价值和意义，即为执政党巩固和扩大青年的群众基础。这三句话展开来就是三门课，在目前看来，还要加快培训的速度，青年太需要思想上的澄清和理论上的武装，我们这一行专家的到来如雪中送炭，这样面对面、心贴心、实打实的对话，对青年的成长有益无害。期待更多的专家能少看些景点，多点时间和青年接触，增加对青年的心灵抚慰啊！

要替执政党探索党的思想政治主张在青年中的传播路径

习近平总书记在团的十七大上与新当选的团中央书记班子谈话时指出：做团的工作要时刻牢记，自古英雄出少年。要引领时尚，引领风气，把更多的青年聚集在党的周围。如果青年在前进，团组织却不能与时俱进，不能成为青年的领头羊，而是做青年的尾巴，何谈团结广大青年，何谈扩大有效覆盖面。历史证明，青年身上蕴藏着巨大的创造力，共青团要把这种能力和活力激发出来，团组织帮助他们成才了，他们就会心向党。团组织要发现他们，关爱他们，特别是把那些新经济组织、新社会组织，比如网络意见领袖、网上青年作家、自由撰稿人、歌手等有才华有能力有影响的青年动员组织起来，就会起到事半功倍的效果，发挥正能量。这段话给我的启示非常大，让我一直在思考和找寻一条合适的路径，即如何用最经济最简洁的方式，让正能量最大限度地进入青年的头脑中，并在内心产生认同，坚定跟党走。

两年援疆，我最大的体会就是：要在群众中产生影响力，首先必须能融入他们的生活中去，成为他们中的一员，那种高高在上，不接地气的做法是行不通的；其次，如果不能走进他们中去，至少要清楚他们最信赖的人是谁，最有影响力的人是谁，我们可以接近这些群众领袖，和他们交朋友，去影响他们，这样也可以起到非常大的作用。影响群众的路径很多，就看你怎么办，是排斥拒绝还是积极迎上去，是端着架子还是放下架子。

我的一个援友是自治区妇联副主席，她一直做妇女维权工作，我们一直在探讨基层组织薄弱的问题，想要从根本上改变这一现状。我当时的观点是：一是结构出了问题，一定要改变真正意义的倒三角现象；二是人出了问题，一定要在干部的理想信念上下工夫。前一个问题不好控制，需要漫长的时间，但后者是可以掌控的，我们可以做一些实实在在的努力。首先，要知道群众在哪里。群众在哪里，我们的组织就要建在哪里，我们的人就要跟上去。但跟上去不是带着功利目的，而是改变服务的态度，先从满足群众的兴趣爱好开始，从倾听他们的内心想法开始，从满足他们的实际需要开始。只有这样，我们才能赢得他们的好感，建立基本的信赖，才可能获取第一手资料，才能第一时间掌握他们的动态。但现在的情况却不尽如人意，我们的干部下不去，放不下架子，总是以文件落实文件，总是在会上说同样的官话，总是给群众摆着一副官样子，似乎满脸都写着"官"。这样和群众有距离，即使下去也是快快了事，怎么可能听到群众真正的声音呢？

在我的理念里有一个观点，那就是人不能离开地气，要时刻与群众保持密切的接触。最近，我准备成立乌鲁木齐舞友志愿者服务团，招募核心队员。服务团宗旨就是：关爱自己，奉献社会。口号是：健身、交友、服务。我采取的办法就是通过舞蹈教师，将队员组织起来，整合各方面的资源，为队员搭建展示的平台，并在这个过程中找寻一条途径，最直接地将党的思想政治主张深入到千家万户，通过九分娱乐一分引导，将党的关怀送到最需要帮助的群众中去，特别是要送到社会的弱势群体中去。

做这件事遇到的阻力很大，人们总喜欢做一些能马上看见利益的事情，对这样无直接利益，即不能升官也不能发财的事情似乎不大有兴趣，甚至会产生非议，认为你是不务正业。实际上，这种事情做好了对社会的稳定会产生极大的帮助，当我们能真正接近群众，与他们交上朋友时，我们的信息源就有了，力量的通道就打通了，何怕敌对分子和我们对抗？因为群众是我们力量的源泉。

如果问，来新疆最大的收获是什么？我可以说：在青年思想引导路径研究方面有了一个小小的突破，在今后的一年里，需要继续尝试，相信一定可以提炼出有价值的成果。

宣传工作是我们每天必修的功课

这个假期基本上没有休息成，精力都投到了创建自治区文明单位的工作中去。很多同事都和我一样加班加点，但他们比我还要辛苦，因为具体的工作更不容易，比如资料这一块，要整理三年的工作档案资料，涉及八个测评体系的内容，如党的建设、道德建设、民族团结、综合治理、文化建设、创建业务等。再有道德讲堂，是2012年5月后新增的内容，要求每两个月开设一堂，从高唱公民道德歌、学模范、谈感受、颂经典、送吉祥等五个环节入手，让身边人讲身边事，让身边人学身边人，总之要学有成效，要心有触动。道德讲堂的发源地在江浙一带，全国一直在推广，目前作为创建工作的一个重要组成部分，采取一票否决制，我们在此下的工夫非常大。还有就是环境氛围的营造，按照上级领导的指示，要让墙"说话"。在这方面真得感谢区团委在2011年到2012年期间曾带我们下过四次南疆地州，见过很多文化长廊和文化墙，给我突出的感受就是墙会"说话"，特别是哈密第七中学的墙体文化做到了极致。我收集了大量的第一手素材，特别是学生的作品，将他们的教室、墙壁、走廊、学校的各个角落，甚至是死角装扮得极具特色，给人以强烈的视觉冲击，令在场观摩的所有人都很受震撼。最让我动容的是，一些作品材料非常便宜，比如京剧脸谱用的是玉米粒，梅花用的是爆米花，刻板画用的是工地不用的废木板等，让人不得不敬佩这些学生独具的匠心和高师的用心指点。还有阿瓦提县的文化长廊也是给人留下了深刻的记忆。阿瓦提县刀郎部落村的文化墙是把当地民族文化风俗编辑成故事生动地表现在墙体上，比如男孩割礼、青年婚礼、丰收节庆、生老病死等，都通过画面表现出来，既生动又容易记住，对于南疆教育水平普遍不高的实际情况来说，这种宣传是非常有效的。这些资料对于现在的创建工作是很有启示和帮助的。

过去没有从事过宣传工作，来到新疆后，在这方面的训练是很多的。看的多，想法自然就多，愈加发现宣传工作有很多学问，同一个主题，采用不同的宣传方式和手段，取得的效果就有很大的差异。比如我在一个乡村里看到他们有一个"说事点"，就是老百姓去说自己家的事的地方。到哪说一直是老百姓最为纠结的心头烦恼，村里面就有一些特别热心肠的老大姐、老大妈，她们很会调节邻里关系，解决邻里矛盾，村领导就给乡镇领导提出建议，发挥这些热心肠人的作用，给她们经费等资源方面的支持，让她们起到群众和领导之间的桥梁作用，第一时间听到群众的心里话，将群众最需要解决的问题第一时间反映给村领导，结果效果非常好，群众没事就会去"说事点"，聊聊家常谈谈家事。这些"说事点"还组织大家排节目搞活动，还免费给大家提供午餐和晚餐，真正把"说事点"变成了老百姓的第二个家。很多地方常常发生一些群体性事件，干群关系相当紧张，我想如果有这些"说事点"，怎么会激发矛盾呢？日常的负面情绪都能在这些"说事点"中得到化解，怎么可能会剧烈爆发呢？我们的干部应该在这方面多想点管用的办法出来，要清楚大凡突发事件一定有量的积累，一定是压抑时间太长造成的，不在平时解决这些问题，不在平时给百姓发泄情绪的机会，终究会为以后的稳定埋下定时炸弹，一旦爆发，后果不堪设想。

随时关注宣传的有效路径是我们每天要做的必修功课，因为共青团组织的两个主要价值功能就是对青年的思想引导和对青年的组织覆盖。怎样有效引导青年，宣传能力最为关键。有的人不会讲、不会说还不算什么，就怕连和青年靠近聊天的想法都没有，这样的人根本当不了团的干部。我们一些青年干部摆着党政领导的官架子，离我们的青年越来越远，这样，党的思想主张难以传播到青年中去，就更谈不上对青年进行有效引导了。

这次创建工作给我提供了提升宣传能力的机会，将为我们以后的工作打下坚实的基础，感谢新疆团校把这项重要的工作交给我，感谢天山区文明办、乌鲁木齐文明办各位领导的细心指导！

要给阿拉泰的团干部讲点什么？

这次受阿拉泰地州团委努尔别克书记的邀请，去给他们的乡镇团干部上两课《基层共青团工作的理论与实践》《中国梦和我的梦》。我这两天在想，给乡镇的团干部讲什么才能让他们有收获呢？

每一次上课，我总要和基层的团干部聊上两句，不聊的话讲课就会变成报告，这是我最不愿意看到的，一聊心里就有数了。再者，基层团干部的表达欲望是要靠老师调动的，表达是年轻人固有的天性，要给他们表达的机会。

最近我得了一宝，一起援疆的刘永艳校长，是从中央党校调到新疆自治区党校的，无意间曾和她谈过"中国梦和我的梦"这一主题，她告诉我，2006年她曾与其他几位学者联合翻译了美国人安娜·菲尔斯著的一本书《女性也需要梦想》，我听后很兴奋。随后，刘校长就把书从北京带给了我，我一气翻阅了好几遍，不时用铅笔在上面标标点点。书中有很多观点特别管用，让我茅塞顿开，备受鼓舞。我特意发短信感谢刘校长，因为她的翻译太美了，没有一点拗口的地方，可见她是有一定理论功底的。

我一直在想一个问题，理想从哪里来的。我们不能每天给青年说：你要坚定理想信念。这样太空洞，太言之无物。口号好喊，但难进内心，这就是目前我们共青团工作存在的问题，还是要回到理想的源头上分析。

我们从孩提时就有梦想，想当这个家那个家的。我在南疆调研期间常去小学和幼儿园看那里的孩子，我总会问一句：你将来想做什么啊？孩子眨着大大的眼睛，蛮有气势地告诉我"当警察"、"当医生"等等，我就在想，这些想法是怎么来的？一定与孩子身边的什么人或者什么事有关。很有可能是有什么人对他说了些什么，或者他看到了什么。可以预计的是：说的话一定有认可的成分，不然难以形成正向的吸收。书中记载了哥伦比亚大学精神分析家卡罗尔·德韦克的一个观点，推动人们坚持不懈直至成功的三个主要因素：一、提高能力（学习技能）；二、希望得到对个人能力的肯定性判断（得到认可）；三、避免得到对个人能力的否定性判断。有趣的是，认可不一定非要借助语言来表达。实际上，有些对我们工作的有力认可也不是用语言表达的，比如音乐演奏会上热烈的掌声、一个手势或者一个微笑。我就在想，如果我们的青年干部常关注青年有什么想法，并能及时给予正向积极的认可，是不是会更有利于青年的成长发展？因为及时的认可会固化青年的原有梦想，为此他会不懈努力挖掘自己的一切潜能，那种动力源才是最有效的。从这个意义上说，技能和认可实际上是理想的一对情感发动机。缺乏技能，我们很难掌控自己的命运；缺乏认可，我们就会感到孤独，最终萎靡不振。研究表明，构成孩子们童年梦想的有两个要素，一是实际可行的计划，包括通过努力掌握技能得到真正的成就；另一个是期望得到不同形式的赞许，如名声、地位、喝彩、荣誉的尊敬。而这两块，都是我们共青团组织可以做，并一定能做好的部分。

目前，我们要在开发认可的可靠资源上下工夫。书中对玛丽安·安德森《天哪，一个多好的清晨》有一段话："观众对我的接纳可能会以其他方式影响我。或许是他们让我感到不必小心翼翼地做这些事情，并且我可以自由地演唱，这是我以前从未做过的。我感到这种接纳让我敢于把隐藏多年的感觉说出来。"还有什么事比满足自己的想法更为重要的呢？理想的一个主要目标是找到根据才能、技术和努力工作来给予认可的稳定的社会系统，这种系统的稳定性和质量是令一个人对生活感到满意的决定性因素。人民大学的刘彭芝校长曾为一个学生举办个人演唱会，这实际上就是最好的诠释，值得我们深思和借鉴。

我们目前开展的共青团活动，最直接的路径就是从满足青年的需要做起。理想、需要和信念之间是个什么关系，这本书也给出了启示。形成理想的第一个阶段是想象自己处于某个角色，是需要某种技能的家庭以外的角色。产生一种理想是形成你的个性的基本组成部分，一旦产生了理想，你必须学习运用适当的技能，或许最重要的是，你必须有动力坚持追随你的理想，即使遇到不可避免的障碍也要坚持下去。这种坚持不懈的努力需要一种信念，即追求这个目标是值得的，而且你个人有足够的能力达到该目标。它需要一种乐观主义精神和能力。

还有一个问题我也一直在思考，即人的成就动机是怎么来的？因为有成就动机和没有成就动机，其结果差异是非常大的。动机是为实现一定目的而行动的原因。引起动机有内外两个条件，一是人的各种需要，离开需要的动机是不存在的。恩格斯就指出，"就个别人说，他的行为的一切动力，都一定要通过他的头脑，一定要转变为他的愿望的动机。"二是外因，驱使有机体产生一定行为的外部原因成为诱因，诱因有正向和负向。人类的动机好像汽车的方向盘和发动机，它既给人以活动的动力，又对人的活动方向进行控制，具有引发、指引和激励的功能。而成就动机指个体在完成某种任务时力图取得成功的动机。成就动机对个人发展和社会的进步都具有重要意义，它好像是一架强大的"发动机"，激励人们努力向上，在前进的道路上取得一个又一个成就。研究表明，成就动机的高低与童年所接受的家庭教育关系密切，教师的言行影响学生成就动机，学生的学习成绩与其成就动机呈正相关，经常参加竞争和竞赛活动的人比一般人的成就动机强，个人对工作难度的看法影响成就动机。认可工作难度适中，成功和失败的可能性各占一半时，成就动机最强烈；个性因素影响成就动机。个人理想、信念和世界观对成就动机有深刻影响；群体的成就动机的强弱与自然环境和社会文化有关，生活在城市里的人，竞争激烈，成就动机相对强些。总之，还有其他相关影响因素，需要我们继续探讨。

　　一个人的成长必须在"方向盘"和"发动机"上不出问题，我们才可以说，这是健康的、全面的、自由的发展，最终才能达到自我实现的需要。

对自己的再认识

　　后天就要下基层了，我的心情还是挺兴奋的。每次与基层团干部见面并用心交流，都能给自己增添新能量。虽然我不知道回去以后还有没有机会给他们上课，但让我自信的是，这些能量一定会聚集在一起，为我以后的工作打下坚实的基础。

　　我常给自己一个积极的暗示，要多下去接触基层的青年，因为那是我们智慧的源泉，我们一刻不能脱离他们。我们的知识我们的能量一定要与基层的实际极好地对接，要倾听他们的内心真实的声音，要把每一次见面的机会当成一次调研的机会，当成与他们交朋友的机会。无论别人怎么看，我这两年真是用心、贴心地在与青年交流，我不能说自己有多么敬业，但至少我是发自内心地想要帮助他们。虽然从1998年来到学院，就一直与先进和优秀无缘，但我并没有因为这而产生任何其他想法。相反，也许正因为无缘，让我越加放松、从容，并理直气壮地做我认为是正确的事。

我总在思考一个问题：自己的优势是什么？自己内心最喜欢做的事情是什么？答案是：主动。只要什么事是我主动去做的，那么那件事就一定能做好。如果是被动的，或者被别人强势威逼去做一些事，那会让我非常痛苦和纠结。天生不善于管理他人是我极大的弱点，但却会给管理者传递一些正确的管理理念，因为我被别人管理过，并有过切身的痛和苦。我曾经发现自己不喜欢当"官"，不喜欢用"权"，对资源的博弈和人心的斗角也颇为反感，可谓无任何成就感。这次援疆，我如果说自己的驱动力中无一点这样的想法，你也许不相信，但时间长了，你一定会知道，我对这一点真的毫无兴趣。但我一样会去观察一切，聆听一切，思考一切，并用自己的方式记录这所有的一切，这就是我要的历史。曾经，我在女儿18岁成人仪式上送给她一本成长画册作为礼物，我自己都被自己的行为感动了。从孩子出生到高考前的所有资料我都认真备存，连小学的考试成绩单都保留着，没有人要求我这样做，但我就是做了，而且做到了极致。另外，对人物的进行访谈也是我喜欢的工作。无论这位访谈对象离我们有多远，联系起来有多难，我都愿意克服一切困难和他见面深聊，我不知道这一切在别人看来是怎样的，但对我来说，这就是生命里最为重要的组成部分。能把他们的故事与朋友分享，就是最让我开心的事。也许一辈子我都只能是无名小辈，但我内心很富足清灵。

人和人真的有很多不同，千万不能去比，更不能和别人去抢。我常会选择别人不屑做的，或者看不上的，或者处于边缘角落的事情去做，因为也许是空档，也许是站位，不管怎样，就去做自己好了，因为一路走来，就只有这一条路径是最合适你的，对你来说是命中就有的，就集中精力走好这条路吧。

我一直对自己说：不要浪费时光，特别是在新疆的每一个日子，因为它不会再来，但也不要去特意讨好什么人，因为日子不是为某个人过的，而是在实实清点收获中过的。每天要问问自己今天有什么人有什么事让自己有那么一丝触动，有什么不妥需要自己今后注意，有什么遗憾需要补救，后续几天要做什么计划。总之，不能给自己偷懒的机会，因为偷懒多了，会负债的，债多了自然会给自己带来不快。

善待自己，享受当下，这才是最重要的。

一个人理想起初来源于"被认可"

我们都有这样的经历：对自己的了解是通过周围人的评价或者社会的评价慢慢开始的。自己到底有怎样的特质？又有什么不同之处？又是怎样懵懵懂懂感觉自己将来可以成为什么人？或者准确地来说，激发自己有梦想的一定是什么人对自己说了什么和做了些什么，对自己产生梦想最有影响的人物和事件至今也不会忘记。

在我的研究中，我一直在思考这样的问题：为什么有的人有主动学习、主动做事的欲望？为什么有的人没有？产生这一差异的源头到底在哪里？细心观察后，我发现是"动机"在起作用。但深入研究下去，我又想知道，"动机"又是从何而来的？从自己的亲身体验来说，不难发现一种触发动机的本源，那就是"被认可"。

我们自己是一个什么样的人，具有怎样的特点，在我们还比较年轻的时候，并不一定了解，多数情况下，周围成长环境和空间状况的影响就显得尤为重要。我们常说，"好孩子是夸出来的"，这句话虽然很普通，但细细品味，是有很深的道理的。试想，我们小的时候，为什么喜欢做这件事，不喜欢做那件事？我想，这一定是和当时所处的环境分不开的，比如自己的父母、老师和周围的小朋友的影响。为什么能把一件事坚持下来，也一定与对自己关注的某个人或他做的某件事分不开，比如一句激励的话语、一个温暖的微笑、一个及时的认可。正是在这样充满正能量的环境中，我们得到了心灵的滋养，坚定了一种"信念"，一定要做什么，一定要成功。

　　我曾经带孩子去学钢琴，老师告诉我，孩子练童子功的最佳时间段还没有过去，能学得快些。这给我一个很大的启示，接受一种影响和一种技能，需要把握好关键时期，如同医生治病一样，没有时间节点的意识，是无法治好病人的。来疆后，在对南疆青年进行深度访谈中，我开始意识到，地下讲经点对青少年身心的影响程度之大也许是我们内地人无法想象的。小到几岁，大到十几岁，一旦被灌输一种东西，准确地说被种下一种想法，多少年都难以荡涤或者替代，这就是意识形态的复杂性、延续性和斗争性。试想，一个人从小就被播种下不好的东西，尽管给他吃好的，穿好的，用好的，他怎么可能就会听你的呢？怎么可能跟你走呢？也许你所做的一切，对他都已失去效力。我始终无法理解为什么孩子这么小，就要被自己的父母送去学经，想方设法找到他们的父母，父母的回答让我无语，仅仅为了他们死后孩子能为他们念经。父母的无知给这些孩子种下"果"不是一时的，而是一生的。后续的研究表明，参与重大暴力恐怖活动的年轻人，都在不同程度上受过此方面的影响。需要关注的还有后续的重要影响，比如这些年我们送到内高班的学生，离开本土后，一时远离了非法宗教的影响，但又会被境外势力锁定为目标，千方百计地拉拢腐蚀他们，给这些未经历社会的学生们洗脑。据不完全统计，在组织暴力恐怖活动的"精英"群中，就有这部分学生。最近，我在环球日报中看到发生在吐鲁番鄯善沁鲁镇的暴力恐怖活动的主犯，就是曾到土耳其就学，然后被境外组织洗脑特训的学生。这些非法组织的激励将这些有为年轻人推向了人生的不归路，因此，对这些特殊青年群体，一定不能远离，相反，要增加对他们的关注度，让他们始终处于一种阳光的健康的环境之中，让非法分子无法靠近他们，同时，增强他们的对敌意识和斗争经验。

我一直在反思我们对青年的思想引导工作还有哪些不足？细细想想习总书记在团十七大与新当选的团中央领导班子的谈话，真是一语道破。就是我们对青年的引导缺乏感染力和吸引力，进而影响了组织对青年的影响力和青年对党的向心力。同时，习总书记还指出，关键要从青年的理想信念抓起，在一辈子扎根上下工夫。怎么让青年有理想，恐怕是最关键的环节。

这样，我们又要回到理想从何而来的话题上。理想不是我们这些成人硬塞给青年的一种东西，而是积极地发现青年的闪光点，让他们有展示的空间和平台，让他们有最初的梦想，哪怕不是我们想象的那么高大和高远，只要青年有想法就行，没有想法也要去挖掘和激发他们的动机，并在此基础上认真梳理和识别，及时给予热情的鼓励而不是冷嘲热讽，及时给予正确的引导而不是淡然忽视，及时给予强烈的认可而不是简单否定，这样，在我们的积极鼓励下，他们就会对自己有一个正确评价，对社会和国家有一个基本认同。达到全部认同是需要一个过程的，要有耐心，不能期待共产主义一天就能实现，要知道内心事实上的认同和虚假的表面认同所带来的结果是完全不一样的，前者可能管一辈子，后者会带来无穷祸患。

总之，从研究角度看，青年工作者要在青年的理想源头上下工夫，一种思想的播种效果与青年认可什么人或者最初影响他们的最近的人有直接必然的关联，特别是这些对青年直接的影响者是什么人？是从哪里来的？是出于什么动机？我们需要格外关注，与此同时，我们要努力成为青年最可信赖的，青年最可依靠的组织和引路人。要在他们做得对的时候，积极给予认可，哪怕是一个微笑，一句赞赏，同时要在全社会选塑青年身边的榜样，立标杆，让他们内心建立一种自我评价的标准，不断激励自己，坚定自己的理想，从而为他们的全面自由的发展提供可靠的保障。

意识形态领域的斗争将更加尖锐

今日来新疆暴力恐怖事件频发，给我们带来很多反思，一条重要的启示就是，要让软力量硬起来。我们长期关注一些看得见的GDP，频繁地上项目，上规模，加大经济建设的投入，在人们生活改善的同时，我们却忽视了看不见的战线，那就是意识形态领域的工作。试想，如果一个人让他吃饱了，穿暖了，住好了，但他脑子里的东西并没有改变，他会怎么样？他仍有被敌对势力利用的可能，也许你所提供的一切物质基础都会成为他攻击我们党和国家的有力武器，这是非常可怕的。

我在为青年干部讲授《颜色革命的启示》这门课时，讲到现在的反动势力颠覆国家政权，在以往血腥的斗争经验中增加了舆论控制、理论指导、实战演练、培植青年、草根代表等方式的内容。其目的是通过暴力恐怖事件，给人们心里造成恐慌，再通过舆论谣言动摇人们的信念，达到一呼百应的效果，最后达成非暴力夺取政权的目的。

习近平总书记接见团十大会议新当选的团中央领导班子时指出：共青团组织的根本任务就是对广大青年的思想引导和对广大青年的有效覆盖。这两项任务也决定着共青团组织存在的价值和意义。目前，需要研究如何高举理想信念的旗帜引导青年跟党走。要解决这一问题，需要全社会关注这一问题，从各方面给予积极的支持，共青团需要借社会的力量来做这件事。思想领域里的斗争不同于经济战线上的斗争，前者更具有持久性和隐形性，物质决定意识，但意识对物质有反作用力，当我们把主要工作精力投入到经济战场上的时候，需要时时关注我们的青年头脑里的东西、内心世界的建构、理想信念的培养，这些骨子里的东西如果不是我们的，迟早都会出问题。同时，要对青年进行积极引导，我们的引导者首先要从内心高扬理想主义，我们是不是从骨子里坚信，从骨子里坚守，走中国特色的社会主义道路是我们的历史选择，是人民的选择，是时代的需要。一个不是从内心真信的引导者怎么可能把我们的青年引导好？他的能力越强，他的影响力越大，反而越会成为我党事业的极大危险。比如，我在部分高校、中学、职业技术学院、小学、幼儿园进行实地调研时，发现部分青年教师的思想状况很是令人担忧，他们可以传授书本知识，但一旦遇到现实，特别是对学生的思想进行引导时，往往显得力不从心。不懂、不知道和不引导是他们的首选，这样下去，在学生就会觉得学好知识走遍天下都不怕，严重忽视思想道德建设，这样的接班人如何担当大任呢？

人们往往乐意投身到看得见、摸得着的经济战线，长此以往，整个社会都很浮动，人们的思想也变得很浮躁，什么快，就去追逐什么。如果我们没有内心的定力，没有敏锐的研判力，那么一旦出现重大事件，就很容易把我们击垮。在新疆，社会稳定重于经济发展，大稳定带来大发展，小稳定带来小发展，不稳定带来不发展，我们不能期待经济的发展会带来一切的改变，也不能期待日子好了，敌对势力就不闹事了，相反，他们会千方百计地与我们争夺青年一代。他们一刻也没有放松对我们的青年施加各种影响，特别是人生观、世界观和价值观方面的影响，他们加速对青年的洗脑，这比什么力量都大，因为一旦脑子转变了，剩余的一切都成了附加物。我常常给基层团干部讲，对一个青年的成长，什么最重要？不是知识，不是技能，而是内心的动机。青年成长的动力源在哪里？这是最根本的问题，他想干什么？他需要什么？他认为什么是最有价值的？这个根上的问题不解决，即使给他灌输再多的知识，培养再多的技能，也无济于事；相反，还会给他日后的成长埋下极大的隐患。只有从小、从青年时期就确立起正确的三观，理想信念坚定，人才不会走偏。如果引导得好，他们内心的各种潜能就都能被激发出来，用到正道上。这样的人不会去讨巧，不会耍小聪明，不会在重大事件面前出现原则性的错误，不会见风使舵，不会与党与人民脱离。

我一直在思考，引导青年靠什么？一靠先进的思想。没有理论上的高度自觉，难以有坚定的理想信念。西方敌对势力，他们也有完整的理论体系，并不是我们想当然认为的一群野蛮的盲动者。其实他们在行动之前，内心都有一个牢不可破的"信念"，不然他们不会以身冒险，做人体炸弹，为圣战而死。内心没有"信念"支撑，是难以做到这些的。我们现在最需要做的，就是要让青年的内心里种下我们社会主义核心价值体系的内容。如何播种，就需要我们首先有完整系统的理论武装自己，是真懂，而不是表面的接受；是真信，而不是假装的应付；是真为，而不是政治上的口号。只有这样，我们才能担当起引导青年的重任。

二是靠倾听广大青年的合理诉求。青年在哪里，组织就要建在哪里。这是对的，但还不够，还需要扑上去，面对面、心贴心、实打实地倾听青年内心的声音。要随时掌握和传递他们的所思所想所盼，因为你不第一时间反应，很可能就会让敌对势力钻了空子，那时候我们连挽救的机会都丧失了。因为青年最需要的时候，你不在他身边，他不需要的时候，你让他做什么都不会好使，这就是青年不跟我们走的根本原因。

三是要靠满足青年的兴趣。青年的梦想是最美丽、最绚烂、最富有诗意、最能打动心灵、最能激起人们助力的，共青团组织要去满足他这个梦想，这比给他物质利益还重要。我在南疆访谈一名维吾尔族青年，他是这样对我说的：我们心中的团干部是这样的，他手里没有白面馕，难道还没有白面馕的语言吗？我听后很受触动。是啊，我们共青团没有钱、没有权，但我们有一颗炽热的心、一句贴心的话，对青年来说，那也是一种极大的正能量。满足青年的兴趣爱好，比传授他更多的知识技能还管用，而且它成本最低，最不需要我们绞尽脑汁，为之纠结，也是让我们内心最为愉悦的事。青年远没有那么复杂和不知足，他们的要求其实并不多，也许只是你的一句贴心的话，一个激励的眼神。想得太多，不如一次行动，给人以信心和希望是不需要太多成本的。

四是靠提升青年社会化所需要的技能。我们共青团组织不能包打天下，但有一点是可以做的，就是整合社会的一切资源为青年提供帮助，特别是青年职业生涯发展需要的技能。青年要生存，要发展，就需要社会化技能，他不会种红枣，我们就给他找红枣专家去辅导，他想致富，就找人给他出点子，他想创业缺资金缺项目，就给他提供一切可行的机会，他想给社会做贡献，就给他提供展示的舞台和释放能量的机会。青年就业是最大的民生工程。过去我认为无工作、无固定居所、无经济来源的青年是社会不稳定的重要隐患，现在我认为还需要增加一条，也是最可怕的一条，无脑。简单的大脑一旦被灌入非法宗教方面的内容，那才最令人担忧。因为三无，他完全没有牵制，没有顾虑，没有责任，野蛮盲动肆意疯狂，甘当民族分裂势力、非法宗教势力和暴力恐怖势力的炮灰和工具，自然成为社会最不稳定的、最大的破坏因素。

五是靠团干部个人的亲和力和人格魅力。团干部对青年的亲和，就是一种尊重、信任和关爱，自身的人格魅力会促使青年成为他的粉丝。青年对党的思想主张的接受，是通过团干部自身的影响力而发生的，如果对团干部不信任，那么也很难对团干部引导的内容发生兴趣，对团干部没有兴趣，就难以接受党的正确思想，这是一个必然的逻辑关系。因此，提高团干部自身水平也是我们工作的当务之急，打铁还需自身硬。

总之，全社会都要从国家战略的高度，从巩固执政党青年群众基础的强度，从青年稳则新疆稳的角度，关注新疆青年的生存和发展，坚决打赢意识形态领域这场无硝烟的战争。要让软力量硬起来！

要从细节了解一个人

这个假期很是繁忙，但收获不少。过去我对迎来送往这些客套从内心有一种排斥，特别是场面上大家都说着正确的但没有什么意义的话，倍感时间和精力的消耗，很是无聊。来疆后，我发现这些自己不愿意接受的事情成为了工作的重要组成部分，于是，我开始调整自己的心态，慢慢试着接受，并从中学习一些有用的知识和技能。

这次我院的领导来新疆看我们，心里倍感温暖。之前，接待方案基本上是兵团援友一手设计和确定的，他也是我们院的老师，参加的是团中央博士服务团项目，援疆一年。他曾带着兵团的领导来新疆团校吃饭，那天雨下得很大，在吃饭期间，并没有谈到要我们送领导的事，如果要送也要提前和我们团校的办公室和司机打招呼，结果饭后他突然告知我要安排车，这下子让我有些不快。外面下着瓢泼大雨，我给司机打电话，他们都有事在外面忙，我的一个好友急忙给她的单位领导打电话叫车，我又安排一个老师打伞去外面打车。这期间，他陪着领导一直在沙发那儿坐着不动，直到我的那个好友安排好车，他才带着领导起来进到车里。他们走以后，我一直很无语，心里说不清是什么感觉。

这次领导过来，他从头安排到尾。直到有一天，我的新疆领导告诉我接待日程时，才发现根本没有我们什么事。再改变什么已经没有意义了，我表示悉听尊便，毕竟我们都是援友，虽然过去不曾打过交道，但也要相互帮衬，一切随他的意思吧。所以尽管我保留了自己的一点看法，还是能从大局出发，维护彼此的友谊，保持一种有所为有所不为的超然境界。

在这次接待的过程中，却让我对来疆看我们的王华老师产生了一种敬佩。他在场面上很少说话，一次他们在新疆团校用餐，他坐在我旁边，当时还有几个兄弟院校校长，这顿晚餐的见面接待机会很难得，因为整个接待方案中只有这次晚餐是由新疆团校承担，由自治区团委党组书记出面宴请。当中央团校的领导和自治区团委、新疆团校的领导交流得很充分的时候，王华老师提醒我，要我请中央团校的领导给兄弟院校的领导碰个杯。我心领神会，但从这一个细节上我发现他的提议是非常贴切的，对兄弟团校是一个极大的尊重，如同他在来疆前还给我打过电话，问问我对接待方案的想法，无论我是怎么样的情绪，他能问一下，就感觉自己是被尊重了，有什么不快都会化为乌有。总之，这次接待给我最大的感触不是接待本身，而是王华老师的一个建议，他让我学到了如何从心底里尊重一个人，特别是偶尔在场面上容易被忽视和被冷落的那些人，不是为了别的。

我常常思考一个问题：一个人如何获得别人心底里的尊重呢？是他的权力、地位和位置吗？确实，有权力可以办很多事，特别是在主要位置上，他可以说了算，大家对他"趋之若鹜"，毕恭毕敬。但我更佩服那些有权力更有深度深度的领导，他们就像已经成熟的向日葵一样，始终谦卑地对待他的子民，也像真正的公仆一样默默耕耘，服务百姓。我在与即将赴团中央工作的区团委艾力肯江同志（曾经从清华大学读完博士后直接到南疆乡镇工作）的一次聊天中，听到了他表达的自己的一种忧虑和担心，他对机关里一些干部的"官僚"习气很有些想法，也怕受其影响，所以还是愿意在基层一线干事。

我一直研究青年干部的成长规律，也许从另一个视角对青年干部的观察要比别人多一些。那种把自己当个人物，摆摆谱，耍耍牌，以为自己多么能行，多么了不起，把所有人都当成他棋盘上的一个棋子，以为别人都不如他聪明，以为自己做得天衣无缝的人，实际上在获取成功之时，也已经失去了更为重要的做人原则。现在细想起来，这些话我也常说给自己听，因为你会观察到：随着岁月的流逝，什么事情都可能忘记，但一个人的品性、做事风格和为人却留了下来，就像一个名片永远刻在人们的心中。也正因为这样，我们常常会说，"做人比做事更为重要"。

与乡镇团干部的交流

今天培训班上与乡镇团干部交流时才发现，这个队伍的情况也不太乐观。统计数据是这样的，有 3 个团干部非常不喜欢团的工作，他们多是领导硬安排进来的，来到这个岗位是一种无奈的选择；有 24 个人开始不怎么接受，后来接受了，想干好只是不知道怎么干好；还有几个人是开始喜欢，现在不喜欢了（不知道是什么原因）；还有几个是一直兼有很多工作，现在再多一个也无所谓。根据这些情况，我对课程内容做了一些调整，关注点还是要放在对共青团岗位的价值认识这个点上。但让我纠结的是，如果大环境没有改善的话，只是在个人动机上下工夫，恐怕还会有所反弹的。

目前最大的问题是人的问题，一是乡镇团干部全是兼职，这是一个很大的问题。在陆昊同志在任期间，用了很大的力气解决了乡镇团组织工作经费的问题；二是团干部想不想干的问题。这是团干部自身的问题，需要讲透团组织价值功能和团岗位的特点。当然，一级带着一级干，一级做给一级看，曾经的宋德福书记留下的经典段子，在现在看来仍然管用。但这个段子变了味，成了一级压着一级干，一级说给一级看。我们一些地州的团委书记，竟然听信党政领导的话，只要不出事就平安大吉。结果呢，就什么都不作为，整天不想事，不干事，就等着转业，可想而知，下面的团干部怎么可能有作为。阿拉泰地州团委书记王江宏说的好：宁肯做敢爱敢恨的人，也不要做那种既不爱也不恨的人。微信上有一个段子是这样说的：一个老大爷守着一块地，什么也不种，大家都很纳闷，问他原因，他说：要种棉花，害怕下雨，要种果树，害怕虫咬。不如什么也不种。我们的一些团干部就是抱着这样的心态，为了保帽子，什么都不干，上级安排工作，没有回音，一问态度非常好，就是不干事。

明天还有一次课，侧重讲解开展活动的路径。在讲路径之前，也还是需要解决根子上的问题，脑瓜没想通，也还是解决不了根本性的问题。我一定要再追一下那几个前面喜欢后面不喜欢的人的原因是什么。另外，还要查清楚搞活动时让人感到纠结的部分，针对困惑来进行讲解和启发。一定要结合"现代文化与青年同行"主题活动，给乡镇团干部出招。

考察一个地区的共青团工作，首先要看看基层团干部的精神状态，他们的表达欲望和干事激情，还有他们的真实想法。最怕产生两个话语体系，你在想这件事，他的脑子里在想另一件事，根本不统一。上课采取互动方式的好处，就是随时都能同步思考，比如一些乡镇团干部的很多想法就很让我惊喜，一位学员提到自己的梦想就是当一名优秀的调解员，还有一个学员，他的梦想就是想自由出行，这些信号都会给我们以警觉和启示。

这次来阿拉泰的路上，意外碰到了来新疆团校不到半年的曹艳红老师，与她进行了短暂的交流。她是教育学专业出身，别看时间短，但思考的问题还真不少，她的一些想法对我启发很大。比如，一心想长高的孩子，如果打了一种激素，虽然能长高一点，但走路会摔倒；所谓信念就是信以为真的东西，一旦信就很难改变和替代，除非有更好的东西经过体验被彻底认同，才会把原来的信念抛弃；一个单位需要起方向盘作用的领导，带领大家向共同的目标前进，也需要起稳定和标杆作用的领导，给人有一种踏实感和定力感，让更多的人从四面八方聚集而来，并合力同行；团干部培训和学历教育很不一样，前者是面，后者是点，前者是工作需要，后者是未来所需。从她的讲述中，我发现现在的年轻人真的不能小视，要始终抱有向她们学习的心态，不然自己会不自觉地退步，跟不上青年，就等于落伍。

青年是喜欢游戏的，课快结束时带着他们做了一个人椅游戏，他们配合得很好，玩得很愉快，期间互动效果也不错，发言频次也超乎我的想象，只要走进他们心里，一切皆有可能。

在医院的几天里

一天夜里肚子突然疼痛难忍，不知道得了什么病，心里非常紧张，拿起电话一时间不知道打给谁。再看时间已是夜里3点，想到大家都在睡梦中，不忍打扰，于是又放下电话，用暖水杯捂住肚子，这时候才发现自己是个医盲。猜不出得了什么病，只能坚持忍受，毫无办法。直到7点来钟，觉得不行了，便给我派出单位的领导和现在挂职单位的领导发了一个短信，短信的内容是：夜里腹部疼痛难忍，一时站不起来，不知道得了什么病。很快，挂职单位的领导第一时间打来了电话，我说话的声音都带有哭腔，有遇到亲人前来相助的感动。领导马上安排办公室主任来接我去医院，看得出办公室卢主任脸都没顾上洗，就匆匆忙忙和爱人一起开车来接我。在行进的路上，腹疼仍在持续，但大家都不知道去哪个医院才是最好的选择。我马上想到找援疆办季处，季处把我们从北京接到新疆，一直伴随在我们援疆干部左右，给我们留下了很好的印象，就像大伙的当家人，有事就会想到他。给他打电话后，他马上跟附二医院的党委书记李卫星通话，李书记很快就和我们联系上了，路上虽然绕了一点道，但我们仍坚定地奔向了附二医院，毕竟心里有了底数。

在车里，我一直冒着冷汗，全身发抖，疼痛还在持续，我让卢主任的爱人打开车里的暖气，感觉似乎可以缓解病痛，但在前排的卢主任和他爱人却承受着大夏天还开着暖气的不正常状况。不久后我们赶到医院，李书记最先来接我们，接下来主治医生和护士先后到位，马上安排检查和住院，最后检查出来是肾结石。天啊！我从没有得过此病，怎么会得这个病呢？太不可思议了！医院全面检查后，立刻安排我住进了病房，并做了无外伤的碎石手术。在这一天的检查护理中，我享受了有史以来的最高待遇，坐在轮椅车上，不用等候，直接进入程序，从医生到护士，都给予我亲切的关怀，特别是附二医院的党委书记一天几次来到我身边，还带来了100元的饭卡，安排前来看我的单位同事到医院食堂吃饭，这一切都让我记住了这位好书记。他们对援疆干部的关爱让我得到了莫大的安慰，也更加深刻地感受到来新疆的意义，一种荣耀感油然而生。同时，也更加坚定要在这里好好干，不能辜负新疆人民的厚爱。

这次病不是很严重，结石排出后，人就像没事了一样，待在医院就感到很浪费。单位正进行创建自治区文明工作，倍感压力。第一天晚上我的好友许珍陪我呆了一晚，第二天病房里就剩下我一个人，整晚没有入睡，有旁边病房的人在低声哭泣，也许是病痛，也许是封斋期间在"哭经"，于是住进去不到两天就想着出院。这期间，我也特别期待家人和朋友来医院看我，但一想到自己的实际情况，即使来看我，我也不能陪伴他们，还得让他们跟我受苦，还是不来的好，再坚持一个来月就可以回北京探家了。同时，偶尔我也会期待那么一个时刻，他们突然出现在我面前给我一个惊喜，但这个惊喜没有出现，我还是有些伤感，深感自己并没有自己想象的那么重要。别把自己太当回事，不然这种伤感会影响自己的幸福感，还是多理解多包容，把注意力放在自强、自立上，不要给大家添太多的麻烦，毕竟大家都不容易啊！

人得病是正常的，但起码要知道这个病是从哪里来的。细细回顾，这次生病跟我的生活习惯有很大关系，特别是自己来疆后陷入一种观念上的误区，听别人讲晚上喝水不好，会给肾脏带来很大负担，于是便坚持晚上不喝水，可有时候白天事情一多，又忘记了喝水，运动时大量出汗，补水又不及时，时间一累积，病就出来了。将来还是要多学一点医学知识，不能太盲干，不然早晚身体会出状况的。在医院的时间不长，但让我感恩的人和事太多了，有些会一辈子铭记于心，我要谢谢他们，他们永远是我真正的朋友。

只有付出才有收获

这两天陪同学院领导到兵团石河子"银龄大家庭老年护理中心",看望那里的兵团失能老人,他们这一辈子献了青春献子孙,为兵团的事业立下了汗马功劳,他们曾经创下的"兵团精神"一直激励着一代又一代的兵团人不断前行。

兵团精神常用"沙漠胡杨"、"戈壁红柳"、"绿洲白杨"和"天山雪松"来形容,每一次看到它们,总会给人一种力量。在我们听到银龄养老院的创始人孔令媛的故事后,就深深地被她打动了。她原是东北吉林电网公司的一名设计师,家在新疆,因为远离父母不能照顾他们,她很内疚也很自责,总想可不可以回家乡建立一所养老院,把那些为兵团事业付出了一辈子到老年却不能自理的老人集中在一起,替他们的子女尽孝,让他们安度晚年,同时,也为社会分忧。于是,她关注吉林当地的养老院,并到那里当志愿者,在这期间,她也时时跟着养老院的院长,用心学习护理技术。直到有一天她把自己想办养老院的想法告诉院长,院长表示坚决支持,并答应和她一起来新疆创业。于是,院长和他的爱人带着两辆车随小孔于2007年来到了石河子,创建了现在的银龄大家庭老年护理中心。

现在这所养老院安置的基本是兵团的失能老人,他们为爱而工作,专注养老事业,传承中华孝文化,坚守亲情养老、科学养老、文化养老和环境养老的理念。我是第一次看到开放式的养老院,透过玻璃墙,每位老人都能看到彼此,便于交流,即使护理也是在大家的视线内。特别提出的是,如果老人大小便不及时处理,臭味就会散发满屋,这对每一个护理人员都是一个极大的考验。我们在观摩中,看到护理员像逗小孩一样照顾每位老人,从老人的神态上可以看出他们是幸福满意的。我观察到很多老人都不能自理,但我们的护理员对他们细心呵护,从没有什么呵斥和怪罪,整个养老院都给人一种温馨和轻松的感觉。人都有老的时候,我们都有伺候老人的体会，短时间可以很耐心，常年精心伺候老人实属不易，小孔在接受我们的访谈时，说了一句话，"关爱老人就是关爱明天的自己，而关爱兵团的失能老人就是对他们几十年贡献兵团事业最大的回报。"

目前，小孔他们急需年轻的护理人员，他们时不时会接收一些西部大学生志愿者和暑期来实习的大学生，但真正能坚持留下来的很少，很多的技术活都不能完全交给他们，需要一段时间的培训，比如和老人什么话不能说，和老人的身体接触需要注意什么等。小孔给我们讲了一件事：有一个实习的学生拿着一份自己给自己写的表扬信找她签字，她很无语，于是把他叫到一位老人床前，让老人讲他们过去的故事，怎样跟党无怨无悔干革命，抛头颅洒热血，这位学生低下头愧疚地收起了表扬信。她把护理中心当成年轻人受教育的地方，同时，也当成他们的孝心体验基地。这所养老院先后解决不少人的就业问题，她本人也荣获自治区"青年五四奖章"、"百名创业之星"和"奋斗改变命运典型人物"等称号。

世界上大凡成大器者都承受了别人难以承受的艰难，但之所以能坚持到最后，一定是内心信念的作用，那种骨子里血液里的信念支持她们克服重重困难，直到成功。人们开始思考：为什么她们会成功？其实成功就是由梦想、尝试、行动组成的，除此之外还需要团队的帮助。一个好汉三个帮，在这个过程中需要借助社会的力量，特别是相关的政策支持，还需要专家的指点，比如层次化的服务，即英雄老人、快乐老人和临终关爱等，将社会效益和经济效益结合起来，同时还可以制定服务标准，开设养老院分店，提供一定的服务产品等。总之，随着我国老人的增多，这一事业会越来越引起社会的关注和人们的普遍响应。

共青团是帮助青年成长成才的组织，有责任有义务将这些优秀青年的典型向社会宣传和推广，号召广大青年团员向她们学习，努力成为敢于有梦、勇于追梦和奋力圆梦的有为青年。

做人与做事的关系

在阿拉泰地州举办的乡镇团委副书记培训班上,地区王专员在开班仪式上讲了几个问题,其中讲到做人、做官和做事的问题。我听后颇受启发,一直都没有在这个问题上认真梳理过,回想自己走过的路,熟悉的人和经历的事,确实悟到一个真理:如果人做不好的话,事情也很难做大做好。

我们在很年轻的时候,常常会在事情上下很大工夫,比如会想方设法去办成事。但在成事的过程中很少想到怎么把人做好,最后的结果,往往是事虽然成了,人却输了。这在不自觉中给以后设置了障碍,因为做事是一时的,但做人是一辈子的事。

我也仔细观察过身边的人,有些人以为自己很聪明,以为别人没想到,以为别人不如自己,然后在办事过程中耍了一点伎俩,始终就想自己那么一点事,打自己的小算盘。实则大家的眼睛都是雪亮的,虽然暂时取胜了,但最后还是彻底输掉了自己。但有一些人,给人感觉并不那么精明,似乎还有点呆,有点傻,有点亏,办事情说不上有太好的结果,却总会赢得满堂喝彩,总会让大家很开心。原来我只是感觉有这么一个普遍的规律存在,但究竟什么原因,并不能说得很清楚。

这次在阿拉泰给基层团干部授课,专访了四位当地的党政领导,他们曾经是地州团委书记、团县委书记等,与他们的交流中,你会感觉到他们在做人方面的成功。特别是在返回乌鲁木齐的途中,拐到离主路85公里的清河镇,专程拜访该镇党委马南书记,看到他,你会感到他的平和与从容,虽然年纪不大,但他谦和的为人让周围的人感到踏实。他始终坚持一种信念,如果一个人没有责任感和事业心的话,那么他是什么工作也干不好的。这个责任感很大程度上是指"做人",他抓住了做事的根本,那就是做人。

随着岁月的流逝,人们不一定还能记得你曾经做了些什么,但一定会牢记你的为人。就如同一张老照片,虽然颜色发黄了,人的模样看不清了,但照片上的人的特质永远不会被遗忘，这就是底片上的东西，不会随岁月淡化，相反，会越加浓重和清晰。因此，我们做事的同时，也要学会做人，因为做人是一辈子的事，人做好了，事情就变得很容易。做人简单，做事才会精深。

对工作稳定的新认识

我们这个年代的人多为毕业后就有一个正式工作等待着你，那时候你完全不用自谋生路，当然，选择也非常有限，可以说根本没有什么选择。期间也有一些人不甘于被社会选择，主动打破铁饭碗投向自己擅长的领域，这些同学虽然吃了不少苦，但成功者并不多。因为市场竞争是残酷的，也是不均等的。

现在的情况与我们那个时候大相径庭，选择很多，但苦恼也很多，找到一个合适的工作难上加难。我女儿就是这样，原以为在外企是一个比较靠谱的地方，后来发现并非如此。外企老板说撤就撤，对他们来说，没有什么合法的约束力，这无疑带给孩子和家长更多焦虑。特别是我，心理压力还是比较大的，一下子措手不及，不知道孩子该去何方，即使现在找工作也不是一下子就能找到的。曾几次求中铁建的朋友帮忙，每每发来信息告知差不多了，什么什么时候就要办手续了，但之后就如同人间蒸发一样，不见踪影。在新的工作没有着落的时候，我让女儿先来新疆休整一段，也想借机会和女儿好好聊聊，这不我们一起来到了伊犁那拉提大草原。

和女儿在一起的感觉真好！有时候听她讲话都是一件很享受的事，和她在一起很踏实很安心，即使世界上什么都没有了，即使我们的事业不成功，只要看到自己的孩子，你就会感到自己很富有，我不知道天下的父母是不是都有我这样的感受，似乎孩子在哪，家就在哪里，什么也不用多想，什么都可以放下，再苦再累也心甘情愿。

当然，我们在有些问题上也存在着争议，比如对工作稳定的概念理解。我自己有很深的体验和感受，还是要在体制内工作，一切更有章可循，体制外虽然很灵活，但稳定性比较差。孩子认为在没有达到一定年龄的时候，不要谈稳定这个话题，要发展辩证地看待这个问题，很多看似稳定的工作实际上已经不稳定了，比如国企和央企，比如外企白领，焦虑感日渐加重，今后很难有稳定之感。说到公务员，孩子也有一套想法，认为今后随着政治体制改革，公务员的情况也不会好到哪里去。我的脑海里浮现出去年去南疆看望那些曾在我们新疆团校接受过岗前培训的乡镇公务员的情景，他们中的一些人也是有苦难言的，工作看似稳定，自己却不甘心，还想寻求其他发展路径。我很清楚，考取国家公务员是件很难的事，对于一个离开大学校门刚满两年的青年更是不容易。另外，进到事业编内，并不是孩子想去的地方，而我们也没有这样的背景。孩子仍然有她的追求和梦想，她工作的圈子远离我们的视线，也不是我们所熟悉的，这让我很无奈，也很焦虑。

实际上，我从孩子那也学到不少东西，每当我有病乱投医的时候，她总能给我带来一丝宁静，比如对工作稳定的理解，她认为，合乎自己的心愿适合自己的特长的工作才谈得上"稳定"，看似稳定的不叫稳定。另外，出现问题不宜抱怨和焦虑，更不宜翻出旧账去责怪，而应积极应对，不要迷信"稳定"，限于其中的怪圈。我觉得，现在的年轻人有的时候比我们更为超脱，我们有时候过于想不开，还得接受青年人的开导。想想自己的学习还不够，还没有达到与时俱进，深感自责，不能这么落伍啊！

这次与孩子聊天，学到不少，更多的还是要积极改进，万万不可将我们成人的不好想法和做法强加给她们，虽是好心和善意，但带来的影响却不是积极的而是有害的。别以为大人的一切都是对的，有的时候还是要放下架子向青年学习，真心实意地向他们请教，这样做对我们和他们都是有益的！

给新疆国电的青年讲点什么

8月29日当天晚上赶到国电,正巧看到几个年轻人在烤羊肉串,和他们随意攀谈起来。他们都工作了好几年了,在这里基本扎下了根,我问起原因,他们说人一旦成了家心就稳定下来了,家里父母来看过他们也都很放心。一同来的也有回内地的,有几个是被父母硬拉回去的。

新疆国电离伊宁市有两个多小时车程,地处偏僻。当天我们正巧赶上新招录的大学生在这里接受上岗培训,他们大多还是学生模样,聚合性要求很强,已经很晚了还聚在一起活动,满园都是歌声和笑声,如果从外面进来一个陌生人,一定会认为误到了一所大学校园里。我和女儿一起散步,在一旁静静听着他们闲聊,心想,两年后他们还会这样吗?恐怕心境再不会有此时的单纯和惬意吧!我和女儿说,大学真的是人间的天堂,一旦走向社会走向工作岗位,人的心智整个会发生极大的改变,人与人的差异性开始拉大,人生道路从此发生改变,所以一定要珍惜大学时代的宝贵时光,一旦虚度将遗憾终生。

感谢国电,给我这样的机会,让我能近距离接触青年,看到他们就像看到自己的孩子,总想多聊聊。我在想,9月2日的培训课程,我要给他们提供怎样的帮助呢?三个半天的课程要好好规划一下,讲青年成长成才路径一定要立足于国电青年身边的事情,无需讲得太远,他们中一定有很多感动人的好故事可以发掘。其次,要侧重从企业共青团岗位特性与关键素质储备的关系讲深讲透,最终达到让我们的团员青年懂得团、了解团和心向团的目的。再者,在讲述企业共青团工作理论与实践中,要侧重在企业共青团价值功能定位和做好企业共青团的科学路径上下工夫,要提升我们的青年团员和团干部的使命感和神圣感,共同建构意义,一起循着一条科学路径奋发努力。一个是从个人成长规律角度谈,一个是从所做工作的价值意义谈,一个是从具体做好工作的路径谈,既有理论基础的铺垫,也有眼前的实际内容,在讲授过程中,时时注意与青年互动,发挥他们的主观能动性,及时发现和诠释他们身上有价值的内容,充实课堂教学。要永远记住:随时随地把青年放在主题地位上,给予他们展示自我的机会,并积极引导。只有这样,我们的培训课程才能获得双赢,取得有效的成果。

令人向往的那拉提大草原

　　说也奇怪,没来新疆之前就听说伊犁有个大草原在那拉提,来新疆已经两年了,总是与它擦肩而过。去年与新疆团校美丽的维吾尔族麦主任参加博州团干部培训班,她说想回伊犁父母家看看顺便取一些衣物,当时我们的行程并没有安排此项内容,但我从心里感激她给我提供了一次去伊犁的机会。时间只有一天,我也很想和麦主任父母见个面,于是我们很快达成一致意见,在不影响工作的情况下,快去快回。这一次虽然到了伊犁,但未能到那拉提大草原,留下了一丝遗憾。第二次是在这个暑期,忙于创建自治区文明单位的工作,团校很多老师都没有休息,从领导到部门同志都忙得四脚朝天,没有喘息的机会。在接待柳州团校和吉林团校的领导时,也有陪同去那拉提草原的机会,但不好直接提出来,还是要服从大局,以工作为重。终于在接待中央团校领导时,得知一同来疆的援友徐明特意安排他们去那拉提草原,我便请愿一同参加,也圆自己的一个梦,没想到他们因故没有安排我去,当时内心很难过,但也不好说什么,还是要宽容理解。后来发现自己还是比较小心眼的,心里一直不能释怀,有些小家子气,发誓一定要改正。

　　假期快要结束了,我的女儿来看我,这个时候新疆国电团委书记打来电话邀请我为他们的基层团干部授课,时间是9月2日到3日,原以为没有机会的事情就突然出现了,让我很是惊讶,我便决定和女儿一起去看那拉提大草原。再重要的事情我都想先放放，一门心思去做自己，圆自己的梦想，有时候人需要为自己活着，需要和家人待在一起，要做就不要迟疑。

8月29日，我和女儿赶到伊宁，国电团委安排得非常周到，刚下班机就去了赛里木湖，之后才来到新疆国电。一路上和张师傅很谈得来，从他的话里，我对伊犁的八个县有了一个大致的了解，比如伊宁县、霍城县、尼勒克县、巩留县、查布察县、新源县、昭疏县、特克县等，那拉提草原在新源县。8月30日的一场大雨让我们很是担心，漫天的雨雾什么都看不清，我们只能在唐布拉附近走走，捡捡石头，在马路上看着骆驼散步，时不时追上它们和它们一起合个影，之后便躲在屋里看电视，好久都没有这么惬意过了。第二天看到雨过天晴，我们都很开心，终于可以去看看令人神往的那拉提大草原了。

一路上我们看到了有名的百里画廊，处处都是美景，满山都是空中草原，正如师傅说的，点点都是蒙古包，满山都是牛羊群，真正是人与自然和谐共处。我们走的是稍加危险的盘山公路，越向上走风景越是迷人，正所谓"无限风光在险峰"。因为前一天下雨，山上就在下雪，山尖被白白的雪覆盖，山中还是茂密的绿树和成片的绿草，山下几乎和平原交织在一起，好像是绿色的地毯从山顶铺设下来。牛羊马群幸福快乐地在上面尽情嬉闹，似乎刻意让人们观赏拍照似的。在同一处你会同时看到两座不同的山，一座满山牛羊遍地跑，一座是光秃秃的矿山，上面还积压着厚厚的雪，你为大自然的馈赠心潮激荡。

进到那拉提草原景区，有一个木牌子上写着：那拉提草原是活化的草原，是深入体验骑马人的生活和人骑马的生活之地，"游牧人家"集中展现了哈萨克这个游牧民族原始而传统的生产生活场景。在这里感受空中草原的辽阔壮美，原野牧歌的悠扬深远，夏牧流云、雪山云雾，人与天地共和谐的美景。的确是这样的，哈萨克游牧民一年要带着牛羊群到处转场，住的是毡房和看上去很低矮很平常的平房，但里面布置得非常美丽，看得出女主人手工艺制作技术非常绝妙。再有你会看到草原上有很多类似"压缩饼干"的草堆,我也是第一次看到,这是给牲畜预备的食料。为了保护草原的生态环境,很多牧场都已经用木栅围了起来,我不知道十年或者二十年后这些牧场会变成什么样子,那时候人们还有没有我们这样的福眼。

当一个人在大城市待久了,常常会迷失自己,如果能时不时地放下手头的事情近距离接触一下自然大,你就会释然很多,很多想不明白的事情也会在这里找到答案,比如人为什么要活着?怎样活着才有意义?我们常常纠结,是因为我们内心的世界太小,如果放到大自然中,放到空中大草原中,你会发现人真的太渺小了,我们无法抗拒大自然的力量,无法与天地过不去,一切纠结都是那么的不值得一提,我们何不让自己大气宽厚些?如果你看到这里游牧民的生活生产场景,你会刹那间明白"自然"、"自由"、"洒脱"、"豪爽"等关键词的真正含义。要想让自己活得明白些,就要主动亲近大自然,它会教给我们许多书本上没有的道理,那时候,你才会真正懂得我们常常念叨的"向人民学习、向实践学习"的口号的价值和意义!

那拉提草原,我感激你,你让我悟到了很多,你那宽阔的胸怀和包容的品格永远激励着我快乐前行!

一生的舞蹈梦想

一直在努力尝试用舞蹈的肢体语言演艺自己的人生故事,那不是简单的模仿,而是真挚的表达,不是摆弄不专业的肢体,而是表达对生活的渴望和对生命的敬畏。

原定想在60岁前完成开设个人舞蹈专场的梦想,没有想到的是,这竟有可能在新疆完成。这里有我的情缘,一种特有的新疆情缘,我热爱这里的人民，热爱这里的每一寸土地，这里的民族风情和歌舞之表演给了我很多创作的灵感，虽然没有很多的练功时间，但在内心深处每天都有音乐流淌，每天都有动人的故事滋润着我，这对我已经足够。

从小，舞蹈就是我的最爱，也是我表达的重要方式，现在几乎成为我生命中不可或缺的一部分。不需要太多物质的我，更愿意与那些有精神追求并志同道合的朋友一起共事，那些简单地认为要"表现"就一定带有什么功利色彩的人完全曲解了我们的想法，对于这种人，时间可以替我们说话，我们无需多费口舌，只要自己认为有价值的，就坦坦荡荡地去实现。

因为对梦想有体验有想法，于是我很懂得我们的青年是怎样急迫地需要有人去进入他们的梦想世界，他们的那种渴望不只是需要你去解决什么实际存在的生活问题，更是需要一种积极的情感认同。一个人生活在大千世界中，需要有人抚慰心灵，需要有人知道他们，更需要有人走进他们的内心世界，即使什么物质基础也没有，可一旦有了这份感情寄托，就会变出很多奇迹，"面包会有的，一切都会有的"。

我从不认为一个人只能活在物质世界里，那样人会变得很矮小，因为你一直被地心引力牵制，无法摆脱桎梏，人整个的身体长度都因为上升力不足而缩短，我们要让青年充满朝气，就是要提升青年向上的驱动力。从大方面讲，那就是高扬理想信念的旗帜，就是要有理想主义的情怀；从小的方面讲，至少要有自己的想法，你怎么过，怎样过得有意义有价值，这是最直接的表达了，如果一个人连想法都没有，恐怕这个人活着一定不幸福不快乐。我们常常会发现几个面目表情很痴呆，眼神没有光芒，对世界上任何事物都没有兴趣的青年，你敢说这样的青年是国家未来的希望吗？一个连想法都没有的人，一旦被别有用心的人洗脑，那就是最大的危险，因为无畏惧无顾忌，就会对社会的稳定造成极大的破坏，这样惨痛的教训我们经历的还少吗？

我常给青年看一张照片，一位老大爷后面跟着很多小鸭子。在小鸭子破壳的一瞬间，它们最先看到的是这位慈祥的老大爷，接下来奇迹就发生了，小鸭子们把这位老大爷当成了它们的妈妈，于是每天都与老大爷形影不离。我想表达的是：要让青年跟党走，必须抢占时机，在他们"破壳"的时候看到我们的身影，在他们最需要帮助的时候有我们的人走上前去。如果没有出现我们的人，让三股势力抢先一步，我们将付出几百倍甚至千万倍的代价才可能挽救。这样的账才是最要算的，而且必须算清楚的。

要让青年有梦想，我们自己怎么能没有梦想呢？我自己隐隐约约感到，影响青年的方式有很多种，但融合艺术、时尚、尊重、信任等因素的影响才是最有效的，那种为政治而政治，为工作而工作，为活动而活动的做法，往往起不到真正的效果。我们自己都不能接受的或者自己都不能相信的"真理"和"信念"，怎么可能影响到青年呢？我曾经也试过这样做，把套话讲给青年，可是还没有开口，自己就先别扭起来，感觉有点装腔作势，有点居高临下，有点全身不自在。后来，我换了一种讲法，根据不同的对象和他们的不同需要，站在他们的角度，转化语言和语境，通过他们熟悉的案例，与他们面对面心贴心地交流，结果就好很多。总之，我们的工作不是唱独角戏，要让青年参与进来，通过游戏和互动，在启发中获得成长。"己所不欲勿施于人"，我们先从自己开始，就如同做个人舞蹈专场也不单单是个人的兴趣，更是想深入挖掘另一种可以影响到更多的人的方式，并且这种影响方式是自己擅长的，希望能探索出更多的有价值的内容。

一生中最浪费的三件事

和女儿一起回到北京时，已经是夜里两点多了。第二天一早，女儿突然跑到我屋里和我躺在一起，并问我一个问题："妈妈，您一生中最浪费的三件事是什么？"我一时不知道从何说起，但从内心很喜欢回答这样的问题。仔细想想，有这样三件事很浪费时间，一是嫉妒，二是埋怨，三是评议。

  这次在新疆国电有幸和从事拓展训练教学课程的郭大侠老师相识，他上的拓展训练课程非常棒，听后很受启发。比如怪兽游戏，即通过团队的合作一起完成一些看似不可能完成的动作，其游戏规则要求每个队员的身体要紧密接触，只容许手触地。教练发出指令，比如五人两只脚，就是说五个人中只能有两只脚落地，这下可难倒了队员们。但在大家的齐心努力下，每个小组都完成得很棒，即使有的队没有完成好，教练的用词也"特别激励人"。下来后，我问他为什么这样用词，他说用词要始终传递给学员一种正能量，而不能用惩罚、失败、不行、不好等负面词语。在做思维局限游戏时，他先用各种绳子把队员们拉起来，之后再让每个队员蒙住自己的眼睛，然后发出快速通过绳子的指令，每个队员都倍感谨慎，不敢大踏步越过绳子。实际上，这个时候教练早已安排其他队员悄悄地把所有绳子撤出，但因为队员有了先前的印象，根本无法超越局限，因此没有一个队员可以毫无局限地大胆走过去。现实生活中，我们受到的类似局限非常多，就如同一朝被蛇咬，十年怕井绳。还有最后一个游戏，让每个队员一只手握住绳子的一个地方，大家共同拉起绳子，这时候教练发出指令，让在每个队员之间，即每个队员握住绳子的中间位置打上一个死结。这个游戏进行的比较慢，当第一个结用了很大工夫才打好后，队员们才突然意识到，每打一个结，前面的所有队员都要从打结处绕的圈中套出来。这时候，队员们才醒悟到，每个人在这个团队中都是不可或缺的一环，大家都很重要，彼此不能分离。这些启示为我后面即将讲授的内容做了很大的支撑，我心存感激。特别是在我临上课的时候发现他的手上有个塑料圈，好奇地问他是怎么意思，他说有个游戏要用到，但时间紧没来得及做，就是让每个队员每天养成一个好习惯，每发一次责难，就把这个塑料圈换到另一只手臂上，只要21天一个好习惯就可以养成了。我细细思考着他的话，受益匪浅。

是啊,我们每一天有多少时间浪费在责怪别人上,有多少时间浪费在无谓抱怨上,有多少时间浪费在非议他人上,真的很不值得。抱怨一点也不解决问题,相反,这种负能量会形成蝴蝶效应,带给周围人更多不快情绪,也让自己的情绪坏上加坏。不如转移一下注意力,用积极乐观的方式排解这种情绪。这方面我有很多体验,比如,这次和女儿谈心,她时不时批评我说,我有时会翻旧账,这样不好,会给彼此压力。我马上意识到这样做是不聪明的,过去的已经过去了,及时总结也需要正面积极地去梳理,而绝不能带着埋怨和责怪去"翻案"。也许是快到更年期的缘故,有时一说起来就很激动,变得絮叨不堪,自己都倍感无趣,冷静过后很是后悔,一个从事研究工作的人,怎么糊涂起来连孩子都不如,一定要好好调整自己。

当我自感状态不佳时,就喜欢挑战一下自己,比如会排挤很多活动,但觉得自己很难进入状态,实际上是自己多虑了。一旦有什么人或什么事进入自己的视线中,你会发现没有什么是不能暂且放下的,因为你会被另外一种强大的力量吸引。也许意外的收获就在不知不觉中出现了。今天就是个例子,下午和孩子跑了一趟中国国际广播电台,一开始很兴奋,但当听说这里已经招聘完了,并且招聘的职位学历要求很高后,我和孩子都很沮丧,觉得能进去的机会实在渺茫。回来的时候,我们的心情都很压抑,看不到还有什么希望在等着我们,我尽可能克制自己的情绪,绝不说泄气的话。回到家里给相关朋友打电话,其中一个朋友约我和孩子一起聚聚,孩子不愿意去,我自己也感觉状态不佳,可如果带着这样的情绪和孩子在一起,也不会给孩子带来任何好处,想到这里,我便如约到场。令我开心的是,大家虽然不相识,但很快就融到了一起,其中一个朋友给我讲中国好声音节目中朱克的《我离不开你》和《那些年》听起来真的非常震撼,并且他还亲自演唱。我听后果然很受触动,这是一个可以用肢体语言表达内心情感的好音乐，如果不是他的介绍我还真不了解这么好听的音乐。回到家里，我把它推荐给女儿，我们从网上下载，一起欣赏了这首美妙而动人的歌，白天找工作的压抑情绪一扫而光。

当我回答最浪费的三件事时，女儿说，还有担忧的情绪也很浪费。担忧和关心不同，前者多是从自己的角度考虑，怕别人影响自己；后者多是从对方角度考虑，总是积极出主意想办法。另外，担忧一点也不能解决问题，只会给自己更多压力，也给别人造成焦虑。说白了，担忧就是对别人的不信任，不信任的结果就是低效。最后就是评价他人，不要随便评价他人，我曾一度比较喜欢对别人的好坏做一番评价，实际这样会显得简单和轻浮，还是不要乱评价的好。每个人都有自己的生活方式，这谈不上好与不好，别人怎么样，只要抱着尊重和接纳的态度即可，如果欣赏就更好了。要做好自己，别人怎样永远是你能改变的，多花些时间做点有意义的事情，永远不要嫉妒、抱怨、评议，以及担忧，这是一生中最浪费的四件事，要做一个让别人愉快并让自己富足的人。

与独山子企业青年交流座谈

来疆后，这是我第二次去独山子企业。与我院中国马克思主义学院考察组一起参观了独山子企业的控制车间等，给我们最深的感受就是一种震撼：一个全新的现代化企业形象展示在我们的面前，在整个厂区看不到什么人，环境如花园般美丽，丝毫看不出这是一个本应重度污染的石油化工企业。闻不到异味，看不到污水，无论是厂区还是生活区，处处都体现着生态文明、现代文明。

独山子是我国石油工业的发祥地之一，1909年打出第一口油井，1936年开始炼制原油，迄今已有一百多年的石油开采史和七十多年的石油炼制史。目前，独山子是我国西部重要的石化基地，是油气引进、加工、储备的重要枢纽。面积448平方千米，人口9万余人。

在考察团队没有到达独山子企业前，我先期赶到独山子等候大部队，在此间隙拜见了该企业的党委副书记任军革，他提到，要留住优秀的人才关键在于建立公平的机制，提倡简单的人际关系，营造所谓的政治生态环境，让大家感到机会对每个人来说都是平等的，无论发生什么事，大家都没有怨气。这也是独山子企业站能在我国住脚跟的根本原因之一。另外，他还提出要注意文化的传承，要在传统文化上挖深挖透，要踏石留印，不能搞花架子。在谈到对现在的青年的看法时，他说道，那些一头扎下去，不计较个人得失勇于奉献的青年少了，要用特殊的手段留住特殊的人才。谈到新疆的问题时，他说，目前新疆的稳定仍然是最重要的工作，要去宗教极端化，防止群死群伤事件再发生。要学习中央政治局常委俞正声同志的讲话，下大力气解决高中义务教育问题，想办法引进各类企业，加强现代文化对青年的引领工作，要做到静水深流。最后，在谈到如何定位企业共青团的工作时，他提出，要及时了解青年的情况，除基本数据之外，还要了解青年情感、思想、价值观等方面的情况，第一时间向党委领导汇报。活动只是一个形式，关键要在价值导向上发挥影响力。过去共青团在参与企业业务的链条上花费精力过大，现在与业务部门的协调和助力上不断改进，这是一个进步。参观后我们与公司团委委员、独山子历届杰出青年代表、基层团干部、部分新员工、社区团干部和少先队大队辅导员等近35名青年面对面、心贴心、实打实交流，新疆青年五四奖章获得者吴利平博士、"五一"劳动奖获得者薛魁等优秀员工讲述了他们的成长经历，还有一批基层的团干部汇报了他们在帮助青年成长成才过程中所做的工作和存在的困惑，急需专家点拨，部分新员工讲述了他们来企业后的感受，最后我们的专家针对他们所涉及的问题集中进行回应。

独山子之行收获很大，对现代企业青年如何进行有效的引导是我们今后要关注的课题。特别是从内地来的专家还需要加大对他们的了解，才能把课讲活，才能让青年接受我们的思想，那种只一味传授不管青年吸收程度的做法是行不通的，要时时接地气，要了解团、评议团、讲授团和研究团，要让我们的专家努力和各类青年发生联系，给予真正有效的指导！

赞红柳做红柳

我和援友郭孝实在90年代曾一起在团中央工作过，万万没有想到，在近二十年后的今天我们又一起来到了新疆，成为了援友，世界真的很小啊！去年，他给大家每人寄发了一张贺年卡，卡中有四首诗，其中有一首是《红柳红，红柳绿》，我特别喜欢。诗是这样写的："红柳红，红柳绿，最爱沙漠大戈壁。红了千万年，绿了千万里，行走天下脚上不带一点泥，饱经风霜和雪雨，只有欢笑没有哭泣。红柳红啊红柳绿，啊红了千万年，绿了千万里，只有欢笑没有哭泣。红柳红，红柳绿，扎根很深头抬得很低。太阳为你行注目礼，大雁为你高歌鸣啼，生命的记忆点点滴滴，美丽了戈壁美丽了自己。红柳红啊红柳绿，啊红了千万年，绿了千万里，美丽了戈壁美丽了自己。"

红柳代表一种精神。它可以饱经风霜，没有哭泣；它可以扎根很深，没有漂浮；它可以头抬得很低，没有高傲，这些难道不是我们要学习的宝贵品质吗？它在美丽戈壁、奉献沙漠的同时，也带来了欢笑美丽了自己，正如赠人玫瑰手有余香，这难道不是我们做人的智慧宝典吗？

作为一名援疆干部，我们承载的是希望，是梦想，是精神，是担当，更是一种沉甸甸的责任。我们的履职时间还有一年，在这一年中，我们要把脚扎得更深把头抬得更低，细细梳理我们生命中的记忆，为新疆人民留下一笔宝贵的精神财富。

眼下要做的事情很多，但最紧要的是释放传递援疆干部的正能量。我们的行为，我们的理念，特别是我们的精神都要与时俱进，要始终坚定正确的政治立场，要有全局意识，要站在战略高度，与三股势力进行坚决的斗争，为新疆的长治久安积极作为；要始终保持积极的学习态度，努力学习国史、党史和新疆史，向实践学习，向书本学习，向人民学习，将理论与新疆的具体实际相结合，学以致用；要始终保持积极进取的精神，在已经取得的成绩面前不懈怠，不放松，知难而进；要始终坚守高尚的道德情操，要甘于付出，更要学会接纳包容，要甘于寂寞，更要守住做人底线，不断砥砺品格坚强意志，做一个高尚的人，一个脱离低级趣味的人，一个有利于人民的人；要始终抱有对新疆人民的感恩之情和敬畏之心，要与新疆各族人民同呼吸共患难，要做新疆人民的儿子娃，要心存感念不忘本，扎根很深头抬得很低。在最后的一年里，始终牢记我们是援疆干部，责任重于泰山，要像红柳一样，将美丽和欢笑带给戈壁，带给人间。

这个月25日是我们援疆整两年的纪念日，我们要在新疆艺术剧院举行的"欢迎省市第八批援疆干部骨干暨第七批中央和国家机关、中央企业援疆干部进疆两周年文艺晚会"上献上由援友郭孝实作词，著名作曲家吕远作曲的合唱节目——《红柳颂》。我在QQ群里是这样说的：援友们，大家好！真诚地期待大家能积极踊跃地参加合唱演出。我们在一起的时间仅有一年了，也许以后这样的活动也不多了，也许这不仅仅是合唱，更是对彼此聚在一起的机会的珍惜，因为它会在日后留下很多难忘的记忆，会让我们结下深厚的友情！这段援疆经历也将成为我们生命的重要记忆。

与新疆国电团干部的交流过程非常享受

自从习总书记提出要实现"中国梦"，我就在想青年自己的梦想在哪里。一定要把我的梦和中国梦结合起来讲，不然就容易走空。那怎样去激发青年的志向呢？一定要从成长的规律去阐释，把最本质的问题揭示出来，不达到入脑入心是不行的。同时，还必须亲身体验活动，再加以理论的教化，才能真正达到授课教学的效果。

在过去进行的团干部培训课程中，因授课时间较短，一直不能很好地让学员策划活动、实施活动，留下了一丝遗憾。对我来说，讲授共青团工作理论与实践课程，特别是涉及共青团的活动组织与策划问题，就必须先让学员自己操作，老师再给予点评和指导，这才可以收到好的教学效果，可这个想法只有到新疆国电才真正得以实现。这次培训满足了我在教学上的要求，将过去的教学效果推向巅峰，感激新疆国电给了我这样一个机会，让我倍感快乐！

新疆国电的团委书记丁占涛原准备召开的"我的中国梦、青春国电梦"活动，给了我极大的启示，我便以此为活动策划的题目，布置给各组的学员。准备时间只有一个晚上，学员们带着一丝迷茫和质疑开始了策划和排练，当天晚上你在吉林台的院子里看不到一个学员，他们都非常快地进入了状态。第二天上午10点，正式演出如期举行，参赛的四个组都拿出了绝活。第一组队员先上场，他们编排的是情景剧"非诚勿扰"，主要表现的是国电青年对爱情的向往。团委便在公司里组织了单身男女相亲会，采用了现代青年很喜欢的"非诚勿扰"节目形式，男青年发表感情誓言，博取出场女青年的一片真心。其中有个维吾尔族的男青年叫海山，他最终找到了自己的理想爱情。到这时候，我以为该剧要收尾了，但却没有结束。第二幕又表现了海山投入工作的场景，并取得了很多佳绩。当了班组长以后，继续做新入职青年的思想政治工作。在该剧开始前，还有一幕团委书记向公司领导汇报的情景也很精彩，让在场的观众直呼过瘾。他们认为这一组最能把老师讲授的内容与情景剧相融合，理论与实际的结合比较紧密。的确，国电公司地处偏远，附近不是沙漠就是凸山，不长一根草，青年在这样的环境中生活和工作，真的很需要团组织时时关注他们的情感需要，婚姻是他们留下来的最佳保证。

　　第二组表演的是小强成长记。小强从新入职到最后成长为一名优秀的班组骨干成员，经历了三个阶段，分别由三名学员扮演。最有创意的是，厂里的机器和零件都是由学员自己扮演的，成为了会说话的工具，大家都觉得很搞笑。小强成长过程一波三折，最让人心动的是，在他思想最不稳定的时候，团支部书记走进了他的心里世界，耐心地辅导他并为他提供参加技能大赛的机会，小强最终摆脱了情感上困惑，解除了思想压力，愉快地投入了工作。这一组演出获得了极大的成功，分数也最高，从创意到剧情都很完美。第三组是"国电梦想秀"，队员们分成两组，一组是专家点评，一组是追梦人，通过主持人把两组队员结合起来。每个追梦人的故事都很精彩，特别是最后一位追梦人会弹吉他，他和团队队长秦博一起演唱了一首歌，将所有人带进了心动的世界，震撼人心。第四组表演的是团队合作，在青年职工宿舍，发生了很多故事，有的新入职女青年不适应公司艰苦的环境，生病后一个人在宿舍偷偷哭泣，有的青年宿舍大家彼此不顾及对方感受发生矛盾冲突。在这种情况下，团支部书记走近公司的青年，和他们心贴心、面对面、实打实地进行亲切交流，一一寻找解决问题的方案。之后还在女青年感到无助苦闷时，和大家一起为她举办了生日活动。为了满足青年的兴趣爱好，积极组织大家开展精神文化活动，凝聚力量，全身心投入自己的岗位中。全剧很有看点，政治性和思想性都很强，特别是团支部书记的调节能力和水平博得了观众的一致好评。四组演出完，在丁书记的启发下，我追加了一个互动环节，即邀请每组队员登上舞台，向大家阐释他们策划的意图，并与大家分享排练过程中的花絮。结果出奇的好，每个队员表达得都很到位，大家都收获颇丰。其中有一位扮演团支部书记的女青年，她激动地说，我成功地挑战了自己，因为在此之前没有上过舞台，一直都很内向，不爱多讲话。还有几个男青年表现得很兴奋，他们说，在李老师布置完任务后，我们的第一反应就是"根本不可能"，因为时间太短，一个活动怎么不得策划个两三个月啊，现在只有一个晚上。但没有想到的是，团队的力量真是太大了，所有人都参与其中，大家积极合作，集思广益，居然在这么短的时间里就把事情做成了。国电的团干部真是了不起，我也深深感到，"没有做不成的事，只有想不到的事"，有的时候还是要让青年人勇于地挑战一下自己，要给我们的青年提供表达和展示的平台。在授课时，不能单纯地采用"满堂灌"或者"一言堂"的方式，要启发学生，并进行实地操作，更多时候要让青年成为课堂的主角，以青年为本，让他们的能量得到彻底释放，这比我们单向给他们灌输知识要好得多。只有他们表达了，我们才能知道他们想要什么，才能及时调整我们的教学内容。所以，我们要快速整理头脑中已备有的素材，在互动中交流学习，让他们的心始终跟随我们的讲解，让我们的信号真正进入到他们的世界之中，只有这样，才能起到真正的影响作用。

新疆国电的教学模式给了我很多启示，并极大地激励我在以后的教学中不断探索不断创新，我要永远与青年在一起，永远给他们的成长加油助力！

拔疆札记

第五部分

舞蹈中受到的启示

我的国标舞蹈老师谢晓云是从事医学专业,她在一次上外国舞蹈老师的课时,第一次听到"肌肉运动方式"这类词语,那还是在90年代,当时她受到启迪,似乎天赐她灵感,她觉得自己的医学专业也许能帮上她的忙,果不然在以后的舞蹈生涯中,她开始从事人体肌肉研究,这在舞蹈圈内独树一帜,也正式这个原因,我从2006年后开始跟随她,并从中受益匪浅。

国际标准舞最迷人的地方不是在肢体的运动,而是掩饰其背后的理念,在之前,从没有什么舞蹈老师会把"深刻道理"讲述得这么明白,让我们着实深信不疑,当你从骨子里心领神会,并在实践中尝到它的甜头时,你就会在以后的日子里痴迷于它,并始终坚持,可谓痛并快乐着。

这样的体验让我受到启迪,如果让一个青年人坚定自己的理想信念,需要具备两个条件,一是高度的理论自觉。对一个理论或者道理要真信不是假信,是骨子里的信而不是表皮上的信,怎么才能信呢?必须是符合客观规律的,必须是顺应时代潮流的,必须是历史实践证明了的。二是亲身的社会实践。对一个道理能达到持久相信,不经过自己的亲身实践是不行的,要知道梨子的滋味,必须亲口尝尝,别人的感觉不得于自己的感觉,只有自己尝试过得才心里有底,才能达到彻底的认同。而且这种体验一次是不够的，必须反复多次，以致达成一种习惯，一个简单的事情能够多次重复以致永恒就必然出现"伟大"和"奇迹"，那种浅层次的感悟，不是彻底的深入，永远是浮在云里和雾里，不靠谱，一有新的诱惑就很容易被吸引，被转移，这样的信念不会达到持久。

我常常发现，我们的一些团的干部给青年讲信念不能理直气壮，不能讲深讲透，原因是缺乏这两点，既缺乏理论的学习和思考，也没有深刻的体验过程，即使讲也是模仿上级领导的语言，即使讲也是干巴巴空洞洞，青年不喜欢听，他怎么可能被你引导呢？或者受你影响呢？一个连自己都不是从骨子里坚信的道理，很难去感染周边的人。因为你自己都半信半疑，很难有那种神态去让周边的人信。

这次从新疆回到北京，第一件事就是上谢老师的国标舞课。我想从中再领悟些"深刻道理"，这对我从事研究工作相当的有帮助。她这次课讲的是"肌肉和关节间的关系"。很多舞者在跳舞中，常常用关节跳舞，我在很早的时候就已经意识到这个问题，开始尝试用肌肉和气息跳舞，人到了成年时，关节是不容易发生变化的，而且人与人的关节有很大的差异性，不可硬性的改变，不然会造成关节的不同程度的伤害，到了最高境界就是用气息跳舞，越是无形的越是超越的，越是超越的越是自由的。当一个人到了什么都不想的时候，就达到了人生最理想的境界，可谓是达到一种巅峰快乐的世界，完全忘我的"心流"极致。这时候的技术技巧都显得多余，它们也只是一个负载在其中的工具，如同神灵神画，若影若现。

一个人在舞动的时候，是用气息带着肌肉，肌肉带着关节韵律的，常说脚底跳得是音乐节奏，身体永远跳得是音乐的旋律，旋律是绵绵不断的，那么身体的运动就是不间断的，试想关节如果不断加重运动，显然是有害无益的，只有肌肉要不断地拉长和缩短，而气息则是需要有通道流通的，气息如果出了问题，比如断断续续，或者长短呼吸不畅，那么最终导致的身体就不可能随着音乐持续运动，每启动一次付出的成本都很大。所以老师常说：每天要多练习呼吸，这才是根本。它可以起到牵一发而动全身的功效。

人身体上的肌肉很奇特，每一块肌肉似乎都是在对抗地球的引力而生长，为了确保一个人的挺拔，就需要两腿的内侧肌肉要发达，只有这样才能力量高度凝聚对抗地心引力，另外每一块肌肉都要通过一到两个关节，因此不能一下子从一个关节运动到另一个关节，必须要通过气息的作用，将肌肉的力量通过一定的纹路传导出去，有的时候要稳定一段，拉长另一端，但期间每一块肌肉都产生两股力量，将肌肉纤维拉长，最终是以一端即关节为定点，拉长这一链接另一端关节的肌肉，最后带动这一关节的运动。所以一个好的舞者之所以给人一种美的感觉而不是生硬的感觉，就在于舞者完成的过程很漫长并精致，那种试图想省力想投机跨过所有的必经过程的舞者是不会给人以力量的，因为过程中美才是最最重要的。

另外我们在移动的过程中，两条腿要说上话，这很重要，那种往往各顾各的行为也是不行的，当主力腿在踩地面的同时，动力腿开始延展前行，此时在移动中中心轴的位置不变，只有当重心转移到原动力腿时，两腿的功能才可以发生交替。这让我想到团队合作的重要意义和价值，重心要平稳交移到位，不能有太大的颠簸，越是安静平静越是稳当，那种故意做给别人看，那种急迫盲动都是不理性的，也是不持久的。所以平时在训练时要在肌肉的拉伸上下工夫，在重心转移的过程中下工夫，而不是把工夫下在关节的运动上。

心有多大快乐就有多少

帕斯卡尔曾经说过：没有绝对的高贵，也没有绝对的卑微。当心是一滴水的时候，它就作为一滴水而活着，一旦它滴入大海，它便成了海。倘若人们认识到生命中住着一个心君，那么所有的彷徨、迷失、虚荣都不过是浮尘。

我们每天一睁开眼睛，若是身体状况不错，就会想着做很多事，只要你的心能想到的，都可以尝试地去，我常和学员们讲，只要心有念想就有活着的意义和快乐！人最怕的不是缺这少那的，而是没有想法，对任何事物和人失去兴趣，一旦陷于停滞思考，一旦进入无动于衷的状态，那才是最最可怕的。

一个人活着的动力源在哪？恐怕并不是来自外界，而是来自内心，当内心涌起一种隐隐冲动，一种对未来的想法，一种想立刻动起来的欲望，这是最最珍贵的也是最快乐的。什么情况会让一个人容易放弃一些想法，多是身体状况不佳的时候，多是看不到希望的时候，多是内心变得脆弱的时候，多是陷于一种内心纠结中的时候，细细研究，"心有所思，思有所行"，一切的动力源来自内心，当然不排除外界的刺激会瞬间激活你的内心，但是如果你的心没有打开，怎么有接收的可能，所以还是心在起作用。

人的心真的说大就大，说小就小，怎么让我们的心变得像大海，包容世间的一切，这需要日积月累的修炼，一个人的心要变大，就要去接触更大的世界，要善于走出去，尝试各种不同的生活，尝试与各类各色的人打交道，见多才能识广，还要游入海底，将自己沉下去，也许会淹死也许会被海水呛着，但这一切都需要尝试和体验，这个世界没有什么不可能的，只有你沉下去才能晓得，才能比别人更懂得珍惜。当一个人知道了这个世界的宽度和深度，还有什么你会惧怕的呢？即使你深处异地，你的心依然很大很深，内心的定力永远不会让你沉沦下去，相反会让你在这个世界上自由翱翔。

在一次与朋友的交流中，我们一起探讨怎样活着才是最有质量的，通常意义上有四个结构组成，一是开放的思维架构；二是健康的身体状况；三是丰富的情感世界；四是自己心仪的一份事业。万事万物的规律是我们一辈子要追寻的，也是吸引我们对这个世界充满好奇的动力源之一，顺势而为是我们这辈子完成公转必须做的功课，寻大道才是真，虽然人间正道是沧桑，但也要为此奋勇直前。其次我们身体是革命的本钱，更是我们实现梦想提升幸福指数的基础。要把身体保护好，对自己的身体所发出的讯息要及时调整，预防永远高于治病，量变是质变的前奏，要在生活方式、饮食结构、适当运动和心态平衡等几方面很好掌控，将一切可能发生的隐患消灭在萌芽状态之中。再次，要活出质量，还需要在精神情感世界上不断丰富，人的精神上解脱很大程度上取决于开放的思维结构，要知道世界上的能量永远是守恒的，得到多少便失去多少，没有不付出的收获，要积极从事物的不同角度同理性思维，善解人意才能包容一切，没有绝对的高贵和卑贱，要对周围的所有人尊重，要对自己的得失看的轻，要能放得下才能拿得起。最后是热爱自己的事业。一个人不能全部活在自己的物质世界里，要对社会有所贡献，要给周围人带来好处和产生一定的影响力，朋友们想起你会有种温暖和力量感，当你离开这个世界时，你可能对自己说：我没有留下什么遗憾，我这一生很值得！

　　人一生中要让自己的心永远处于丰满状态，一是不能空，二是不能高。前者我们没有及时给心输入足够的能量，后者是我们认不清自己，心不平。要做到心富足，就需要始终学习思考，特别像身边的人学习，三人之行必有我师，学习是个大概念，用心专心尽心，才能完整地了解这个未知的世界；要始终活在老百姓中去，与他们在一起，多与他们交朋友，要关注社会的弱势群体，什么时候都要像树根一样不能离开土地。心虽然不能空也不能高，但心一定要大，一定要深，不可小也不可浅。要经风雨见世面，心一旦变小了，你的世界就变小了，你呼吸的空间就小了，一定要让心处于张开的状态，同时要善于沉下去，到丹田，才能让自己变得成熟，变得从容，变得力量无比。心一旦高起来，你会全身紧张，外力彰显，让周围人产生戒备，让自己不能得到彻底解放。只有心平才能气和，气和才能平衡，平衡是一切成功的必然要素，更是一切快乐的源泉。

先提升后展示

国际标准舞中的"托"、"提"、"挂"、"悠"和"荡"是舞者移动必不可少的五大步骤。它对我们日常的工作和生活也有很正面的启示。首先"托"字，即在舞者的内心世界中，始终要视对方为宝贝，积极呵护，就像手里捧着的一个珍珠，不能轻易掉下去，这个珍珠恰好在人体的骨盆里，对方都要将这个宝物守住并制造一个相对稳当的空间够这个宝物游动起来。要做到这一点，就需要"托"，不能掉，实际上我们的生活和工作中何时何处都需要人的帮助，你"托"我，我"托"起，只有这样大家才能一起借力共赢。相反那种一味想压低对方，甚至想踩踏对方，其结果必然是两败俱伤，即使暂时赢了，终究也会落下来的，因为当你强压对方的时候，对方必然将力量反弹于你，你所付出的代价也不会少，你回复原状的成本自然会提高。其次"提"字，即在舞者在蓄力时，不是先忙着移动，而是在动力腿完成动作以后主力腿先把它托回来，之后就是向上提拉腰肌，目的是减轻主力腿的压力，将力量从大腿内侧肌传导到中腰段，当一个人中腰坚挺起来，我们的重心才会稳定下来，力量停留在大腿内侧肌上还不稳当。我们在很多情况下往往做到一知半解就以为自己很清楚了，实际不然，也许事情仅仅刚开始，还需要第二次发力，要继续不能松劲，这个"提"提醒我们要始终向上提拉，万不能在此时就忙着做各种动作，一定还要先提拉，向上再向上直到极致。再次是"挂"字，提拉上去还不行，因为不采取及时措施就会掉下来，这个时候最要做的功就是"挂"，如同钟表要挂在墙上一样，没有固定就没有一切，就如同水面的漂浮物四处游动，没有方向和定力，这也是不行的，一定要固定到一个位置上，哪怕是暂时的也比没有要好。身体里的固定桩在哪呢？一定是在脊柱上，人体脊柱很长，到底挂在哪一节好呢，通常上是在胸椎上，即我们常说的前心贴在后心上，当人移动时如同两腿长在咯吱窝下一样，优秀的舞者，中腰段始终是坚挺的，胸腰确实要充分展示美的，要配合完成各种身体造型的任务，也就是在横膈膜的位置是中腰和胸腰的临界区分点，而我们要将肌肉悬挂在这个位置上，过低会闪大腰，通常我们所说的"咧"，变形扭曲的意思。另外还有一个很有意思的地方是：当进行悬挂还没有悬挂的时刻，还要试图向上再努力一下，就这么一点极为重要，如同毛笔字当写到收尾时会用笔锋回旋一下，一方面不显得干和楞，二是有深刻的含义在其中，人无论什么时候都不要停止努力，哪怕到最后也要用力再争取向上够一下，只有这样才能为我们的展示提供更大的空间，不可故步自封。再次"悠"字，一旦完成"挂"后，我们就做到了将中腰下段部分得以解放，我们的动力腿立刻变得非常轻松自由，这时候我们可以悠动动力腿，借着一种惯性将动力腿送出去，当然这个悠动不是随便获得的，而是在前面做足功的基础上出来的，但观众往往看不到这一点，只看到我们身体游荡的一瞬间，觉得很过瘾很好看，实际上这背后付出的艰辛只有我们自己知道，没有历经风雨难能看到美丽彩虹，因此我们不要轻易相信自己眼睛看到的一切，而要从眼睛看不到的地方入手，要把工夫下到人们看不到的地方。最后就是"荡"，能从必然王国到自由王国，这是多少人梦寐以求的理想，要能飞翔起来，只有先解决好托、提、挂、悠以后，我们才能飞起来，而这一切的力量源泉就是我们人类克服地面引力的结果，是我们力量凝聚在一个中心轴的结果，是各种肢体充分表达的结果。

过去我们常常认为的要"对抗"地球引力，就是对地面的"虐待"，现在换成是"抚慰"或者"轻吻"等关键词，这样的变化给我们很多更加人性化的启示，就是现代社会更需要心灵的沟通而非施压，我们要善于与自然界交流，善于与伙伴交流，要读懂对方，只需要调整自己的理念，"爱"

永远是交流的最高境界，一切尊重对方，一切为对方着想，一切领悟对方的感受为前提，我们的合作就一定是成功的。所有的交流还需要一个基本的条件，就是提升自己的实力，要让对方离不开自己，除了始终抱有呵护对方的心态以外，还要打铁自身硬，发展是硬道理，只有这样我们才能有向对方乃至全世界展示自己的机会。

没有什么过不去的

最近身体状况一直不怎么好，可能几件事搅在一起，心理和生理都出现了问题，很着急，很多事情做不下去。此时才深深悟道：身体好才是真的。因为身体不好了，什么想法都没了。准确地说：身体的病痛熬一熬就过去了，无非就是五脏六腑的问题，最近突发想象，开始思考影响身体健康最重要的因素是什么？我认为完全不是身体本身的问题，因为人的身体结构情况大致差异性不是很大，具体情况单例，比如有的人天生骨骼较柔，有的偏硬，总体结构是一致的，我们可以通过解剖方面的知识了解身体的构造，知道脊柱有几部分组成？五脏六腑之间是怎么连接的？督脉和动脉是怎么样的关系，脚底的反射区是哪些？等等，这些要想保持理想，一要了解，二要锻炼即可。这些可以说是身体的硬件部分，身体还有两个部分是我们忽视的，一是流动的气和血，二是脑子里的意念，即思维，这些不在外表体现，但比身体构造更为影响我们的身体健康。先说气血，我们每天的运行，都离不开气和血，特别是女人，不是气亏就是血亏，气亏必然导致血亏，这个道理大家都清楚，我自己也尝试给自己补给，发现不成功，才意识到不是每个人都想补就能补的，比如我喝过"太极液"和"阿胶液"，一下子上火，后反应很重不得不放弃，补药很多是加温的，导致我一看到补药就发憷，后来下一结论补药适合那些体寒的人。有一段时间感到出汗太多，总感到肾有些问题，另外发现肚子发硬有些积食，请专家诊断，专家尽然说是宫寒，这时候才意识到在一个系统的身体循环中，有些部位可以是热性体征比较明显，有些部位可以是寒性体征比较明显，在过去看来是不可想象的，以为是热性体征就什么部位都一定是热性体征。从中也悟道没有什么事不可能的，只有你想不到或者没有去想，因此在看待事物的过程中不能轻易下结论，因为要经过一些曲折的过程，有些是痛苦的体验过来才能总结出来的。

再说一个人的思维问题。因为身体构造只需好好维持即可，气血根据需要适度调节平衡即可（补给只是其中一个办法不是全部），最不容易掌控的是一个人的思维了，特别是思维结构，比如每个人的想法千差万别，在这个世界上最令人惊奇的是，没有两片同样的叶子，何况是两个人呢？既然不一样，怎么可能要求所有的人和你一样的想法呢？曾有一个朋友说：什么人最智慧，就是他能张开全身的毛细孔在吸纳周围人的能量。什么人最愚蠢？就是他能紧闭全身的毛细孔在排斥周围人的能量。是啊！一个人生活在这大千世界，要生存就一定进行能量的再交换，身体内要完成内部系统能量的传递，身体外还要完成更大系统的能量交换，所谓自转和公转才能同步进行。人如果出问题，势必可从着两个"转"中去寻找。不是自转出问题，就是公转中出问题。生老病死正常事故是自转问题，但突发事件发生变故是公转出现问题。有的时候公转问题停下来自转依旧在持续，但自转问题一旦出现，公转将永远失去意义。这就像人们常说的，身体是"1"，后面都是"0"。

在这里，我要阐明的是，公转对自转的帮助，因为能量交换的作用有积极的和负面的，身体如果注入的是积极的正能量，会有助于身体的健康，这就是"马太效应"，好上加好，如何才能汲取正能量，这与你自身的思维结构有很大关联度，结构中有三个支撑柱，即开放、包容、创新。一是要开放，是指你自己要放下自己的架子，你和大家没有什么不同，你就是一个普通的人，一样要生存要发展，没有完美只有改进；二是包容，是指要有气度，要包容一切海纳百川，不要轻易下判定语，等等再说，再等等，沉默是金，也许良言苦口但很有效，也许批评比表扬更利于自己的成长；三是创新，是指在开放和包容的基础上，要积极汲取对自己有帮助的养料，全面提升自己的综合素质，活出一个全新的自我。不能照搬别人的东西，要积极加工整理，认真分析研究，去其糟粕取其精华，为我所用。在这期间要善于发现周围人身上的闪光点，积极吸收到自己身上来，同时也需要发现周围人身上的不足点，积极对照调整自己，要做到己所不欲勿施于人。

最后就是相信和放松的问题了，因为你把影响身体最重要的因素找出来了，即能量的交换，凡是不利于能量交换的部位只要打通即可，关节出问题是出在灵活性差了，可能活动不够或者使用方式不当，肌肉出问题是出在弹性上差了，可能日常活动拉伸不够或者用力过大，气血不足有饮食的问题，更和情绪和思维有关联，人都知道生气容易气凝，气凝必然导致血流不畅，但仔细分析人为什么会生气呢？一定和思维结构有关系，往往想不开的人会生气，往往气度小的人会生气，往往偏执的人会生气，那些乐观开朗的人可以解嘲还可以自嘲，往往会将一切不快抛入脑后，因为他们懂得在这个世界上永远没有两片同样的叶子，不能改变别人，自能调侃自己。

因此从身体的整体情况来讲，要从身体结构、气血流动、思维意念等三个部分考虑，最容易解决的是前两者，后者是比较难的，但往往我们把主要的财力物力和人力都投到了前两者上面，而后者却用心用神不够，实际上也很简单，就是持续不断地学习，学习是一个人获取青春的秘诀，也是打开与世界能量交换的最佳通道，什么时候没有了学习，就如同井底之蛙，会完全活在自我的世界中，当然现在意识到这一点也不晚，一切还来得及，要知道什么时候清醒过来都不迟，只要没有出现质的突破才可。

女人是无形的教科书

昨晚到4点左右，咳嗽一直不停，女儿走到身边忙着帮我到水，又是帮我烫毛巾敷面，我的内心不时涌起一阵温暖，想想小的时候，妈妈总是在我们生病的时候总是变着花样做很多好吃的，生怕我们饿着，看着我们生病，就从心里急。自从初中住校起，就难以享受这种待遇了，一个人在外要全靠自己照顾自己，有时候即使特别难的时候，也要一个人自己扛下去，因为给妈妈说只能增加她的心理负担，这是我最不愿意看到的。到我的孩子成长长大以后，我无意中发现，她一个人也会照顾自己，自立能力还是蛮强的，很少在电话上给你诉苦，更没有把难事推给你或者责怪你什么的，这一点让我极为欣慰。

当然这都是好的一面，但同时也有令人纠结的一面，比如看到妈妈和哥嫂之间发生矛盾，看到过去几十年妈妈和爸爸之间的关系，我又从中汲取了一些有价值的"教训"。妈妈天性好强，因看不上爸爸干的活总是唠叨个不停，于是爸爸便很少再去做家务活，结果家里的事全返给妈妈了，使她更为辛苦，当她生病后，却很难吃上一口可口的饭菜，于是她便怨言升起，搞得家里气氛很紧张，整个家庭的轻松与凝固似乎与母亲的情绪仅仅相连，这便是孩提时代留给我最深刻的记忆。后来哥哥开始找对象，直到结婚生子，整个过程中不时有小"战争"发生，于是我会时常放下手里的工作飞过去解困，虽然是解困，但毕竟远水解不了近渴，心里着急上火不说，往往回来后很长时间才能走出来，真有些无奈之感，但又不能袖手旁观。我也从中发现妈妈教育孩子是有一些问题的，比如她的固执她的坚持，不能容忍哥哥持不同意见，另外当自己身体状况不佳的时候，她会受情绪影响非常大，因失控说出很多伤及自尊心的，很难收回去的话，哥嫂会反唇相讥，反而给予她更大的伤害，这种彼此的伤害虽然随着家境情况的日益好转，现在都已基本消失，也很少再打电话给我前去解围。事情过去很久了，我发现妈妈的一些问题也时不时在我身上浮现，比如容易急躁，情绪带动身体的状况，比如说出去的话很硬不中听等等，但这段令人难过的经历让我从中悟道一个真理，要做一个智慧的女人，还是要去读书，要去了解世界，当你的世界大到宇宙，你心中什么样的问题都不是问题了。

这个世界真的很大，人一旦在宇宙中就变得微乎其微，只是我们生活的局限，以为世界很小，那是我们还不了解这个未知的世界，因为生活圈子的狭小，就会自我保护意识的强大，自己力量的高估，始终让自己与同类人进行比拼，不愿意吃了亏。在这样的思维主导下，采取的不是积极的融合，而是相互间的抗衡，其结果是两败俱伤，有时候，我在想化学中的软硬离子才能亲和，也许是有一定道理。

我们再看看名女人的情况，最近网上报道的彭丽媛，成为中国的软实力，我收集了她很多的照片，她强势气场的外表下，有一股暖暖的正能量会流淌在你的心坎上，你很少看到她有什么"瑕疵"。早在90年代一次北京电视台举办抗洪救灾义演时，我曾在后台见到过她，她当时正在接受采访，她说过的一句话至今留给我很深的印象，作为一名军人，绝对不能去承接商业广告，虽然大家都知道它的经济价值相当可观，但我们也不能那么去做，军人是有严格的组织纪律性的。当时在后台的还有董文华、宋祖英、张明敏、徐沛东等，能有机会近距离接触他们，真是幸运得很。女人身上的正能量可以传递给她们的孩子，还可以影响到她们的丈夫，甚至在不经意中就完成了一部高质量的教科书，其力量难以估价。我也关注梦鸽、薄谷开来等人的情况，保护自己的孩子是她们最原始的动因，这一点似乎是所有人都能接受的，但是凡事都有个尺度，可谓真理再向前半步就会成为错误甚至是灾难，想想看，问题到底出在哪呢？还是活在了自己的世界里，想当然把这个世界估计太小了，把自己的价值高估了，人一旦不能认清自己，就会跳不出自己的圈圈去超然看世界，自然会把自己和他人、社会的关系颠倒了，这样境界的人很难一览众山小。其结果即害了自己也害了别人。

我常想，一个女人真得不能完全活在纯物质世界里，特别是现代社会里，够用为基本原则，太多都是一种浪费，也是一种负担。儿女只是我们生命的延续，不是我们的私有物，当她一旦走向社会就是一个独立的人，需要自立，我们最多的只是远远看着她们，给她们人生的方向和生活的勇气，其余的根本无法替代也更不可能替她们包打天下，说到底内心世界的小还是大，是自我还是社会，是自私还是公益很大程度上是衡量这个女人可否成其成功智慧女人的重要标识。所谓小女人，如果能及时意识到，也许会在有限的时空中，把更多的正能量释放出去，而不再一昧着索取自保，也会最终成为成功的教科书。

快乐的女人会带给周围人快乐，大气的女人会到给周围人超脱，聪颖的女人会带给周围人智慧，平静的女人会带给周围人和谐，幽默的女人会带给周围人舒心，淳朴的女人会带给周围人踏实，相反，孤傲的女人带给周围人冷漠，自私的女人带给周围人戒备，暴躁的女人带给周围人晃动，小气的女人带给周围人偏执，娇媚的女人会带给周围人不安，我们无论是哪个阶段的女人，你身上的表现都无法抹去两个东西，一是继承，二是传延。试想我们如果能继承上一代好的优秀基因，再将其传延给下一代，我们就算一个合格的母亲，没有这个基础，即使我们的事业再成功，社会地位再高，当我们要离开这个世界的时候，仍有很多的放不下，那时候即使有再多的财富，又有什么意义呢？与其做一个表面风光的女人不如做一个内心富足的女人，因为只有你自己清楚你是不是一个成功的女人。

三人之行必有我师

从新疆回到北京这一段时间，一直忙于孩子的事情，心情不免变得有些急躁，工作方法也相对简单化，效果不很理想，经朋友一点拨，发现自己身上的问题还不少，我很感谢这些朋友，他们总能在我思维没有开窍或者出现问题的时候给我积极建议，让我从中学习不少知识。经过认真梳理将朋友的建议总结出一下十一条，仅供大家参考。

一、要始终抱有敞开心扉的状态，积极倾听他人的观点，不要轻易拒绝或者打断，也不要根据自己的喜好选择听取或者截取内容，即对己有利或者望文生义，这样都对自己的成长发展不利；

二、要尽可能从不同角度去同理性理解对方所要表达的意思，注意不要只站在自己的角度看问题或理解问题，要站在对方的位置上去看或者理解事物，尽可能用对方的语言去表达；

三、对一件事情的处理，一要从整体布局看事情是否有可以调整的余地和空间？如果没有机会不易在此方面投入过大的精力。二是如果第一条可行，就需要细细观察事件的当事人的动机行为，是善意、无意还是恶意？三是积极采取有效的应对对策；

四、要培养孩子对事物的关注能力和观察能力。不要轻易在孩子集中精力的时候去分散孩子的注意力，相反还需要积极鼓励这种状态，为了这种能力的培养，家长要放弃一些本来固有的错误观念和习惯，比如看到孩子在捡拾一些脏东西等等，马上把孩子捡到的东西顺手扔掉，实际上你的这种行为恰恰剥夺了孩子固有的好奇心或者创造力，这对于孩子以后的成长发展是不利的；

五、家长不要轻易指责自己的孩子，凡事出现问题多从自己身上查找原因，而不是怪罪周围的人，这种不好的习惯和行为会在不自不觉中言传身教给自己的孩子，使他们在长大以后养成了喜欢把责任推向他人的毛病，一旦形成就很难改变；

六、凡事都要客观理性地去看待，不能太感性化，情绪化，这样容易走偏或者走极端，要冷静下来认真进行分析，利弊都要权衡，不能只看一面。另外不能一出问题，就随意刨根，是什么问题就解决什么问题，不能动摇已经形成的基础；

七、人要时刻惜福。不懂得惜福的人，就不会很好地控制自己的情绪，任随脱缰，放纵自己的性子，这样做对己不利还会伤及他人，一旦伤害对方的自尊心，就很难恢复到过去的状态，到那时候后悔也来不及了；

八、两个人走到一起很不容易，能相伴一生就更为不易，因此要宽容善待并智慧经营。往往在特殊的环境中两个人更能产生相依相伴的感情，那种"不经历风雨难以见到彩虹"的友情通常难以持续或者在艰难时刻经得起考验；

九、要培养孩子的核心竞争力，这是让孩子能在这个世界立足的关键。而不是给孩子灌输自己以为正确但早已过时或者并不正确的观点，比如单位的稳定、靠谱等等。时代在发展，过去那种完全依靠单位的日子不会再来，一切需要自己的打拼，要让孩子知道自己的核心竞争力在哪？通过哪些路径可以慢慢生长出来，这一点要给孩子正确的引导，不能总去关注孩子之身以外的什么力量；

十、家长不能己所不欲勿施于人。要善于与孩子双向互动，不能家长制或者一言堂，那样不利于孩子的快速成长。要善于倾听孩子的心声和想法，不要盲目做出判断。但要帮助孩子分析利弊，并遵循成长规律做积极正确的引导。

十一、不要随意夸大或者改变事实。真理向前跨半步就有可能成为谬误。我们要力求全面、客观和公正地看问题，不能主观臆断或者随意夸大，那样对我们很好处理解决问题都是不利的。我们日常往往为了自己的需要，准确地说为了功力目的，不顾及事物的原貌，任意歪曲事实，这样我们对世界的了解永远都是混沌的，也是不彻底的。

我们每天会遇到各类不同的朋友，他们可以是我们人生中的导师，我很"惜福"，没有他们，我也许会在"黑暗"中摸索很久，或者偏离正确的人生轨道，正是因为他们的帮助，我才走到了今天，我要对这些好朋友道一声：谢谢啊！我要常怀感恩之心，常念相助之人，常感相识之缘，常忆朋友之情，真正的情义，贵时不重，贫时不轻。什么时候也不能忘记他们对我的好！

艺术的魅力

今年的中秋节过得有点特别，也很意外。去了一趟训练场，还没有换好衣服，突然一个舞友拿过来一页纸，上面写着舞经两个大字，我立刻神经兴奋了起来，快速地将里面的内容读完并开始体验起来，我发现每一天总会有一点小小的收获，也许是上天赐予我这份特别的中秋礼物。

舞经中的主要内容是这样的，"其舞之道，贵在意合，意动身随，力在其中，高者运腰，发力奇巧，中这肩胯，不上不下，低着走步，其形必误。是谓：身正腰直气轩昂松弛稳定第一桩，和合交融为一体，主从有序方为上。脚正直，力内聚，勿外开滚动移，进退须分踝趾序，横移掌趾内侧起，膝宜松，常相依，胯依稳常提起，腰腹相接通信息，平衡稳定靠自己。移动意在先，脚如水行船，重心常与单脚合，双脚并重呆如鹅，脚到重心到，舞艺高超最忌下盘独自行，重心滞留臭难闻。侧身勿用肩，重在腰轴转，同侧移动肩引导。融入侧身力奇巧，倾斜变化多，旋转姿娥娜，纵轴偏移莫用肩，旋转方向是要点，摆荡出飘逸，秋千做类比，切莫起势加俯冲，完美全靠支撑功，升降功夫在踝趾，膝盖放松居其次，躯干动作靠'上挺''打开'有间隔是要领，倾斜摆荡加侧身，融入升降混难分，诸般技巧要为帅，无帅之兵兵必败，动如脱兔，静若卧虎，飘似轻烟，稳如泰山，刚柔相济一线穿，起线如云剪不断，与其求形而相似，不如求神而自立，舞之精髓在于魂，魂魄聚而形自生"。

我一直内心存有信念，万事万物都是相通的，舞蹈如人生，它的很多原理对我们处人处事很有启发，可谓人生如舞，岁月如歌。比如舞经中的最后两句"与其求形而相似，不如求神而自立，舞之精髓在于魂，魂之魄而形自生"，要求我们做一切事情都要靠自立，自立凭借的是"魂"，即内心的一种坚定信念。

曾经我看过阿兰.德波顿文集《身份的焦虑》，该书译者是陈广兴、南治国。书中写到尚福尔的《格言录》（1795）和爱比克泰德《谈话录》的两段文字，"大自然从来没有命令我：'要摆脱贫穷。'大自然也从来没有命令我：'要尽力致富。'她只是请求我：'你一定要自立。'""决定我幸福的不是我的社会地位，而是我的判断；这些判断是我能够随身携带的东西，只有这些东西才是我自己的，别人无法从我身边拿走。"

在日常的生活和工作中，我们会有时显得很焦虑和纠结，一直处于比较心浮气躁的处境下，但一旦进入到艺术的领域中，你就会被它的魅力所开悟，不知不觉似乎感到心里平静了许多，似乎找到了生存中缺陷和生活中的问题解决方案。不知不觉当中，"潜移默化地向我们揭示我们生活的生活状态。它们有助于引导我们更正确、更审视、更理智地理解世界"。

艺术到底有何用处？曾经有人这样问我？我一直在思考这样的问题。不瞒大家说，我从舞蹈艺术中确实尝到了很多甜头，一是身体的力量增加了，过去是软绵绵的，特别是腰部没有力量感，如果要为帅，没有力量的帅怎么可能带兵打仗呢？二是从关注外力开始关注向内力转移，过去总想借助他人的力量跳好舞的意识有了根本的改变，完全把注意力放在狠练内功上。从内心坚信内力不增长，舞技无从提高。三是学会了透过事物的现象看本质的本领。不再简单停留在事物的表面上，或者被事物的外部或者诱惑，内心会很镇静而且变得强大，更主要的是不再斤斤计较，而是能真诚敞开一切。四是生活中有了念想，总能有让自己心动和追寻的事业，总能在平淡的生活中找到乐趣，总能对社会的一切事物产生联想和好奇，这一切的改变都是从舞蹈中收获的。虽然，我不知道以后会有怎样的变化，但从事舞蹈艺术和青年干部成长规律研究工作是永远不会变得,相反,会沿着这条路持续、坚实地走下去。

人要学会两次发力

我的国标舞老师说:好的舞者之所以区分普通舞者是在于他能两次发力。第一次发力都是所有舞者清楚和能做到的,但通常舞者就以为这就够了,实际上在第一次发力的基础上能够第二次发力,一下子就提升了舞者的专业水准,让观众总会感觉你的舞蹈就会与其他舞者不一样,有时候会有一点触及灵魂深处,打动和感染甚至是一种震撼。

我在2013年18期《读者》的一篇"每个故事,都种在灵魂深处",作者是村上春树,从中看到了两次发力与人生故事之间的必然联系和内在机理。文章中是这样说的:我们每个人,都好比一座双层建筑。入口在一楼,那里住着我们的家人;二楼是每位家人各自的房间,大家可以在这里自由地听音乐、读书。还有一个地下室,我们姑且称之为"灵魂地下一层"。这是一片广阔的空间,储存着我们记忆的碎片。而不为大部分人所知的是,在更深处的"地下二层",还有着一间漆黑的屋子。没有人知道这个黑屋子有多深,也没有人知道它的最低处能到达何处。

我在尝试着与众多姐妹同台舞动的时候,总不能把自己要表达的思想和情感充分展示,因为关注点总会放在动作的一致性上,要顾忌团队整齐与否,有时会在同伴们的意见矛盾中去做协调化解工作,于是我陷入一种纠结中,自己是在舞蹈作品的创作研究工作吗?是在为舞蹈而舞蹈吗?实际上我要的不是这个,而是在全身心研究舞蹈与人生间的关系这样重大的课题,这项研究的价值就在于如何运用艺术、时尚、情感元素,准确地说如何通过艺术内在的原理找寻对青年最有效的影响路径,我们现在为什么不能有效地引导青年，是因为我们并没有深入到青年的内心世界之中去，即使我们深入了，也没有真正深入，为什么？是因为我们并没有进行第二次发力，也就是我们并没有完全进入地下二层，即完全触及人灵魂的地下二层。

　　文章中还提到：在音乐和文学领域，虽只需触及"地下一层"就能进行创作，但是这样的作品很难拥有撼动人心的力量。美国作家菲茨杰拉德曾经说过，要想写出与众不同的作品，就得用区别于别人的语言。也有人曾经问美国爵士乐钢琴大师塞隆尼斯·孟克："你如何能弹出如此美妙的声音来呢？"他的回答是："这世上的每一架钢琴都是88个键，每个人都是在这上面进行弹奏，没有什么区别。"然而，再也没有第二个人，能弹出像他弹奏的那样精美绝伦的曲子。毫无疑问，以上两位都找到了通往更深处——也就是"灵魂的地下二层"的道路，在整个艺术领域，这都是十分难能可贵的。

　　怎样做到能通往"灵魂的地下二层"呢？这就需要二次发力，简单停留在第一次发力的状态上显然不能触及人内心的灵魂世界，只有第二次发力才能让我们的世界变得与众不同，才能真正进入到内心最核心的部位，即灵魂的最深处，甚至见底，才能体验着别人所没有的独一无二的人生，也只有这样，我们做出来的东西才会让人产生共鸣，让人震撼并无法忘却。

　　对青年的引导需要我们二次发力，现在不能仅停留在表面，越是表面的越是不持久的。

积极吸纳正能量

　　近些天开始与各方面的研究学者接触交流，提出的积极建议特别让我力量倍增。

第一是李艳红老师关于《研究杂记》之二文稿的修改意见有三点，一是克服表达的随意性，减少太多口语化的表达，尽可能语言文字再凝练，提升书面语言表达的层级性和境界性；二是注意书中内容彼此之间的逻辑性，建议打乱重组，按照逻辑次序排列；三是要在平铺叙述之后注意最后的提炼，提升杂文的价值和意义。这些意见提得都非常到位，都需要在以后的写作中不断改进。李老师是我院从事汉语言研究和教学的资深专家，我也是很有幸和她相识，自感语言表达这方面的功力很不够，便请求她帮助我。在这之前出版的《研究杂记》之一文稿也是由我院中文系朱玲老师帮助修改的，让我至今都心存感激，从每一个标点符号和每一个词句，都凝结着朱玲老师的辛勤付出。我要把两位老师的点评文章将来放进《研究杂记》之二的序中或者前言中。

　　在与李老师的交流中，我很欣赏她的表达方式，很清晰有层次也很形象。比如她在阐述书的章节结构问题时，用一个女人的着装形象比喻。她认为一个高品位的优雅女士，往往其品位是没有痕迹的讲究，是魅力无穷的，她从头到脚乃至首饰再到头上的一个发卡都是具有逻辑搭配的，不是随意安排的。当然那种从骨子里散发出来的或者与生俱来的美丽才是最最让我心动的，仅是外表的美丽还不足以打动人，李老师说：任何一个人要达到这一效果，必经从刻意到自然的过程，没有这种意识就难以提升自己的品味。我之所同意她的这种观点，是根据多年舞蹈训练的体验得出，在起初舞者行进的每个点都是要留下很深的印记，之后随着日复一日，年复一年的累积，发现这种痕迹慢慢淡了，所有的痕迹都连成了弧线，你已经不再那多停留了，很自然到那个点就轻轻滑过，我说的是滑过但不能越过，内心还是要有过程意识的，至少做到外人看不出这个点，但你的内心要有，只是不再刻意去表露而已，这是业余者和专业者之间的差异。同时还有一个差异就在于，业余者在举手投足时，往往直上直下，没有回旋，要专业者在举手到高位不能再提高的时候，往往采取迂回战术，稍稍下来一下积聚能量最后再调上去，这样既不生硬也不干涩，相反会出现奇特效果，观众似乎感到很柔美同时很舒服。实际之间就差那么"一点"，略停顿那么一会，以为要下来了，结果突然上升，这实际体现的是一种精神，一种不甘于落后不满足现状，蓄积力量做最后努力的表现，是一种积极向上勇于迎接挑战的可贵品质。我一直坚守人生如舞的理念，内心的力量永远是最强大的。

二是在参加我院青少年研究院的工作例会上，沈杰老师的发言让我受益。他提到一个好的领导要想办法留下制度遗产，一个好的学者要甘于寂寞，要内心强大抗衡外界诱惑留下研究成果。其中他还提到坐冷板凳不比接地气容易，我理解他的观点，但保留自己的意见，我认为这两者之间是不可以做比较的，因为研究对象不同，采用的研究方法不同，是以文献研究为主还是以个案访谈和问卷调研等研究方法为侧重的问题，完全根据目的需要和效果评价而定，我们在研究中更多的是采取综合性的研究方案，几种研究方法并用，当然主要是在应用研究领域内，但基础理论研究中主要凭借的是文献研究方法，我认为沈杰老师谈的主要是应用研究和基础研究的差异性，从这个角度来说：他的观点是有一定道理的，毕竟基础研究更为重要，需要研究者要有坚强的内心定力，甘于坐冷板凳的持久耐力，这一点很多人士难以做到的，我们还是要抱着敬畏之心真诚尊重那些从事基础理论研究的学者和专家，从他们身上汲取更多的养分和能量。十年磨一剑，能在这一领域干上几十年，就很了不起，我们能做到吗？我自己就没有做到，要向这些专家教授们致敬！

三是舞蹈的理解有了升华。一次在训练中，我的好友看完后提了几点意见让我信心增加。他说：控制力上比前些年好了很多，音乐节奏感有提高，只是爆发力上还不足，舞蹈语汇还不丰富，表现力不够，也许是因为训练时用的是交谊舞音乐，不能表达故事的缘故。他还是认为：舞蹈是要表达故事的，只有完整的故事才能打动观众，一定不能用节奏感太平的音乐去表达，这样会受到很多局限。要注意控制和爆发力的运用、中高低位动作的搭配以及动静的结合等等，这样才能给观众一种震撼。朋友的建议对我太有帮助了，在新疆还有一年的时间，还要完成一些舞蹈作品，力争在这些方面要有所突破。

男人中的女人和女人中的男人

我们这个年龄段的女人如果不注意自己的言行，很容易让人不待见，或者给周围人带来不快。我有时也会观察这方面的细节，比如会听听男士们对女人的抱怨是什么？其中最多的是讨厌女人翻自己男人的包，无休止唠叨，随意发脾气等等。还有就是"强迫症"，即非要做这件事，不做就不行，给男人很大的心理压力，使得男人一点火就着。我曾经也经受过50多岁女领导的脾气火爆的场景，那个时候还没有关于"更年期"方面的意识和知识，现在想想与这个特殊时期有一定的关联度。因为经历过，便感到这样的不妥，于是便要求自己不能随意发火，凡是要讲究个规矩和道理，但有时还是没能控制好自己，偶尔也会自己和自己较劲，事情过后留下来的经验就是：要把自己的生活搞得丰富些，万不能将关注点放在某个人或者事上，没有问题都会找出问题来，而且还会累积叠加形成一股强大的负面能量，对身心健康和环境优化都非常不利。要知道一旦让自己的情绪爆发，就会说出的话很难听，不容易收回来，即伤害自己也伤害他人，得不偿失。不妨先放下来，去做些别的事情，也许在这期间你的注意力就转移了。当你心情平复下来后，你再去与别人交流时，说出的话就不那么"横"或者"硬"了，这样不容易让自己过不去的。总之，要设防设法把自己内心中那么一股不正常的负能量排泄出去，不然正能量被阻隔进不来的。

也许是岁月的流逝，年轻时的刚硬和盲动都少了很多，更多的是理智处事，但也不凡保持年轻人的那种激情，还有自己的梦想，这让我很得意。因为有梦想就有奔头，即使公转出现问题，你还有自转，还在为自己活着，你就有存在的价值，你就有可能制造出机遇和奇迹，当然你的存在不能给别人带来伤害和痛苦，这是一个做人的底线，你只能努力尝试怎么让周围的人和你在一起会开心些愉快些，当然只能是努力而已，因为在这个世界上总不是所有认识你的人都喜欢和你在一起，那么要容许别人有自己的选择，尊重别人的感情，你要做的就是保护好并珍惜好那些对你有好感的人，对那些不接受你或者非议你的人保持客气和礼节，千万不要去计较更不能去辩驳，因为这种能量的消耗是不值当的，你只管做自己的事，让自己的内心强大起来，同时也要自己反省做的不到位的地方，还要保持大度的心胸，善于从对方学到有价值的内容，比如他的不接受是什么，是不是自己的问题，如果是一定要改过来。要特别识别和善待那些真正为你好的人，虽然他们的意见不怎么中听，但一定是良药苦口，总比那些无原则地对你言听计从的人要好，"一个人什么时候自我膨胀过头的时候就是灾难到来的时候"这句警醒名言时刻让我头脑清灵，从中让我们少走弯路。

作为女人还是要优雅的活着，那种不是完全活在纯粹的物质世界里，有自己的精神追求，有自己的一份事业，有自己的感情寄托，还有什么好担忧的，剩下的就是去帮帮周围的人，去做点自己想做的事，当不能给周围世界不能带来太多的利益时，也要去做一个环境和谐因子，一个能得到周围人发自内心的尊重，不单单是权力和地位，不单单是金钱和物质，可能还需要一点精神、一点品位、一点境界，前者是基础，只有后者才是持久的。志同道合很大程度上是价值观的认同，没有这个思想基础，一切都无从谈起。

女人中男人，是需要有责任感的，一个在关键时刻不能挺身而出的男人，女人从骨子里瞧不起的。还有原则感也很重要，不能识别大事与小事的男人也会有问题的，因为不能再重要关头给你以指导和启迪，女人便不能很好前行。一个智慧的男人会耐心同理性倾听女人的絮叨，从中他会觉察到女人的需要或者存在的问题，也许絮叨内容不是什么重要问题，也许只是小女人的一种情绪排放，也许从内心并不奢求解决什么问题，但是有一点可以说明，她对你还很在意，这就能够让你觉得自己是有价值的。

大千世界人海茫茫，每个人能停下脚步和你交流上两句，这都是缘分，如果能一同走过人生最美好的一段那更是一种奇缘，你只有好好珍惜的理由，没有浪费和错过的理由。

制造生命心流的三根柱

最近重新翻阅俞敏洪所著的《生命如一泓清泉》和米哈里·契克森米哈赖所著的《生命的心流》，对生命开始再次思考。

在前一本书中，有一篇文章"一堆散乱的砖头"给人们的启示最大，主要讲的是俞敏洪父亲的故事，老人有平时捡散乱砖头的习惯，不知什么时候用这些散乱的砖头盖起了一间漂亮的房子，如此想到我们每个人大部分的日子都是平淡而琐碎的，都像似在捡散乱砖头，但不同的是捡的目的不同，有的人心中有理想，有的人心中没有理想，有理想的人于是用这些捡来的散乱砖头砌成了房子，而有的人永远只是为捡散乱砖头而捡砖头，于是捡来的砖头只是随便地永远堆放在那里。理想是从小变大的，是一个一个台阶走上去的，俞敏洪的创业过程就是从废旧的车间开始，最后用这些散乱的砖头砌成了"新东方大厦"，正如他在书中写到的"一个人不论有多么伟大，如果把他的一生拆成每一天，就会发现大部分的日子都是平淡而琐碎的；但如果一个人有了理想，平淡和琐碎就能够凝聚成伟大。平庸的人一辈子只拥有琐碎，伟大的人却能用琐碎堆砌成了伟大"。

在后本书中，作者也多次反复提到过生命的质量要重在创造生命的心流，而生命的心流就是就是许多人形容自己表现最杰出时的那份水到渠成，不费吹灰之力的感觉，也就是运动家所谓的"出于巅峰"，艺术家及音乐家所说的"灵思泉涌"。当心流出现时，身心高度集中，行动与回馈不断互流，乐趣油然而生的感觉，这是生命的最佳状态，是生活的"最优经验"。掌控心灵意志，达到心流体验的瞬间，你将撬动生命的力量之源。在该书中提到心流有助于个人的成长，心流体验宛若一块学习的磁石，帮助你发展高超技巧，并向高难度任务挑战。不论做什么事，若能一面乐于其中，一面不断成长，就是最理想的状况。同时作者还提到心流感受的全部过程：在目标明确、能够得到立即回馈，并且挑战与能力相当的情况下，人的注意力会开始凝聚，逐渐进入心无旁骛的状态。由于心流发生时，人必须投注全副精力，意念因此得以完全协调合一，丝毫容不下无关的念头或者情绪，此刻自我意识已消失不见，但感觉却比平日强烈，时间感也有所扭曲，只觉得时光飞逝，瞬间已过数个小时。一旦整个人的身心都发挥到极致，不论做什么事都会价值百倍，而且生活本身就会变成目的。在身心合一专注的情况下，生命终将获得极致的发挥。

为什么我要把两本书放在一起呢？前一本书多在讲我们人生的目标即理想，而后一本书在讲生命的感受，实际上我们既要确定人生目标，同时更要享受生命的过程，只有兼得两者，我们才能成为这个世界上最富足的最完整的自由人，这也是我们的人生最大的追求。

我常常问自己三个问题，我们从哪里来？现在要到哪里去？怎么去那里？用专业术语讲就是"定位"、"目标"和"路径"，我们每个人都要面对这三个问题，上百次上千次上万次地问自己，回答不好就意味着我们的人生会误入歧途。也许有的人会说，我从来也不想着些问题，你不想这些问题，不证明它们不存在，试想确定目标是为啥？一定是用来前行和奋斗的，人没有目标会迷失方向。在行进目标的路径有很多，你要选择哪条路径，这需要智慧和勇气，一个人来到这个世界上如果只是为了过日子而日子，那就失去的意义和价值，一定要找到最适合自己，最能让自己活出精彩，最能从中体验生命的心流的路径，也只有你自己清楚这条路径可以在离开世界的时候让你无怨无悔，死无遗憾。

在我们以往的生活经验中，发现支撑生命有三个重要支柱，即身体、事业和情感，我不知道是不是还有第四根支柱？当然身体什么时候都是第一位的，我们通过合理膳食、适当运动、平衡心态和科学生活方式等手段保护好我们的身体不出现状况。我们都有感受，当身体不好的时候，我们的生活质量很难提升。现在从全新的健康理念讲，预防和治未病要重于治病。其次是我们的事业。事业不完全等同于工作，ESM研究意外发现，成人生活中的心流多出现在工作时期，而非闲暇时刻。当人处于高挑战、高技巧的状态下，且自觉十分专心、深富创造力、相当满足之时，多半是在工作时间，而非在家中。我们要下决心让工作具有个人意义，即使是平凡的工作，也可以增进生活质量。同时当工作的内容成为自己生命中的一部分，它就不是单纯意义上的工作了，而是成为自己那份难以割舍，制造生命心流的一份事业。杰出的心理学家坎贝尔（Donald Campbell）告诫年轻的学者："如果你的兴趣在金钱，就别踏入科学界；如果你不能成名，又无法乐在其中，那么也别选择科学；倘若你能获得声名，自可受之无愧，但别忘了，你真正喜爱的是这份事业。"美国前桂冠诗人斯特兰德（Mark Strand）谈到对这份事业的追寻时，将心流的概念阐释得十分明白："当你沉浸在工作中，你便失去时间感，完全出神，全副精神都贯注在所做的事情上……当你将某件事情做得十分出色时，你会有一种难以言喻的感觉。"《生命的心流》研究还表明：工作和事业是否有助于个人生活的提升，并非取决于外在条件，而是在于我们的工作的态度，以及面对挑战时，我们能汲取何种体验和感受。

接下来我们要谈谈支撑生命的第三根支柱即情感。一个人的情感有三种，亲情、友情和爱情，我后来还提出过第四类感情，这种感情是介于友情之上爱情之下，特殊时期特殊年代特殊经历的一段感情，比如一起扛过枪、一起下过乡、一起援过疆、一起留过学、一起打过工等等，无论怎样，这些感情都无疑成为一个人强大的情感支持系统，"当你为生活中最佳及最坏的情绪寻找解释时，一定会想到别人：情人或配偶既能令你心花怒放，也能让你沮丧气结；小孩儿娇憨甜蜜，但也会伤透你的脑筋；老板的只言片语足以令你笑逐颜开，也能使你一整天愁眉苦脸。我们平日所做的各种事情，以人际互动最不可测，前一刻还在心流状态，下一刻却极可能转为淡漠、焦虑、松懈或无聊。由于人际互动对心理具有莫大影响力，所以临床医师利用愉悦的人际互动，研发出各种心理疗法。无疑，个人的身心健康深受人际关系的影响，我们的意识也被他人的反应所左右"。(《生命的心流》)现在社会中，一个人要想充分享受人际互动，让自己的心念常常保持条理分明，首先就必须努力找出自己与别人目标的一致性，哪怕一丁点儿共同的目标；其次必须愿意关心别人的目标。只有这样才有可能从人际交流中得到无价的收获，体验到完美互动关系带来的心流感受。

在当今的大学里，情感教育显得不足，青年学子们缺乏对情感系统的认识，往往关注于爱情体系的建设，忽视其他感情的经营和积累，一旦失去爱情的时候，就彻底毁掉自己的其他感情价值，出现白发人送黑发人的悲惨局面，在亲情、友情和爱情三种情感面前，我们都需要同步经营，这是爱的教育，同时也是提升一个人生命质量的力量源泉。做一个有情有义的人，是我们每个人必修的功课。

我们一生都在加固这三根柱子，只有这样，我们的内心定力才会强大起来，才会抗衡来自外界的各种干扰和诱惑，让我们的生命之桌永远不倒，同时充分享受、体验和制造生命的心流，让我们的人生从此与众不同，更加精彩。

改变别人不如调整自己

每个人来到这个世界都是独一无二的，最令人惊奇的也是在一棵大树上不可能找到两片一模一样的树叶，这就注定人与人之间是有差异的，不可能完全重合，那么要在一起生活、一起共事、一起舞蹈，就需要去寻找彼此间的共同重合部分相互靠拢，利用好彼此之间不同的部分制造空间、充分延伸并创造奇迹。

国庆节没有出远门，充分利用时间休息，看书，与女儿交流，这是很享受的过程，过去没有时间细细思考如何与人相处这个问题，现在感到两个人相处的学问的确很大，试想，两个人从相遇、相知、相识到永远，这之间的磨合历程是有规律可循的。我常想到两个刺猬的典故，两个刺猬冬天要抱团取暖，可以有两个办法做到，一是都把自己的刺头削掉一半，以便不刺伤对方，二是保持各自的刺头，但需要不断磨合能让自己的刺头插到对方的空隙，当然还有其他的办法，完全可以尝试。我还是坚持"这个世界没有做不到的事情，只有想不到的事情"这一观念。

国标标准舞一直让我痴迷，其主要神奇就在于它揭示了两个人肢体沟通的奥秘，国际标准舞高手都是长达十几年以上的合作，其默契程度让人惊叹，两个相对独立的人跳起舞来就如同一个人一样，其背后付出的艰辛可想而知。两个人从开始到默契，往往要经历一个抛物线的过程，如同生命的历程，也可以是一个U型，总之不是经过一个高潮就要通过一个低谷，这个体验必须是要经受的，绝对不能跨越，必须留有痕迹，我也细细观察，若是没有这个过程，那结果一定不会持久，当然这期间也会出现波澜起伏，这无碍整个大的趋势，我不认为现在的年轻人有这样的心理准备，所谓的闪婚、裸婚和隐婚等等都是与这一普遍性规律不怎么相符，我自认为还不能接受和理解，因为在我看来，轻易结婚或者轻易分手是一个人不成熟的表现，也是内心定力不够强大的表现，甚至是一个人缺乏责任感的表现。

前面我们说过两个人走在一起非常不容易，不要轻易说分手，特别是还没有走到情感的低谷就分手实在是一件很遗憾的事，当熬过这个低谷也许就没有那么多的纠结了，一切只需要耐心坚持即可，持续比戛然停止要好，既然我们选择了，我们就不要轻易回头，即使出现空白和真空，也要坚持下去，当然如果你最初的选择是有问题的，那绝对要马上停下来，将错误损失消灭在最低程度。一生中如何与对方相处，这个课题将是每个人必须面对的，与其改变不如调整，在精力有限的情况下，调整的代价会小很多，改变带来的绝对不是什么开心的事，会让自己陷入纠结和痛苦之中。

我们从自己的体验中也会发现，一旦发觉别人试图要改变自己，就会不由自主产生无形的压力，除非你是自己想改变自己，需要对方的帮助，如果不是这样，你会本能抗拒这种压力，接下来会把这种不舒服带给周围的人，就像弹簧一样压迫越强，反抗的压力越大，我们常说"顶上牛了"，我们与自己的孩子之间的关系很容易陷入这种尴尬的境地，这到需要我们做家长的时时提醒着自己，不能以家长的威严与自己孩子相处，其结果必然是两败俱伤。那么，我们要问，怎样做才能相处和谐或者有效呢？

国标舞给我的启示还是相当大的。记着一次听国际舞蹈家讲课，他用"托对方"和"用心呵护""自己消化压力"等等词语，当时让我很震撼也很心动。我们在舞厅中常看到一个男士完全不顾及女方的感受，强行拉扯连推带拽，这种肢体交流是很憋屈的，舞蹈是肢体语言加完美心灵，一个不懂得尊重呵护对方的人怎么称得上完美心灵呢？我见过很多舞林高手，他们两个人的身体就像一棵大树，四个大腿就像树根一样相互交叉盘根错节，始终控制扎根土地不离开土壤，身体的中腰部位相互抱团，绝不分离，就像树干一样坚挺无比，胸腰到头位部分像各自能掌控的空间延伸展示，就想树枝树叶尽情呼吸空气，享受阳光和雨露，自由飘逸和飞舞。两个人在行进的过程中，相互依存相互包容相互交叉相互伸展，最终才完成一曲动人的乐章，这是多么美妙的感觉啊！舞蹈是这样，人生不也是如此吗？

两个人相处不是通过强行改变，而是通过角度的变换达到最佳状态，两个人只要试着调整一个角度，就能制造奇迹出来，硬碰硬是没有好的结果，因为人的肌肉会僵化，思维会僵化，一旦僵化就会失去灵活，退一步可以海阔天空，但顶上去绝对失去自由，另外我们要善于把压力自己吃掉，给对方更多的是温暖的信息，身体的几个信息传递点非常关键，舞者通常是通过大腿肌肉的传导、两臂的肌肉传导、中腰段的腰肌传达等将信息发送出去的，在生活中我们更多的是借助语言发出信息的，站在对方的角度沟通就不会有太大的问题。总之要防止抱有强硬改变对方的心态去和对方相处，那样一定会无功而返，最后搞不好还会让自己很受伤。最理想的结果是对方认识到自己的问题，强烈要求自我改变。我们也要自我多反思自己的问题，人没有完美的，要在改变主观世界的同时才能改变客观世界，而不是要去改变别人的世界。

对青年成长规律的再思考

国庆节青年结婚得很多，喜庆鞭炮声不绝入耳，青年要成家要立业，这是人生最重要的大事啊！在我参加的青年婚礼仪式上，新娘和新郎都要把自己从童年到成人父母养育的过程展示给来宾观看，大家都有一种暖暖的心流荡漾，内心柔软的部位不自觉有一丝触动，眼睛也会在刹那间变得有些潮湿起来。是啊！一个人的成长过程哪能是一个幻灯片可以播完的，我们从出生的那一天起，就开始进入人生的几个重要阶段，比如胎教期、婴儿期、幼儿园期、学前期、小学期、初中期、高中期、大学期——接下来就进入社会，就业赚钱、结婚、生子，一直到退休，这个过程已经成为普遍意义上的规律。但只有这一点认识还是不够的，因为这是人生的表象过程，人生还有另外一条内在的成长过程线，即"知"、"情"、"意"、

"信"、"解"、"行"和"证"等七个的过程。

　　一个人的成长分外在成长，即生物成长，和内在成长，即精神成长，在这里我们重点探讨内在成长。我们都知道人之所以成为人，是人有精神意志，也就是思想。我们仅从生物成长角度来探寻人成长的全部规律是不可能的，还需要从更大范围，更深角度诠释人成长的全过程。现实生活中，我们往往关注人生物成长过程过多，忽视了一个内在成长的重要过程，而这一过程确实决定着一个人是否能成为完整人的标识。

　　在过去，我们在人的思想层面上比较关注"知、情、意"，这符合人类的天性，即认识、行为和情感，或是理智、意志和感受三种功能，与之三种功能对应的就是"真、善、美"的观念，于是我们开始研究逻辑学、伦理学和美学，坚定地认为逻辑学可以确定思想的法则，伦理学可以确定意志的法则，美学可以确定感受的法则，于是内心中有了，真是思想的最终目的；善是行为的最终目的；美是感受的最终目的，真善美是这个世界最无法抗拒的最大力量。

　　在援疆工作的两年中，特别下南疆四次，与那里的青年接触以后，我发现，仅仅停留在"知、情、意"阶段还不够，当然就目前为止我们这一阶段的引导工作也还是不足，青年受教育的问题，青年对四个认同的接受问题还处于不尽理想状态，就其关键的环节是"信"的过程没有解决。人一旦没有"信"，后续的"解、行和证"都无法实施，也就很难提升一个人的幸福指数了。

　　怎么让一个人从内心坚定一种信仰呢？而且能够在心里扎根一辈子的一种信仰呢？这个问题不解决，支撑他活着的理由和动力就有问题，没有它，人就不能生活，一旦确立了信，人就会解释信，行为信，并求证信，信仰如同人生的一盏明灯，这明灯始于人之初，指引着人走尽茫茫天涯的人生旅途。

　　也许是多年习舞的原因，我在自己身体体验的过程中，意外发现信仰的形成与天线和地线相关，在人身体的腰部，我们总要把所有的能量聚集在这里，随时等候头脑意识发出指令，快速将能量气息发射到需要的地方，当然能量的最初来源不是天线，而是地线，为了接应地下的能量，舞者往往要做出最佳的姿态即舞蹈的结构，此时舞者不是直立，而是呈坐高板凳式（此时能量传导最快），或者像运动场上的篮球队员，呈身体重心低位比较容易接到球，当能量接收以后，要通过托、提和挂等功课，将能量蓄积到丹田，这一过程完成以后，我们并没有停下来，因为还需要去接天线，通过继续挂、摆、荡完成身体的移动过程。可以说没有前一阶段的能量蓄积，就无法完成后一阶段的身体移动，它们之间的每一个环节是缺一不可的，最最重要的环节是在中腰部位，它是能量的中转站、加油器和催化剂，更是发动机，一个人成长的过程可能也需要这样一个关键部分，即"信仰"，即使对"知、情、意"的高度浓缩和汇集，也是未来"解、行、证"启动和实施，它具有统摄和中枢的作用。

作为舞者，我们每天要练习提升腰部的力量，要不断练习接应地心能量，又要练习把能量输送到身体各个部位，始终在地线和天线之间寻找运动的规律，在所有的过程中给我最大的启发，就是在中腰段只想着一件事，"坚挺"，为了"坚挺"，我要在一个时间中同时向两个方向发力，中腰下向下接力，中腰上向上延伸，尽力去够天线。日子久了，我品尝到了甜头，真信越加深入内心，于是后续的解信、行信和证信都解决了。没有这样的体验，无论如何我不能建立自己的"信仰"，这个过程很漫长也是坎坷，并不是短平快的过程，"知、情、意"是人生过程的地线，"解、行、证"是人生过程的天线，而信是人生过程最最重要的中枢站，什么是信，就是你坚定认为这样做是有价值的有意义的，反过来你认为有价值的有意义的事你才会坚定这样做，这种有价值有意义的结论不是别人强加给你的，而是你自己通过千百次上万次的实践和体验亲自获得的，因此回到人生最初的原点上，你一定要去实践，只有尝试，一切才会皆有可能。

祝贺中国青年工作院校协会城市团校专业委员会的成立

今年 3 月份中国青年工作院校协会第三届理事会召开，这是继 1994 年、1995 年两届理事会之后，是一直处于停滞状态以来的协会的第一次活动，这次换届具有划时代的意义，预示着全国团校发展的春天即将来临，重新开启新的篇章。

从 1994 年 5 月 25 日，中国青年工作院校协会正式成立。时任团中央的书记刘鹏同志在中国青年工作院校协会首届理事会上提出，培养复合型人才是新世纪团校工作的目标。要求各级团校完善教育结构，深化教育改革，加强师资队伍建设，各级团委加强对团校的领导，争取政策为团干部教育创造有力的外部环境。1995 年 9 月 28 日，中国青年工作院校协会首届理事会第二次全体会议上提出：团校要肩负起培养团干部和各类青年人才的双重使命。

回想全国团校的发展历程，我们很有感慨。1978 年 8 月 10 日，时任团中央的书记韩英同志在中央团校第十六期学员开学典礼上的讲话指出，为了适应新形势的需要，中央在"五四"通知中，要求"大力做好团干部的培训工作，立即回复和办好中央团校，省、市、自治区也要办好团校。"1984 年 4 月在中央团校召开第一次共青团工作理论研讨会，集中讨论第一本《共青团工作理论》教材，为全国团校正常开展共青团干部培训、教育提供了条件。1987 年 6 月在中央团校召开了全国团校工作会议，时任团中央书记的宋德福同志说：团校市共青团唯一能够保留团干部的地方，是共青团重要的阵地，今后团中央领导到地方去，一定要去团校。1987 年 6 月中央职称改革工作领导小组对团中央《关于全国团校系统实行专业技术职务聘任制的实施意见》做了批复，对稳定团校教师的队伍，推动团校的发展起到重要的作用。1988 年 2 月共青团中央和国家教委联合颁布了《关于实现团校教育正规化的意见》。文件指出，团校市培养和训练团的干部及其他青少年工作者的基地,在全国工作中处于十分重要的地位。基本任务是:以马克思主义基本理论、党的路线方针政策,青少年工作专业知识和技能的专门人才。团校教育在总体上分为:包括在职团干部岗位职务培训及学历教育在内的成人教育和实行社会招生培养青少年工作者的普通高等教育。其中,岗位职务培训是重点。1989年3月20日,共青团中央组织部出台的共青团干部岗位规范(试行)等相关文件,提出了:"团干部基础级岗位、一级岗位、二级岗位、团干部三级岗位,明确提出了土盎那部短期业务培训、理论培训、项目培训等思想,推动了各级团校的思想解放,广泛开展了各类短期培训工作。2002年6月全国团干部教育培训暨团校建设工作会议在上海团校举行。会议讨论了"共青团中央关于加强和改进团的建设的意见",进一步明确培养团干部和青年人才的双重使命,提出干部培训要有针对性、科学性、时效性,各级团校介绍和交流了团干部培训的新途径和新方法,推动了团干部培训工作的新发展。2006年5月在镇江市团校召开的第六次全国城市团校校长会议上,认真学习了中共中央颁发的《干部培训条例》,胡锦涛关于干部教育培训工作要联系实际创新思路的思想,认为这是团校系统在社会主义市场经济条件下建设发展的指导方针。会议明确提出团校必须坚持团干部培训、青少年素质提高、青少年理论研究三位一体的主业发展。2009年共青团中央发出"2009年至2013年团干部教育培训计划,强调以提高理论素养和实践能力为主旨,进一步增强针对性和实效性,推动全团干部教育培训工作的落实。

从1979年到1993年期间,全国城市团校也从恢复阶段、进入正规化建设阶段,期间有几项工作对全国团校的发展产生重大影响,一是在1985年10月,由杭州市团校发起,广州、济南、青岛等十五家联合创办的《全国市级团校通讯》创刊号在杭州出刊,成为全国城市团校书面交流的阵地。1987年7月在青岛团校召开的第三次城市团校校长会议上正式决定《全国市级团校学报》双月改为季刊。二是在1987年5月,由枣庄、济南、徐州团校联合举办"全国城市团校师资培训班",这次研讨班采取现场观摩、教师擂台赛的形式,开始了城市团校教学和科研的专业合作的新途径。1989年10月在苏州、杭州召开的全国城市团校科研研讨会上,团中央组织部副部长王松鹤在会上做了城市团校建设的几点意见的讲话,会议提出把"培养合格的青年马克思主义者"作为城市团校工作的指导思想,把岗位培训作为重要任务。会议安排了三次现场观摩课教学,首先由主讲老师面对面对团干部讲课,课后由主讲老师介绍讲课目的、要求、内容重点的基础上,与会代表认真评教、讨论。三是在2004年12月在广州市团校召开第四次全国城市团校校长会议期间颁发了《发展中的中国城市团校》一书。四是"构建和谐社会中的中国青年(2007)"课题由杭州市青少年研究所发起,携手广州市穗港澳青少年研究所,以及成都、福建等全国20余家青少年研究所、团校合作完成。五是2009年10月在杭州市团校提出加强团校自身建设,一手抓团干部培训、青少年理论研究,一手抓学历教育,突出共青团文化,以项目化管理、社会化运作、品牌化经营作为现阶段城市团校团干部培训的新途径。建立以团干部培训、青少年理论研究为龙头,学历教育、技能培训为支撑,拓展多种社会培训,建设一流的教学培训设施,吸引团干部到校学习。解决团校与社会经济发展不相适应的问题,即"职能与能力、需求与资质、发展目标与体制机制"等。提出了18条有关条例的内容。六是从1992年开始,杭州、广州、武汉、济南、成都、哈尔滨、沈阳坚持五年一次开展合作,开展对中国青年的跟踪调查,1992年现代化进程中的中国青年、1997年迈向21世纪的中国青年、2012年全面建设小康社会中的中国青年、2007年构建和谐社会中的中国青年、2012年十二五与中国青年(实现中国梦中的中国青年)课题研究。

在这次城市团校专业委员会成立大会上,原杭州团校的钱校长为我们所做的"城市团校三十多年发展的历史回顾与思考"报告清晰描绘了全国团校从成立到现在的发展脉络,作为我们后来者一定要认真汲取前人的智慧，要熟知历史，要坚信只要坚持解放思想，坚持改革开放，团校的事业就能大发展；要始终把紧紧围绕党政中心、团的工作开展团干部培训作为团校的根本任务；要始终把"无长不稳，无短不富"，坚持长短结合作为我们办学的理念；要始终坚持团干部培训三级分工，调整培训内容，创新培训渠道，增强团校的核心竞争力；要始终把建立长期发展的良好机制作为促进团校发展的保证；要把获取新的政策支持和保障作为工作的推进器，咬住青松不放松。其次要在团干部培训的难题上下足功夫，要加大在政府转型时期对政府买单项目的关注于研究，积极承担政府培训任务，开拓团校的培训的长期项目，在实现中华民族伟大复兴的中国梦的过程中国家急需高层次人才，参与高层次人才培训，为实现中国梦提供人力资源，是全国团校在现阶段的新任务。

作为中国青年工作院校协会的秘书处一份子，责无旁贷要为全国团校积极提供有效的支持，就目前而言，最要紧的工作有三项，一是厘清全国团校的台账，做到心中有数；二是帮助其余6个专业委员会做好筹备和成立工作；三是重击出拳集中将力量放在全国团课核心骨干课程建设，在以往历届团校教学科研工作的基础上尽快举办全国团课青年教师师资培训班和擂台赛。期待在协会秘书处工作期间能取得一些实质性的成果。

中国力量来自于无数个体力量的汇聚

最近刚参加完第九届中国青少年发展论坛（2013），见到不少的朋友，在一起大家格外亲切，特别是会上不少领导和专家都围绕主题"中国梦与当代青少年的发展"阐述了各自的观点，可谓百花齐放百家争鸣，享受到了一场盛大的精神大餐。

在认真听取与会嘉宾发言的同时，我也在思考，什么是中国力量？中国力量不是空泛的和抽象的，它应该是具体的是形象的，它是由无数个体力量的汇合，要凝聚中国力量，必须要将无数个体的力量凝聚起来，他们之间是总和和个体间的关系，要弄清什么是中国力量，需要弄清个体力量的组成结构和其重心在哪里。

我有机会作为中央国家机关、中央企事业单位第七批援疆干部于2011年8月到新疆团校挂职，曾有幸随自治区党委宣传部和团委调研组四次赴南疆，在那里我深刻感受到一种无形的力量，比如在看望阿拉山口岸的边防哨兵，与他们亲切的交谈中，了解到他们之所以能在那样艰苦的环境中坚守下来，其力量来源就是他们家乡父老乡亲对他能守卫祖国的大西门充满一种好奇和崇敬；我在和田发电公司看到很多来自内地的大学生，他们一干就是几年，在他们的脸上看到的不是焦虑和抑郁，而是阳光和灿烂，其坚持下来的动力源就是他们在这里备受尊重和激励；在与村子里青年致富带头人交流时，一个毕业于新疆大学俄语专业的毕业大学生主动回乡成立科学养殖厂的故事让我们着实感动，他将村里散养的家畜集中起来科学放养，给全村的村民带来了福利，其让他产生回乡创业的动力是来自在大学期间听到的一次创业成功人士讲座。这些力量归纳起来无非就是"有事做、有人爱"，在这里还要外加一个"身体好"，试想：一个没有事情做的青年人和一个没有社会关爱的青年人怎么可能会有强大的内力呢？因此这个世界最有力量的因素是能够实现自我价值的事业支撑力量和爱的力量，当然这一切需要身体好，它是"1"，按照这一力量结构，我们就可以去积极建构中国力量的模型，要让每一个中国人在实现中国梦的伟大历程中都能有人生出彩的机会，都能活得有尊严，在爱的世界中尽情享受。

目前在新疆，我们意识形态领域的斗争还非常激烈，在面对三股势力，即非法宗教势力、民族分裂势力和暴力恐怖势力无时无刻在与我们强夺青少年，他们采取各种手段加紧对青少年的思想渗透，特别对"易感青年群体"是他们争夺的重点，这场无硝烟的战争中，随时在考验我们的勇气和智慧，若不能坚定自己内心的信念，很容易会输掉这场战役，因此如何建立青少年强大的内心定力，是摆在每一位青年工作研究者的严峻课题。

一个人内心定力怎么形成的一直是我思考的问题。我们都有体验，它形成的逻辑次序是：内心有需要、有想法和有兴趣是内心定力形成的基础，之后在一些条件反射下，产生行为的欲望和冲动，在行动的过程中体验到一种愉悦心情，于是便促发再次行为，这期间会遇到各种对该行为不利的干扰，随时面临得失抗衡的处境，在内心形成强大的挣扎和纠结之战，于是再次思考该行为的价值和意义，经过无数次反复，终于确定选择，并日渐成为一种习惯将其固化下来，并在日后无论遭遇怎样的磨难也能坚守，这便成为支撑自己活下来的一种信念，真正在内心扎下根来，此时我们才能确认这是一种内心定力。

我常想，现在的青年人心中有梦是关键，一个人一旦有想法有梦想，就会有奔头，有希望，当然外界因素的影响也很重要，作为青年工作研究者要随时关注能够让青年有梦的因素有哪些？要创造各种条件去激发去点燃青年人的梦想。比如先进的思想和理念、倾听青年的诉求、发现满足青年的兴趣和爱好、提升青年社会化技能等等，是不是还有很多很多，我们需要在实践中不断总结和加以提炼，另外在有梦的基础上，还需要附加一种力量，让青年坚守梦想，不断追求自己的梦想，比如一个长跑者，在跑到极限的时候快要支撑不住的时候，我们能智慧地给青年一种推力，或者催化剂，其量要适当，万不可造成一种被动依赖感，意志的磨炼需要一个过程，这个过程要由他们自己完成，别人不可替代，往往追梦的过程越是艰难越是曲折，结果越是理想，反之逃离和捷径都会让让成果不能持久，甚至半途夭折，造成终身的遗憾。正可谓不经历风雨怎见彩虹。追梦的过程也是最精彩的和最动人的，任何人都无法跨越和超越，最后是圆梦，个人的条件总是有限的，需要全社会来助力，比如要给予青年提供展示才能的舞台，要制定青年成才的有利政策，要动员和整合全社会的资源等等，还要改进我们的工作作风，只有这样，青年圆梦才能成为现实。

中国梦的提出具有现实意义和长远意义，它为青年有梦、追梦和圆梦提供了难得的历史机遇，作为一个富有理想的青年要紧紧抓住这一机遇，将自己的梦想与中国的梦想调整到同向，找到最佳的切合点，提升自己的人生境界，尽快融入实现中国梦的伟大洪流之中。作为青年工作研究者，要清醒地认识到中国梦不单是一句政治口号，喊喊而已，而是中国力量的聚集点，是撬动全中国人民心往一处使劲往一处用的有利支点，更是我们朝着两个 100 年目标不懈奋斗、努力奋斗和艰苦奋斗的动力源，在这样的共识前提下，我们还要着手将目标和任务化为具体的步骤和路径，还要预测到很多不利的因素做好各方面的应急和防范准备，要以不变应万变，只要不出现颠覆性的错误，只要我们大家齐心协力，就能抗衡一切来自外界的压力，最终会实现中华民族的伟大复兴。我们期盼这一时刻的到来。

第一次接触时空社会学

今晚听社会学大师景天魁专家讲授时空社会学概念，有一种耳目一新的感觉，我是第一次听到时空社会学这一词。景教授提到：实际上西方早已有学者研究时空社会学，比我国至少要早近 20 年，有的为此获得诺贝尔奖金。

谈到时空概念我还是在国际标准舞中听到的，老师常告诉舞者，一个好的选手一定要有时空概念，两个人肢体语言的交流，多是依赖于对方提供的空间，最大限度地要占有尽可能的空间，特别是某个时间节点很重要。要占据空间，就要拉伸身体的肌肉长度，先旋、再拉伸，最后才是转度，旋时脚并没有离开原位，但拉伸并不是硬拽，而是肌肉延展达到最大限度时，通过释放能量才达到转动的目的。在时间的每个节点上，身体的状态是不一样的，身体肌肉或者延展或者收缩，节点可以进行连接，最后形成运动的轨迹，而肌肉的形态不能用点画线的方式表达，而只能用空间表达，延伸意味空间扩大，收缩意味空间减少，最有趣的是我们在这里不单单讲的是物理时空概念，更为重要的是人与人心灵上默契，没有这样具有人文关怀的时空意义，两个人难以把舞蹈跳好。

景大师一直想通过讲授时空社会学概念，试图想建构世界共同的话语体系，我从心底为大师的高贵的人格所折服，70多岁的老人还在为中国的未来呕心沥血，实在难能可贵。研究无止境，理论创新不断，随着社会全球化的快速发展，很多未解的问题始终困扰着我们，其根子在于我们并没有找到一个共通的话语体系，总是在自己似乎熟悉，但实际是零碎的、个性的、局部的框框内进行思考，不免产生误会或者进入"老王卖瓜自卖自夸"的误区，时空社会学给了我们思考问题解释现象一个全新的理念和视角，正如大师所说的它具有五个特点，一是时空概念不是凭空出来的，而是社会实践中产生出来的；二是社会时空不仅是可变的而且是多样的；三是时空要素是分析问题的核心而并非是工具；四是它最具基础性、渗透性和开放性的一门学科；五是它不仅有对象研究性，而且有方法研究性。大师经过多年的积累，对时空社会学做了清晰的定义，即时空社会学就是从时间空间，特别是社会时空分析研究社会结构和过程。他还形象地举例说明，比如：讲台从物理时空角度，它就是一间屋子，有长宽高，但从时空社会学角度，它成为了讲演者和听众之间互动的场所，如果有领导人出席，还存在座次的安排和先后出场的顺序以及之间所持有的距离，这些都表明每位领导社会身份的象征和彼此社会关系的意义。

最后大师很乐观地预测，时空社会学将来充当了不起的角色，各种学科发展到最后必然要走向整合，因为任何一门学科所描述的世界都是碎片化的，一定要共同建构彼此认同的学术话语体系，共同刻画社会发展的结构，为世界所理解，目前我们和西方的情况很不相同，我们是传统、现代和后现代并存的发展中国家，但西方欧美国家确是传统、现代和后现代是先后依次出现的发达国家，在这样的实际国情前提下，试图用一个发展模式套在两个不同情况的国家是愚蠢的，如果用时空社会学概念就能很好地解释为什么我们国家的社会制度不能照搬西方国家的制度模式，为什么我们国家一定要走中国特色的社会主义道路这一问题了。

今天的讲座对我启发很大，重要的是建立了一种先进的理念和学习了一种研究方法，时代在前进，我们不能故步自封僵化硬套，要从鲜活的实践中提炼出有价值的合理要素，更要学大师们那种充满人文关怀，那种心装天下的品质，更要学习大师那种甘于寂寞几十年磨一剑的毅力，不断向科学的高峰攀岩的精神。

对青年干部培训工作的一点思考

从事青年干部成长规律研究若干年了，在一次到国家行政管理学院青年干部培训班上，我们和学员谈了我们做这项工作的价值和意义，其中有一位青年干部说，这个课题研究没有什么意义，还是制度说话，说你可以就可以，说你不行你行也不行。我看到他心理有一种抱怨，并没有马上回应他，而是开始重新思考这一课题最终要达到的目标。

中央党校和国家行政管理学院都有中青班，我们研究青年干部成长规律课题组会常常去这两个地方，特别关注他们的培训理念、培训方式，特别是培训内容等。比如中央党校每年都有中青一班和二班，培训部的领导是我们中国青年工作院校协会的领导，定期拜访这些副会长是我们的一项主要工作，认真听取他们对协会工作的意见和建议，在这期间获取一定的支持将协会的工作推向一个更高的水平是我们工作的主要目标。

中央党校的培训工作可归纳为一个中心，四个方面，一个中心是中国特色的社会主义理论，四个方面是战略思维、党性教育、素质能力和执政能力。中央党校条例规定了培训工作的定位、规模、对象和原则等，实施起来有标准，但中央团校没有工作条例，如同没有一个标准可以统领一切，相对的弹性比较强，也许一直没有团校条例自有没有的道理，也许这就是遵循了团的特殊属性，我没有好好思考。但我清楚党团关系的密切和不同，没有太多的资源一定是共青团的特点，它要寻找资源，从无到有的过程恰是育才的过程，硬是按照党校的模式来治理团校估计是不大可能得，因此要制定出台团校工作条例也是不现实的，那通过怎样的路径将所有团校统领起来呢？恐怕只有类似"协会"组织要承担这样一项重任，将大家的心凝聚起来，自觉自愿地为共青团事业培养执政党需要的接班人，为党输送新鲜健康的血液。从我们的校训也可以看出团校与其他学校的不同，"实事求是，朝气蓬勃"意味"政治"与"青年"，离开这两点，我们的特色和优势将不复存在，也难以在众多的领域中凸显，要讲政治，也不能太泛，需要仅仅抓住执政党关注的青年"马克思主义"者培养工程做文章，在这样的前提下，我们就需要很好地吸纳党校的培训工作经验，特别是党性教育方面的做法，从根上如何牢固树立正确的三观意识，真正做到真学、真懂和真用。仅党性教育这一方面，他们就有四条途径，一是马克思主义经典精读，《马克思主义宣言》、《费尔巴哈》等；二是体验式现场教学。观摩红色教育基地，如井冈山体验生活等；三是悲剧触动灵魂教育。观摩监狱，请监狱犯人现身讲述自己犯罪过程；四是自己反思总结。中央党校培训部提炼的几点引起我的兴趣，比如党校条例统起来、党性教育立起来、特色创新走起来、执政需要跑起来等等，我想团校还要在此基础上，需要在团务课程上立起来，不然我们就无立足之地，在我们建立的培训课程模块中，有素质模块、团务模块、战线模块、应急模块和案例模块中，最最不可替代的就是团务模块了，因为所有的模块我们都是可以整合外界的力量，但只有这一模块是我们的主阵地，如同中央党校的党性教育一样，一旦这方面有缺失，我们就如同把最最重要的魂丢弃了，那么我们所培养的人就不是我们自己的，相反有可能是自己的掘墓人，这是非常可怕的错误，甚至是一场灾难。当然，团务课程老师主要集中在各级团校中，目前令人担忧的是这批力量严重存在青黄不接的情形，过去50后和60后团课老师坚持下来很不容易，但随着改革开放进程的加快，人们的价值评价标准出现过度的物质化，不甘于去了解团、评价团、讲授团和研究团，茫茫世界，大浪淘沙，坚守下来的寥寥无几，青年教师更多去关注眼前的物质利益，不愿意将自己最宝贵的青春奉献给共青团事业，同时导致这种情况的还有我们共青团组织自身也存在不少的问题，比如转移加速度导致对长久打基础的工作很少关注，对关系共青团事业长久发展的工作缺乏长远和战略上的考虑，将更多的精力投放在自己的职务升迁上，团务工作者对他们失去应有的信任，对长期从事一线的共青团理论专家和教学工作人员缺乏应有的激励，也没有给以积极的指导和辅助，大家看不到希望，于是更多的人选择放弃或者逃离，现在要重振团校的信心，就需要从培养团务青年教师上抓起，有这支队伍，我们的事业就会薪火相传，我们的事业就会有希望。

  要统起来、立起来、走起来，最后我们才能跑起来，目前我们先天不足，怎么能后天补进呢？对这一问题的态度通常有两种，一种是坐以待毙，观望等待。我不赞成。因为先天性缺乏不是人为造成的，那就是团的特点和属性，这一点如果没有了解和足够的心理准备，我们就是怨声载道，昨天怨，今天怨，明天还会怨，如果了解了团的属性，我们就会从失望和绝望中看到生机，看到希望，就会在夹缝中寻找自己的生命价值，接下来就会努力改变一切，这就是我们说的第二种态度，即主动作为。一个先天不足的婴儿，要想成长，就必须有主动求生的欲望，善于求助，积极吸纳营养来补充能量，不然就会死路一条。细细思量"团"这个字，是有深刻含义的，在团这个学校中要好好历练，从团出去才可能成为人才，如果团和党一样，什么都有了，还需要你年轻人锻炼什么呢？年轻人只有多体验多吃苦方可有收获，什么都有了，恐怕你也不是青年了，也不会成长起来了。没有到有的过程你必须自己去完成，自己去创造，别无他路，如果我们团内的所有青年都从内心认同这就是团特有的成长平台，这就是我们要成长的必经通道，我们还会有人去抱怨吗？恐怕大家都会争着去，主动接受这种"无"，积极改造这种"无"，这就是上天对我们青年人的眷顾和恩赐，我们从此心态就会发生实质性的改变。那时候的我与你都会把麻烦看成一种"美差"，一种"礼物"。

那么我们如何看待党团关系呢？我们如同是兄弟关系，但就个体而言是相对独立的，是有着明显的标识和身份的特征。我们因为年轻，需要在朝气蓬勃上更多体现，当然我们因为很多方面的不成熟，可能在某些方面略显稚嫩，但不要紧，我们要比哥哥更加勤奋好学，要给哥哥多打打下手，多察言观色认真思考，适度的时候要借哥哥的力量，或者多请教哥哥来做成事。我们都同属一个政党，都要为这个党的发展贡献力量，只是我们是后备队，需要加紧锻炼学习，不然我们就无法完成党交给的任务。在后备队的时候，党需要我们把青年组织好，带领青年为实现中华民族的伟大复兴即中国梦而奋斗，为了完成好这一重任，我们就必须成为青年的真正朋友，为他们的成长和发展服好务，急他们所需，解他们之难，只有这样才能在党最需要的时候，青年会自觉跟着你。这一切我们需要借助社会各方面的力量，当然也要借助党的力量，只要是对青年有利的，我们就要放下身段，去求助去整合，没有什么做不到的，只有你想不到的，只要是为了正义，就会有感召，就会有回应，相信我们自己，但是所有的力量都需要你去主动接应，它们不会自己来，包括党建带团建，你没有实力，没有作为，即使你需要，你也无法承接这一力量，因此，从这个意义上讲，要时时蓄积力量，加强自身力量的储备，只有我们自身强大了，我们才有和社会各界对话的机会，才会去承接来自社会方方面面的力量，并为我们所用。这是一个智慧的选择，也是合作的共赢。青年干部的培训工作更是如此，那种无思考的模仿和照搬，永远不能立起来，更不能走起来和跑起来。

对中国青年工作院校协会工作的几点思考

这次刚刚召开的全国城市团校专业委员会成立大会上，团中央组织部褚峰副部长，也是今年协会第三届理事会上新当选的副会长，作为主管团干部教育培训工作的领导提出了四点建议引发我的思考，其中主要内容是：明确团校的核心职责和定位。要牢牢将团干部教育培训工作作为团校的根本任务，不能放松，团校姓团这个属性不能丢，各级团校要努力成为共青团事业的思想库、研究基地和权威的教育培训机构；要努力以基层需求为导向，面向基层，贴近基层和服务基层，要坚持从实践中来到实践中去，凸显培训课程的实践特色，全方位整合培训师资力量（团校教师、一线团干部、高校专家和社会专业培训力量）；探索团校事业化和社会化的发展模式，加大社会管理创新的研究力度，一是对政府购买服务项目的研究，承担政府与青年相关的事务。二是加大对体制内和体制外的资源整合力度，积极与党校、国家行政管理学院和社会培训机构的联动作用，实现资源整合、合作共赢和功能互补的培训模式；加强基础研究的工作，提高团校的科学化水平。特别是对团干部的能力素质结构、认知规律和需求导向进行深入的分析。此外，在培训方式上强调要力求改革创新，多以体验式教学和案例式教学为主，提升团干部培训的针对性和实效性。

中国青年工作院校协会成立1994年，是全国各青年院校自愿组成的非营利性全国行业性团体，是青年工作院校的行业指导、协调、管理和服务机构。目前，协会拥有会员单位60余家，遍布全国各地。协会的宗旨是加强青年工作院校间的联系与协作，代表和维护协会会员单位的合法权益，促进青年工作院校的建设、改革与发展，充分发挥会员单位的优势和特点，服务共青团事业发展与国家青年工作，服务团校发展，促进青年成长成才。目前协会的职能有：培训发展、理论研究、团青资料收集、国际交流、学科建设等其他职能。

协会职能结构明确以后，接下来就需要在制度建设方面（协会章程、副会长联系制度、常务理事和理事联系制度）、营造文化环境（价值理念认同、核心团队打造、标示产品供应等）、活动创新亮点、开展调研课题（专业调查、综合调研，有意识下到各地团校看看）、加强作风建设（院校协会关于作风建设的倡议）以及外部宣传（与中青网的合作建立院校协会网站、与中青报的合作、协会微博和QQ等），明年3月份完成协会基础性的工作，即团青资料专委会、学报专委会和培训专委会的成立工作。近期，要进入筹备全国团校社工专业高研班、全国团校团课教师培训班、全国团校培训主任研究班和全国团校学科建设研讨班的工作中去，并开展青年发展情况的调研工作，同时积极与各位副会长沟通，争取有效资源的利用，为明年院校协会的工作奠定一定的基础。

曾经在90年代在团中央中国青年企业家协会工作过三年，深知协会工作的出发点和落脚点就是要为会员单位提供优质有效的服务，保持甘为人梯勇于奉献的精神是第一位的。协会工作的平台是非常大的，心有多大舞台就有多大，关键是你想不想做成事，另外始终与会员单位保持密切的联系，倾听他们的呼声，为他们排忧解难，并始终给他们以信心和勇气这是最最重要的，我们每天要做的事就是接好天线，随时关注上级领导前瞻性的思路和想法，特别是共青团组织急需解决的带有战略性的问题，不能游离这个中心轴，同时还要扑下身子深入一线，了解各地团校的不同需求，根据不同的情况，整合可以整合的社会资源，替他们排忧解难。

目前团校的情况差异性很大，急需找到具有共同利益需求的点进行激发，建立核心骨干队伍，带领大家一道前进。

多想别人的好，多做最好的自己

我们每天都要和各类人打交道，可谓"林子大了，什么鸟都有"。见的人多了，触发自己的思考就会多起来，但一旦把自己封闭起来就会失去能量转化的机会，这是得不偿失的。与各类人打交道是门艺术，我们到人生的终点也不一定全能领悟到。因此，每天的思考就会变得很关键，并将学以致用就变得更为重要。

人世间有金水木火土，水火不相容，火克金，金克木，土克水，木克土，土生金，金生水，水生木，木生火，火生土，过去我对此不屑一顾，随着岁月的流逝，慢慢开始感到五行学的价值，在人的交往中，如果知道一点这方面的常识，也许会少许些纠结和苦闷。

我们常有这样的体验，就是你越是想得到别人的认可越不容易做到，如果哪一天你放弃这一想法，让自己放松下来，你就不会为之所累，你只管做好自己即可。因为世界上你能接触的人士是有限的，在有限的人群中怎么可能期待所有的人都能喜欢和接纳你呢？还有我们在相处的过程中就会有交集有摩擦，有时还会因为沟通上的问题出现误解。我们每个人从哪里来到哪里去都是不一样的，对事物的了解都是从不同角度出发的，他眼中的世界和你所了解的世界也许完全不在一个层面上，要交往要交流需要建构共同的话语体系，更多地需要找到可以匹配的方面进行对话，所谓"门当户对"，这种概率更是微乎其微，这也许就是一种"惜缘"。我常坚持一个观点，既然人来到这个世界上，上天就会安排每个人有施展特长的机会，因此每个人在这个世界上都是独一无二的，只是你能不能发现这种独特性而已。我们如果抱着这种心态和他人相处，就会带着发现和欣赏的眼光和他人对接，当然，你也会在这一过程中，看到让你接受或者无法忍受的一面，比如这个人让你产生焦虑，产生压力，产生不快，产生紧张，产生陌生等种种不好的感觉，于是你会选择逃离和回避，实际上也许事情并没有你想的那么糟糕，如果你换一种心情，换一种角度，你会发现结果完全变成另外一种情形，让你难以想象，我曾经试着这样做过，取得了惊人的效果。这给我很多启示，我们对人的误解并不能把责任归于对方，而是我们自己，自己给自己种下的种子，最后还得需要自己去品尝它的苦涩，这是极为不值当的。

试想，这个世界上什么情绪最糟糕？我以为猜忌、抱怨和嫉妒，猜忌就是一种想当然，以小人之心度君子之腹，一种完全是主观意义上偏执，猜忌是大敌，它会消耗正能量，像一个毒瘤慢慢吞噬我们的机体，我们日常生活中，无意之间都在犯着这样最低级的错误，要想消除猜忌，就需要打开自己的心胸，主动走出误区，如果将这样的小肚鸡肠放在整个宇宙之中去摆布，你会感到人生似乎白白浪费了，于是开始顿悟，思考今后怎么过才是最好的，怎样过才会过的有价值。我常也会思考消除猜忌的办法和路径，比如以第三方的语言或者其他方将自己的猜忌表达出来，当得到对方的回应时，我就完全得到一种释然和解脱，为自己的行为感到内疚和自责，早一些澄清比晚一些澄清要好，当然也许这并不是什么好的办法。也许还会有更多的办法，当然最后不要无端地对别人猜忌，遇到他人对自己猜忌怎么办呢？更多的是真诚面对，直接表达和阐述自己真实的想法和动因，如果没有机会阐述，就保持相对的沉默，将精力放在做最好的自己上，让时间去证明一切吧！

抱怨是这个世界上最让人不能接受的行为，明知抱怨不能解决一切问题，但情绪激动的时候还会说出收不回来的恶语，抱怨最大的根源就是对别人的不满，但没有一个人是对着自己来的，我不知道什么时候开始思考这个问题，只是自己越来越关注这样问题，从孩提时，就生活在母亲对父亲的抱怨之中，工作时，常会面对下属和领导互相抱怨，员工和老板的相互抱怨，一段时间整个社会的部分民众都在抱怨我们的社会制度，仔细琢磨，抱怨过后反而心情更不好了，因为人在抱怨的时候情绪多为相对激动，但也有一些抱怨是调侃性的，并没有攻击性，只是述说而已，如果关注这一信号，反而会对我们的社会和国家治理有很大的帮助。当然这是积极性的一面，但更多的是消极的一面，如果将抱怨改为积极建议是不是更好，可是实践中做到这一点确实不容易，我们都有体会。换个角度，多想别人的好，也许不会让我们那么纠结和痛苦了，多去念叨多去感恩他人为我们所提供的帮助，每天向上帝表达我们心中的感激，我们的神态就会完全放松下来，能量就会不断蓄积，就会聚精会神干事情。

嫉妒也是不好的，因为它丝毫不能让自己进步，反而会消长前进的动力。变嫉妒为动力就是明智的，通过比较发现自己与别人的差距，更好地加快学习的步伐，特别是吸纳别人的养料补充自己的不足，这是智慧的选择。总之，你的力量是在自己身上就是对的，将压力自己吃掉是一种本事，试图通过增加别人的压力或者压制别人获取能量是不妥的，也是愚笨的，因为哪里有压迫哪里就有反抗，应该在适度压力的基础上，不断提升自己的能力和实力，才能托起别人并成为别人可靠的精神支柱，我们的人生价值才能体现。

无论上述是那种情绪，其根源都在于想别人的不好，总想别人的不好，就会给自己种下痛苦，让自己总处于不开心的状态之中，另外总想别人的不好，就会消耗自己有效的能量，困住自己前进的步伐，同时总想别人的不好，就会违背吸引力法则，正的能量不会聚集在你的周围，你会更加势单力薄，孤立无援。正确的做法，就是每天祈求上苍对你的恩赐，让你收获幸福和快乐，你要努力最最好的自己来回报这个世界对你的厚爱。

甘愿做串珍珠的项链

这次回京，参加了若干个全国关于青少年发展方面的论坛，和各领域的不同专家相遇既感到兴奋，同时深感彼此间差距，多少有些不自信，如果不是以前对这件事想得明白，恐怕早已被"打击"得爬不起来了，特别是最近的一次由我校青少年工作系主办的第四届中青学术论坛，即全球化背景下的青少年社会化与青少年发展学术论坛，邀请全国的知名老中青专家，还有我校的部分青年教师，她们在自己的研究领域内都有非常骄傲的成绩，我很触动也很羡慕，无论从哪里讲，其理论水准和学理基础都超乎我的想象，我不知道用怎样的方式能让自己的理论素养提升，以便可以和他们能平等对话。

也许是自己知识太贫乏了，饥渴程度让我的注意力高度集中，没有消化的时间，回来整理后，发现其中一个很大的问题，我们的论坛常常陷于自拉自唱，所谓自己和自己玩，无论多高的理论水平，我们总要和实践发生碰撞，我们的研究为了谁，要解决什么问题，又怎样的解决路径，这三个问题我们都需要面对，并积极回应。

两年多的基层实践，让我深深感受到基层的那种渴望，那种渴望得到启发和引导的愿望是如此的强烈，不下去的人是难以想象的，他们就像一线打仗的士兵战士，我们就像大后方和后勤兵，随时要给他们送上子弹和枪炮，即使送不上这些真枪实弹，也要有个说法。让他们心里有个底数，可以得到一些安慰和抚慰。但是，目前我所看到的是：一个高高在上，下不来，接不上，一个低低在下，上不来，够不着，中间是一段真空和断接，我一直在思考，这个中间将如何填补呢？专家们没有更多的机会下到基层，而基层的一线人员又无法接受来自天线的信息，即使接听到，因其自身的理论水平也难以理解，怎么办呢？我们这些既不能成为甘愿做十年冷板凳的专家，也不能成为甘愿历练十年苦熬的干部，就不如去做他们的"红娘"，构筑他们之间的桥梁，让他们能对上话，这也不是挺美的一件事，不要纠结于要和他们竞赛或者比拼，如果是那样的话，你即使碰得头破血流或者心力耗尽，你也不会成为令世人敬仰的专家或者令人民满意的干部，索性都不要去刻意做,就去当一个项链,把这些专家和干部串起来,我们的事业也会有成功的那一天。

我在认真听取每位专家的观点陈述时,都在想,这一想法是不是和我们当前的实际情况对接?专家们的基础理论研究对我们一线的人员思考问题的方法提供怎样的启示?专家们的战略问题研究对我们国家的相关政策出台提升了怎样的贡献率?专家们的应用实证研究对我们一线的工作人员做好工作的措施路径提供了怎样有价值的支撑?我们要及时把基层的讯息发送给专家,又要把专家的研究成果运用到实际工作中去,只有这样,才能做到理论为实践所用,实践为理论提供鲜活的第一手资料。也许这其中,我们不需要做太多的事情,只需要为专家和干部做好对接服务,也许只是搭个台子,组织服务号,让他们在上面唱戏即可,如果人不够,我们也许还要在其中走个场,串个戏,或者扮演个某个小角色,总之,要有这样的人去做这样的事情,不能既想当专家,又想去做官,这样是不行的,只能当项链,我是这样看的。

在这期中,我们还要做好引导工作,当好医生,发现他们有得病的情况,马上就诊开药,不能迟疑更不能放纵,不然会有并发症,不及时出来还会传染周边,因此,我们要成为杂家,要懂医术,要懂他们的心理需求和擅长的领域,让他们能接受自己,就需要时不时做功课,从他们那里找到需求,再重新匹配组合,找到新的发展增长点,这需要我们常常不断汲取养料,不断学习和提高,一旦落伍,也会出局的。

在这次校内论坛中,有几大收获,一是对青少年工作系的情况有了一定了解,他们每位老师研究的领域和方向,特别是有一个研究青年政治社会化的团队,比如"大学生对执政党的认同、青少年国家认同教育、校园暴力"等研究课题是我比较关注的,这些课题所采用的研究方法和工具,更为先进的理念,我们可以好好吸收,对以往过去心中的疑虑释然有些实质性的帮助。比如在新疆,青少年对四个认同过程和系统构建是非常重要的，我们不能总停留在口号上，因为它不是一个简单的口号能解决的问题，需要漫长日渐积累的过程，怎样把一个复杂的过程变成有意义的人生过程，与自己的生命紧紧结合起来，这是目前我认为最最重要的课题之一。什么时候，一个正确的想法从根子上扎下来，我们才能说"落地"，不然还会反复的，变化的，还会那么"不靠谱"，我们的心就总会悬着。

无论是青年的就业问题、情绪管理问题、政治参与问题，还是青年的教育问题、婚恋问题、心理健康问题、生命安全问题、道德养成问题等等都无疑从一个角度为青年的发展提供直接的帮助，这些问题处理不好，就会从整体上影响青年的发展，因此无论是一线的青年工作者，还是研究青年问题的专家，目的只有一个，青年好，国家才会好！谁关注青年，谁就在关注国家的未来，我们对他们都要充满敬意！

与生俱来的一种美

在这个世界上有一种自然的美，在众多的人群中你会发现自己身边的某个人有一种与生俱来的美，这个人就是高娃老师。

高娃老师我认识的时间并不很长，我虽然 1998 年来到中青院，一直忙于筹备中国青年政治学院分院的工作，直到 2000 年开始进入面向社会第一届招生，她是 2004 年刚到中央团校轮训部，那时的我们基本上没有工作上的交集点，到 2006 年，团中央书记胡春华同志主张要加快中央团校的发展，在以往团队干部培训工作的基础上，要增设共青团工作理论研究所，并面向全校教职员工进行公开招聘，此时我才有机会竞聘并加入其中，在团研所工作期间，我和高娃老师才得以相识相知，到现在我们是一对可以心灵对话的朋友，是一个精神可以支撑事业上可以共事的伙伴。

经过几年的深度交往，我终于可以归纳高娃老师的美体现在三个方面，一是对身边人的那份情。凡事她的下属，你都可以从他们那里听到高娃老师对他们种种的好。每当我与高娃老师谈及她部门的同志时，她讲到动情处，她的眼眶是潮湿的，在不经意中她的泪水在眼眶里打转，你会随着她的情感不自觉内心触动，可以说是一种感动和打动。在我所遇到的无数位自己的上司，很难看到这样的情景，一个领导能去那样描述自己部下的动人故事，而且是发自内心，由衷赞美自己的属下，让你不由得感受到生活在这样温暖的大家庭里，比什么都值得比什么都管用，有这样知情达理的领导，作为下属没有干不好的理由啊！二是对事业的那份爱。我常有的习惯，轮训班所有的班次报道新闻稿我都会认真收集，至少是从进入团研所以后，没有什么特殊情况下我是不会拉下一篇的，一方面是由于我个人从事青年干部的成长规律的研究工作，另一方面也要随时接地气，及时了解当今共青团干部的现状，他们的所思所想，这些班次给我们提供了接触他们的良机，也是研究成本最低的天然实验基地，从这个意义上讲，我对高娃老师心存感激。从收集整理的班次新闻资料中，不说别的，你无形中就会感到高娃老师对本职工作的执着追求和充满对共青团事业那份深深的爱。从迎接学员到办理入住手续，从开班的仪式到学员合影，从教授主讲到小组讨论，从外出观摩到主题班会，从课间健身操到小组社工游戏，从培训班结业式到送走每一个学员，这其中的每一个环节都凝聚着高娃老师及她所带领团队的辛勤汗水，也许这其中的苦与乐，特别是那些意想不到的苦与难，只有身临其中人，才会感受最为深切。但从他们身上你永远感觉不到他们的悲苦，在他们的词典上永远没有"抱怨"和"放弃"，只有甜蜜的享受和灿烂的阳光表现在他们的神态和脸上，你无形中感受到一种强大的力量，一种正能量正在向我们的内心聚集。三是对生活的那份纯真。和高娃老师在一起，你会觉得生活是如此的美好。她懂艺术也懂生活。她有一句话"花瓶放对地方便是艺术品"，我颇为欣赏，我们的价值观极为相近，于是便有很多的话题可以聊的。比如舞蹈和唱歌艺术，她曾经支持和欣赏我和她部门的贾老师一起合作表演的舞蹈"化蝶",那个舞蹈让我们之间交流的共同点多了起来。我们两个部门曾经还是一个支部,有幸我们还在一起合作共事了一段时间,一起组织大家搞一些活动,其乐融融,特别是参加学院工会组织的合唱比赛场景,更让我至今留恋她非凡的组织力和感染力,她将轮训部的健身操融入当中,效果极好,我们的成绩也是斐然的。

人一生中得以知己是非常幸运的,我不知道人世间还有什么比这珍贵,因为这种力量可以加速一个人的成长,一个人境界的提升,在对方那里,你永远是她手心的一个宝,不能伤害和遗弃,只有呵护和坚守,无论在任何逆境中,你总会看到希望,你总会增强勇气,再苦再难,你都积极乐观面对,笑对人生,没有什么可以让我们停下脚步和精神懈怠的。朋友是什么,就是能在你迷茫中引领你并激励你前行的人。

人与人的差距真的很大,我有时候自愧得很,很多方面都不及高娃老师,比如那种忙乱中的优雅和从容,那种交流中的真诚和动感,那种合作中的为人和理性,那种思考中的敏锐和大气,所有这些都让我着迷,我愿意一直跟随她研究她,让更多的人了解她并从中获取正能量,更能从她身上感受到,美是可以打动内心的,是可以战胜困难的,可以说她的美是无与伦比的,更是与生俱来的。也许我们无法复制和模仿这种美,但完全可以汲取这种美背后乃至根子上的精神元素,让我们的生活从此简单、激情,让这个世界让我们的周围因为我们的存在多了些快乐因子。

再次在北京见到风笑天教授

很巧合在校园网得知风笑天教授要来我校给同学们讲"独生子女——二一世纪的中国公民",我便准时赶到会场,果然收获很大。其中他从三个方面,即独生子女的产生背景,社会对独生子女的看法;学术专家如何看独生子女；大众媒介对独生子女的妖魔化。我们国家是从1979年实行计划生育政策的，我那时还在上高中，1980年上大学，而风教授正是赶上我们国家恢复高考制度的第一年，是1978年3月入学的，我们80级有幸与77级相遇，虽然相处时间不很长，让我们对这段历史记忆深刻。

按照风教授的研究，独生子女政策的出台不是横空出世的，正如女人10月怀胎，一朝分娩。在20世纪的最后的20年，中国发生了两件重大历史事件，一是十一届三中全会的召开，中国开始进入改革开放时期；二是国家开始实施计划生育政策。这一政策的出台是有着深刻的背景的，50年代、60年代，中国人口呈金字塔形，由于三年自然灾害、苏联外债、抗美援朝和十年"文革"，中国人口在59、60、61年期间还出现过负增长，即出生人少，死亡人多，改革开放后，中国人民的生活大为好转，死亡率大大下降，人们的寿命也提高不少。使得中国在建国到1979年，新增人口达5亿，这一数据就像沉甸甸的重负压在中国即将腾飞的翅膀上，一段时间中国人口呈现葫芦型，在这样的背景下，国家用了一种急刹车的办法强制推行计划生育政策，即一个不少，两个刚好，三个太多。我们和风教授这一代都赶上了国家计划生育政策，只能生一个孩子。可以说今天独生子女一代的父母为此做出了巨大的牺牲和了不起的贡献。

在了解这一代独生子女产生的背景基础上，我们将研究的重心放在这些独生子女的成长上，他们现在已经逐渐进入结婚生子，于是独二代又产生了。问题是我们所关心的是：现在的独生子女与我们过去的多子女有什么不同。风教授从1987年开始研究中国的独生子女问题，到现在已走过20多年，得出的结论是：差异随着他们年龄段的不同而有所不同，小年龄时有差异或差异大，年龄大时没有差异或差异小。风教授研究的方法和所用的理论是我这次听讲座最大的收获，一是研究方法对我们很有启示。比如他采用的内容分析法，即对1998年到2008年间"有关独生女"的586条新闻报道进行收集整理，经过统计分析提炼五项关键指标，其中有离婚率高，不能吃苦，就业不适应，不做家务到父母家蹭饭，存在性格缺陷，只生孩子不养孩子等。为了证实这一代独生子女是否向媒体说的这样，2005年开始通过设立"社会适应、职业适应、婚姻适应、生活适应、人际关系适应以及心理适应"等相关问题问卷设计，进行适度抽样，发现在独生子女和非独生子女两类群体中，不存在显著差异。这些研究方法是有效的，同时他用"消磨趋同理论"解释了这一问题，而且通过自己教育女儿的事例，深入浅出地阐述这一研究结果。很有说服力和逻辑性。这让我从中受到教育，就是一定不能仅从媒体看到的和听到的就认为是正确的，不能轻易被忽悠，一定要经过大脑的思考和过滤，更为重要的是通过科学严谨的研究方法去加以证实自己看到的一切，不能盲从权威，也不能单凭常识、经验和传统，不能以偏盖全，要综合起来看，要发展起来看，要辩证客观起来看。

在我们的日常生活中，我们最常犯的就是一些常识性的错误，看到一点就会无限放大或缩小，以为看到的就是事物的全部，把局部当成全部，把一点当成两点，这样想当然的主观认为对别人和自己更好地去认识世界没有一点帮助，而且会很有害的，还有的时候，听到别人说，就深信不疑，这样也是非常有害的，必须像风教授一样，要打破自己头脑中固有的刻意和陈旧的观念，解放思想，跳出权威、本本和现象，用科学的理论和方法，去伪存真，去粗取精，由表及里，真正找到带有规律性的结论，还事物本来的面目。在真理和事实面前，我们唯有敬畏和面对，才是最智慧的选择！

找到一个支点可以牵一发而动全身

曾有一位名家说过这样一句话：给我一个支点，我可以把地球撬起来。在我们的实际生活中，确实有过这样的体验，难者不会，会者不难，关键就那么一点，一旦掌握了就很轻松，可是谁都清楚，就这么一点点，也许你要付出毕生的心力，即使不是一生，也至少需要十年磨一剑的功夫。

　　在我的舞蹈训练中也是这样的，身体中总有一个点是最为关键的，但找到这个点是不容易的，我们常说的"重心"，实际上找到这个重心是不容易的，需要成千上万次的训练，当力量一点点走到身体里，你才会在身体内形成一种贯通，当贯通到肌肉形成记忆的时候，我们身体内无形的重心，也就是身体所有力量的汇集点才能建立，这个时候你将所有的注意力放在重心上，你的身体就会运动起来，即一个汇集点找到了，就会牵一发而动全身。这个时候，你的身体是一个完整的版块，不是散架的，当移动这个重心，身体就会不自觉去它该去的地方。

　　工作也是这样的。最近我院领导来部门指导工作，他们对学校整体工作的思路是我比较关注的，也是我学习的重要机会，从领导的角度他是怎么想的，这个过程他遇到了什么问题，最后又是通过怎样的路径解决的。比如，学院成立青少年研究院，我一直就在思考研究院要做什么，绝对不是各自为战，需要重拳出击，研究的课题一定不是分散的，而是要靠在一个重心轴上，这个重心轴一定是团中央期盼的，学院能作为的，这个重心到底是什么呢？一定与学院的特色相统一，即"青年"和"政治"，但笼统说还不行，因为不具体不行，上面没有兴趣不行，什么问题才能摆在上级部门的视野中，说别的可能没有一点机会，说强的你和别的高校根本不在一个层次上，要说就说你有别人没有的，你有的还是上面关注的才可以，这样看来，什么问题才是中央这个层级最在关注的呢？一定是培养中国特色社会主义合格接班人上，一定是青年马克思主义者的培养工程上，什么时候离开执政党的需要，离开人民的需要，我们所做的一切都将失去价值和意义。这样，我们所谓的"政治"特色，就有了具体内容，而且是涉及国家战略性的问题，任何人都不得不面对，因为一旦出问题，就是大事，就要亡党亡国，什么时候都不能轻视。

在这样的主导下,我们的结构就可以容易搭建,比如在这样的重心确定后,我们就可以建构当代马克思主义与青年、执政党与青年组织、执政党与青年、青年的政治社会化、青少年的本体研究、青年马克思主义者与政党等等,在框架构建以后,所有相关的内容都可以往里融合和填补,以期达到整合的作用,但如果不是确定重心的话,我们就很难像提衣领一样把方方面面的研究内容统领起来,反之也就不可能在这些内容的基础上通过一定的保障路径把它们实现,比如通过中青学术论坛、中青学术刊物、中青研究团队、中青人文社科基地、中专业博士点、中青学术网站、中青舆情监控体系等等,将我们的研究工作持续下去。当然成立必要的三支队伍作为组织保障是必须的,比如指导委员会、专家委员会和执行委员会等等,最后还需要有一个办公机构推动日常工作的开展。所有些想法都特别好,但需要人们有包容合作共赢的心态和理念,必须全身心投入,要舍弃一些个人的名利,这一点做不到就会难以持续下去,更谈不上中青院长远的发展。

领导的思路是不是正确,关键是看他的重心找的是否合适?是不是符合科学规律?不是符合实际情况?关键是成事动机是不是真正为了学院的发展?在这个前提下,所有的困难都可以克服,所有的个人事情都要让位,只有这样,我们的事业才能取得实质性的进展。

真正走进青年研究"大观园"

这次回京收获最大的是:与青年研究领域的大师们近距离接触,感受到他们几十年,甚至一辈子为之不懈奋斗、努力奋斗和艰苦奋斗的感天动地的故事,特别是五代青年发展研究的专家汇聚中青院本身就是一个奇迹,能亲耳聆听他们对"青年发展研究的理论视野和研究方法"专题的真知灼见，这是我这一生中最为幸运最为值得最为享受的一件事，感谢我们青少年研究院沈杰专家给我们带来的超值的精神营养大餐，让我如同红楼梦中刘姥姥进大观园，对研究"大观园"充满着一种自然的敬畏和浓厚的乐趣，让我从内心感知青年发展研究的神奇和魅力，也从过去的一种懵懂状态真正步入顿悟状态。

回想这几年的研究历程，发现自己只是一个初学者，对研究可谓是门外汉，如果说对研究发生兴趣的话，完全是因为自己独特的工作经历和生活经历所致，完全是因为自己对美好生活的渴望和对现实生活的体验所致，研究的素材相比其他人来讲，有几个特点，一是更多的是鲜活的人物个案；二是接触实地实景的机会；三是比较充裕的时间和精力；四是对事业的追求和执着；五是良好的学习、沟通和协作能力等。这次回京参加三个重量级的学术研究活动，即中国青少年研究中心、中国青少年研究会、共青团山东省委和我校共同举办的"第九届中国青少年发展论坛（2013）"、我校青少年工作系承办的第四届中青学术论坛——"全球化背景下的青少年社会化与青少年发展学术研讨会"和我校青年发展研究、中国社会科学院青年人文社会科学研究中心、中国人民大学书报资料中心《青少年导刊》编辑部、《青年探索》编辑部联合主办的"青年发展的理论视野和研究方法学术研讨会"，还有一个英国青年组织到我校观摩和我校青年研究专家共同研讨青年组织的运行机制和功能作用等议题，同时代表中国青年工作院校协会秘书处参加由武汉团校承办的"中国青年工作院校协会城市团校专业委员会成立暨改革 30 年团校发展理论研讨会"等。从中收获非常大，总结归纳有几条，一是理论视野被打开。可以从不同角度对一个问题进行观察和研究，而不是过去的只会从一个角度看问题，只知道自己的研究内容和研究角度，无法与研究大师们进行能量互动，深感自己的领域和视野太窄，但又没有找到和专家们对话的机会和话语共同体系；二是吸纳了更多的研究方法。过去研究方法和路径的单一，让自己的研究陷于一种被动和局限，聆听大师们几十年苦于总结出来的不同研究方法,让自己的思想得到空间的解放和心情的释然,犹如获珍宝的感觉,心存感激,感谢所有主办方为我们提供的学习良机,不然我们这些懵懂者还要在黑暗中摸索很长时间;三是在吸纳精神养分的同时发现了自己的不足。专业功底的薄弱和学术含量的缺口,先天不足导致后天营养补进的不适,我慢慢感觉怎样寻求扬长避短的一条研究路径是目前当务之急,过去已有的自身优势需要很好发挥,不能抛弃,现在的不足能补进的则加快补进,补进不了也不要自卑,需要适度借用外脑一起合作,而不是纠结这些薄弱环节,更不能因为这些不足而停止前进的步伐,认清自己可以更好地定位自己的研究领域和确立自己的研究方向,总之,无论怎样,不管黑猫还是白猫抓住老鼠就是好猫。

曾在第四届中青学术论坛上,听到武汉大学马克思主义学院院长、发展与教育心理学研究所所长、教授佘双好专家所演讲的"改革开放30年来青年研究方法的发展"中提到未来的研究最高境界是"元研究",即对研究进行研究,从中获得灵感和冲动,我就在思考,成千上万的研究者研究的内容丰富多彩,难以统计,但有谁去研究这些研究者呢?受潜人才学专家黄敬东教授的启发,他十几年来一直对我国的院士进行研究,采用的是深度访谈,我曾经参与过,我发现这些院士的成长经历本身就是一本丰厚的富有价值的励志教材,那么青年发展研究的老前辈乃至后几代传承者是不是也可以作为我们的研究对象呢?他们的成长历程和历史时代的背景有着怎样的关联度呢?他们身上有哪些可贵的品质可以挖掘出来,以提供我们年轻的学者进行培植呢?这项研究工作的价值意义不是也很大吗?这些老专家学者都已经80多岁了,我们如能在他们许可的情况下,走进他们的世界,将他们内心想表达的想法提炼出来,这种工作的意义并不亚于这些专家本身研究的成果,也许对未来的青年学者或者事想从事科学研究的人来说意义更为重大。想到这,我倍感激动和兴奋,因为只要涉及人本体的研究,比如成长规律话题的探讨,我所经历的所见长的都可以被激活,我们虽然不能成为这些知名的研究专家，但我们用自己的全部心力研究他们，同样也是在履行一个研究者的职责和完成党交付的神圣使命。当然我们的主打线要集中在"成长规律"上，而非对象具体的研究内容上，这样我们就不会只见树木不见森林，期间不排除为了走进研究对象的内心世界，必须要了解我们的对象所研究的内容和研究方向。

因为我们青少年研究所的定位，要凸显"青年"和"政治"特色，因此和此研究有关的人物和事件都需要进行历史性的梳理，比如我在前几年就想做的一件事，要分析整理历届团代会关于党中央对团干部的要求表述，还有历届党代会关于涉及青年方面的表述，这些基础性的工作非常重要，无论有多难也要想方设法做成。我很欣赏一位朋友的观点，他说：世上的爱有两种，一是感性式的爱，二是理性式的爱。前者来得猛烈但去得快，后者来得慢但持续的久，所不同的是后者是在了解、走进、心领和神会对方意义上的一种爱，这种爱更为深层和厚实。越是看不到的越是持久的。比如阅读一本书都会有四个层次，即基础、分析、解释和主题，我们常常在前两个层级上徘徊，而第三和第四层级还没有进入就结束了阅读，实为可惜。另外，我们很多时候思考的点多为"术"和"法"，而"学"和"道"考虑不足。

实际这样做的结果，往往偏离了我们研究的本质，为研究而研究，如果是为"道"，即人间的大道而研究，那我们所做的一切都无形中产生积极的意义和价值。这次学术研讨会上浙江海洋学院党委副书记、教授黄建钢对"事"的三种诠释引起了我的关注，他说：事有三种，事务、事情和事业，所不同之处在于，事务是任务驱动，做完为最高目标；事情是富有感情去做，是感性意义上的行为；事业是为之终生奋斗的目标，带有感化和震撼意味。同理，我们所做的一切都包含着这三种形态，以事业的形态和以任务驱动的心态完全不同，从中可以区分优秀和普通以及人境界的高低。我们在解释一个问题上也同样适用，比如马克思主义为什么能战胜其他主义？研究专家给出五个原因，一是具有现实的可借鉴性（当时"十月革命"一声炮响给我们送来了马克思主义）；二是具有完整的理论体系。政治经济学、科学社会主义和马克思主义哲学，其他主义思潮不具备；三是符合中国的实际情况，比如与中国当时的家族理念（马克思主义中的集体）还有中国传统意义上的"均、平、富"概念（马克思主义中的平等意义）相一致；四是对其他主义的尝试和追求其他救国思想的行动导致失败的教训等，我想这样的解释时令人信服的，我们常常内心不具有强大的定力，很难理直气壮地把问题解释清楚，因此从这个意义上讲，每天日积月累的学习一定不可少，没有思想上武装和自觉，难以有政治上的觉醒和成熟。

从参加学术论坛和学术研讨，我发现一个致命的问题，产、学、研的力量没有整合，大家各自在各自的圈内作为，没有形成交响乐的氛围，常常发出单弦的声音，这样的结果是：自拉弹唱，彼此不顾，忘记了我们是一个大家庭，每一个人在其中所扮演的角色，当然，在一段时间或时期内，可以凸显某个角色，但长此以往，一定要构建交响乐队。打团队的组合拳，并非一个人的太极拳，同时还要有一批在中间勾缝、衔接、转化、补充、完善、修饰等工作人群，只有这样，我们的研究才会生根开花结果。

参加自治区团委工作会议有感

从北京回到新疆，急于想接地气，看自治区团委都在做什么，我们下一步怎么去配合？刚好这两天有机会参加自治区团委工作会议，一是传达《中共中央关于全面深化改革若干重大问题的决定》、习近平同志关于《中共中央关于全面深化改革若干重大问题的决定》的说明、张春贤同志在自治区党委八届六次全会（扩大）会议上的讲话等文件精神，特别是传达共青团中央办公厅情况通报【2013】10号秦宜智同志在团中央工作务虚会上的讲话，我看了几遍，其中的理论分析很是透彻，受到很大触动。

团区委的几位书记讲话，我回来做了一些整理，发现书记们的学习和思考很深入，相比较，部门战线的领导这方面就显得不很足，也许是战线工作，关顾全局工作不多，但是大家都很清楚，"不谋全局者，不足谋一域"，从全局看问题，就会对提出的战线工作和举措是否符合全局的需要，是否有利于全区共青团事业的发展。仅仅从战线部门工作出发布局工作还不够，可能更多的需要将战线工作置于全区共青团工作的框架之下，在完成规定动作之外还需要完成本部门特色的自选动作。

习总书记的讲话运用了很多古语，让人倍感教育，比如"治国者，国不失规，方不失矩，本不失末，为政不失其道，前事可成，其功可保"。还提到汉代五符说："大鹏之动，非一羽之轻也，马其骥之速，非一足之功也"。在讲到改革的时候，又用到张之洞的原话："旧者因噎而食废，新者岐多而羊亡；旧者不知通，新者不知本。不知通则无应敌制度之术，不知本则有菲薄名教之心。"很多的大道理在古人那一语道破，我们只是不知道而已，这让我自己感到很惭愧，书读得太少，今后需要多学习多读书。

另外书记们的讲话中对工作的思考部分有一些亮点，比如袁民书记总结学习党的十八届三中全会精神，深感有几个精神体现，即强烈的改革开放精神、解放思想精神、实事求是精神、问题导向精神。深感几个存在问题，即吸引力不足、普遍性不强、活动影响力不够、团干部专业化不精。一直思考几个问题的原因是什么呢？比如就业创业工作，在社会声音小影响力不大，主要原因在工作策划、活动方式和选择工作重点方面，青年创业问题最后都要归于资金的问题，但是共青团所能掌握的资金不足，现在是这样，以后也是这样的，即使真有资金了也未必是好事，因为共青团是流动的岗位，资金的发放和使用是一个长期的工作，这不是我们的擅长之处，我们要在青年招工难、就业难这样的矛盾中，进行青年就业创业的观念引导和典型引路，其它的事情很难把它做好，不要祈求共青团可以包打天下。另外还有转移劳动力方面，需要组织牵头、干部带队、技能培训和自愿参与，我们在其中只能积极组织招聘活动，转变青年转移就业观念方面做出实际的贡献。其次关于普遍性不够是什么原因造成的了？我们有三分之一的组织没有发挥作用，还有部分组织虽然建了但不活，建起来不活还不如不建，不建还是个原始矿，再找机会开发，但建了没有动起来，再动成本会很高。我们的主要原因就是解放思想不够，正如李源潮所说的，我们原则领导太多，都是指方向的，这是没有对问题想清楚的表现，我希望我们机关干部要亲自动手，熟悉基层工作是如何操作的，如何实现我们的工作目标，要减少基层人员的工作重负，力争一个部门、一个品牌、一套机制，重拳出击，长效持久，提升社会影响力。出路只有一个，就是从问题出发，以工作品牌为导向，我们的社会影响力才能提升。制度机制建设，固化积累和成果，避免因为人员的流动，带走了资源、带走了经验，留下空白，重新开始。树立我们良好的精神状态。阿依努尔书记提到：改革必将为青年提供广阔的施展舞台。改革35年来，受益最大的青年农民工群体和青年企业家群体，现在我们青年人要抓住机会，嗅觉灵敏，积极融入改革的大潮中去。今后我们要解读几个与青年相关的政策，如一独生二胎、弱势群体受到关注、艰苦边缘地区收入分配政策、院士中提高青年的比例，考虑院士退休制度、增加少数民族青年就饿、推进青年失业实名登记、就近就地转业劳动力、一改高考定终身、加强网络管理等。

青年思想引导始终是我们工作的重头。在新疆青年思想引导工作尤其重要，让青年永远跟党走使我们的责任和使命。目前，我们中学共青团工作是一个薄弱点，不抓不行了，方式方法很重要，网上舆论引导工作重中之重，要善于发声和亮剑。现在青联作用发挥还比较好，处置一些不良案件，正面声音力度加大。还有我们对青年的覆盖只在八分之一，八分之七的青年到哪里去了，离到人、管用和有效的目标差距很远。提出几点想法。第一梳理解读政策工作。我们要很好研究与青年利益相关的政策，要认真梳理解读，并进行宣讲传达。第二要研究目前困扰我们的八个主要问题，即青年思想引导工作如何有效进行？如何利用新媒体引导青年？基层组织活力如何落实？如何解决两新组织不活的问题？团员光荣感、自豪感从何而来？青年创业就业实招是什么？如何让青联委员作用发挥极致？新社会组织如何凝聚？赵川书记提到自己对全会精神的学习和理解，一方面是改革需要勇气和决心，十八届三中全会是具有划时代的意义，这种勇气和决心从何而来？首先是来自自信，其次是来自责任。怕改革是自信不足的表现，我们有三个自信的基础，一是物质基础的增加，二是群众承受能力，三是执政党的成熟程度。不改革是没有责任的表现，深化全面改革是这届领导班子对中华民族责任的表现和自信的表现，你不改有人改，在清朝时期，西方的船坚炮利逼着你改，你不改就意味着衰亡。在改革这样大的背景下，只能顺势而为，被动改革步入积极主动融入改革的大潮中去，特别是青年永远都是领时代之风骚，创时代之先河的勇士。另一方面是机遇与挑战。改革大的氛围已经形成，你是躲不过去的，要把这次改革当成一次契机，顺我者昌逆我者亡。还有是要定准方向掌握工作方法。天下大事，必做于细。胆子要大些，步子要稳些。在做之前，把所有问题想清楚，把涉及利益方面的问题做好，但绝对不能挡车。另外，他对全团工作的思考方面，提出：围绕中心、发挥职能、突出重点、强化支撑。在突出重点方面是一个活动，二个行动。活动是"现代文化与青年同行"，属于思想引导方面的工作，行动是牵手行动和助力行动。助力行动主要涉及农村青年就业创业，增收致富。牵手行动主要是涉及权益职能。在活动中有四条路径，一是进行宣讲；二是开展主题活动；三是抓典塑形；四是提供文化产品。在工作中要坚持两个原则，一是抓重点可以，避四面出击；二是抓项目可以，避只是号召。比如通过抓典型，带头跟着学。抓住一个人，带动一大片。在强化支撑是组织保障和队伍保障。共青团的根本任务就是要把青年拢在身边。各类青年组织，尤其要把组织的领军人物凝聚在我们的周围，只有抓住活生生的人，才能把组织靠实。另外队伍保障，一是要配备到岗到位，要理直气壮提出要求。二是团干部能力提升，三是激励机制。

在开展"现代文化与青年同行"活动方面，一要宣讲，及时把党的声音宣讲到青年中去，解决宣讲如何进入一公里的问题？讲不到人，到不了该受教育的人。二要开展主题活动，扩大影响。三要选树典型，持久产生影响。四要提供文化产品。最后，他对全团工作方法建议：一是分类引导（南北疆不同）；二是驻地指导（见主要党政领导）；三是整合有限资源；四是建立大宣传的概念。顶层是公菜，宣传部配菜，记者是供菜，编辑是上菜。

当然还有很多好的思想，我需要去消化和思考，与此同时，我特别想做的一件事就是将这些书记们的想法和困惑用一定的语言转化方式尽快传达给我们的理论权威们，让他们能从各自专业的视角加以解释或者答疑，虽然不能解决问题，但一定能给予工作一线的团干部更多的启示，也许会让团干部解放思想，特别是专业化方面的指导和辅导，如果能对接成功，这也是我们一点成就，总之，我们每天要做的事情就两个，一接天线，二接地气，始终要在这两头衍生，只有这样，我们才能面对不断变化的世界，面对复杂尖锐的矛盾，挺起腰杆，自信从容，才能理清思路，坚定走下去。

新疆青少年研究亟待加强

此次从北京再次回到新疆，走的过程很纠结很牵挂，到驻地后看到曾经一起来北京的援友，倍感温暖，大家一同有援疆的经历是一件极难得的机缘，想必日后这样的情怀将会永远铭刻心中，并伴随一生。

回来后从领导处得知要办几个大事后，心情很是兴奋，备受激励，隐隐约约感到这次是要动真格的了，从进疆的那天起，就敏锐地察觉新疆的问题不是一个简单的事情，需要几代人的共同为之不懈的奋斗，甚至要在必要时付出生命的代价，这个过程是漫长的，也是艰辛的，而且还是很复杂的，我们要有这样的心理准备，同时要为之努力作为。

我在来新疆不久，就呼吁要从国家战略的高度关注新疆的青年工作，因为新疆非法宗教势力、民族分裂势力和暴力恐怖势力一直在和我们抢夺青少年这一群体，他们想方设法采取各种难以预料的手段和难以预料的速度在培植他们的炮灰和打手，这些群体主体就是青少年，从娃娃开始他们就不放过，采用地下讲经的手段在这些娃娃幼小的心灵种下他们的思想，日后成为他们的工具，即使这些娃娃长大以后，我们解决了他们生活上的一切问题，但脑子里种下的思想完全不是我们的，一旦被三股势力引诱，很顺利成为反社会、反民族的极端分子，成为我们真正意义上的掘墓人。那么怎么从源头根治这一顽疾呢？我以为，要反其道而行之，我们也要从青少年抓起。

为了能提出充分的论证报告，我先后从知网还有国内重大的青少年理论专刊，搜索关于新疆青少年研究类的文献，结果寥寥无几，我马上意识到，新疆与内地的不同，很多研究成果是不能公开发表的，这一数据并不能说明真正的情况，接下来我开始梳理现有的能找到的关于新疆青少年研究的文献及书目，包括各类杂志，目前这项工作还在进行当中。但知觉告诉我，成立新疆青少年研究的专门机构势在必行，其重要意义和价值必不用说，无可质疑，现实的情况足可以说明一切。目前需要考虑的是：成立以后最急需的要干什么，要解决什么主要问题。我以为成立之前就要想好它的定位和功能，定位就是要整合全疆乃至全社会的青少年的研究力量，为自治区党委了解全疆青少年思想动态提供第一手真实的信息，为自治区政府出台关于全疆青少年事务方面的决策提供理论和实证方面的智力支持。其功能有四块，一是新疆青少年预警监控体系的建立。这是一个具有战略意义的重点和常态工作。要整合一切资源在全疆各地州设立青少年舆情监测站，当然可以充分利用当地已有的条件和实施来完成；二是新疆青少年研究队伍建设。首先要成立新疆青少年研究会，要构建三个团队，第一是研究会的领导力量，主要来自自治区党委组织部、教育厅、人事厅、司法厅、民政厅、区团委、妇联等部委分管领导。第二是研究团队，高等院校科研院所的青少年理论专家、团校青少年研究学者、一线从事青少年实战工作研究人员等。第三是新疆青少年讲师团。由自治团系统团青课教师和社会培训机构相关培训师等组成；三是新疆团青资料库的建设。要面向全疆收集整理团史和青年运动史等方面的资料，要将此项工作像抢救历史文化遗产一样的高度认识去抓，历史资料是我们做好全疆青少年研究工作的基础和前提；四是要有阵地、刊物和网站等研究载体，同时要通过举办新疆青少年学术论坛、特色活动品牌等，定期将研究成果转化推动实际工作的动力。我们要借助各种有效力量搭建平台和构筑渠道，并建构共同的话语体系。总之，要把这些工作做扎实还需要下一番工夫。

援疆工作极有意义，在这里可以大有作为，我们需要在现有的基础上紧紧依靠当地的力量，特别是要急他们所需，再附注我们的智慧，只要你想做事就一定能做成。我期待这一天的到来，同时也深信，新疆青少年研究的春天脚步离我们越来越近了。

对新疆中学共青团工作的思考

连日来有幸参加2013年自治区首届中学团干部技能大赛，倍感兴奋，同时也带来两点收获。一是可以初步对中学共青团工作有个了解，过去关注高校共青团工作，中学共青团工作了解不足；二是对中学共青团工作进行初步思考。

在我看来，在整个学校共青团工作中，中学共青团工作处于小学少先队工作和高校共青团工作中间，位置非常的重要，如同我们身体的中腰部位，一旦不能坚挺起来，只是意味依靠抓好小学少先队工作和高校共青团工作，虽然可以带动中学共青团工作，但由于自身内驱力不足，也会严重影响这些学生以后的思想道德建设的，乃至他们更长远的成长和发展的。

目前，要梳理新疆中学共青团工作的概况，需要知道几个数据，即全疆中学的总数量、全国和全区专门研究中学共青团工作的学者和专家是什么人、在学术期刊发表的文献和著作有哪些？主要观点综述是什么？另外还要知道中学团干部的专职兼职人数？他们向上发展的通道是什么？中学共青团活动的开展是个什么情况等等，都需要摸清底数。

从参加大赛的选手分布情况来看，他们分别来自十四个地州的市、县、乡部分中学、中职等学校，很多都是刚刚上任，工作经验严重不足，对共青团组织的属性基本不了解，但从他们的即兴演讲情况看，他们对担任此工作满有激情，对中学共青团工作虽然不能从整体结构中去了解，只是从局部工作慢慢悟道这项工作的神圣意义，从内心对其价值是认同的，有时还会对中学共青团工作产生一些神秘和好奇，这恰是我们对他们进行培训和引导的最佳时机，抓住了这一关键期，就会让他们快速的成长和成熟，特别是政治素质的提升。

从会务组出的即兴演讲题目，即"奋斗的青春最美丽、中学共青团工作之我见、培养积极心态，感悟人生、全民德育全员德育、青春是一道明媚的忧伤、自我减压自我教育、青春在团旗下闪光、谈经济发展与中学共青团工作、在中学共青团岗位上如何践行青春的使命、共青团就像一面旗帜，既有挑战又蕴含机遇、如何运用新媒体做好中学共青团工作"等，这些规定的演讲题目对一个刚刚从事共青团工作的新手来说确实难为他们了，但让我惊奇的是他们带着紧张和好奇依然走上讲台，很是了不起，这需要勇气更需要胆量，从演讲的技巧来看，他们是不大缺失的，比如他们中的一些选手会从身边熟悉的事和人物讲起、会运用自己的特长，如诗、歌、古语、流行语、讲故事等开始他们的演讲，有的通过实验来阐述他们的观点，这些都是令人感到欣慰的，这里面有特别优秀的选手，演讲水准确实不一般。

但他们中的部分选手对瞬间抽到的题目还是被搞蒙了，大脑处于真空态，但那些心理素质好的选手，他们很快能在大脑的记忆中寻找突破点，迅速在已经准备好的知识经验的框架中重新组合所需知识内容开始他们的演讲，从选手整体的表现看发现这样一些情况，第一没有中学共青团工作的经历或者体验的选手，会言之无物，即使讲出话来也是显得生搬和硬套，更谈不上生动性；第二普遍对共青团组织的属性缺乏认识，特别是政治属性，很少有选手涉及；第三对中学生的特征分析还处于感性认识阶段并未上升到理性阶段，研究含量不足；第四对演讲题目的理解只处于字面意义，并未读懂其背后深层意义；第五在对问题阐述时缺乏结构意识和逻辑分析，调理性层级性比较弱；第六理论功底不厚实，导致思想境界上不去；第七自信心内心定力不足，过早自我否定。当然出现的问题对一个岗位新手来说是正常的，但这些问题的出现提醒我们中学共青团工作不抓不行了，一个要做中学生思想引导者来说，这些问题不解决势必以后要出大问题的。

在他们演讲的过程中，我想到国学中谈到的"道德"，即遵循规律为"道"，修炼德行为"德"，李克强总理曾说这届政府要"行大道、民为本、天地立"，但我以为中学共青团在此基础上还要强调"德为先、才为技"，在储备各方面的知识技能外，要把养德放在第一位，在中学期间，是一个人价值观、人生观和世界观最佳形成的关键期，也是个人德行的最佳养成期，错过这一"童子功"，即使我们再考很高的分数，再考上重点一流的大学，再重回修德将要付出很高的成本代价，这样的教训太多了，实践和研究证明，极度自私的精英不是中国特色的合格接班人，而是构成对实现中华民族伟大复兴即中国梦的危害者，甚至可能是掘墓人。

这次由自治区团委举办的"首届中学团干部技能"大赛其意义价值很

大，从大的方面来讲，给全区共青团工作乃至全社会发出了一个强烈的信号，中学共青团工作开始要提上团委重要工作议程上了，这是非常正确的，也是这届团委领导班子明智的举措。要知道一个人如果中腰立不住，即使腿脚的力量再强，力量很难通过中腰传导到上半身，即使上身使劲浑身解数，做出很多花样给世人展示，因为从底部可以说根部传导出了问题，力量不能及时接续上来，于是乎上半身就成了无源之水无本之木的状态，只好自己和自己玩，即使做出很多动作，看是很繁荣，有时也会给人一种假象，但从根本上是不彻底的，我在新疆部分高校做过一些关于四个认同方面的调研工作，总体结论"认同不彻底"，根子就需要从中学共青团这一环节去找。因此这样的比赛很有意义，通过比赛我们可以发现很多的问题，警醒我们不抓不行了。二是对前来参加大赛的中学团干部个人成长的帮助和激励。我常思考这样一个问题，什么东西能在人的一生中留下刻骨铭心的记忆，答案只有一个，就是在很年轻的时候，正是我们这些年轻的选手，他们可能对共青团工作一无所知，刚刚走上这一工作岗位，这个时候有人引导他们，无疑对他们以后的人生都是一个不可多得的宝贵财富，此时比赛的结果已经不重要了，重要的是他们通过比赛增长了见识，在很年轻的时候结下一批优秀的青年朋友，在与同龄人相比，当同龄人还在开始谈婚论嫁的时候，他们开始懂得了什么是"政治"，什么是"责任"，这将为他们以后的成长打下坚实的基础，同时他们在面对社会的挑战和机遇时，会比同龄人多一份激情和从容，这样的学习机会是难得的。在这一比赛的过程中，他们会对"共青团"三个字的理解会逐渐加深，从中会悟到共青团与执政党是个什么关系、与青年是什么关系，自己在团岗位上将会储备什么能量，日后再怎么成为国家的栋梁和人才等等，如果这些有了一丝的变化，那我们的工作和为此付出的一切都是值得的。

再次我也要感谢自治区团委和学校部给我这样一次接地气的机会，同时也要感谢我们来参赛的选手们，是你们给了思考的动力，是你们给了我研究的素材，还是你们给了知识的养料，感谢你们，同时也要祝福你们在以后的工作岗位上，因为你的存在，而使中学共青团工作从此变得不同，为全区的中学共青团事业发展做出更大的贡献。

对新疆中学共青团工作的思考之二

连续两天的中学共青团干部技能大赛，对我们的脑力和体力都是一个挑战，但疲惫中带着充实，看到这些来自十四个地州的中学团干部，他们富有激情地给我们展示中学团日活动设计的PPT，我在惊奇中多了一份思考。很多选手准备的课件内容围绕"酷酷中国梦"这一主题，从不同角度进行设计，比如从几个篇章、几大板块和几个阶段等进行设计，让你从中感到设计中蕴含着全局性、整体性、系统性、层级性和步骤性等。还有的选手小切入大设计，比如从一首歌"在灿烂的阳光下"、一部电影"太行山上"、一首诗、一个故事、一个游戏、一个调侃等等切入，将学生带入酷酷中国梦的主题之中，效果也是不错的。还有的选手具有研究意识，他在设计中融入了调查问卷这项工作，在搞清楚活动对象的需求、兴趣和存在的问题以后，以问题为导向才确立活动的目的和目标，还有一些选手在设计理念上很人性化，完全依据中学生成长的特点和中学教育的规律来设计主题活动，比如增加了实景观摩和体验式互动的环节。还有的选手制作的PPT从始至终都凸显"新"和"特"，让你一下子记忆深刻，并赶走疲惫，比如"想一想、看一看、辩一辩、演一演等"，还有"昨天、今天和明天"这样的说课形式，就会容易在脑中刻印。还有部分选手在设计中将安全预警和活动预算等环节都考虑进去了，非常好，"天下大事必做于细"，细节决定成败。当然还有很多亮点不一一点评了。

但在这一环节的比拼中，我们也发现很多的问题，主要有：课件内容如画面（从网上下载部分）重复太多，说课形式太过于说教，设计理念太成人化，很多选手不是在阐述设计方案，更多地在给我们上课，没有仔细对"团日活动设计"研究清楚，活动和设计部分缺失，还有因为重复多，特色亮点部分展示不够，让你难以与其他选手区分，自然分值上不去，最关键的还是设计理念的问题，没有从中学生的特点和需要出发，没有进行很充分的调查研究和论证，没有和主管领导和相关人员充分的沟通，想当然按照自己的意图设计，这种设计自然会带来生硬、刻板，内容也会显得大和空，语言表达不是在娓娓道来，而像喊口号，为完成任务而驱动。

通过连日来的大赛评委工作，我一直在思考这样几个问题，这样的比赛让选手从中取得了什么样的收获？作为共青团组织通过比赛要达到了什么目的？我们让选手即兴演讲，无非是考察选手对中学共青团工作的了解认知程度，结果令人担忧。我们让选手微博即兴创作和团日活动设计，无非在考察选手的设计的水平，这方面我认为没有太多的问题，相反运用新媒体和新科技的能力要比我们强许多，这方面我们要向他们学习。在"学"与"术"方面，梁启超曾经在《饮冰室文集》说过："则学也者，观察事物而发明真理者也，术也者取其发明之真理而治诸用者也"，"例如：以石投水则沉，以水助乎木则浮，观其事实以证明水之浮力是物理学也。应用以真理之驾驶船舶则航海术也"。给我们的启示是：在对共青团组织属性的认知，特别是当今全球背景下的共青团组织价值功能定位以及面临的挑战和机遇等问题，我们的选手还处于盲区，需要有一个系统的培训，这个根子问题不解决，"学"和"道"搞不清，即使"术"再强，对我们党的事业，特别是"中国梦"的实现是不利的。另外思考的第二个问题是我们对青年思想引导，或者思想传播路径到底是哪出了问题？在昨天早上和援友吃饭的时候，偶遇政法委的援友，我便向他提出一个问题：非法宗教势力与我们在传播思想的路径和手段有什么区别？他回答我说：有两个区别，一是我们的传播是从上到下，对方是从下到上，二是我们更多关注传播的内容是什么，对方更多关注传播以后的效果，即接受了多少。同时谈到新疆的问题，他认为要从解决青年的信仰问题开始，现在习总书记提出"中国梦"，就是在做这件事，如果你面对的是面临铡刀不惧怕的刘胡兰式的群体，一切问题都能从中找到答案。信仰不坚定，内心认同不彻底，很难谈其他的事情。作为党的后备军和助手，共青团组织要带领青年跟党走，首先要把青年的心吸引过来，特别是中学生的思想价值观的形成，这是撬动整个共青团工作最重要的支点，我们万万不可忽视这一块的工作，从这个意义上讲，这次举办中学团干部技能大赛的价值就显得非同寻常了，当然，这只是一个信号，需要强化这一信号，更艰巨的工作还在后面，作为理论工作者，要更多的关注中学共青团工作的研究，为自治区团委提供理论智力上的支撑。

对中学共青团工作的思考之三

今天全疆中学共青团干部才艺环节的比赛用了一上午的时间完成，64名选手真的很棒，各领风骚，独具匠心，表演的种类也是我历次参加艺术大赛最多的一次，我粗粗统计了一下，有舞蹈（古典、民族、现代舞等）、歌唱（美声、民族、流行等）、配乐诗朗诵、吉他弹唱、书法、剪纸、画沙、口技、英语秀、武术、航模、水果拼盘、魔术、手机游戏、鸡蛋画脸谱等，仅民族舞蹈就有蒙古舞、藏舞、维吾尔族舞、哈萨克舞、回族舞、孔雀舞、天鹅舞等，评委和选手们欣赏了一顿艺术大餐，几天的付出非常值得，可谓累并快乐着。

从选手们的表现来看，再次让我对新疆是最美的歌舞乐园有了更深切的感受，这里的人们能歌善舞，才艺纷呈，确实在青年思想引导载体和路径方面可以大做文章，如果融入艺术、时尚、情感元素，这里共青团工作的基础太强了，但如果在信任、尊重和感情等因素再下些工夫，我们完全有可能将青年吸引过来跟党走，问题是我们愿不愿意坚持这样做下去。

自治区学校部部长安排我在颁奖晚会上对大赛情况做一点评，一个如此热闹的晚会现场做点评不是太适宜，如果有一个相对安静的环境，大家都能集中精力回顾大赛的整个过程，认真梳理每个环节出现的问题，我再去点评可能效果会更理想些。最好的情况是所有的评委和每个参赛的选手面对面进行点评，那样就会针对每一位选手的问题进行辅导，固化选手取得的已有成果，不至于回去因忙碌丢弃取得的成果，那样会非常可惜。既然没有这样的条件，只能将所有评委的意见进行汇总，高度浓缩讲五个关键字，即值、补、机、啷、思。

一是"值"。这次中学生团干部技能大赛办得很值得，从选手们个人讲，不但增长了见识，挑战了自己，而且还结识了一批优秀的青年朋友，这些参赛的经历都为他们日后的成长刻下烙印积累人脉。从组织方来讲，自治区团委将中学共青团工作抓起来，无疑是最明智的选择，中学共青团工作是整个共青团工作的支点，撬动这个点将会使全区的共青团工作的面貌从此改变，当然意识形态领域的工作是看不见的战线，不能期待像GDP一样立竿见影，但灵魂深处的革命来得更为猛烈，更为长远。从研究学者来讲，价值更为重大，不但接了地气，而且通过观察每个选手的表现，开始寻找中学共青团工作的特点和规律，尽管还处于皮毛的阶段，只要开始关注，就不算太晚，一切还来得及。

二是"补"。中学共青团工作几十年来一直处于极度边缘的地带，对中学团干部的培养始终处于未开垦的处女地，纵然我们可以说是大环境造成的，高考指挥棒主导一切，但大凡对中学生成长规律做过一丝研究的话，都会想方设法把德育搞上去，人民大学附中校长刘彭芝曾经做过几件让世人惊叹的事，她会为一个学生举办个人独唱音乐会，她会陪着有智力问题的孩子画画，她会关注校足球队和文艺队，并带着他们出国表演等等。她从一名普通的数学老师走到校长的位置,这个过程很漫长也很艰辛,真正才把教育是什么搞得很明白,她的一本书"人生只为这事而来"诠释了她的教育理念,即爱是教育的最高境界。我们的中学生如果只是追求高分和一流的大学,那么其结果只有一个,我们过度的教育培养了一批极度自私的精英才子。要避免这样的悲剧发生,就要全民德育全员德育上做文章,那么我们中学共青团干部必须走在前列,接受系统的理论知识的培训,没有高度的理论自觉,难以有坚定的理想信念。

三是"机"。十八届三中全会给我们强烈的信号,要改变一考定终身的制度,这无疑给中学共青团工作事业的发展带来了空前的机遇,我们只能迎上去,抓住一切机会历练自己。通过多年的研究,要有所成就有所收获,一定要激情加投入加时间,只有激情没有持久的投入是不可能有收获的。这么多年感受最深的一点,做事不能偷懒,第一做事不会累死,第二投入进去是快乐,没有投入的做事是令人不爽的,有时是纠结的。另外时间可以沉淀和固化一些东西,也可以证明和检验你的一切。共青团岗位是常干常新的岗位,在一天就要全身心投入一天,当离开岗位的时候,你会收获满满。

四是"赛"。我们这次四个环节的比赛,选手们的亮点和缺点都暴露无遗,这本身就是一件幸事,早发现早改进。比如在即兴演讲这个环节,90%的学员"很了不起",拿到题就开讲,实际三分钟的演讲,至少需要拿出一分钟的时间来审题,因为仓促,来不及审题,就从纸面上的意义理解,题背后的意思不清楚,这样就会东扯西拉,实在说不上就凑数,耗时间,生拉硬套。既然是演讲,不是在聊天,要有表演性,感染性才可以,因此内容的结构、层次和逻辑感就显得比较重要。我下来分析过选手的情况,很多都是刚刚到岗,还来不及弄清楚共青团组织是怎么回事,就被安排参加这样的大赛,实在难为他们了。但是我确实看到这些新上岗的选手能在瞬间反应过来,积极调动大脑中的记忆库,找到自己熟悉的知识进行重组,交上一份比较满意的答卷。在团日活动设计环节,我要对那些提出调查研究论证、活动预算和安全预警的选手们提出表扬，任何事情一旦抓住两头就等于成功了一半，中间的过程完全靠特色和亮点凸显和承载，但遗憾的是我们很多选手在这个方面输掉了，他们太过于趋同，以致让评委很快就忘记了他们都是谁，同时两头还缺失，这样下来分数不可能高到哪里去。但有些选手框架搭的很好，而且整体性、系统性、结构性还比较强，给人以力量感，不容易被击垮，还有的选手用简单的语言容易记得的语言进行划分，这些都容易给评委留下刻印，最后是设计的理念，如同一个人的灵魂，以谁为导向？设计为了谁？我们如果一切以自己为本，从设计方向就出现了问题，如果我们是以中学生为本位，那么设计理念就是科学的，做正确的事永远比正确地做事重要。最后是我们的才艺微博展示环节，我们打分的标准一定是思想性在前，其次是艺术性，再次是创新性和感染性。没有思想性的艺术展示是没有意义的，与我们的共青团工作无关，艺术性是为思想性服务的，是为了更好地将党的思想主张传播到中学生中去，仅有思想性是不够的，没有艺术感染力，没有创新性，再好的思想也会空中楼阁，要清楚思想只要变成广大中学生的行动，才能完成执政党交付的根本任务。形式和内容是共融的，九分娱乐一分引导是说娱乐是路径，在传播思想的过程中需要找到多条路径，但是必须清楚目标是引导，能在党需要的时候，中学生能紧紧跟着你。

五是"思"。这次大赛虽然已经结束了，但需要总结的事情太多了，不能猴子掰玉米，掰一个扔一个，做一件事就要做扎实，想一个问题就要把它想透。我想给选手们出几个问题，即中学共青团工作的价值功能定位是什么？引导中学生的有效载体和路径有哪些？中学团干部岗位可以储备的素质有哪些？当然这些问题我也在思考，日后可能会下去再走访一些中学，特别是对那些从这个岗位出去的转业团干部进行交流，深刻挖掘其中带有规律性的元素，以便为将来的中学共青团事业的发展提供理论方面的支撑。

三天大赛的评委工作很有意义，再次感谢自治区团委学校亚森部长给我提供这样接地气的机会，也要感谢所有选手给我提供鲜活的素材和养料，期待我们能再次相聚！

分享感悟与成果

最近看了援友穆兆勇和贾晓波援疆抒情诗，感触颇多，他们的诗是这样写的：在瓜果飘香季节，我投入你的怀抱；在大雪纷飞的日子，我悄悄地离开。爱与不爱，别逼我说出来。男人的泪，永远藏在心中，只在孤独迷茫中破碎。青山绿草牛羊，思念牵挂情谊，深留梦中萦绕。苦与不苦，别逼我说出来，走过就是幸福！想念援疆岁月，想念和大家在一起的日子。

8月25日是我们第七批中央和国家机关、中央企业援疆干部来疆二周年的日子，我们有70余位援友自愿组成了临时的合唱团，为大家献上了一个合唱节目《红柳红　红柳绿》，这首歌是由我们的援友郭孝实作词，著名作曲家　谱曲的。演出获得极大的成功。

曾有人这样说道：扛过枪的不如下过乡的，下过乡的不如援过疆的。但我以为不能说什么经历一定要比过什么经历，无论什么经历都没有浪费的。人的一生中但凡有这段特殊经历，那实属是一种奇缘或者机缘，茫茫人海，它出现的概率是极低，而且多为一个时代的产物或者国家制度层面上的安排。有时候并不完全取决于我们自身的努力。如果人活在这个世界上需要三大支柱做支撑的话，那就是事业、感情和身体。而在感情这个层面上又有三个组成部分，即亲情、友情和爱情，那我以为因这种特殊的经历所建立的情感应该在友谊至上、爱情之下，是否可以算做第四类感情？我们暂且把它称为"缘情"，我没有想好，朋友们可以积极建议。

我们这些援友中有部分同志已经回去了，他们中的很多人也许在我们内心并没有留下刻印，那继续坚守到明年的援友用怎样的方式给彼此留下印记呢？或者为新疆的父老乡亲留些文化遗产呢？自从上次援友合唱《红柳红 红柳绿》，如今看到不少援友用诗歌的形式表达内心援疆之情，我就想到可否将援友的实务作品和感悟心得等等，无论什么形式，只要您能表达出来就行，我们可以整合一下来个分享，岂不更妙？也许现在是最佳梳理的时机，明年我们要离开的时候带着这份沉甸甸的收获回到工作岗位上，我们的内心世界会比任何时候都来得更为富足，到那时候，我们可以无愧地说：一切的付出用一个字表达，那就是"值"，正如兆勇和晓波诗中所写的"别逼我说出来，走过就是幸福"。

我不知道这样的想法援友们有何回应，但我知道凡是真、善、美的东西世人皆爱，特别是来自援友的心声如能在一个平台上或者什么渠道发表出来，一定是彼此共赢的，我们不能留下一丝遗憾，或者独我享受，那岂不是援友们更不愿意看到的？我们发起这项工作目的只有一个，分享感悟和成果，凝聚我们的这份缘情！

我的青春我做主——与新疆师范大学青年政治学院的学生干部交流

这次从北京回来，第一件事就是要完成校团委交办的事，给新上任的学生干部做一次专题培训课，专题的内容是如何提升自己的思想境界，当好一名优秀的学生干部。

在专题前的几分钟，我问学生干部几个问题，其中说一件你目前最纠结最想弄明白的事，我采取分组讨论法，由各组的小组长召集成员在2到3分钟内头脑风暴，并将成员的问题总结归纳，最后几个小组的组长站在前面向全体学生干部进行陈述，一方面可以考察我们的学生干部表达能力和归纳能力，同时还可以将所有的问题依次排个序，前五个问题带有普遍性的，我们就可以集中以问题为导向进行这一专题的定位。这五个问题分别是"就业担忧、学习与工作的矛盾、人际关系的处理、情绪管理、时间管理"等。

我让学生干部们将所有问题再次回顾并梳理，可以识别一下哪些问题指向是向内的？哪些问题指向是向外的？向内的问题是时间管理、情绪控制、学习与工作的矛盾等等，向外的问题是就业担忧、专业影响未来发展等等，这样划分以后，学生干部们就可以清晰地看出指向内的这些问题可以由自己把控，通过努力可以解决的，指向外的这些问题有时候即使努力也会难以改变或者出现成效。由此我提出一个观念，即要将自己有限的时间和精力聚焦在那些可以控制的问题上，这是一种明智的选择。这一观点请学生干部们进行热议。我曾在几年前听过当今著名的青少年研究专家陆仕帧教授给全国青少年工作者上的一堂课，其中她提出一个理念给我很强烈的冲击感，这一理念就是"要以公平的心态去看待这不公平的世界"，在当时，我并没有能很快接受，不公平的世界怎么还能用公平的心态去看之呢？应该去抗击和改变才对啊！后来随着岁月的流逝，我开始悟道，不公平是绝对的，公平是相对的，这就是一种极为残酷的事实，面对这样的事实，每个人的看法和心态都会不同，而这才是我们关注的重点，对同样一件事，你是什么样的看法，是什么样的心态，这很重要，这里面便可区分不同种类的人，区分人的觉悟水平，更明确地说是人的思想境界之高低。很多时候事情本身已经不重要了，对事情的态度却会显得尤其关键。这个世界是什么样，完全不以你的主观意愿所左右，你想改变这个世界是很难得，但是如何看待这样的世界准确地说要完整了解这个世界却是我们这一辈子需要做的功课，也许当你要见马克思的时候，你也没有全部弄懂这一世界的真实本来面目，马克思有几句话很值得我们思索，如"在改变主观世界的同时改变客观世界"，"要全面、辩证和发展地看待事物"，"事物的发展变化是从量变到质变"，"肯定、否定、否定之否定"，尽管高考时背的烂熟，但未必清楚其背后深刻的含义，在实践中运用时方显其格外珍贵之价值。

回到我们学生时代，当下我们该怎么做呢？我提出了第二个观念，即唯有储备能量。要有大学习概念，三人之行必有我师，向书本学，向老师学，向同学学，利用一切机会装备自己，武装自己的头脑。既然要学习，就要是开放式的和吸纳式的，而非封闭式的和排他性的，能量守恒定律和能量吸引力法则是我们获取能量最要遵守的规律，违背者将会一事无成或者一无所获。当我们置身于这个世界系统中，我们就要学会公转和自传，既要像地球围绕太阳进行有序公转之外，还要自身有序自转，不公转我们就要毁灭，不自转我们就要失去精彩，前者是凭借一种向心力，后者则是依靠自身的内驱力，向心力要克服地球向外的离心力，内驱力要汇聚所有内力和外力，前者是基本，后者是根本。因此，没有足够的内驱力，是难以保证在公转的同时还要完成自转。而储备这种内驱力所需要的能量则是在我们大学时期要做的事情，放弃关键期的能量储备将会为以后的发展带来难以估量的损失乃至一生中的缺憾。这也是无数事实证明了的，正可谓"少年不努力，老大徒伤悲"。当然，我们在获取能量的同时一定有正能量和负能量之分，怎么能保证正能量的获取呢？这里就会用到吸引力法则，即你传送出去的是正能量，你收到的一定是正能量，反之你发送出去的是负能量，收到的一定负能量，我亲自试过很多次，很神奇的。在这一过程中，那些抱怨、极度、指责等等类的负面情绪就会干扰你接受正能量，相反还会带来瘟疫和传染病，让你的接收器受阻，能量消耗不说，还会出现停滞，人们都知道身体一旦长久不能进食就意味着"危机"，甚至面临"死亡"。我们每天要做的事就是能量吸收和发出，也只有这才能证明我们在活着，正如"士兵突击"这部电影中的主人公许三多说的经典语句：做有意义的事是为了好好活着，好好活着是为了做有意义的事。有意义的事就是我们常说的正能量的吸收和发送。

我一直在研究怎么样让我们的能量保存持久？通过多年的习舞，我慢慢悟道只有固化一种稳定的能量结构，我们都知道四支腿的椅子最为稳固，我们的能量储备也不例外，过于单一或者偏颇都不利于能量的保存，经过多年观察，四个部分的能量应该是"事业、情感、身体、德行"，事业有三类，公共事业、个人事业和公益事业；情感有四类，亲情、爱情、友情和缘情；身体有肉体和灵魂；德行有情、理、法等方面的控制能力。四者缺一不可，缺一者不具有一个完整的人，所谓人的全面自由的发展便是这四方面的结构要完整，同时还要有所正向增加才可，那么我们无论在学校或者走向社会，不断加固这四只腿的分量和坚实度将是我们每一分钟要做的事，那些随意放弃其中的"一条腿"，都会破坏你能量的架构，即反映你对生命的轻视，同时也反映出你对人生的不负责任，一个对自己都不爱的人，怎么可能会对社会对他人充满爱呢？也可以说自己能量不足的人怎么可能指望他去释放能量呢？

当然在能量储备和固化能量结构的过程中，需要有一个信念支撑，不然这项功课就会难以持久，什么样的信念才能让其持续下去呢？我以为就是一个"好好活着"，试想还有什么比这更有说服力的理由和信念呢？我们所从事的一切，无论物质上的还是精神上的，都要归于我们要好好活着。我在课的开头就和学生干部说道：一个人活在这个世界上，你无法掌控你的出身，即你从哪里来的，还有你什么时候要离开这个世界，没有人能说得明白，但生命中括弧去掉两头，中间的一段则是我们能掌控的，生命长河中宽度和浓度绝对归我们自己把握，那么只有"好好活着"才是我们做好能量储备和固化能量结构的唯一理由，反之只有做好能量储备和固化能量结构才能让我们好好活着，别无它由。

青年学生们，一定要把人生的每一阶段走好，要去把膝盖弯下来，重心下移，去接地心引力，要把抬起头来去够天上的能量，两头拉伸，坚持不懈，牢牢把所有能量汇聚在我们丹田，壮大我们的中腰，当祖国需要我们的时候，我们随时将丹田蓄积的能量向着需要的地方释放出去，贡献我们的青春和热血，那时候我们可以无愧地对自己说：我的生命是充满能量的，是可以发光的，我的青春我做主。

积极探索党的思想政治主张在新疆青少年的有效传播路径

作为党的十八届三中全会昭示我们，改革已进入深水区和攻坚期，遇到的各方面阻力也是我们难以想象的，此时青年在党和人民最需要的时候，怎么让青春在中国特色的社会主义事业中散发绚丽光彩？怎么让青年积极投入中国改革的浪潮中发挥主力军和生力军的作用？这是青年工作理论者必须面对的课题，义不容辞要做出回答。

作为中国共青团组织，自从它诞生的那天起，就承担着为党培养革命事业接班人的重任，抛头颅洒热血是革命时期青年运动的主题，而今我们的党已从革命党进入执政党，为中华民族伟大复兴奉献自己的青春就成为我们当代青年运动的主题，带领中国的青年为实现中华民族伟大复兴的《中国梦》而努力奋斗就成为中国共青团最重要的使命和责任。

作为第七批中央和国家机关、中央企事业单位援疆干部，自 2011 年 8 月 25 日从中央团校来到新疆团校的那天起，我没有忘记自己身上肩负的一份沉甸甸的责任，那就是始终不渝地把党的思想政治主张积极向青少年内心世界进行传播。因为在我心里始终坚守一个信念：播种思想才可以收获持久。如果我们不能替执政党探索党的组织行为在青年中的实现途径，不能替执政党探索党的思想政治主张在青年中的传播路径，那就意味着共青团组织价值功能的严重丧失，其存在的意义都会受到质疑。在这样的信念驱动下，两年多的援疆期间，侧重在意识形态方面如何对青少年进行正面引导做了一些探索性的工作。现将自己的想法和做法做一简单陈述。

一、在宣传思想工作中一定要融入青年可接受的"尊重、信任、感情"因素。

新疆要实现跨越式发展和长治久安的目标，青年是不可忽视的重要力量，青年稳则新疆稳。青年怎么稳？表面稳不是真正的稳，即使一段时间看似稳,也不能持久,稍有牵制和诱导就会发生动摇,易感青年群体的问题要从根本上解决需要几代人的共同努力,但从青少年的思想入手,特别是从青少年的灵魂深处嵌入绝对是我们现在可以努力尝试和探索的。

我有机会随自治区党委宣传部思想政治教育研究会调研组和自治区团委调研组等先后四次下到南疆地州和区县乡镇村,与那里的各类青年在家里、田间和牛羊圈面对面、心贴心和实打实进行交流,期间还给他们宣讲党的惠民政策,同时还组织他们进行有意义的活动游戏,无论怎样方式的接触,只要你是把他当做朋友,他就会对你产生好感,就会多一份信任,如果你尊重他,欣赏他,他就会完全可以打开心扉向你讲心里话,内心的苦闷和内心的渴望向你表达。每天晚上我就会把这些青年原汁原味的描述记录下来,同时也会把自己的感悟、所思和所想真实记录下来,这些文稿包含着我对南疆基层干部的一份敬畏、对南疆青年的一份堪忧,更对南疆青年工作的一份思考,最后集中体现在我的《研究杂记》系列篇中。

二、在宣传思想工作中一定要融入青年所喜欢的"艺术、时尚、情感"元素。

新疆是歌舞的乐园,这是我来新疆最深的感受。我如同发现新大陆一样,倍感兴奋。

因为这是我们引导青少年最肥沃的土壤和厚实的基础,什么才会让我们的青年快乐起来?什么才会让我们的青年和我们亲近?什么才会让我们的青年愿意和我们走?世界上最强大的力量唯有"真、善、美",用艺术、时尚和感情,才是我们能走入青年内心世界的最佳路径,在走入他们内心瞬间,我们才有机会去传播"真",即九分娱乐一分引导。但是作为青年工作者,我们不懂艺术、不懂时尚,甚至没有情趣,那这一切都是空谈。带着这份思考,我开始从舞蹈艺术嵌入,经过尝试,结果出奇的好。比如进行革命传统教育的宣传,肢体语言表达也许甚于口头语言,不同民族舞蹈艺术诠释的价值意义都可归于"真、善、美",如果我们能从提炼出积极意义的元素,再将这些元素重新整合以一种创新的时尚的方式展示给我们的青年岂不更好,当然这种创意一定是建立在对青年深厚的感情和对青年内心的懂得基础上的,那种试图为表面的任务驱动,视青年为利用的工具的做法,即使外表再富丽堂皇,终将也会被别人所识破,更担忧的是我们可能失去赢得青年那份宝贵的心和培养青年的关键的时机,一旦被非法宗教势力等三股势力所占据,将会给党的事业和人民的安全带来无尽的灾难。这场无硝烟的战争考验着我们每个有良知的青年工作者,一定要争分夺秒,时不我待,想方设法去研究和探索,通过怎样最佳的路径才能赢得这场战争。带着这份思考,尝试用各民族舞蹈艺术的方式诠释党的思想政治主张。并将对舞蹈的感悟编入我的《研究杂记》之中。

三、在宣传思想工作中一定要嵌入青年熟悉的身边人讲身边事并分享其中感悟的内容。

在我的研究杂记中大量用了这样的内容。很多都是我亲身看到和听到的,从一个青年人生导师的角度,将故事娓娓道来,一切都是自然的,平和的,没有风雷电闪,没有长风破浪,一切都是一个普通人可能遇到的事情,我们将以怎样的心态、怎样的眼光、怎样的视角去看待这些事情的发生,我们在期中悟道些什么,受到什么启迪,在成长的路上我们收获了什么?这就是我想通过自己的所感所思力求在不经意中传递给青年正能量,让他们能接受到正面的讯息,与我们共商讨共成长。实践证明,这种方式是成功的,在我的《研究杂记》之一出版以后,很多青年受到不同程度的影响,更激励我出版《研究杂记》之二,将来要一直写下去,十年磨一剑,播种思想永远是我的责任。

第六部分

对"提升团的社会影响力"的思考

昨天参加自治区团委机关举办的"提升团的社会影响力"主题演讲比赛活动,参赛选手都是团委机关和团委直属单位的青年代表,他们的演讲题目也很特别,比如"微时代让青年的人生更为精彩、坚定理想信念是提升共青团在社会影响力的坚强基础、当红色的团旗迎风飘扬、青春力争、打造一生硬骨头、我的青春我的团、全情投入,提升共青团在社会的影响力、畅想青春正能量、火红的青春火热的团情、建立枢纽型组织,提升团在社会的影响力、让激昂的青春在实践中飞扬、共青团青年的旗帜、托起明天的希望、用青春打造共青团金色品牌"等,仅从这些题目就能给人一种积极向上的力量。

这场演讲活动价值意义就在于能紧贴共青团工作的实际,从问题导向出发,把思考的课题与我们要做的工作结合起来。正如袁民书记最后总结的:演讲的题目是我们目前存在的问题,也是我们研究思考的课题,更是我们工作的目标。从演讲总体情况来看,有这么几个特点:一是信息多。新媒体、理论性、团旗说、镜头感、团干部、入团史、谈岗位、实践论、活动类等,这样让观众通过他们的演讲获得大量的信息,特别是对于我们从事青年工作研究者来说,无疑是极大的精神养料和研究素材。二是载体多，虽然主题是一个，但每个选手选择的形式多样，比如讲故事谈感受、说观点发议论、聊自己谈认识、提岗位谈意义、说问题提思考等等，让人感到真实质朴。三是收获多。对选手个人就是一次极好的历练和展示，无论在补充团的知识演讲技巧方面，还是在应对赛场的心理承受方面都会有不同程度的提升，对自治区团委机关来讲，也是一次了解机关青年，发现问题的重要机会，更便于今后有针对性对青年进行培训和培养工作的开展。

从我们的研究角度，需要对每位选手的演讲内容进行深入分析，从中找出普遍存在的问题。每位选手的演讲题目是紧扣主题的，即提升的社会影响力。他们都能结合自己的实际工作，从不同的角度切入主题。比如青工部的代表把关注微博的人数与新闻媒体的影响程度做了对比，100人相当于内刊、1千人相当于布告、1万人相当于新闻联播、10万人相当于都时报、1亿人相当于中央电视台的关系。演讲中还提到麦西来甫进校园等信息，同时也看到新媒体是一把双刃剑，不良信息对青少年的影响问题。志工部的代表从理想信念的角度切入，提出两个思考，为什么要提升团的社会影响力？坚定的理想信念是从何而来？其中还谈到北漂、蚁族、留守儿童等特殊群体的情况，选手有此问题有些思考。青少年出版社的代表提到青年组织促进会成立的事情，梳理了目前在西部大学生志愿者中将近有1万名志愿者赴新疆开展工作，提出"到基层去、到边疆区，到祖国最需要的地方去"的誓言，和"青年创业中国强"的口号，很有感染力。网影中心的代表从自己的工作岗位特点出发，提到参与团委几项大的活动，比如科技播火、我与团旗合个影我与祖国说个话、现代文化与青年同行等，对活动的照片和视频进行后期制作并上传到网络上，他感到自己的工作很有价值和意义。组织部的代表演讲中谈到打造一支能打仗大胜仗的共青团队伍才能提升共青团在社会的影响力，共青团干部要有干事创业的激情，同时还要有踏实肯干的作风，要善于向书本学习、向实践学习、向青年学习。要让团干部成为青年想得起、留得下和靠得住的知心朋友。权益部的代表是名志愿者，刚从事团的工作仅有4个月6天，他提到一个公式有意味，说明积累的重要性，同时还谈到团委一直搞的一项活动"牵手行动"，用到几个关键词，为青年解惑、解困、解难等。少年报的代表提到办报的宗旨就是"为了一切少年儿童、为了少年儿童的一切、一切为了少年儿童"。办公室的代表从自己的工作特点出发，谈到自己对办公室的工作体会，要有一份责任心，要把工作落实到位，要有团队合作精神，要注意自己的行为，要有大局意识。社会组织部的代表提到的爱心温暖包的运送过程，所到之处人多、话多和广告多。深感团组织就是青年的娘家、发展平台和工作伙伴。青农部的代表提到实干的问题，空谈误国，实干兴邦，要让青年在实践中飞扬，特殊时代背景下，要急青年所急，想青年所想。青少年出版社的代表提出一个疑问，为什么青年对团的认同不强？她认为问题出在起跑线上，从自身入团的感受切入，入团的过程不是自己主动萌发的，而是被老师安排的，内心并未真正认同，对团的历史也是很模糊的，参加活动少对团组织的了解少。青基会的代表是一位少数民族女青年，她谈到希望工程的来龙去脉，在这个岗位上她一干就是9年，她从自己身边的故事即救助贫困地区女大学生的一个古丽阿姨说起，故事很打动人，语言表达极致。办公室的代表也是一个志愿者，原想去基层，但被分到了机关，从心里不愿意到想明白自己的工作价值，虽身不在基层，但心系基层，虽不在中心，但始终围绕中心服务大局。如果你是医生，就要让病人远离痛苦，如果你是志愿者，就要在社会释放正能量。

经过梳理选手演讲的内容，发现有几个问题需要引起关注。一是对共青团如何提升在社会的影响力缺乏深度思考。当然我们的选手都很年轻，实践和理论积累都显得比较单薄。我们对他们提出这一要求，似乎有些苛刻。这应该是我们这些研究者要做的事。但他们的演讲中部分内容给这一问题提供了答案，我们可以进行总结归纳。在我看来这个问题之前要建立两个意识，第一是系统意识，第二是结构意识。试想，共青团组织要提升在社会的影响力，首先要把共青团组织与社会的关系弄清楚，即共青团到底在社会上的价值功能定位是什么？简单地说社会需要你共青团做什么？或者说你做什么社会才能认可你？还有在社会上的很多事情，共青团能做什么不能做什么？定位清楚作为才能得当。社会就像一个密集的大网，我们在其中是一个怎样的角色，是一个固定的"节点"还是一个看不见的"幽灵"。节点就要去做节点的事，幽灵就要去做幽灵的事，路径、理念、评估和结果都很不相同。没有这个意识，面对很多新问题就很难解释更不容易应对。我常研究人内在的身体结构时，发现一个现象，无论是自然界还是人类本身，都包含着两条线，一明一暗，或者一阳一阴，我们始终在围绕着这两条线的平衡在运行，随着人们认识的不断提高，旧的平衡被打破，新的平衡被建立，那么作为共青团组织，从社会功能的定位角度，它一定不属于"明线"职能，如同经济领域可以用明确的指标GDP确定，对应的暗线就是意识形态领域范畴内，其特点就是"无形隐形"，你总是试图用一个标准一个尺度去解释现象就显得很"愚笨"，恐怕更多的需要一种"渗透"，这种渗透是需要时间的，不会立竿见影，期待马上出政绩出结果，就一定会出问题，这条"暗线"的维护需要几个前提，第一是掌握"暗线"的运行规律，研究先行，实践摸索。第二是要熟知"暗线"的运行特征，要渐进、慢行、自觉、自然、量变、质变等。第三要摸清"暗线"的运行路径，播种、激发、固化三部曲，缺一不可。当然无形中有有形，精神中有物质，活动中有内容，虚实结合可能是我们最明智的选择。这一选择也是内心中有系统有结构意识的表现。我们都有一个经验，经常刻意做一个练习，日积月累就会成为习惯，练习的过程是漫长的艰难的，支撑这一练习的信念和最终养成的习惯往往需要我们播种、激发和固化，目前的问题，我们太多的急功近利和好大喜功瞬间把这一复杂的过程简单化了，把这一带有规律性和专业性的工作应急化了。我们的组织是长久的，但在其中的人又是短暂的，怎样能把这项复杂带有规律性的工作做好，需要四个改进，第一是历史资料的接续。资料室的人员可以是终身制的，可谓是这方面的研究学者。第二是专业队伍的稳固。整合和集合这批队伍，如同美国的兰德公司，你要精心维护和用心合作的。第三是制度遗产的保留。第四是培养一批能打硬仗作风过硬的团干部队伍。这四点做到不愁我们的共青团组织在社会没有影响力。这是深层和根子上的问题，选手们在这些方面涉及不多，即使涉及某个方面，也是太表面化了。二是演讲的技巧不足。共青团组织承担着传播党的思想和政治主张的重任，表达能力不强，何谈传播的效果。要感染我们的青年，首先能感染自己，自己没有底气，没有力量，很难影响他人。演讲不同于一般的讲话和发言，需要语言的高度凝结和精炼，犹如一语道破、共鸣共振。在可能的情况下最好脱稿，与听众的眼神交流和情感互动相当重要。有的选手此方面的训练不足。三是主办方对选手的培训工作不足。之前需要对他们进行共青团工作理论知识方面的培训，对共青团深层次的理论问题有些了解，结合他们的实际工作会有一个从感性上升到理性认识的过程，而不是仅仅从语言的表达出发，本末不能倒置。语言是为内容服务的，如果没有一定的理性认识高度，即使富有激情的语态，华丽的辞藻，也难以掩饰言之无物的尴尬。四是切入角度还不够多元。共青团工作的核心始终离不开"青年所需、社会期盼、党政要求"这三个关键点，青年才能的展示、活动品牌的打造、事业专业化运作、务求实效的原则、社会热点的解读等等都难以脱开这三个方面，紧扣这三个方面，就不会偏离共青团的本质属性特征。

无论怎样，我还被这些青年打动了，凭借他们的积极进取，不甘落后的勇气，只要适时加以点拨和指导，就会为他们的成长增添一份力量。能量在每个人身上，改变从自身开始。我愿意一直成为他们的朋友，给他们的成长助力、加油！

大学生宿舍心理透视

最近网上热议复旦大学生寝室投毒案,该案件的主人公在投毒后,看到室友在死亡线上挣扎尽然从容冷静就像什么事没有发生过。我们不禁要问怎么会是这样?

冰冻三尺非一日之寒。早在2004年时候我从事高等职业院校学生工作,经常会到学生宿舍看望学生,那时候起我发现同一宿舍的学生之间贫富差距极大,导致他们之间很难有共同的话语,自傲和自卑心理同时聚焦于一个空间,矛盾在慢慢积累,爆发只是时间问题。看到这些大学生们。都是家里的唯一宝贝,生活自理能力暂且不说,仅就与人相处方面的能力就先天不足,如果从根源上找,无非就和他们所成长的家庭环境和高考指挥棒下的教育体制有很大关系,这样培养出来的孩子短时期不会有太大问题,但一旦进入大学,和同学每日要相处,或者走向社会和他人发生联系,这种短板就会显露出来,此时错过了情商培养的最佳时期,要补缺这一短板,自然要付出高昂的成本。

在我的研究中,有一个情况不可忽视,新的贫富阶层在80后和90后开始形成,这种先天的不平等是造成他们产生矛盾的最重要原因,因为他们都还没有将自己的潜能释放出去,还没有来得及奋斗,就已经带来结果的不同,这种不满就会日积月累。再加上我们对孩子教育的关注点不是放在人格完善上,而是眼前的分数上,性格的缺陷不可避免。

十八大三中全会中提到的要改革一考定终生的考试制度,这是非常及时的举措,要从重表面向重内在转移,要从关注智商向关注情商转移,特别是青年的人生观、价值观和世界观的形成过程是决定青年能否健康全面发展的关键步骤,本末不可倒置,不然我们将培养出一批极度自私的精英,那时候实现"中国梦"绝对是不可能的。

今天早上,和自治区组织部的援友谈起,一个青年干部如何能走得更远？他说基层的一个小干部要苦熬十几年，被摔打得结结实实，不会发虚或者不经事，但过程简单轻松的干部一旦到一定的领导岗位上就容易出问题，担当上有问题，关键是底气不足，因此，还是要多下去的好，没有和基层百姓的情感与共，很难处理一些矛盾。

在我们的成长中，永远不是能力能决定你的未来，但没有能力是万万不行的。它们之间的关系就是头脑和四肢之间的关系，有内心的信念即动力源是最根本的，其次才是培养能力的问题，它是你腾飞的翅膀。没有目标没有动力，不知道自己是谁？为何要这样？就会迷失方向，迷失自己，即使能力超强，带来的一定是毁灭性的灾难，这样的教训我们一定要汲取。做人永远比做事重要，做正确的事永远比正确地做事重要。

关于新疆团干部培训工作的思考

从2011年8月至今，一直在关注团队干部培训工作，这是我来新疆最重要的一项工作也是自己热爱的一项工作，更是一项终身为之奋斗的事业。在两年多的时间，通过亲自授课、广泛听课、参与学员讨论、参加开班和结业式以及与学员共同联欢等不同方式，对我校团队干部培训工作有了一定的了解和熟知，另外通过参与自治区团委设置团队课程模块构建工作和多年的共青团工作理论研究工作经验的积累，对新疆共青团团队干部培训工作有了一点思考和想法，我想谈四个问题，供领导和同志们参考。

一是我们的优势在哪？从全国70余家团校团队干部培训工作来看，我们的团队干部培训工作是走在前列的。这块阵地不但没有丢，没有缩，还保存的完好，这一点我们应有十分的自信心。从我们安排的主体培训班次来看，结构上也是较为系统和完整的，数量在全国来说也是最大的，培训资金也是最充足的和最到位的。我们现在很多的团校已面临生死的边缘，何谈团队干部培训工作，主业丢掉了，阵地没有了，被合并的合并，被收编的收编，还有的完全改变了"团"的模样，完全成为学历教育的附属。我们现前在所走的这条路没有问题，一定要坚守下去，我们有足够的底气来支撑这项事业的持续发展，这是一切工作的良好基础。

二是我们的机会在哪？从十八大三中全会传出的讯息警示我们，一考定终身、文理分科的时代就要过去了，要从单一的分数评价指标向学生全面综合素质评价体系转变，从智商至上向情商教育加强转变，从单纯式的学理应试教育向人文关怀教育迈进，准确地说对青少年的思想道德建设不是消弱而是要强化，这就意味着共青团的工作领域不是在缩小而是在拓展，相应团队干部培训的工作在全区意识形态领域中的地位趋于稳固。从新疆实现跨越式发展和长治久安的战略目标来看，青少年的思想引导工作一刻也不能停止，相反亟待需要对青少年思想引导者进行理论武装，加快团队干部的成长和成熟。

三是我们的危机在哪？来自三个方面，第一是全疆青少年理论研究工作滞后，缺乏以研究带培训的科学理念和实践氛围。理论应指导实践，现在是现实问题解释多于预测，很多战线部门都忙于救火，培训工作忙于任务驱动，没有时间思考，更没有发自内心的理论自觉；第二是团队干部培训工作缺少制度性的安排。团干部转业不可逆性与团队干部工作的持久性这一天然的矛盾，只能借助制度性安排去解决，每届团委领导班子都要为之留下制度遗产，这是最重要的成绩。比如培训课程的安排一定要遵循模块结构规律，一定要建立集体讨论确定的制度，定期召集团委战线部门领导、团校培训部门人员和受训的一线干部以及相关理论专家共同研讨培训需求、培训课程、培训教材、教学方法和教学评估等问题。不能自说自话，自拉弹唱。第三是面临团课教师队伍的断档危机。现在承担团队干部培训课程的主力，几乎都是50、60年代的教师，少数有70后，80后和90后没有接续，这一点很令人担忧。尽管新疆团校的领导们这几年奋力狠抓青年教师培养计划工程，但苦于没有来自治区团委等有关方面的激励机制和制度安排，此项工作仍处于浅层初级阶段。比如如何让我们的青年教师能够了解团、评价团、讲授团和研究团，这需要几方面共同努力，应拿出具体的措施来。我来两年多，发现一个和特殊的现象，团务课程团校教师没有主导，趋于失去主动权的危机，同时我们的团校教师大部分的精力都在专科学历教育和部分行政工作中，没有激励导向，也没有机会展示平台，更没有了解团的主观意愿，自治区团委也没有考虑这批年轻教师队伍今后的成长和发展，特别是如何解决年轻团课教师思想深层的问题以及奋斗的上升空间问题。

四是我们的作为在哪？第一是完善团队干部培训课程模块体系；第二是建立结构功能完备的团队干部培训师资库；第三制定有利于青年团课教师培养和发展的规划和制度；第四是借助中国青年工作院校协会的平台适时举办全疆团课教师观摩大赛，营造讲团课自豪的氛围，同时对青年团课教师专门进行业务培训；第五是梳理和盘点全疆涉及青少年研究方面的资料和人物，为团队干部培训提供理论支撑。

总之，做好新疆团队干部培训工作意义重大，需要付出百倍的努力，从现在做起还不晚，只要我们从国家的战略高度出发，就会关注新疆的青少年工作，并将这一工作推向一个新的阶段。

付出的程度不同结果就不同

我们有很多情况是这样的，经常看到别人取得成果，但并不知道其背后的付出，实际上这里面很有学问。如果细细观察，你会发现，付出过大或者过小都会出现一些令人不用可思议的结果。比如，我们的婚姻，是不是一方尽管付出，结果就一定会很好呢？其实不然，过或不足都不会太好，生活中我们有这样很多的例子。当付出到一定程度时，往往会有绝望和失望的情况发生，那时候的付出就变成了一种痛苦或者纠结，甚至是抱怨，付出越多抱怨越深，我们最后的结果是负数，很不值当。明智的选择，我认为应该是内心所愿敢于付出，如果你做不到这一点，就不要强行去做或者有目的地去做，即使做完了，你也会不开心的，因为你是带着附加条件或者有所期待地去做，当结果事与愿违，你会受不了，到头来会竹篮子打水一场空。有些付出不是自己一人所为就可以的，需要站在对方的角度去实施，对方的感受是正向的还是负向的，是感激的还是冷漠的，这些都需要考虑，当然不排除这期间有很多变化的可能。另外付出的方式也很重要，对方能否承接也是我们要考虑的。比如我给学生曾经讲过"鱼头和鱼尾的故事"，两个老人一辈子在做一件事，总把自己舍不得吃的鱼的部位给对方，到了生命的尽头，才知道自己舍弃的东西并不是对方喜欢的，留下终身的遗憾。

现在我们要说的是一个人付出多少才是最佳的？有一个公式很有意义，即 1.01 的 365 次方等于 37.8，而 0.99 的 365 次方等于 0.03。这个结果告诉我们，当你的付出不到一定程度时，和没有付出结果基本差异不大，一定要有个临界点，超过这个点才回有收获。我们经常会看到有的人干事很惜力，有的人却轻描淡写，应付了事。干事的投入是必须的，但是不是所有事都要那么投入，每个人的情况也不一样，个人志趣也不相同，投入程度自然不同。这里有两个标准，一个是内在的标准。你自己的感受，是愿意还是不愿意，是发自内心还是装腔作势，另一个标准就是别人来评判你。这个标准是我们无法掌控的，但原则上不会有太大的落差，好就是好，只是你的能力能否达到而已。很多时候，我们虽然使出了浑身解数，发现最后的结果不是太好，那自己怎么看待这样的付出就显得很关键，我的经验告诉我，不能太计较，过程要精细，结果随它去，另外做这件事之前就得想好，做这件事的意义在哪？即动力源是什么？最差的结果是什么？当然有的时候没有时间想，就投入进去了，那你也需要从中找出能说服自己的理由，这个理由在别人那可能是盲区，但在你心里要清楚，也可能让自己"偷偷乐"，无论怎样，都要每天给自己一些积极的暗示，让自己乐观地面对一切可能发生的，也许是自己并不情愿的事情，从中获得自己所需要的正能量。

总之，在这个世界上，没有无缘无故的付出，付出的背后都会有深刻的道理和理由支撑，只是付出的程度大小与内心的价值认同和外部环境的情况有很大的关系度，内因是决定性因素，外因通过内心发生作用，这是不以人的意志为转移的，在这个前提下，我们要学会包容和理解，因为价值观的不同，你认为有价值和有意义的事，在他人那里并不认同，需要重新建构找到双方可以接受的一个点或者一个局部，进行合作共赢，只有这样我们的付出才能获得最优化和最大化，我们的生活品质才能有一个实质性的提高。

要全面了解一个人

今天是我同校的一个援友结束挂职的日子，昨晚新疆团校的几位领导和老师一起给他送行。我当时送他的情绪也是满复杂的，难以用语言表达。

他是去年博士服务团的成员之一，来新疆建设兵团人社厅就业处挂职一年。起初在中央团校，我俩并不认识，还是在新疆了解和熟知的。我们的交往出现一些不和谐的因素，也对此有过一些想法，现在想来还是自己过于太计较，同为援友更要珍惜，再怎么说都是一家人啊！在他要离开新疆回到北京的时刻，我还是从他身上感受到那份对新疆的不舍之情，当他提到自己27岁时母亲就离开的时候，泪水夺眶而出，深深激起我内心的平静。更让我吃惊的事，他的母亲从小生长在新疆，40年代他的姥爷曾经是伊犁地州巩留县的县长，家境非常好，但后来被盛世才杀害，仅有2岁的母亲便沿街乞讨，受的罪可想而知。这段家事过去我一点也不知道，今天他能讲出来，便让我有了一个机会重新认识他。

期间他谈到了林则徐，最早的援疆人。林则徐震撼人心之千古绝唱："苟利国家生死以，岂因祸福避趋之。"是在《赴戍登程口占示家人》这首诗中留下的。全诗如下：力微任重久神疲，再竭衰庸定不支，苟利国家生死以，岂因祸福避趋之。谪居正是君恩厚，养拙刚于戍卒宜。戏与山妻谈故事，试吟断送老头皮。这是道光二十二年（1842）八月，林则徐自西安启程赴流放地伊犁，临行留赠家人的。

我在新疆的两年多时间，先后几次去吐鲁番火焰山，在那里看到林则徐的雕像和豪言，特别关注林则徐在新疆所做的贡献。林则徐在赴新疆的途中，赶上黄河决口，他治水有方，早就闻名，奉旨总办河务的是大学士王鼎。知道他熟悉河工情形，便要求道光皇帝将他派来为治河效力。王鼎满望功成林则徐可因此得到赦免，谁知次年河工办完，注明"于合龙日开读"的皇帝谕旨竟是："林则徐于合龙后，着仍往伊犁。"就是在这种背景下，林则徐留下了这首悲壮的诗篇。林则徐在被遣戍新疆期间，倡导兴修水利，改进推广坎儿井，教民制纺车、学织布，做了不少好事，负有监督之责的满人将军也在密报中称赞，当地人颂扬至今。根据在新疆观察到的事实，预见沙俄将成为侵略中国的主要祸害，指出："终为中国患者，其俄罗斯乎！"建议改屯兵为操防，充实边陲经济、军事实力以防御沙俄侵略。在度过三年的流放生活后，道光二十五年十一月（1845年12月），以四、五品京堂回京候补。进京途中又被授以三品顶戴署理陕甘总督，以后又奉旨正式任命陕西巡抚。道光二十七年调任云贵总督，翌年以办理云南"回务"有功，被加以太子太保衔，赏戴花翎。在云贵总督任上，他整理云南矿务，主张"招集商民，听其朋资伙办"，开采银矿，并对铜矿主张维护"放本收铜"的政策。后来道光帝批准林则徐开缺回籍就医调治。于道光三十年三月初返抵福州，这时他已65岁了。十月初一日，刚即位的咸丰帝命令林则徐为钦差大臣，到广西去镇压洪秀全拜上帝会的起事。林则徐仓促抱病启程，十月十九日在广东潮州普宁县逝世。

我感谢这位援友，让我再次体味到林则徐的爱国的情操和博大的胸怀。"苟利国家生死以，岂因祸福避趋之"让我再次受到震撼，我们与这样的境界实在相差甚远啊！比起林则徐，无论从物质条件和精神待遇都要好很多，如果还为此去计算我们的付出，实在太显得低素质了。无论怎样，在祖国最需要我们的时候，就要冲在前面，个人安危要抛入脑后，既然已选择，就无怨无悔。

我的这位援友在离开新疆的最后一个晚上，让我了解到他的另一面，这让我受到启发，对一个人的了解需要一个过程，不能太急，不能轻易下结论，误解是要不得的，要耐心地要等待机会或者创造机会让对方一点一点展示他的全部，他的真实一面，不要在他要展示的时候遏制或者切断，这样我们都会两败俱伤，给对方机会也是在给自己机会。有时候我们只需要静静地等待，也许他不经意的一句话或者朗诵一段诗，都会让你从一个侧面补充能量，完善自己知识结构，这样的收获往往是你自己没有预料的，但又是自己最需要的。比如他激情朗诵了一段毛泽东的《清平乐·会昌》，即"东方欲晓，莫道君行早。踏遍青山人未老，风景这边独好。会昌城外高峰，颠连直接东溟。战士指看南粤，更加郁郁葱葱。"我给他录了一段，并下来细细品味这首诗的含义，至少有朋友提醒你去关注这首诗词，其中所传递出的正能量都是我们坚守新疆的动力源，这样的能量岂不越多越好。

一个人要学得大气，要有理想主义的激情，这样的日子过得才有意义，与其唧唧歪歪，不如乐观豪迈，君子坦荡荡，小人常戚戚，做一个能顶天立地的人。

倾巢之下无完卵

　　自上次见到红楼梦的曲作者王立平老先生后，又萌发再看一次87版的红楼梦电视剧念头，直到昨天才把36集全部看完，心里很是不平静。电视剧最后是以两个官府的人在雪地拉着王熙凤的尸体结束的，曾经的辉煌曾经的荣耀曾经的奢靡曾经的跋扈在这一瞬间都荡然无存，只有带着牵挂赤身空空地离开这个世界，永不瞑目。

　　红楼梦的金陵十二钗，其人物特征非常的鲜明，过目不忘，每个人描写的有血有肉，性格刻画得淋漓尽致，栩栩动生。从她们中无论"小姐"和"丫头们"，都有让人喜欢的一面，也有让人不接受的一面，但一个字，就是"真实"，直到现在，你仍旧可以从现实生活找到她们每个人的原型，故事情节中的每个人悲欢离合之命运都难以逃脱她们的个性，更难以逃脱当时的内外"大环境"，可谓"性格决定命运"，不如"倾巢之下无完卵"。

　　从贾家的荣华到衰败过程，让我们从中悟道几个关键性的环节，一是旧中国旧制度的腐败，封建制度下的等级森严，穷人和富人永远两重天，一人在朝全家富贵；二是内府如同宫廷班的腐朽奢靡的生活和主子们钩心斗角的窝里之战也加速了这一过程的升级；三是婚姻生活的包办代替让林黛玉置于死地，终不能宝玉和宝钗获得真正的"爱情"，最后以分手告终；四是旧制度下妇女没有掌握自己命运的权利，她们成为男人的摆布成为他们发泄的工具。比如故事中秦可卿、尤三姐、尤二姐等，都成为这一旧制度下的牺牲品。

　　红楼梦之所以成为经典之作，就在于它将封建制度下的贾府从兴亡走到灭亡的完整过程叙述的极为清晰，给人以震撼以启迪。其中演变的三条线脉络非常清楚，一是表现宝玉和林黛玉的情感线，围绕这一情感线所发生的故事；二是表现府内以王熙凤为代表的争风吃醋争强好胜的内战线；三是以官府和贾府之间的关系线展开，可谓朝中有人好兴旺，一损俱损，一荣俱荣。贾府之所以最后衰败根子在内部，外部的原因起到了加速灭亡的作用。大凡在这场浩劫中逃脱的人中，王熙凤之女的命运令人感叹，刘姥姥这个人物在故事中刻画得极为典型，贫富差距反差极大，就是这位令人"嫌弃"的刘姥姥到牢里去看落魄的王熙凤，并发誓要找到巧儿，而且最终她用卖房卖地的钱把巧儿赎回来，这一举动令人感动。在一个人大悲大难的时候最能体现人性的关怀和丑恶。

看完红楼梦之后，思考触动很多，最深的感悟恐怕就是对一个人活着的意义、怎样活着以及如何对待生命等方面的思考。电视剧最后的一段话就是给我们警示的。活的时候还是要善待他人，真心对他人，要有自己的主见，要心胸开阔，要明辨是非和轻重，不能太利己太自私太狭隘太猜忌，能交上知心的朋友是福，交上不义的朋友是祸，世上一切的悲剧都是由其内因导致，外因触发而成，但是在旧制度下，只有倾巢之下无完卵的悲剧。

学会四两拨千斤的本事

最近闲时再次翻阅《南怀瑾谈历史与人生》，感受又不一样。结合自己工作的实践，发现很多事情没有必要到处出击，有时候需要一种巧劲就可以轻易把问题解决。

在我们很年轻的时候，用的很多都是拙劲，可谓费力不讨好，我一直也没有细想过这是为什么，使了全身的解数，往往效果不尽如人意，最后导致自己很受伤，甚至到最后不愿意担事或者怕担事，弄得自己胆小谨慎，越是这样结果越是出错。

也许随着年龄的增长，经验的累计，发现这里有很多学问，特别是历史上有很多故事让我有些茅塞顿开，没有什么是不可能的，只是你没有想到那个点，一旦找到，一切就变得很简单。苏秦和张仪，是中国历史上的两个名人，过去称他们为说士或说客，如同现在美国的基辛格，他们用嘴巴和脑筋，尽然摆布所处时代的局势。讲历史哲学，有两个重要的观点，其一是认为历史是重演的，其二认为是历史是进化的。融合两种观点，我们认为历史的现象，事物的变化不会重演，但历史的规律是一致的。研究历史对我们当今如何看待所处的时代是有积极意义的。比如苏秦，第一次跑出来游说就失败了，没有人听他的，我们看他游说的内容对不对呢？完全是正道，苏秦主张军国主义的思想即富国强兵，强调只有战争才能解决一切问题，可是秦国并没有接受，当时的秦国，天天都想统一，想消灭其他大国，但为什么又不听从苏秦的意见呢？这正是我们读书要注意的地方，懂得历史就懂得现实。再说到苏秦，游说失败后，不甘于失败，重新发愤读书，悬梁刺股，硬是把《太公兵法》读通了，于是再度出来游说，他们不再跑到秦国去主张打仗了，而是换了一种方式，跑到弱小的国家游说，让他们组织联合阵线抗秦，主要使秦国不敢出兵，他们把天下大事、人的心理、政治心理和战争心理都摸透了，果然一举成功。国与国局势就受这样一个书生的摆布，安定了二十多年，这是什么道理呢？按照王怀瑾老先生的说法，主张合纵，大家会团结，但团结不仅仅是道义上的团结，而是矛盾的团结和利害关系的团结，这些做法对我们当今所处的现实情况有积极思考意义。

世界上的万事万物都是变化的，天地间的人情、事理、物象，没有一个是绝对固定不变的。一个物品，从大家看是一个镜头，从我这看又是另一个镜头。明末清初，冯梦龙名士所著的《智囊》，集成历史的所有经验。我们若是把《左传》、《战国策》、《人物志》、《长短经》、《智囊》，以及曾国藩的《冰鉴》等等，编成一套，那该是属于完整的纵横术，如太极拳和长短学原理一般，以四两拨千斤的本事，"举重若轻"，很重的东西拿不动，要想办法，掌握力的巧妙，用一个指头拨动一千斤的东西。（复旦大学出版社出版的练性乾编的《南怀瑾谈历史与人生》）。宇宙中的阴阳是平衡的，人体内也是如此，"有阴就一定有阳，有阳就一定有阴，当我们做一件事情，好的时候，坏的因素已经因在好的里面。比如一个人春风得意，得意就忘形，失败的种子已经开始种下去了；当一个人失败时，所谓是成败是成功之母，未来新的成功种子，已经在失败中萌芽了，重要的在于能不能把握住成败的时间机会与空间形势"。(《南怀瑾谈历史与人生》)正如老子提出的"祸兮福所倚，福兮祸所伏"。掌握这一原理，我们就要顺应时代的变化，做一个先知先觉的人，即晓得要变了，把住机先而领导变，而不是等人变了跟着变，或者等人变都变过了，还在那里骂变，其实已经变过去了，而自己却被时代遗弃。懂得这一道理，我们就要去做一个有心智慧人，善于思考，寻找事物发生变化的根本支点，撬动这一支点，就会四两拨千斤，将复杂的问题变得容易些，而不是整日纠缠其中，不能解脱为其所累。

要保持精神上的相对独立

现代社会的人们精神压力非常大，因为想要的很多，但能得到的有限，如果再把人和人进行对比，必然带来更多的烦恼。这些问题定会困扰人们正常的生活，影响一个人的幸福指数的提升。

在多年的观察和体验中，发现这个世界存在一个很奇特的现象，外在的身份和内在的实力有着很大的出入，人们会集中精力去追逐外在的身份，而身份的认同却是一个令人纠结的过程，自己要牺牲很多那些擅长的事和喜欢的事，围绕着公众认可的目标去安排自己的一切。当然，人们也会这样想，苦一苦，一旦上去了，就一切都会好起来。实际情况也是这样的，记着一个社工学院的老师曾经告诉我，她的梦想就是要把职称拿下来，一旦拿下来她就会集中一段时间做自己喜欢的事。在没有达到这个目标之前，她很难有心境去做一切与之无关的事。

　　一个人的精力是很有限的，能做的事和不能做的事都是相对的，就某个时间点时，让你判断这件事能做还是不能做，想做还是不想做，往往人们受利益驱动的情况比较多，权衡利弊之后做出判断。但就长远来讲，情况就不一样了，在眼前看来这件事做起来没有什么益处，或者没有什么直接的价值，可能你需要去做。这种不同的选择往往可以确定这个人的价值观或价值取向。要不太功利化，要不太物质化，要不就外在化。可是这个社会会往往对他们比较倾向，这就是这个世界不公平的地方，缺少让那些真正不断奋斗、不懈奋斗和勇于奋斗的人看到希望的制度安排。

　　我们如果从另一个角度看，这个世界又是公平的，每个人的情况也是如此，要得到必然要付出，如果得到的没有付出跟上，这个结果也会不持久的。现在，我们集中来思考一个问题，这个付出背后的动机是什么？有的人付出可能就是在获取外在的一种力量，有的人付出则可能是在储备内在的一种力量，两者相比，后者虽然慢些，但能把控，前者虽然可以快些，但自己不能把控，一个明智的人，会在两者之间寻求平衡，只注意其中一方面，就会容易导致内心的不平衡，会带来不小的损失。试想，一个是常态，即内功的积累，一个是变态，即外力的影响，他们是有主次区分的，内力储备必须在前，而且必须坚持持久，绝不能一天大网两天晒鱼，长此以往，必然导致一旦外力冲过来，一定难于承接，一推便倒。但如果忽视外力也是不对的，因为这个世界是一个变化和发展的世界，这个社会也是纷繁复杂的社会，你必须每天都要去面对，一点点与你想关的事情就会和你的内力形成对抗或者交织，你可能会受辱不惊，你可能稳坐钓鱼台，但是你一定不能漠视这种力量的存在。一个人的抗衡压力怎么来？一个人的承受力怎么来？就是日积月累的功力支撑，这是别人看不到的，当我们看到别人辉煌的一面时，一定要识别这是真的还是假的，万不可被一时的辉煌所迷惑，过渡的崇拜和盲从都是对自己有害的，要去关注那些内心强大的成功人士，他们必然可以和你分享讲述在这一过程中所付出的艰辛，艰辛何种程度以致如何走过来的才是我们真正要关注的。我们要学什么？我们要看什么？一定要心里有底数，正如我的舞蹈老师常说的一句话：看舞者表演，不是看上身做了些什么动作，而要看脚底下的工夫有多深。永远不要太相信眼睛看到的，而要用心去感觉。用在现实生活和工作中，永远不要只听他说什么，而要看他每天在干什么。我们如果做一个调查就可以清楚这个人外在和内在的匹配程度。我在乡镇调研期间，一个看似很普通的基层干部，在一个岗位上一干就是十几年，职位没有提上来，但他在领导和群众心中分量很重，可谓很管用很倚重。你不用和他本人对话，只要看到周围人看他的眼神以及对他的态度就什么都清楚了，正应了那句话"群众的眼睛是雪亮的"。曾经的团中央书记陆昊说过：一个人获得人们对他发自内心的尊重，是来自那份对自己热爱的事业一份追求，而不完全是活在纯粹的物质世界中。

  一个人在这个世界中要保持精神的相对独立，这是你与别人不同的唯一证明，大千世界，人海茫茫，别人有的你不一定全有，特别是物质方面的，要多少有多少，永远无止境，但如果想明白，这些东西只是我们附属，够用即可，多了麻烦的道理，或者早些摆脱物质上的拮据所带来的困扰，以便聚焦更为重要的事情的话，我们就会及时"叫停"或者"止步"，我们就会给自己减负减压，保持头脑的清灵和打通前方的障碍，我们就会发现内心会立刻放松很多。永远记住，物质是为人服务的，不是用来炫耀的，更不是区分你和他人最重要的标识。够用就好，顺其自然。物质的东西永远是带不走的，一个人空空的来到这个世界也会空空的离开这个世界。财富留下来没有人能记得住，但唯一能留下来的是你的精神，这是永存的。保持一个相对独立的精神是不容易的，没有内心十分强大的定力是很难做到的，需要几个条件，一是要做到"舍得"。当别人都去追逐一个外在的目标时，你选择了"放弃"，当千军万马过独木桥时，你另辟蹊径走出了一片天。这一选择你要面对很多让你意想不到的阻力，没有一个坚定的信念支撑是很难克服的。二是要做到"习得"。当别人每天都在跟风的时候，你选择在一旁沉默，并甘于寂寞，坐着别人不屑一顾的"冷板凳"，每天还是按照常规去完成要做的"功课"，及时狂风暴雨也始终坚守。三是要做到"捂得"。学习是一方面，思考感悟更为关键，同样是知识，善于总结提炼将不同的知识进行衔接寻找到彼此间的联系点，这才是最为重要的。中国人才学的鼻祖王通讯曾经说过：一个人要经过人生的三个阶段，第一是要当苹果，善于把自己的思想与别人分享；第二要当糖葫芦，善于每天积累，要收集多多的糖葫芦，还有把它及时地串起来；三是要当柳叶桃，善于把已经学到的知识进行梳理归类，在它们之间找到连接点，让它们"彼此说上话"。没有梳理的知识从其量只能是一个仓库，长期不联系就是一个杂物间或废品间，即占地方又影响新知识的吸纳。四是要做到"用得"。学习是为了使用，使用也是为了学习。我们现在的储备是为了将来有机会释放，释放不是空释放，而是厚实积累能量的释放，人与世界万事万物都共处于一个系统圈，每个人在其中只是一个节点，我们虽不能在这个世界上到处游荡，但至少在自己可控的时空中放飞我们的梦想，心有多大舞台就有多大。要让我们的青春散发出绚丽的光彩。四得之间是有着一定的逻辑关联的，"舍得"是为了腾空自己的"储物间"，让自己的心安静下来，想清楚到底要什么？"习得"是让自己进入状态，开始做功课，即使困难重重也要坚守到底。"捂得"是即使梳理我们获得的知识从中悟出其中的"道"，即规律。"用得"是把这些规律用到实际的生活和工作中去，让自己的价值发挥到极致。要做这四得，自然就可以成为精神独立的人，你就是你，不是他人，即使你离开这个世界了，周围的人仍然会感受到你独立精神所释放出的能量，我们常说的：有的人虽然活着，但他已经死了，有的人虽然死了，但他还活着。肉体和精神有时候并不共存，肉体腐烂，精神却可以永存。让我们都力求做一个精神上的巨人吧！

一分娱乐九分启示

娱乐有很多种，成人和青年的娱乐不同，但我观察有几种不同类的群体都能玩起来，比如跳兔子舞和踩气球等游戏青年和儿童可以玩在一起，玩牌成人和少年也可以玩一起，喝酒老中青可以玩在一起。

过去我不大喜欢玩牌，总觉得这会浪费很多宝贵的时间，昨天受兵团人事厅就业处的援友之约，和他们一起去了趟南山，在那里和他们一起玩"干瞪眼"，懂得游戏规则以后，发现这种"干瞪眼"游戏中有着很公平的元素，不觉受到一点启迪。比如每人只能摸五张牌，排数少容易记，只有赢家比别人多一张，这样大家比较服，其次出牌要依次按照一定顺序进行，你手里的牌必须比上家大一个数才可，不是越大越好，也不是越小越好，必须刚刚合适，没有就只能过，再次你如果有三个一样的牌（王牌可以替代任何牌），你可以扔炸弹，早日夺回出牌的机会，最后就是"2"号牌，可以管住任何牌，将局势发生逆转，你有机会按照你的策略实施。当然这里面还有很多评估的规则，谁早出完牌就算胜，手中的牌越少越好，如果手中的牌一次也没有机会出，就会成双倍被罚，这样无形中激活每个人内在的动力，想方设法要把自己的牌早点出去，不能砸在手里。我观察，在玩牌的过程中，大家的关注点和聚焦点都放在手里的牌和对方的牌上，什么也不想，可谓全神贯注，眼神都冒着一股能量。

细细思考，我们在日常的工作和学习中如果有这股子尽头就好了，大家都把智慧凝聚在一起，没有做不成的事情，现实中每个人的"杂念"多少影响我们办事的效率，这种"小九九"就是怎么通过一种"捷径"和"手段"来达到自己的目的，实不知，这种私欲却将公平游戏规则置于死地，因此人们在合作的过程中，力量难以集中，心情难于平和，矛盾难以平息。没有规矩无以成方圆，一个团队也是这样的，定规则的人很重要，怎么让大家心服口服，让大家觉得有"奋斗"之后的上升空间，让每一个年轻人都有青春出彩的机会？让每个人都对团队有一种归属感？这恐怕是领导者和管理者应要考虑的问题。

　　理想和现实就是一对天然的矛盾，我们的社会出现的很多问题，就其重要的原因就是社会的不和谐和不公平，但如果能像牌的游戏规则靠近一步，也许结果会好很多，因为各种制度安排能跟上去，不遵循就要付出沉重的代价，另外如果人人都能起来监督那些滥用职权的行为，那么就会避免很多的悲剧发生，反腐不如防腐，关键在于规则的设计，规则的遵守，而不是人为的随意或者权力的乱用，要让权力在阳光下运行，大家认同的规则又由大家监督执行，恐怕我们这个社会的治理情况要好很多。就怕潜规则太多，信息不对称，人们自然就会窝里斗或者坐山观虎斗，吃亏的人总是吃亏，占便宜的总是占便宜，矛盾和问题就会时有发生，特别是在新疆这个特殊的地区，民族和宗教问题交织在一起，如果不能将内部的矛盾处理好，累积下去就会发生冲突，三股势力就会借机将矛盾升级并变异，让国际恐怖势力参与，通过"内乱裂变"达到他们民族分裂的目的。无数事实证明"苍蝇不叮无缝的蛋"，内部如果不出问题，外部势力再强，也很难被击中。万事万物的变化都是内因通过外因发生作用的，内因是事物发生变化的决定因素，外因则是事物发生变化的条件，本末不能倒置，我们不能把所有的问题都归于外部原因，而是要去反思我们自己的问题，只有反思的越彻底才是我们解决一切问题的出发点，也是我们正确看待一切事物的科学态度和明智选择。

　　娱乐不是我的目的，而是要通过娱乐引出我们所要的东西，就娱乐而娱乐会将一个人带入懈怠或者迷茫，"业精于勤荒于嬉"，适度控制我们的玩的心，要在玩中思考些什么，凡事必有存在的道理，必有大家认同的规则，不然难以维系，而这些却是我们可以总结加以提炼的内容，运用到我们现实的管理工作也是极有价值的，凡能激活内在动力源的规则就是好规则，就是好制度，目前我们所进行的深化体制改革就是要改掉那些不合理的制度，当然我们也会遭遇那些既得利益者疯狂的反击，我们是退下来呢还是迎上去呢？是考验每一个有良知公民的时候，更是考验执政党在这场改革攻坚战中能否带领中国人民打赢的关键时刻。不改革就注定死路一条，不切除身体里的毒瘤，就会危及生命，长痛不如短痛，只要坚持下去，一切都会好的，责任重于天是这届中央领导班子的坚定信念，全国人民期待，世界人民期待。

用之则行，舍之则藏

援疆三年，与内地很多朋友和同事联系疏远，尤其回到自己的学校，遇到很多新面孔，颇为惊讶，过去很熟悉的老朋友都渐渐退休离开我们的视线。最让自己感到一阵难受的还是，很多学术研讨会上似乎没有自己的话语权，过于远离这些学术圈子，在恐慌之后冷静下来，开始思考：援疆结束回去怎么办？自己能做什么？未来向何处去？

相比多数援友，我的情况好很多，他们的担忧还要比我多一些。早在过去，我就明白一个道理：每个人从哪里来要到哪里去绝对是不同的，所以我主张不和别人比较，一定要走自己的路。自己是半斤八两只有自己清楚，当学术专家既然不行了，就不要勉强去做，也不要把圈内对你认可不认可太当回事，但有一条必须做，要多和这些专家接触很有益处，如果研究出他们的成长规律也可以成为不是专家的专家。总之，要寻找适合自己生存和发展之路，活出自己，做最好的自己才是真的。

我特别欣赏中唐名将郭子仪，能伸能屈，用之则行，舍之则藏。他是地地道道经过考试录取的武举一等出身，历任军职，到了唐玄宗（明皇）天宝十四年，安禄山造反，才开始诏命他为卫尉卿、灵武郡太守、克朔方节度使，屡战有功。他有不怨天不尤人的风格，带兵素来以宽厚著称，对人也很忠恕。在战场上，沉着而有谋略，而且很勇敢。朝廷需要他时，一接到命令，不顾一切，马上行动。等到上面怀疑他，要罢免他时，也是不顾一切，马上就回家吃老米饭。史载郭子仪年85而终。他所提拔的部下幕府中，有60多人，后来皆为将相，八子七婿，皆贵显于当代。"天下以其身为安危者殆三十年，功盖天下而主不疑，位极人臣而众不嫉，穷奢极欲而人不非之。"历代历史上做到这样，可谓寥寥无几。

　　我一直在思考这样的问题：一个人如何做到能上能下，能行能藏？郭子仪的行为给了我们很好的启示。很多时候我们是出于被人遗忘或者怠慢的时候，这时候正是我们内心修炼的最佳时机，是储备能量保存自己的时候，一旦有被需要的那天起，我们就可以召之即来，来之能战。世界上的万事万物都需要讲究一个平衡，有动必然有静，动时能像脱兔，静时能像乌龟，很难说脱兔和乌龟谁会更好一些，只是各有其所长而已，在不同的时间不同的场合它们的作用不同罢了。联想到我们现在的教育情况，有一个误区，就想把孩子都培养一个成功人，即所谓望子成龙，实不知，成功不是单一的，而是多元的，是土豆就去好好修理做个好土豆，是茄子就去好好修理做个好茄子，结果我们的教育硬生生地把一个土豆修理成一个西红柿，你不能说西红柿就一定比土豆好，它们富有的维生素虽然是不同的，但都是我们人体所需要的，没有排他性，相反种类越是丰富越是对人体健康有益。这是讲人的膳食平衡问题，如果将这一理念用在社会学上，我们更需要一种做人和做事的平衡，郭子仪一生中有两件事值得我们后人深思，一是关于他与监军太监鱼朝恩的恩怨。在当时的政治态度上，是相当严重的，鱼朝恩曾经派人暗地挖了郭子仪父亲的坟墓。到了郭子仪回朝，朝野人士都认为即将要掀起一场大风暴，此时的郭子仪却哭着说：我在外面带兵打仗，士兵们破坏别人的坟墓，也无法完全照顾得到，现在我的父亲的坟墓被人挖了，这是报应，不必怪人。在他晚年时，卢杞来看他，他让所有的歌伎们一律退到大会客室的屏风后面去，要求她们一个也不准出来见客，这与他平时的习惯不一样。而他却说："你们不知道，卢杞这个人很有才干，但他心胸狭窄，长相难看的，睚眦必报。长相又不好看，半边脸是青的，好像庙里的鬼怪。你们女人最爱笑，没有事也笑一笑。如果见看见卢杞的半边脸，一定要笑，他就会记恨在心，一旦得志，你们和我的儿孙，就没有一个活得成了！"不久这位卢杞果然做了宰相，凡是过去由人看不起他的，得罪过他的，一律不能赦免，只有对郭子仪的全家给予了关照，认为郭令公非常重视他，大有知遇感恩之意。

最近网上热议复旦大学宿舍投毒案一事，暂且不提室友之间发生了什么过激的矛盾，其严重程度都大不上郭子仪遭遇的事情，可能连百分之一都不到，但为什么就会去残害一个活生生的同窗朋友呢？其重要的原因还是缺乏修德教育，只知道学知识不知道学做人，学术学术，"学"在前，不知道行大道，即使有再多的"术"，也难以解救自己。最终还要塔上全家人的命。就拿我们个人来说，一定不能太过于张扬和炫耀自己，一定要照顾到周围人的情感，不能不当回事，有时候为了让周围人舒服些，可能还要委屈一下自己，这种舍是值当的，那种把自己的快乐建立在别人的痛苦之上的行为，终究要为此买单并付出沉重的代价。我们绝对不能做这样的蠢事，也要警示我们的孩子和学生们从小就学会与周围人相处，懂得关心人体贴人，最终获得的不是小聪明，而是大赢家。

援疆工作就要进入最后的阶段了，与其纠结于以后干什么，不如聚焦于我们现在所干的事业，每天给自己一点压力，要学习思考，不能懈怠和停滞，如同生命在于运动一样，时时储备好自己的能量，如果日后有用得到的地方，就去释放能量，如果没有机会，就好好地去修身养性，做点公益事业，给自己一点自由的空间，让周围人因你的存在而获得快乐，这也是我的处事处人哲学，即用之则行，舍之则藏。

知彼知己才能百战不殆

一直想聆听新疆警官学校张昆老师关于反分裂斗争形势的课，但都因为种种原因未能成行，没想到这次自治区团委学校部安排的"大骨班"请到了张昆老师，我终于圆了自己的一个梦。

新疆自古以来都是中国的领土，在我们的新疆三史中反映的极为清楚，我们需要对青年反复进行教育，同时要及时揭穿三股势力的真实面目，让我们的青年时刻警醒。新疆出现的多次暴力恐怖事件，活动主体力量多为青年，这是我们从事青年工作研究者必须要面对的问题，这些事件的背后原因是什么？是什么人什么事对什么样的青年施加的影响？他们采用何种手段、何种方式和何种路径对青年洗脑？在这一过程中我们做了哪些工作？我们对敌斗争的策略是否管用和有效，这一切都是我们要了解的。

我赞同张昆老师的一个观点：普遍出现的问题中要到规律中找原因；反复出现的现象，要到政策中找问题。一要认清一个规律，即新疆的稳定从根本上来说是反分裂的问题，同时新疆分裂与反分裂的斗争是不以人的意志为转移的。我们要把思想认识统一到中央的7号文件（1996年3月26日《关于维护新疆稳定的会议纪要》）中，要明确影响新疆的稳定的主要危险来自于民族分裂势力和非法宗教活动。其分裂的核心"东突厥斯坦独立"，即"双泛"（泛突厥主义和泛伊斯兰教）的直接产物，同时"双泛"也成为三股势力的思想根源。"双泛"思想产生在境外，20世纪初传入新疆，最先将这种思想带入新疆的代表人物有：沙比提大毛拉、穆罕默德.伊敏、艾沙.玉素普等，最先接受这种思想的是维吾尔族人。20世纪50年代和60年代，这种阴魂始终不散。他们进一步鼓吹"双泛"主义的宗教极端势力，策划了和田暴乱恐怖事件和1962年2月伊塔边民外逃事件。这些事件的背后与历史上的"双泛"思潮具有一脉相承，即理论体系的沿袭、组织结构的延续、分裂活动的承接等特点。当代发生的暴力恐怖事件都是

"双泛"的延续，暴力恐怖活动是他们的一个手段，宗教极端是他们的精神支柱，而分裂民族则是他们的真正目的。他们就是想通过暴力恐怖活动，"让更多的人死，让更多的人看到"达到他们民族分裂的目的。二要三个始终清醒。第一要看到美国对我国安全方面影响因素。西方反华势力一直对我国贼心不死，一刻也没有放松对我国全盘西化的战略。实施C型（东南西）包围战略，尼克松的《不战而胜》一书就是这种和平演变战略的诠释。当前，他们又开始新的战略，即"内乱裂变"，煽动宗教狂热，比利用世俗政治更容易达到目的。第二要始终清醒地看到周边国家局势变化动荡对我区稳定的影响。中国周边十四个国家，情况可为东忧、南烦、北扰、西乱。新疆是"亚心"，受到境外的压力和影响极大。第三是始终清醒地看到境外"三股势力"和"四化"（新疆问题国际化、冲突扩大化、斗争武装化、民族单一化）活动猖獗。利用民族、宗教问题制造恶性循环，即累积—突发—扩展—变异—沉淀。三要两个高度警觉。第一要高度警惕意识形态领域的斗争。他们争夺人心、争夺阵地、争夺群众之战，开辟"文山"和"武扰"之两个战场，在境外有世界维吾尔青年会，境内还有《浑泉》、《爸爸讲的故事》、《巴达吾来特》等毒流书，公然宣传"东厥独立"，即我们的祖国是东突厥斯坦，我们的民族是突厥，我们的文化是伊斯兰教。第二要高度警觉极端宗教主义。宗教狂热必然导致暴力恐怖事件的发生。宗教问题历来都是新疆问题的晴雨表。我们一定要对此有清醒的认识。

目前，我们需要了解境外对我新疆实施的新战略，以做好应对和反击，在这一点上绝不能手软，露头就打，同时还要从内部夯实我们的思想基础，特别是青年的信仰问题，从根子上建立牢固的"民族团结是福，民族分裂是祸"意识，坚决抵制三股势力的渗透，永远爱我们的国家，永远爱我们的人民，永远爱我们的党。为实现新疆跨越式发展和长治久安贡献自己的一切。

终于离梦想靠近了一步

从来新疆的哪一天起，就深感新疆是一个歌舞的乐园，我被这块神奇的土地和土地上的人们所感动，他们的豪气和情怀会不自觉触动你内心的灵魂，让你产生一种激情和冲动。

心中一直有一个梦想，为我们的青年做一个舞蹈专场，现在发现新疆是实现这一梦想的再合适不过的地方了。大美新疆，新疆大美，我们的梦想就从这里开始。

世界上什么最能打动人，我觉得唯有"情"，可是我们的很多故事那是一个"请"字可以了得，但没有情，一切都将失去价值和意义。人类最伟大的是情，情有几种、对祖国母亲的"深情"、对亲人的"眷情"、对心目中向往的"爱情"、还有因特殊经历带来的"缘情"，也许情还有很多种，说也说不完。那我们就先从这四种情说起。

习总书记提出的"中国梦"，无疑为这四种情找到了支点和寄托，为了中华民族的伟大复兴，为了我们自己个人的梦想，最需要的就是情感系统方面的支撑，他们都与这一梦想有着千丝万缕的紧密联系。比如在寻梦、筑梦、圆梦，都有情感的伴随。

青年在寻梦的过程中，需要情感的激发和激励，在筑梦的过程需要亲情、友情、爱情和缘情的共同支撑和滋养，在圆梦的过程中更需要组织提供制度上的保障。每一部分都有很多的故事可以叙说，用肢体语言更能表达其中的意义和价值。

经过两年多的储备，我决意成立群众性的舞蹈艺术团，取名为"奇缘艺术舞蹈团"，有三层意思，一是舞友们走在一起是一种奇缘，不来援疆很难有机会结识这些舞友们；二是青年工作研究的需要，要用青年所接受的"艺术、时尚、情感"元素对青年进行有效的思想引导，这即是为执政党探索党的思想政治主张在青年中的传播路径，更是我们一生为之努力的一份神圣事业；三是新疆特殊的战略意义所为。与三股势力争夺青年是维护新疆长治久安的基础和根本，如何让青年永远跟党走是我们最重要的责任和使命。对青年弱势群体和特殊群体尤其要关注，要走进他们，为他们提供丰富的精神养料，在他们内心世界播种我们的思想，滋润他们的心田，让他们永远远离非法宗教活动。

目前，奇缘艺术舞蹈团，集合了乌鲁木齐舞蹈健身管的所有优秀舞者，有一批精良的舞蹈作品，随时可以拉出来为社会提供直接的服务，送艺术到基层，与青年面对面、实打实和心贴心进行沟通交流，与不同民族的青年欢歌共舞，畅想中国梦，这是多么有意义的事业啊！

这次援疆干部要在元旦前举办"中国梦援疆情"迎新年联欢活动，可以借此将我们组建的"奇缘艺术舞蹈团"向大家亮相，接下来，我们还要整合新疆师范大学青年政治学院的艺术人才，同时还要借助新疆青少年基金会的平台，创造条件为新疆的青少年思想引导做应尽的努力和贡献。总之，要积累作品，用心策划，努力打造专业队伍，一切的一切都已具备，只差时间问题了，期待我们的梦想在新疆能够实现！

众人拾柴火焰高

"魅力冬日绽放激情"援疆干部迎新年联欢会获得极大的成功，这出乎我的意料也出乎大家的预料。起初的目的就是想活跃一下援友的业余文化生活，增强援友们之间的联系和沟通，分享彼此援疆的感悟和成果，给大家留下一份珍贵的回忆。于是便以个人名义在群里发出倡议，回应的援友人数也不是很多，我一直也处于试试看的想法，不好强求援友们的意愿。我先后用一篇杂文"珍惜援情感悟分享"来和大家互动，之后又与自我管理委员会主任沟通，让我没想到的是他非常支持这项活动，并给予大力的支持，之后，我便有了信心并进入开始策划晚会阶段。

第一阶段是援友活动资料和成果素材收集的工作。这项工作非常繁杂，但我认为是晚会的基础性的工作，不能忽视。从一个研究者习惯的做法，就是从第一手资料收集和整理起步。过去的两年多以来，我一直没有停止过收集援友素材方面的工作，这期间没有什么人安排我做这方面的事，但职业的习惯，让我在不经意中收集了援友们大量的成果，比如诗歌、散文、摄影作品、活动视频等，另外自治区层级上组织的援疆干部大型活动，比如《春天绽放》演出活动中援疆干部的节目"援疆两地书"诗朗诵和最近的一次援疆干部合唱《红柳颂》等相关活动我都参加并资料备存，在此基础上，在各班班长的积极推动下，各班活动的照片和视频也相继发送过来，无疑给我们增添了很多力量。与此同时，我们开始在群里征集节目，为方便与大家的交流，我加入了援友微信群，及时发布相关信息，援友们积极献计献策，使得我们的活动方案越加精细周全。在策划期间，为了广大援友积极能参与进来，我们想了很多招，比如以各班为单位出节目，规定动作加自选动作，同时在节目内容的整体结构做及时调整，没有的部分请外援帮助，不断在节目质量提高和内容创新上下工夫，力求传统节目和现代时尚相结合。第二阶段进入方案准备实施过程。晚会主题从起初的"魅力冬日绽放激情"到"暖暖冬日夜浓浓援疆情"，从"中国梦援疆情"再回到"魅力冬日绽放激情"，这期间凝聚着不少援疆干部的辛苦和智慧。最让我感到意外的是：为了增加活动的乐趣，我们特设了抽奖环节，这样自然涉及晚会奖品之事，在我与援友的打趣玩笑中，就有不少援友自愿为晚会提供帮助，这让我从心里感激他们，没有他们的定力支持和帮助，没有援友们的积极参与，怎么可能把晚会搞成功呢？就是在大家的共同积极响应下，更加坚定我们筹备组的每一个成员一定要把晚会搞好。第三阶段是活动各项准备的落实工作。这一段最辛苦，越到晚会之日，涉及的工作内容和细节越多，心力投入越大。比如通讯录和节目单的工作，报名的工作是不间断的，要每天叠加，节目单的内容随着节目的彩排不断更新，从我们作为援疆干部做这件事可能会相对耗时些，毕竟这些都不是我们份内的工作，但从长远来看，这项工作又是有价值和意义的。另外，活动一旦进入正规程序中，就会变得相对复杂些，比如通讯录的排序，援友的相关个人信息一一核准的问题，在这期间援疆干部服务中心的进入，让我有机会学习很多知识。一项活动的举办，上至领导下至援友，都要沟通好，既要满足援友各方面合理的需求，也要考虑到领导的想法和意图，因此晚会要在思想性、艺术性、普遍性、有趣性上下足功夫，既有内容上的思想高度境界，又能及时贴近援疆干部的真实生活，既有传统意义上的艺术载体，又有当今与时俱进的艺术形式，这些都考验着主创策划人员的智慧和水平。

　　我很欣慰这场晚会得到领导和援友们的好评，细细总结，晚会之所以能成功，有三个主要原因，其一是我们自己内心的坚定和主动。如果主观上没有这一需求，或者需求不强烈，很可能不会全身心投入，因为这项工作指标是弹性的，没有人对我们提出要求，完全出自于我们自愿。世界上的事物就是这么怪，因为弹性，我们可以发挥的空间就越大，因为是主动所为，我们就会全力以赴；其二是与援友们内心的需要契合。虽然我们一起来援疆，远离亲人，没有基本正常的家庭生活，而援友们平时的深入交流也是有局限的，各自在不同工作岗位上任务十分繁重，很难能有这样聚在一起的机会，更难有相互了解和展示的机会，这项活动的举办正好满足了援友们的内心渴望；其三是也是援疆干部服务中心领导们的工作需要。从领导的角度来讲，他们也很需要和援友们进行交流，也需要及时了解援友内心世界，晚会无疑为此提供了绝好的平台，在期间他们还会通过互动增进彼此的感情，这是贯彻党的群众路线教育方针具体生动体现，从群众来到群众中去，积极参加援疆干部的活动是非常有意义的。同时，从我们个人角度来讲，也收获很大，将自己的想法变成现实，没有组织的帮助是不可能的，我们只有找准援友们的需求，积极整合资源，特别是赢得上级领导们的支持，在这个基础上，只要我们甘于奉献并意志坚定，就没有办不成的事，在付出的同时，才能收获更多。

众人拾柴火焰高，没有群策群力，无论如何不能成功，这是千真万确的真理。我们是发动机，播种机，发动机能量来源于我们广大援友们的支持和我们内心对这件事价值意义的认同。播种机要播种好的思想，需要我们平时的不断积累，要有一定理论功底，要善于把学习当做我们人生的追求，学而不思则罔，思而不学则殆。总之，我们要善于从每次的活动中汲取能量，不断充实提高自己。

多影响少改变

每个人来到这个世界上，都有自己的喜怒哀乐，不好去硬性改变什么。一个人要做什么完全是自己内心确定的，心是自己的，一切由心说了才算，不是人为能左右的，即使左右也是暂时的，外界的影响会给内心带来干扰，也会带来压力，只是要看清这种"干扰"和"压力"是利于自己的还是有害自己的，需要识别后才能取舍。

前两天有一个西部大学生志愿者来到我的办公室，他提出不愿意参加集体活动，我感到很好奇，年纪只有24岁，不愿意主动融入整个集体中，这是没有道理的。也许是长期从事青年研究工作的习惯，我很耐心倾听他的故事，尽可能走进他的内心世界。他是从中国的南方一所大学来到新疆，先从自治区党委的一个部门到自治区团委志工部，经推荐来到新疆团校，来团校只有四个月，这几个月他很沮丧，没有做太多的事，我问他为什么这么不开心，他提到的原因都是外界的人和事，唯独没有提到他自己的问题。我觉得一个年轻人心理这么灰暗，真令人担忧，这是一个极度糟糕的精神状态，如果不能释怀，很容易走向极端，那时候再说什么都无济于事了。

由此我想到"西部大学生"这一群体,他们大学毕业就从内地来到新疆,这里是一个年轻人最佳的成长历练的平台,他们经历了很多的事,看到了一些他们不愿意述说人和事,身上背负着太多的"负荷",如果一个人不能轻装前行,很容易导致迷惘和困惑,没有一个阳光健康的心态,怎么可能释放自己的青春正能量呢?就我了解的前两年一个西部大学生志愿者在新疆已有近十年,但心理上出现一些障碍,在他看来,一切的不顺都是外界造成的,没有他一点责任。这让我联想到眼前的这位志愿者能否走出自己,活出健康呢?

这个社会是复杂,这个社会压力是很大,但这一切都是我们所无法掌控的,但作为一个年轻人是要一个向上的青春还是要一个向下的青春,这完全由个人可以做主,我的青春我做主,要积极乐观起来,要冲破一切干扰让自己阳光起来,是能做到的。遇到一点不顺心的事,就去看破一切,去否定一切,这是有问题的。即使发生再多的不快,也需要从自己找找原因才是,完全把问题归于他人是一种不负责任的表现,也是一种不明智的表现,更是一种不成熟的表现。我从心里常常为这样的年轻人揪心和担心,一个人思维的广度将决定着这个人境界的高度,决定着这个人能走多远能走多实。

我坚信自己的力量不能改变什么,但我们要去积极影响他们,哪怕一点点也是要的。要从解决他们的实际困难入手,给他们心灵上抚慰,给他们人格上的尊重,万不可上来就去训导,去指责,去评论,先静下来倾听,让他们彻底地发出他们心底里的最强音,与其他们发在外面,不如给他们机会和平台进行宣泄,要了解一个人,就要去耐心倾听他们的心声,他们的诉求,通过我们的示范给他们以及时的引导,不要急着下判断,给他们自由的空间,一时不能接受也不要紧,慢慢来,万不能强求,一切都需要时间。要读懂他们背后的意思,特别是了解他们的兴趣,或者所擅长的部分，日后加以留意给予施展的机会。另外要给他们勇气和信心，不断激励他们，让他们受到应有的尊重，分享到爱的感受。

我以为，目前需要加强青年的情商教育，要从关注他人评价到关注内心定力，从关注社会变化到关注集体荣誉，由内而外的兼顾，回到内心的修德，都需要我们不断地学习和思考。不因外界干扰而影响内心的定力，也不因内心的困惑而误判世界和社会。要把自己的心及时打开，吸纳来自方方面面的正能量，及时屏蔽负面的信息和能量，让自己充实起来，时刻准备着奉献自己的青春和智慧。

改变一个人是很难的，被动改变不如主动改变，我们要在青年想主动改变的时候及时出现并给予他们改变的信心和勇气，这种影响是最有效的也是最刻骨铭心的！

2014年美好的期待

今天是元旦，我们送走了2013年，2013年我没有遗憾，该做的事无论遇到怎样的困难都已完成。剩下的就是过好每一天，期待2014年能带来好运。

三年的援疆任务已过去二年零四个月，到八月份就要返回北京了，想起来感慨万分，这里有太多的不舍，太多的难忘，太多的友情，有时候我会担心时间越久越多的依赖，回去后会有很多的不适应，与其有那么多的担心，不如还是要专注现在，先过好每一天再说，总之不能留下遗憾，而要给这里的人们留下美好和珍贵的记忆，因为我们的到来，这里的人们幸福和快乐多一点，即使没有太多物质上的改变，而精神上的富足比以前多了一点点，那我们来这里所做的一切都是值当的。

昨天一天身体一直不很舒服，也许是近一段时间连续作战拼命带来的结果，有时候我也在想，能不做的则不做，避免身体状况的不适，但有些机会在人的一生中是不多的，也许过了这一天就什么也不存在了，比如组织援疆干部联谊会，把大家动员起来是一件耗力耗心的活，大到让大多数援疆干部开心，小到每一细节安排的精致，都需要投入全部的力量，三年援疆是有限的，而在有限的时间内把大家聚在一起，并留下终生刻印的记忆是需要花费一些功夫的，不是随随便便把大家组织一下，既然要做这件事，就不能有太多的顾虑和舍得。也许是女人进入50岁以后，很多的心力透支带来的问题在当时并没有感觉到，但过来老天爷就会全部找回来，要做好承接的准备。现在想起来，2013年做的几件得意的事还是可圈可点的，比如新疆团校申报自治区精神文明单位的工作获得成功，配合中国青年政治学院中国马克思主义学院来新疆考察工作获得领导和同志们的好评，再有这次发起举办的"魅力冬日绽放激情——中央和国家机关、中央企业第七批援疆干部迎新年联欢会"活动获得援疆干部的满意，以致这两天刚刚结束的新疆师范大学青年政治学院"筑梦青春起航2014"文艺晚会上组织全体教职工集体上台表演节目诗朗诵《中国梦我的梦》，学生们受到了很大的激励和鼓舞，与此同时带领奇缘艺术舞蹈团队员为晚会带来的舞蹈《月亮女人》，也获得了新疆师范大学领导和来宾们的好评。想想期间的辛苦和付出，都是值得的更是幸福的。毕竟组织给了我们这样好的平台，给了我们这样的机会去施展自己的才华，不然我们去哪里组织这样的活动？去哪里给大家表演节目呢？

　　人这一生中要去做事，不一定能做很多的事，还有一些事因为您的不擅长，即使您用尽一切力量也不一定能做好，那一定有些事是您一定能做的而且会做好的，那您为什么不去做呢？不做虽然可以省去很多麻烦，但同时也失去您和大家建立感情的机会，看您要什么。我过去也对此想过很多，特别是在遇到让自己揪心难过的事时，就有一丝后悔的念头浮现脑海，但冷静下来就会发现，世界上的万事万物都会是一分为二的，可谓老子所说的:"祸兮福之所倚,福兮祸之所伏。"世上没有绝对的一成不变的东西存在,好与坏事相对的。在练性乾编著的《南怀瑾谈历史与人生》的"得意失意难定论"篇中提到:"有许多人,担任某一种大位置、大要职,蛮好;但是要他改做实际工作,去执行一个任务,就完了。平常看他,学问好,见解也好,写的文章、建议、办法都对。可是,让他去实际从事行政工作,就不行。有些人,要他从事实际行政工作,执行任务,会办得很好,如果这样认为他很了不起,把他提拔到太高的重要地位,那他又完了。所以作领导的人,对人才的认识很难,对自己的认识也难,要晓得自己能作什么,可真不容易。"(P55)

在我看来,一定要把握住自己能做的和不能做的,要心中有数,不能迷迷糊糊。看到别人升官不能盲目攀比,因为一旦把您放在那个位置上,您不一定行,而且会丢失很多原本很珍贵的东西,幸福指数从此下降。有得必有失,不可盲从。历史上这样的例子很多,《红楼梦》之后,再也写不出第二部《红楼梦》,没有像曹雪芹那样的家庭,没有像曹雪芹一样,整天和一些女孩子在一起打滚,没有那个经验,换一个人怎么也写不出来。施耐庵的《水浒传》,没有跑过江湖,没有和那些动枪拔刀的江湖朋友混在一起,也写不出来。人生得意的事,有时并不是幸福,人生失意时也并非倒霉。比如明末清初的时候,有一个人作了一首诗:"眼前乔木尽儿孙,曾见吴宫几度春。若使当时成大厦,亦应随例作灰尘。"含义之外告诉我们:不能与命运较劲,顺势而为,骨子里没有的,就不要去抗争,因为得失不是自己能判定的,可谓得意失意难定论。

过去的就让它过去,翻开2014年新的篇章,我们有很多的期待,一切从头再来,一切都还来得及。无论我们付出多少,就不宜计较,更重要的是:我们要挺起胸膛,一切向前看,勇敢地自信起来,路在前方,路在脚下,只要我们坚实地踏好每一步,朝着正确的方向义无反顾地前行,我们就能收获成长,难忘2013年,期待2014年!

看《老有所依》电视剧有感

每个人都要面对生与死，怎样有尊严地活着，并能有尊严地离开是我们无法逃脱的现实问题。电视剧《老有所依》就很好地揭示社会这一现实状况，人们开始思考自己老的时候该怎么办？是否为自己的养老做好精神和物质上的准备。

剧中的主人公江木兰是一个对父母极为孝顺的女人，她在如何对待老人的问题上给我们上了一堂非常生动的课，看后很受触动。我们这些远离家乡的游子真得感到内心惭愧得很，一直没有机会陪伴年迈父母的左右，不能在他们最需要的时候服侍他们，不是忙于工作就是忙于家庭，和江木兰的孝行比较起来，差距实在是太大了。我们每个人都有老的时候，我们现在对待老人咋样，就意味着我们的孩子将来会对我们咋样，真心付出必有善报。

现在像我们这样的家庭都是一个独子，为了不拖累他们，从现在起，我们就要好好保护好自己的身体，让自己的身心都快乐健康起来，能在老的时候能自理是我们最大的愿望，当然出现自己想不到的后果，我们也要接受这样现实，不抱怨才会平静待之。

要提升自己的生活品质，有三个条件，身体好，有事做，有人爱。前者是活得好的物质基础，后两者是活着好的精神基础。三者缺一不可，无论在何时何地，我们都要紧紧围绕这三根支柱，加粗这三根支柱，让我们的人生大厦不倒。一是身体好。就是吃饭香睡得好，只有身体好才能有念想有状态，为了我们的身体，要注意坚持每天的适当运动，合理的膳食结构、科学的生活方式和保持积极健康的心态。这四个方面都要兼顾，哪方面过头都不利于整体的效果。正如汉代圣贤说过："大鹏之动，非一羽之轻也；骐骥之速，非一足之功也"。但凡身体出现状况的，绝不是一时的，一定是量的积累带来质的变化。平时我们要用心觉察这种动向，将不好的征兆消灭在萌芽状态之中，不要任其发展，要在治未病上下工夫，而不是病发再去医治。二是有事做。我们活在世上，一定要去做事。不能整天无事可做，无事就要生非，就会心里空虚，就会活得没有滋味。做事还可以让自己的头脑运转，不至于大脑愚笨和痴呆，就像地球围绕太阳运行，除了围绕太阳进行公转之外，还需要自身科学有效规律地运行，如果只有公转没有自转，就会出现自身运动的混乱，如果只有自转没有公转，早晚也会失去太阳的能量，在黑暗中摸索。因此一生中要做两种事，公事和己事，平衡好这两方面的关系，就会让自己充实起来，用现在的话来说，就是中国梦和我的梦。三是有人爱。亲情、爱情、友情是我们精神最重要的动力源。我们的父母把世界上最无私的爱都给了我们，我们怎样对老人好都不过头；我们能在合适的地方遇见自己对的人是我们一辈子的幸运，知己懂己的爱人是上天赐给我们最珍贵的宝贝，我们要时刻用心呵护和珍藏；我们有一些有乐共享有难同当，能一起共事一起合作的朋友，这是我们事业不断兴旺的基础，我们要守住这份奇缘。工作如同橡皮球，弹下去还可以再弹起来，情感如同玻璃球，掉下去摔碎了，不容易复原，身体就如钢丝球，掉下去就起不来了，如何牢牢握住这三个球，处理好三球间的关系更是一门学问，一辈子学不够。

年轻的时候，我们犯过很多错，现在明白过来也不晚，谁没有犯错的时候，比如我们伤过亲人的心，我们不知道爱惜身体，我们太过于专注工作忘掉一切成为"工作狂"，所有这一切我们都需要进行及时反思和修补。人生的平衡木就在我们心中，跷跷板随时发生，关键在于我们能及时发现进行处置，小的浮动容易调整，大的颠簸容易折腾，越老的时候越要避免大的波动发生，随时让这一跷跷板都被控制在我们的掌心中。

西域追梦

来到新疆后,深感西域可谓是一个聚宝盆,可以挖掘的宝贝实在太多了。比如十三个主要民族中,对锡伯族文化的了解对我来说实在是个盲区,刚好我们的黄军兰援友,是来自中国东方演艺集团有限公司创作中心,现在新疆艺术剧院担任副院长,她四次到伊犁地州的察布查尔锡伯自治县进行前期的调研、与当地的锡伯族人面对面、实打实和心贴心的交流,查阅了各种历史资料和文献著作,在此基础上产生了激情创作大型民族歌舞史诗剧——《箭乡传奇·大西迁》的构想,以此完成作为一名援疆干部西域追梦的光荣使命。借此机会,我积极投入到她的创作过程中去,同时也可以好好补补这方面的功课。

挖掘宝贵的文化素材,弘扬伟大的爱国主义精神,书写民族融合的大赞歌有着十分重要的政治意义和现实的教育意义。把地处新疆的宝贵历史题材搬上舞台,用深刻的艺术表达形式体现党在新的历史时期的——为实现中华民族的伟大复兴的中国梦的号召和呐喊,使之走向全国,走向世界,都将会产生不朽的影响。

地处我国西陲边境的新疆伊犁察布查尔锡伯自治县是全国唯一以锡伯族为主体的多民族聚居的自治县,我和援友们已被锡伯族西迁精神的悲情故事深深地吸引和打动。一是1764年受乾隆皇帝一声令下,一千多名锡伯族官兵,带有使命,携带家眷,牛羊,历经千险,途经数省和外蒙古,用了一年多的时间,西迁来到新疆伊犁戍边。二是经乾隆派往全国戍边的民族绝非只锡伯族,而坚持250年而克服种种困难、忠于使命、坚守职责、团结多民族在抵御外来侵略、共同繁衍生息建立美好家园的就只有锡伯族——这一伟大的忠心耿耿,忠实的民族典范。三是建修察布查尔大渠为代表的先进生产力,以致影响整个伊犁地区水利发展;四是在全世界范围内一致被认为是唯一保留完整的精纯的通古斯语系满语言文化为代表的先进文化传承，在当今满语使用已完全消亡的情况下，可以说锡伯族语言文字是研究满文化和历史的活化石，堪称唯一的钥匙；五是主要表现点为：第一、带有使命举家长征的——大西迁；第二、屹立在我国西部边陲的代表中华民族精神象征的万里长城的西线延伸——卡伦烽火台和抵御外来侵略，保卫边疆，巩固国防的忠诚印证；第三、至今还保留的稳定的基层组织建设的模型——牛录建制形式；第四、为支援内地抗战努力建立的——红色运输通道；第五、表唱鼓励人间美好和谐，团结各民族勤劳勇敢的——文学、朱仑、萨满等文化传承；第六、传承民族优秀历史道德的——弘道文明；第七锡伯族先进的文化和先进的生产力，爱国主义精神对各民族间的包容，民族大团结的典范。

在我看来，黄军兰作为国家舞蹈一级编导创作该剧，其价值意义有三点，一是从一个历史的视角证明了新疆自古以来都是中国领土不可分割的一部分，同时在探索寻找执政党的思想主张在青年中的传播路径方面，如何将历史真实故事搬上舞台，融入青年乐于接受的"尊重、信任、感情"因素和"艺术、时尚、情感"元素，这比什么灌输方式都更为具体、形象和有效，这对我们意识形态领域里如何与三股势力抢夺青年，引导青年跟党走可以说具有积极的价值和贡献；二是从当前的国际局势和国内状况看，作为祖国的边陲新疆，维护稳定的任务将更为艰巨，大稳定带来大发展，小稳定带来小发展，不稳定带来不发展。民族团结是维护新疆社会稳定的重要基础，在此基础上挖掘民族文化的瑰宝，弘扬民族中的爱国主义精神，激发每一个中国人为实现中华民族的伟大复兴这一中国梦而奋斗的动力，是创作该剧的另一个不可忽视的价值点；三是黄导作为一名援疆干部，能从一个侧面为新疆人民留下一份宝贵的文化遗产，也可谓是中央和国家、中央企业第七批援疆干部的骄傲，在条件可能的情况下，可作为一项局部成果或文化工程项目在疆内和内地进行展示，扩大其影响，传递正能量；四是为当地的经济发展和政治稳定，提升当地人民的自豪感和荣誉感都会有不同程度的作用。

总之，这件事可做，而且能做好，期待在自治区党委组织部人才办、自治区区直单位援疆干部自我管理委员会领导，特别是伊犁州察布查尔自治县的领导等支持下，在各位援友的积极配合协助下，及早将这份礼物呈现给我们的新疆的父老乡亲和兄弟姐妹！

万事万物是息息相通的

近日收到中国青年工作院校协会副会长朝克的一个短信，看后颇为所动。短信内容如下：心灵的宁静，不知沉淀过多少尘世的浮华，或许朴质素雅持衡着生命的天平，或许恰巧是一瓣心香处，不曾何时品味过千古岁月的点滴天福，是心灵回归了宁静的乐土；心灵的淡泊，不知过滤过多少世俗的雾朦，遵服于修生和提炼智慧的彻悟，感受过生命微不足道的天乐。人，忙碌于供给生命的物质需求及思想的精神享受的年轮中，与生俱来的淡泊与宁静，有时就像烈日下的一片白雪，显得那么的珍奇、那么的幻稀。然而，谁能获得上天的这一珍物。但，期盼已久的那片白雪降临时，我们早已失去夏日，轮回到严寒的冬季。不过，无论是暂且不过的，还是弥足珍贵的，淡泊与宁静，使思想和心灵变得那样自然透明，我渴望将她储存于思想的深处，净化血液中流淌的一切智慧和智慧的一切。自古以来，谁不欣赏，梅雪相映的纯净，谁不羡慕伴随三月的暖风柔和漂流的淡云。甚然，烈日下渴望获得上天恩赐的一片白雪是属于永恒的梦想，我也愿把它留在心底。朝克寒夜所思。

一个人活在世上要面对各种各样的世俗尘埃，有很多事情会让我们的心静不下来，烦恼多多，每一天的苦与乐都是相伴而生，细细想想都在忙碌于生命的物质需要，有时候发生的烦恼始终离不开"贪"字，总想占点小便宜，总想比别人多得一点。这种欲望越是强烈，导致的烦恼越是多多。相反随着物质生活的改善以后，人们对思想的精神享受欲望开始加深，不满足于一般性的精神需要，喜欢冒险喜欢刺激，喜欢图一时的快乐，到最后反而乐极生悲，越加孤独和寂寞。

这次从新疆没有回到北京，直接回到宁夏母亲家，想和家人多聚聚。每次回家心实际是挺累的，从外面的世界一下回到狭窄的圈子里，每天面对的就是家长里短的话题，一个人似乎一下子进入另一个世界，心胸都变得很小，我也不清楚这是为什么，反思下来，主要问题在自己。因为一个人长期在外，很少有时间和家人在一起，话语体系都有很多的差异，每个人谈的话题始终离不开人最基础的东西，吃穿住行，人情世故，越是最近的人越是逃不出最近的家务事，也是这才是最真切的，最靠谱的。不知从什么时候起，发现一生中最不愿意把时间放在家务事上，最感到没有成就感的也是家务活，最让自己烦恼的也是因家务活和家里事带来的，我常常无意中很羡慕那些具有书香味的家族，有空画画写写，浓浓的笔墨会让人的心安定下来，也会让一个让人的心变得宏大一些。我还羡慕那些有音乐背景的家族，音乐是生命流动的音符，会让一个人富有激情和冲动。关键的作用是因为这些棋琴书画确实可以陶冶情操，让一个人的心变得豁达和聪慧，这种聪慧不是那种小聪明，不是那种小功利，更不是那种小较劲，而是一种大智慧，我崇尚有学识的文人，有人文关怀的智人，你能从他们那获取能量和勇气。我清楚地意识到我们无法改变自己从哪里来，但完全通过我们这一辈自身的努力做到将文化气度和艺术氛围融入家庭生活之中。

最近有机会接触佛教，深感其中理念力量的神奇。特别是在与武大庙的和尚和念经师傅交流以后，发现阴阳世界有很多事相同的，也有很多的规矩要遵循，这些和尚和师傅们承担着人间和阴间对话的中介和载体，让阴阳两个世界的人们发生着各种各样的联系，传达着各种各样的讯息，解决着各种各样的问题，满足着两个世界人各式各样的需要，很了不起，也很管用。比如，我仔细观察一个念经班就如同一个交响乐队，什么样的角色都要有，敲锣的，击鼓的，打铃的，吹笛子的，与和尚念咒成为完整一个体系。这些念经师傅一会站起，一会坐下，一会走动，一会外出，嘴里不停哼着念着和唱着，总是不停歇，熟练和配合程度自不用说，其中的程序和安排令人惊叹，激发我们了解其中的兴趣。

莎士比亚曾经说过：千万不可妄自评论你所不知道的道理，否则你可能会用生命的代价来补偿你所犯下的错误。过去不知道什么叫"天地灵文楞严咒"，也不知道它的神力有多大。经过接触一些大师，才发现，除了我们知道的有限的光传输、声传输、电传输等之外，世上还有一种超出无线电波之外的一种讯息传递，即阴阳两间灵魂相通的交流。佛教大师们用经文的形式为人间消灾解惑，保佑人们的平安和幸福。你可以不去信其有，但一定不能忽视这种力量。因为它是客观存在的。我们都有体验，肉体上的病可以通过医院医生医治，但邪病确是正规医院所不能医治的，还需要这些大师们通过施展魔力进行消除。正邪力量始终存在于我们的周围的系统当中，不是正压邪，就是邪压正，在懂得这个道理的前提下，我们就能看清人世间的一切苦与乐，从容面对，正确待之。只有正的力量充足了，我们才能健康快乐着活着。

辈辈鸡辈辈鸣

这句话是从妈妈那听到的，目前我也不能完整地理解其中的涵义。只是感觉有"家家一本难念的经"的意思，只有身处其中才能品尝酸甜苦辣的滋味，可谓幸福的家庭是一样，不幸的家庭各有各的不幸。

这次从新疆回来陪年迈的母亲过年，基本做到脑子里排空一切，放下手头所有的事情，专心陪伴母亲，这也是有史以来最悠闲最专注的一次，以往常常会"身在曹营心在汉",难以摆脱一切。似乎有很多的事情要去做,总不能让大脑腾空,总不能放下一切。

我一直在思考,什么是天下最大的孝?过去想过这个问题,但这次回家过年才把这个问题想明白。母亲一生含辛茹苦把我们几个儿女养大,我们远在他乡不能侍奉母亲,最大的愿望就是为母亲提供物质和精神的帮助,每次回来都要静静倾听母亲的"絮叨",尽管以前我也犯过错,缺乏耐心听母亲讲过去的故事,这两年我有所改变,无论母亲说什么,我都要全神贯注认真梳理,试着理解母亲话中的意识,尽可能从中提取有价值的内容,特别是对我们有深刻启示的内容。

老人一生最怕生气,每次生气都是因为自己的儿子,我不记得从什么时候起,家里变得不那么平静,争吵不断,可是越是这样,我们越是无奈,看到母亲不开心,我们想过很多办法,但都无济于事。我开始寻求其中的根源,细细分析当事人的行为,其根本原因就是"主观臆断"导致的误解,一有问题就抬杠,不是从怎么去解决问题入手,而是埋怨彼此的不是,不是反思自己的不对,而是强调自己的付出,接下来就是陷入无休止的争吵和冷战。身处其中的每个人都倍感压抑和痛苦。我从初中起就开始住校,每次回家都带着负担和担忧,生怕家里出什么事,一接到家里的电话有种紧张之感,往往还有一种逃离之感。

世上的矛盾总有主观和客观的原因,客观原因是导火索,但主观的原因才是真正的发源地。长期的研究发现人的思维局限是导致看问题比较偏激的罪魁祸首,静止僵硬单一去看待我们周围的一切,就会进入死胡同,可谓进去出不来,一旦思维偏激,人的心胸很难打开,完全陷于封闭状态,外界的任何能量很难吸收,只会在原有的基础上产生负面的刺激,更加诱发事情向坏的方向发展。

我们都很清楚,任何事物都有好的方面和坏的方面,绝对的好与绝对的坏是不存在的。当一件事发生以后,不是冲动,更多的需要保持头脑冷静。冲动是魔鬼，一点不假，试想人在冲动的时候，所有吐出的话都可以不经大脑的思考，什么刺痛的话都会冒出来，有些话一旦说出来就难以收回去，事后还会继续发生效力，特别是老人，就会把儿女顶撞的话永记心头，一有时间就会反复琢磨品味，三想两想就会走向变得很极端，越想越觉得不对劲，心头的气很难消下去，反而儿女顶撞完老人就像没事似的，晚上睡一觉后一切依然如故，我们做儿女给老人多少钱做多少事都不如说几句让老人贴心的话，即使不能说让老人开心的话，也绝不能说让老人伤心的话。因为老人吃不多用不多难伤及一句一辈子难消啊！天下最大的孝就是暖老人的心，顶撞老人是最大的不孝。但凡儿女冲动顶撞老人，起结果让老人的心会寒，这种冲动次数越多足以置老人于死地。

母亲没有文化，但从不向命运低头，一直保持生活的自立和人格的尊严，容不得子女对她顶撞，当身体不适时，所有不愉快的事情都会涌向心头，急于找人倾诉，每件事都记得清清楚楚，特别是儿子和媳妇说的每句话，特别是气她的话都如数家珍一一道来，听得人很累，就是这样每次说完她还是气不孝，最无奈的事就是看着母亲生气却不能替她解愁，实际上我特别清楚人在气头上越说越不能解脱，所以常常规劝母亲想开点，因为毕竟是自己的儿子，只能担待和承受，别无他法，我们做妹妹的，怎么可能去改变哥哥呢，他顶撞老人的做法已经激起我们所有人的愤怒，之前为了他们的和谐，大家试图做了很多的努力，现在看来已无法改掉他这一可恶的毛病，当然我也清楚地知道，母亲也不能做出改变，已经80岁的老人，怎么可能期待老人改变呢，我们做儿女的现在只有腾出更多的时间倾听她的"絮叨"，即使这些絮叨她已重复对此，但也要耐心听完，同时要宽心安慰，决不可顶撞老人，尽可能满足老人的一切需求，让她每天开心快乐！现在真正明白什么是孝顺？一定要顺，不可顶撞，可以慢慢引导，但不可硬性改变，我们都有老的时候，开心才是最重要的，只有心结打开了，就没有过不去的坎，家和万事兴！

沈阳之行收获颇丰

大年初五从宁夏回到北京，就开始忙于锡伯族文化的收集和整理，通过与锡伯族艺术家们的接触，特别是那些曾经挑战极限沿着当年锡伯族人大西迁路线图几次寻根的艺术家们，通过他们亲身历程的描述，让我的世界又多了一份丰富，原来日子还可以这样过，永远不能停歇脚步，永远保持探索的精神，你就会发现这个未知的世界时多么神奇和精彩。

这次与援友去沈阳黄家乡村就是一次尝试。250年前乾隆皇帝的一声指令，锡伯族人就是从锡伯族家庙出发，路径辽河踏上西迁的路。我们一下火车就赶往家庙，在沈阳市宣传部领导的陪同下，我们观摩了家庙内所有的展馆，讲解员赵娜讲得也很精彩，有些资料在援友黄导那都已看过无数遍，而在我这都是全新的，一切都是那么的新奇，我抓紧时间拍摄，当看到大西迁的历史纪录片时，我被画面上的情景所打动，眼泪在眼圈里打转，心灵受到震撼。试想如果能用肢体语言表达出来，那该是多么大的灵魂震颤。

接下来的几天，我们拜见了黄家村的锡伯族文化的传承人吴吉山老人，正赶上老人家里房屋顶上挂着各种物件（记录家族的重要事件，从第一代开始），生男孩用一个小弓箭表示，生女孩用一篇小红布代表，每一个时代用一个嘎拉哈隔开。他们世代信奉喜乐妈妈，喜乐妈妈一直保佑着他们健康、平安和幸福，可谓是他们活着的精神支柱。随后我们又到了辽河，这里的气温很低，嘴巴冻得讲不出话来，沈阳沈北区电视台对我和援友进行了采访，因没有足够的准备，还是显得有些语无伦次，讲得有些苍白，需要今后下足工夫，吃透历史。回到新疆还是要亲自去趟察县看看，如果有机会能约几个好朋友一起重走西迁之路，那时候我们可以自信面对所有的人，我们了解锡伯族人和锡伯族文化。

关于配合黄导策划大型历史音诗画舞剧，我没有十分的把握，但有一点我是清醒的，它具对当前社会的稳定民族的融合是一股正能量，250年前锡伯族人大西迁，就壮举来讲本身就是一种援疆，他们一去便是他乡变故乡，故乡变已乡，图伯特带领当地人修大渠、苏花的和亲、牛录的建制、卡伦的精神等等，都是极为关键的亮点，这些动人的故事如高度提炼完全可以概括为"忠诚、彪悍、信任、大爱、自强等"，而在当今的社会，我们日渐丢失的道德良知，理想信念，日渐丢弃的中国优秀的传统文化，特别是我们的青年内心的价值观体系的重新建构，都需要好的作品给予警醒，提供强大的正能量。时代需要它，我们的青年更需要它。

　　题材的意义不容置疑，接下来要进入剧本的实施阶段，这是一个宏大的工程项目，过去我确实没有这方面的经验，需要和这方面的高手好好学习，我会从一个研究者的角度，将这些过程记录下来，另外如果能作为援疆干部的政治艺术成果将是我最大的心愿，也圆了自己多年的梦想，制作一部舞剧的奢想，也许冥冥之中，让我结识援友黄导，上天这样恩赐我这样的宝物，我一定好好把握和珍惜。今年的两个重要的节点是不能错过的，一是第七批援疆干部结束前的总结汇报展示日子，二是大西迁250周年的纪念日子。一旦错过就不会再来。前一阶段要小投入小制作，后一阶段需要大投入大制作。通过参加原有的援疆干部活动的经验来看，大凡有援疆干部亲自参与和参加的活动，其意义价值都尤为特别，虽然起初的动员难度较大，费时费力，但组织一出面，很多事情就显得很有章法和省力，并将设想化为现实。在新疆这个多民族讲政治的地域，还是要紧紧依靠组织，要积极赢得援疆办领导的支持，才能真正把事情做好。当然最重要的是我们打铁还要自身硬才可以，需要做好一切功课，随时做好准备。目前要积极整理汇报材料。

　　当然，我也一直纠结这件事是不是与我们本职工作脱离，有些不务正业之为，实际上我想过很多次，这件事看似没有关系，却是与我们青年研究工作息息相关，要能跳出团看团，一个好的文化艺术作品我们都不知道它是如何出炉的，怎么可能对作品的作用了解的透呢？这就如同我们在用好的作品启迪青年的时候，我们还能给青年讲作品背后的故事，那该是多么有趣，如果再能讲出我们参与作品研发的过程经历，那么青年就会跟着我们的思路运转，这样你才能谈得上让青年发自内心跟着你，因为原因很简单，他相信你，你所讲的故事真实。其次，我本人自小热爱艺术，虽然因各种原因没能走向艺术之路，但对艺术有一种敬畏之感，特别对艺术大师们有崇敬之心，愿意和他们一起并肩努力合作共赢，这也是我的艺术追求。再次，人生苦短，缘分极贵，好好把握，过这个村就没有这个店了，享受当下的快乐，我们与其纠结或者担忧以后会怎么怎么样，不如就把力量聚焦当下，我们能做什么？我们能擅长做什么？想透了想明白了，就去义无反顾的做，做完后就画句号，相信自己做好这件事不会太耽误下一件事的进行，因为很多事在没有到来之前，你都是未知的，未知的还是已知的，自己能掌控的还是掌控到什么程度，你在当下不一定能准确判断，也许你投入很大精力最后没有结果，这种可能一定会有的，但你必须保持一颗平和的心态，过程要去享受，过程一定要积累，相信自己一切经历都是由价值的，都不是白费的，一定会或多或少地影响你的下一阶段，对你的成长都多少有积极意义，投入就一定会有收获。我们不能将自己固化在一个思维框架之中，要找到彼此间的联系点，永远记住：弃之藏之，用之则行。

沈阳之行让我再次感到山外有山，强手如林，我们如不抓紧学习，就会跟不上时代的步伐，特别高科技发展的速度，让我们目瞪口呆，让高科技表达我们的信仰，这是历史的趋势，也是我们研究者不得不面对的严峻课题，"狼"真的来了，我们要做好准备啊！不然会被这个时代抛弃，那时候我们只有悲哀的份，如果没有与时俱进的积极心态，这种结局是必然的。

音乐旋律和节拍

从宁夏过完节回到北京，最想的就是去上谢老师的国际标准舞形体课，她的课总能给我以人生启示。每当生活中遇到令人纠结事情，心扉不能打开的时候，她的课就像一缕阳光普照心田，不知不觉将那些不快抛入脑后，专注她的舞蹈理论之中。

我反思过去生活出现的不快，特别是回家的时候，本期待让母亲开心快乐，但周围的一切总不是那么随愿，自己很难控制这些不和谐的因子，我还是那么认为，天下最大的孝就是"顺"，无论老人说什么都要耐心听完，不要急的去反驳去辩解，甚至不顾亲情去"攻击"，无论是兄长还是姐妹，遇到事情，就需要担当起来，要给下面的人做示范，要多担待些。不建立规矩家无安宁之日，老人就像一家中的秤砣，始终起着平衡的作用，遇到事情，首先自己不能急，不能过早下判断，先沉沉没有坏处。硬来是不行的。有时候我发现自己的婆婆倒是一个比较智慧的老太太，很善于控制容易发生的不利情况，事先把火苗压下来，不至于因失控而着起来，同时还善于安排自己的生活，主动寻找老伴，一起搭帮过日子，很少有事去麻烦子女。我在想，自己将来总有老的时候，怎样活着才有品质？把最重要的时间和精力投入到那些有价值有意义的事情上，让自己活得洒脱和惬意。一是要让周围人活得轻松，不给他们找不快，遇事豁达想得开；二是要好好锻炼身体，注意饮食结构，尽可能不给子女增加不惜要的负担；三是要有自己的梦想，并创造一切条件去实现之。特别是心态上，要平和再平和，如果高速公路上行驶的车，速度慢了，怎么遇到事都好处理，但凡交通事故，都和车速有很大的关系，"慢"可以有时间解决很多的隐患。

人生如舞，我们跳的每一支舞都有节奏，快慢要结合，节奏是一个音乐的风格，四分之三拍还是四分之二拍，这是有说法的，也是有讲究的，不能乱来，通常所说的规定动作，不能破规矩，但与此同时，为了给生活增加调味品，我们还需要凸显音乐中的表现力，那么就需要调动身体的肌肉，通过肌肉的拉伸和收缩，即一张一收来表达音乐的旋律，这两者一结合，就产生了美感，我们才能将人内在的思想情绪表达出来，才能把真、善、美瞬间传递给周围的观众，我们才能和观众产生一种共鸣和默契。光有节拍是不可以的，光有旋律也是不可以的，必须将两者结合起来。生活也是这样的，我们在每一天日复一日年复一年的简单重复过程中，还要善于去创造生活，去调动我们身体所有的机能和激情，既有节奏上的平淡，又有内心的渴望，那么平淡的日子就会过得有滋有味。当然这中间有纠结有冲撞，但只要找到根源，我们就及时改过来，一旦把身体的姿势调整好了，一切就变得不那么别扭了，那我们的日子还是能过好的，关键要能意识到存在的问题，要善于放下架子，放松心情，调整心态，只要不死钻牛角尖，就能处理好一切矛盾，实际说明了，就差那么一点一点，放松下来，没什么了不起，重新摆正姿势，不会吃亏和委屈自己的。

　　一个人的见识很重要，见多就不怪了，另外思维决定一个人幸福的指数，思维发散，就不容易纠结，思维拘谨，就容易偏执，有多角度看问题习惯的人就容易站在对方的角度上看待事物，我们试想，和一个孩子逛街，孩子个子小看到的一定和我们不一样，我们要和孩子沟通，一定要低下身段和孩子说话，因为这样你才能理解孩子所说的一切。那同样，远道回家的人要和离父母近的人沟通，你就要带着一丝感激和理解去和他们沟通，那种总是戴着责备和有色眼镜去和他们对话，永远不可能顺达，一个巴掌拍不响，我反思自己也是有缺陷的，试想想，你如果天天待在父母身体，还会保持那么有理的态势吗？因为生活节奏是不同的，表达的生活旋律也是不同的，怎么去要求和你不同的人理解你的想法呢？凡事不要去对他人做判断，如果要对话，你需要把自己的节奏和旋律调整到同步，当双方在一个曲子下跳舞的时候，你才有资格去评判他人。

　　当你从舞蹈中领略到做人的真谛后，你不再彷徨和纠结了，不再去埋怨家人的不是了，不再刻意要求所有的人都要和你一样了，你需要调整自己，而不是要去改变对方，调整自己需要从节拍和旋律开始，先把心态放得平和一些，对话前看看场合和人物是不是合适？掌握说话的节奏，在此基础上注意传递正能量，让别人能乐于接受，喜欢接受，而不是被动接受或者痛苦接受。当然，实践中需要反复训练，总结经验，只有这样，我们才会不断成长，发展自己。

有所为有所不为

休假要结束了，下月3日就要赶回新疆了，每次回来都有些难舍，似乎有很多放不下，实际上是不愿意再这么奔波了，想好好静下心来做点事。在疆的日子虽然也不错，但总不能安心下来做一件事，回来后发现周围的环境有些不适，过于陌生了，也许这就是一种付出。回过头来想，我们在疆虽然不能像普通人那样过日子，但付出总有回报，比如我们的心态似乎比以前更趋于平和了，很容易静下来，不大像以前有很多不可思议的想法，不大愿意和周围人有太多的"较劲"或者"纠缠"，什么事都可以放下来，比如别人对自己的态度等等，你会专注做事，不大容易受这些外界评议干扰。也许这就是一种成熟？一种历练？

不轻易盲从是我们这个年龄段比较凸显的特点，为了物质利益，为了名誉，为了官位去做自己不喜欢或者不擅长的事，恐怕不是我们目前的状态，在别人看来并没有什么意义，但对自己看来十分的有价值，喜欢把自己要做的事条理化，就想平时整理内务，整理物品一样，有条不紊，按部就班，就很舒服很惬意，那种忙忙碌碌打破生物钟的急先锋已经离我们很远。更多用心感悟和思考生命层面的内容，喜欢静静观察外界事物的变化，喜欢体会人生冷暖，喜欢访谈各类人物，喜欢尝试着各种不一样的生活，这就是我，这就是我的生活。

有时候我也会思考，我们做一件事要去考虑他人的想法吗？实际上我们自己的内心会告诉自己这件事值不值得做，这辈子如果不做这件事会怎么样呢？先暂且不要顾及别人的想法，自己能不能接受？世上无非有规定动作和自选动作，在做规定动作时，一定要考虑他人的想法，规定动作一定要依靠组织和团队，它一定不是你个人掌控的，你也掌控不了，无论你是喜欢还是不喜欢，这就是一种责任，你无理由要把它做好，除此以外，我们还要在此基础上去丰富我们的世界，为我们的生活增加色彩，如同舞蹈理论中所讲的，在脚步踏着生活节拍的同时，我们身体的气息和肌肉还在做着功，在表达生命的旋律，这就意味着我们在找寻真理的路途上，我们还在用心表达着善与美，不然我们的生活是刻板的，是没有生命力的。

世界上的一切事物都很有意思，有阴就有阳，有明就有暗，有强就有弱，单一面是不存在的，正是有这样的内在矛盾，我们的世界才变得很有意思，我们的生活才变得五彩斑斓，正是这种奇矛盾的对立和统一，我们才更需要辩证全面发展地看问题，要有两分法，好中有不好，不好中有好，只是瞬间会有变化，而且伴随着人的一生，当你选择一个人还是做一件事的时候，你就要为它的好或者不好买单，这是一个心智健全人或者明智人或者责任人的应有的态度和做法。所谓一个人有担当有责任恐怕体现在重大事情面前不惊不乍，不慌不忙，表现出应有的淡定，因为在他内心中有一个很强大的力量，这种力量支撑着他的自信，自信来自于头脑中对哲学的思考和顿悟。这是真正的大师，我们每天的修炼就是朝着这个目标奋进，而不是那些如同树杈上的叶子，一直给人以"繁华、热闹、渲染"的假象，那就失去了生命的真谛。

还有半年援疆工作就要结束了，有太多的不舍，收获大于付出，接下来要好好利用余下来的时间，多做事，做好事，能为新疆的青年留些精神遗产，虽然不能给他们带来物质上富足，至少要给他们传递一种正能量，一种生活的勇气和信心，一种对事业敬畏敬业的精神，外界的诱惑我们不能改变，但内心的强大靠我们日积月累持之以恒的修炼，内心的强大是我们战胜任何对手的有力武器，也是我们立于不败的杀手锏。打铁还需自身硬！

在人生迷茫的时候需要有人指点

每到一个岔路口总会感到有些迷茫，自己都有点搞不清将来要何去何从。因为三年援疆的工作就要结束了，回来后要干什么，今后的路该怎么走，这个问题不想透，就会浪费很多时间，或者选择不好就会给自己和周围带来不快，带着这样的问题多和领导及同事们交流会有意外的收获。

原可以专门请假回来参加团十七届二中全会，但因要组织和参加援疆干部活动，而且要回宁夏过年，时间不凑巧，失去了一次很好的学习机会，有些可惜留些遗憾。后因北京有点事情要处理，又没有参加上共青团新疆自治区全委会，再次失去了解今年共青团工作的战略部署，假期加上忙乱，没有及时吸收和消化会议资料，到目前为止，对今年的团干部培训课程怎么上一直没有理出个头绪，心里多少有些发慌抓狂。就在这样的情形下，主动到领导那儿寻求支持和帮助，没想到收获很大。

领导和我谈了三点，对我启发很大，并从中受到激励。他谈到：一是还是要在共青团领域钻研下去，在讲好共青团组织活动策划、共青团干部素质储备等课程的基础下，要对基层组织建设这门课要熟知和吃透，特别是后半年，多讲这方面的课程，回来后就可以上这方面的课。现在团务基础知识的课很缺人，比如怎么发展团员？团员三会一课都上哪些内容，从最基础的ABC讲起，特别新任团干部，特别需要这方面的课程。怎么加强基层团的组织建设，各级团的干部要引起高度的关注。党组织建设无论在理论上还是实际操作上都很完善,但团组织建设的理论和实践研究还不够,需要深入持久做下去。团的组织建设是战略问题,是本质和根的问题。二是要整合团干部轮训和团的研究的资源,以研究成果带动培训,以培训触动研究工作,要相互融合彼此互动。把培训班上的问题作为研究的主题,多谈问题少谈主义,以多解决问题为导向,并将研究的成果运用到培训课程中去,并积极开发培训新课程。以次为基础,充分利用中国青年工作院校的平台,开展团的研究和培训工作。三是目前要整合全团以及团校的资源,建立团务课程师资库,达到资源共享。要从树木走出来,关注森林,多研究团的战略问题,不要仅仅盯住树枝末叶,不能仅在"技术、技巧"方面下工夫,要回到共青团最根本的问题上——组织的价值和功能、怎么才能生存和发展等等这样的大问题上,点上的工作可以做,但不能放精力太大,要有整体框架和构想,要找到问题的突破口,即支点,撬动和带动整个全面工作。

他还说:团研所这些年来,活动搞了不少,事情也做了很多,但作用没有发挥好,主要是没有抓住团中央最关注的问题,看似热闹,但根上的问题没有触及到,必然带来的影响力受到局限,大家也有质疑。目前看研究人员要下到基层,要走到团的基层工作中去,不能整天坐在办公室。将来要评职称,一定要在系里讲过课,如果能承接刘卫兵老师的课,即共青团活动策划、团的事务等课程,特别是在轮训培训班次上能讲授团基层组织建设这门课,就更好了,你有基层共青团工作的经历,又有一定的理论,承担这门课应该很有优势,再能去各团校讲授这方面的课程就更好了。现在这方面的老师太缺乏,我没有时间,也不能老上这门课,高娃老师那很发愁的。在新疆团校练好了,回来讲就没有问题。

听领导一席话,感觉头脑清晰了很多,目前需要补得功课很多,想想一个假期没有研究团了,离团似乎有些太远了。现在要集中精力看资料,领会会议精神,特别是这次大会上提到的"六个新",要好好吃透。到新疆后准备给团干部上课。一切都还来得及!

第一次参加舞蹈世界栏目的感受

这次回京,刚赶上由我校离退休教师员工和社区街道人员零时组织的舞蹈队正在紧锣密鼓进行排练当中,她们准备接受中央电视台舞蹈世界栏目的邀请进行《雪中梅》舞蹈表演。起初,我完全是无准备上场的,就是想看看她们训练,另外自己也想活动活动,不知怎么就被队员们热情忽悠进去了,这一加入团队中就再也没有脱出。训练是比较辛苦的,时间的消耗也是比较大的,一想这就是短暂时间完成的一项任务,又是对外代表着学院,又能和任姐再温习一下古典舞,特别是自己曾经也有这样的梦想,期待能有机会上舞蹈世界栏目进行表演,所以才能一直坚持到最后。

这个舞蹈的音乐非常美,任姐编排的也很艺术,对任姐的敬业吃苦精神早在四年前我们一起合作带着24名队员参加世界舞蹈大赛北京赛区表演古典舞《弯弯的月亮》就有感受,今年她已经快70岁了,但依旧保持着追求完美的心态,我从内心对她很敬重。一个人要想做成一件事不付出心力是不行的,不全身心倾注是难以完成一个好的舞蹈作品。正是基于这一点,我很理解她在训练过程中产生的急躁情绪,有时生气和发火,这一切都说明一点,她太想把一件事做到极致,我们现在缺乏这样的精神状态,团队管理是需要艺术的,但严格要求是必不可少的,我从她执教中学到很多东西,也试着从队员的接受和反映的情况思考一些管理上的问题,是不是还可以用更艺术的方式或者更智慧的手段来进行教学和管理,那样效果也不一定太差,比如试着保护队员们的自尊心,当她已经意识到自己动作不对时,不一定要反复指出或者自责,话多不如话少,话少不如话好,当批评多了会降低队员们的自信心。当然,为了取得好的效果,路径和手段是多样的，而且不同的队员情况不同，采取的方式也可不同，我以为不能太强硬，有时候可以缓冲一下，让大家有表达的机会，毕竟我们最终的目的并不是为了一定要得个好名次，更重要的是为了获得精神上的愉悦，实现自己的舞蹈梦想，有时候一旦产生心里不舒服的感觉，人变得不会笑了，不知道为何而舞蹈，像个机械的动物，那我们跳舞就失去了积极的价值和意义。还是要把注意放在调动队员们的主观能动性上，这一点很关键。

3月2日这一天我们终于要上台了，舞蹈很立体弧，形很壮观美丽，地面也很涩，但队员们很尽力按照导演的要求进行彩排和试光，一切都感觉很新奇和兴奋，从早上6点开始化妆到下午正式录播整整用了一天时间，中午在化妆间不能出去，其他团队的节目也不能观看，一切还得服从团队指挥，说心里话实在有些憋屈，但我还是坚持了下来，在团队里我就是其中的一员，不能搞特殊，要遵守团队的纪律要求，不该说的不说。不过也发誓这样的活动以后不能参加了，太消耗精力，时间赔不起啊！当我们演出完，全体队员包括后备队员接受舞蹈世界栏目主持人陈思思的采访，有一个环节让我很感动，她特意将我们的候补队员叫到台前和她进行交流，我觉得特别好，一是给后备队员一个展示的机会，二是让所有在场的观众和队员们认识到后备队员的价值同样重要。这就是一种艺术的大境界和一种人文关怀。这也给一种警示，无论何时何地，都要对那些付出的人给予应有的尊重，这是一种做人的态度，做好人才能做好事。在这方面我还需要反思自己，要多站在对方的角度感受身边人的需要，而不能忽视周围的任何一个人，更不能事不关己，过去这方面做得不够好。还需要虚心向领队和队员们学习。

曾有人说过：看别人不顺眼一定要检讨自己，那不是别人的问题，一定是自己的修养不够。这个世界上的每个人都有其独特的角色，三人之行必有我师，我们不期待和不奢望所有的人都喜欢接纳自己，或者自己喜欢接纳所有的人，这是不现实的，但所有的人中一定有我们可以汲取的营养元素，只有主动靠近积极吸纳，我们的内心才会变得很强大，主动向别人示好，或者我们错了主动向别人道歉，对别人常怀感恩心态，或者让别人有机会表达和表现，或者多欣赏别人优秀的长处，不是什么懦弱的表现，相反是一种强大和自信。

总之，参加这一活动让我学到很多，感谢领队和编导，感谢队员们给我这样的机会，也让我看到自己与大家的差距，期待以后积极努力，做得更好！

自信是干出来的不是说出来的

最近我一直在反思过去所走过的路，特别是回顾人生哪个阶段做了一件什么事让自己很得意，发现大凡自己全身心投入进去的事情，付出辛劳最多的事情，真心愿意做好的事情，就会让自己很有底气，如果没有深入下去，想装也很难，一是自己的根子浮在空中，没有接地气，分量就显得轻飘，想让别人服自己无疑是天方夜谭，二是自己对存在的问题没有深入思考下去，对一件事就很难有自己的话语权，没有话语权就难有影响力，怎么可能做好协会的工作呢？在多年的工作经验中，有两种情况可能出现，一种情况是自己不是这一行当的权威，那么怎么办呢？那只有一个办法，就是真诚地发自内心尊重权威，多请教多学习，更重要的是多提炼多转化权威提出的其涉及战略核心有价值的内容，专家不一定会顾到全局，我们不能让专家去做不现实不实际的改变，只有我们去转化角度与其对话；另一种情况是自己要力争成为本行业的权威人士，特别是在整体布局和框架的搭建上很下工夫，盖大楼打地基非常重要，但房屋的整体框架更为重要，这一点受习舞的启示，没有结构就没有稳定，运行中还会有变形，因此还要经常适度调结构。一张桌子要有四条腿，起码要有三条腿才能稳定，每条腿都不能少，而且不能粗细不一致，在桌子稳定后还需要找到重心或者说是支点，一撬动就自然平稳运行了，当然这是从道理上讲的，实际情况可能要复杂得多，但无论怎样，"道"是不能破的，那么"术"就锦上添彩了。

今年在宁夏和老人一起过年，老人的一句话对我启示很大，她说：眼睛是怕怕，手是知了。什么意思，就是我们常会对自己没有干过的事总是处于担心和忧虑，有时候还会把自己吓着，但一旦干起来就会发现事情原本没有我们想得那样可怕，而且相反伴随着我们深入，聚焦这一领域才会真正发现其实也没有什么，只要用心一步一个脚印干下去，一切就会有奇迹发生，正如习总书记所讲的：实干兴邦，空谈误国。从现在开始进入准备状态还不迟，需要做很多的调研工作，没有调查研究就没有发言权。每天做一点基础工作，到援疆结束返京时一切便水到渠成了。

过去曾在90年代做过中国青年企业家协会的工作，虽然那时候承担的工作主要是培训工作，对全局工作仅仅只是旁观没有体验，只是觉得协会平台真的是很大，你要想做成的事没有做不成的，只要你是真正愿意做，你就有很多的办法去做。也许现在没有那么好做了，还是要借用一些资源去做，先不要被困难吓倒，只要你做得事对事业有利，对会员单位有帮助就不用担心大家不响应。要抱团取暖但关键是要寻到抱团取暖的动力源，有了共同的愿景，可以操作的底盘，就可以群策群力发挥自己的作用了。我还记得那时候的老领导常说的一句话：水浅养不了鱼。你不能提供给会员单位可以自由游泳的水池，有水会陪着你干耗时间呢？那么这个水池怎么建，不是你自己建，而是动员大家一起建，但你要在其中付出辛劳多些，另外水池建好以后还有经常往内注水，不能让它干枯了。

从去年开过中国青年工作院校协会第三届理事会暨会员大会以后，中间参加过几次协会的活动，一次是城市团校专业委员会成立大会，一次是协会的高研班，有很多团校的老书记和老校长精神状态真的让我们晚生很敬重，我今年的上半年无论怎样都想做成一件事，电话一一访谈他们，请他们对协会的工作提点宝贵的建议，也算一次深入的调研，这两天先拿出个访谈提纲，从新疆团校的许书记和马校长开始，这些老同志必能有很多的想法和期待，这些建议一定会对协会的工作有很大的帮助和启发。

从目前中国青年工作院校协会的工作看，亟待要构筑结构上下工夫，七个专业委员会要先成立起来，条件成熟的先成立，当然按照协会的几个主要功能，即团干部培训、团学研究、学科建设、团青资料、团校学报、后勤管理等，依次要逐一构建，协会秘书处要为此成立构建提供全方位支持（立足当地，借助外援），接下来就是开展活动，每个专委会要集中一两个有战略意义的项目或者品牌活动，发出声音打出影响，之后要总结经验不断改进。七个专委会的领导极为重要，要和他们及时沟通，切磋想法，这需要很多的耐心和智慧，一定要把关系处理妥当，既要维护他们的权威又要尊重他们的选择，协会工作毕竟不是行政机构，人家可做可不做，一切都要商量地办事，但同时又建立一定的游戏规矩，可以想象的出，到实际运行中还会有很多的矛盾交集点，但无论怎样都要沉住气不能着急，要建立自己的支持系统，要有好的部门文化氛围，要体现一种务实民主气正的工作作风。

在我二十多年的职业生涯中，前前后后跟过十多个领导，我也一直在梳理什么样的领导会让部下心情愉快地干事同时又是主动积极的做事呢？就是那些能为部下着想，特别能体恤部下的心情，同时将工作目标自然融入其中，是不是一定要那么严肃地苛刻待人呢？如果是行政单位还可以行得通，但对协会来说，更需要一种激发会员主动干事的欲望，绝对不能唱独角戏，要把合唱艺术带进来，分声部同时又都在节拍上，有踏节奏的，有跳旋律的，还有玩高难度的，总之都要在秘书处的统一指挥下完成，我们要把这个指挥当好，既不能瞎指挥也不能单指挥，要对所有参与演奏的会员了解熟知，特别是他们所擅长的特点，用其所长避其所短，充分让其施展技艺，我们就是要让会员单位激情奔涌，主动做事。只要大家都能积极动员起来之后，我们要把更多的经历投入到外援上，要去找子弹找粮食，保证协会的水池常有水。目前协会的工作不要急着去做事，而是要先搭结构，框架先立起来，之后开展活动，再后寻求外援整合资源蓄水。为了走好这三部曲，现在急需的摸情况，搞调研，储备第一手的资料，这些工作要在援疆期间完成。

人有目标心不慌，人就怕每天不知道干什么，只要准确定位，知道要去的地方，就可以着手开始行动，这些工作都不是说出来的，而是要干起来的，动力往往就来自于希望，没有身心投入是看不到希望的，同时没有专注投入也不会感到一种快乐。我的快乐就是在全身心投入到做事中，没有杂念地去做事，那种前瞻顾后手脚捆绑谨小慎微做事不如不做，因为即使做了也不轻松，更不会有一丝的快乐。

心有宇宙再大的事都不是事

曾经有人做过一个实验，把一个物品分别放在不同尺寸大小的箱子里，随着箱子的尺寸越大，物品越显得不起眼，这是为什么呢？物品本身并没有发生变化，但我们感觉物品似乎一下变小了，假使把一个物品放在宇宙下，你可能会一下子感觉物品没有了，那是因为宇宙太大了，你根本无暇顾及那个本来就存在的物品。这给我们一个很好的启示：当遇到一件事时，要想得很开，不能钻牛角尖，因为一旦将这件事放在更大的空间里，就什么事都没有了。我们的心就是这个空间。

如何让我们的心像宇宙呢？我试着思考过，那就是多见识多体验多感受，别人没有吃过的苦你要去经受，别人不能承受的压力你要试着去感知，别人认为是不可能的事你要去尝试，总之，你经历得越多就越有地气，因为你的心所在的空间要比别人大，心一大很多事就好办得多，世上的坎没有什么过不去的，只是看你想不想过去而已。

年轻的时候都特别喜欢和别人争个强好个胜，或者较个劲玩个心眼，以为自己比别人聪明似的，随着生活阅历的丰富，越加发现争来争去谁也占不了什么便宜，不如简简单单面对得好。有的时候一点芝麻大的事看得比天很大，大到可以把自己吓倒，事情过后才发现为这么一点小事耗那么大的心力真是不值啊！与其纠结这点小事不如把自己放出去去创造条件开阔眼界得好，因为人生就如一盘棋子，只有你自己走出来才行。

这个假期有机会接触瓷雕画家关蕴科，他是一位锡伯族人，我对他做得瓷雕画深感神奇之外，更让我感动的是他带领团队曾三次从沈阳锡伯族家庙出发，开着车沿着250年前锡伯族人大西迁的路线走到了伊犁州的察布查尔县，路经所到之处都有历史的痕迹和故事，他在描述感动的故事细节时，无不让我们的心灵受到震撼，同时也暗暗发誓自己能否有机会去尝试一下呢？这个世界真是太大了，还有很多的地方都没有机会过去看看，还有很多的聚宝盆没有挖掉，我们现在又什么理由为那么一点痛苦或者纠结走不出来呢？我只能说：太太可惜，还是心的空间不够大，唯有走出去看看世界上的另外一群人是怎么生活的呢！

曾经一位朋友从以色列回来，她给我描述了那里的朋友生活的片段，他们对家庭的态度，每到周末，都要放下手中所有的事情，带着全家人，甚至几家人一块去度假，享受大自然的美和天伦之乐的快。在前几年因承担对外合作办学的联络工作，频繁与不同国籍人打交道，发现一个很有趣的事，精神富足的人和精神贫穷的人表现出的责任意识是不一样的，前者会看淡很多事情，甚至是很多你不能理解的事情，比如已经签了教学任务合同，但因家中妻子怀孕他会放弃一切回去照顾他的妻子，我当时会认为这是一种极不负责任的男人，但现在再看这件事，又有一些新的思考，也许我们当时误解他了，也许对妻子来讲他就是一位相当有责任感的男人。

这给我很大的启示：就是很多事情是不能仅从一个角度轻易下结论的，因为在当时你并没有很好地感知他的心理状况和生活处境，只有当你遇到的时候才会觉醒，原来事情是这样的啊！因为人生中女人生孩子这件事就是大事，能与他朝夕相伴的人就是他的妻子，有什么人能陪伴他呢，唯有尊重他的选择是最为明智的。

也许在援疆期间，能静下来思考这些问题，能静静听听自己的心跳的声音，没有人打搅，能坐下来看会《道德经》，我在习舞时常会背舞经，比如欲前先向后，欲左先向右等等，都会指引着我去那该去的地方，当从舞经中慢慢悟出一些道理的时候，再看《道德经》就尤其的明白，其中的大智慧让我受益颇大。在它的第58章中说：其政闷闷，其民淳淳；其政察察，其民缺缺。祸兮福之所倚，福兮祸之所伏。熟知其极？其无正也。正复为奇，善复为妖。人之迷，其日固久。是以圣人方而不割，廉而不刿，直而不肆，光而不耀。意思就是：为政宽松，百姓就殷实富足。为政严明，百姓就捉襟见肘。祸啊，是福所依傍的东西；福啊，是祸所潜伏的地方。谁知道最终是哪个？福祸相互依赖相互转化，并不是固定不变的。正反过来就是奇，善反过来就是妖，人们只看到当下是福或是祸的一面，却不知道福祸会相互转化的另一面，这种迷惑由来已久了。所以，圣人做事规规矩矩但不固执不知变通，言辞尖锐但是只对事不伤人，为人直率坦荡但不过度放肆，做人做事光明正大但并不炫耀自己博人眼球。这些至理名言对我们做人做事，把握好分寸，拿捏好尺度，有很好的帮助。

总之，我们要活得开心愉快，活得有质量，还是要想方设法把我们的心胸扩展一些为好，要让自己的心放在宇宙里，到那个时候就没有任何阻挡我们前进的步伐了！

后　记

　　曾经无数次地问自己：如果只给你三天光明，你会做些什么？发自内心深处的声音告诉我：一定要在三天内把所有的事做完，然后静静等待上帝的召唤。说实在的，援疆三年，我几乎舍不得浪费一天，甚至一个小时的时间，总有一个声音在催促我：此时此刻此情此景不会再有，千万要珍惜啊！

　　这次从北京回到新疆，突然接到再次去南疆阿克苏给乡镇街道的团干部授课任务时，我是兴奋不已，早早做好前期的对接准备，提前两天到达目的地，和事先约定好的转岗团干部进行交流，力争做到课题研究和培训授课两不误。但这次下南疆代价也是最大的，也许刚刚发生内地昆明"暴恐"事件，新疆特别是南疆进入高度警戒状态，人们的步伐都显得比往日匆忙很多，尤其事先已和我约好时间和准确地点要访谈的几位党政领导，不是时间大调整，就是时有会议安排，访谈时间地点临时只好调整。这是我历次访谈和调研活动中计划变动最大的一次。等候时间从1个小时等到几个小时不等，有时候一个访谈地点的变更，就要行车600公里路程，好不容易到达后又突然被告知有紧急会议还需要再等几小时……常常从夜里一直等到凌晨，谈完后又匆忙赶回宾馆，迷迷糊糊睡不到3个钟头，又要打起精神迎接下一位受访者。一同参加访谈的伙伴总说，再等下去简直都要崩溃了。就这样我还是坚持了下来，我不知道哪来的那股子劲头，好像不做完这件事就永远没有机会了。

还有三个月左右的时间，我们就要离开这块神奇的土地了。这里的一切都是那么的刻骨铭心，因为我在这里投入了真情，投入了自己的全部感情，头脑中没有一丝"混"的念头，只有思考、努力和投入。这里有太多的神奇，就像一个聚宝盆，有挖掘不尽的珍宝。每每见到一个人，我总会带着"浓厚兴趣"的眼光与他或她进行着交流，总会在交流中得到异样的收获。我不知道回去后会不会永远保留着这种好奇，这种激情，因为空间的变化和岁月的流逝也许会让一个人兴趣和激情逐渐消退，由无心演变为无力，那时也就不再有收获之乐了。

《援疆日子》要表达的只是援疆期间某个时间节点上的所见所闻、所经所历、所思所想、所感所悟，完全谈不上有什么高深的理论和体系结构，原想按照内在逻辑次序分几个篇章，后一想不如按照援疆时间的先后节点实打实和读者进行心语交流，即使显得粗浅和稚嫩，或者缺乏逻辑和章法，想必读者也会给予谅解和包涵的。我深知自己在很多方面没有多少话语权，但我所表达的，完全是自己最真实最朴实的想法和感悟，只是自己梳理自己思考和感悟的一个交代，并不敢奢求给别人带来启迪和帮助，却很愿意得到大家的批评和指正！

三年援疆路，一生新疆情。有太多令我感动的人和故事，首先要感谢自治区团委、自治区团校的领导和同事，没有他们给我提供的舞台，我就无法释放能量，无法做任何事。特别要感谢的是自治区团委阿依努尔书记，她就像一位智慧勇者，用她的真情和细心呵护着周围的每一个人，在她面前，你会不自觉的吸收到一股正能量，不自知的提升自己的信心和勇气。在昆明"暴恐"事件发生的第二天，她就和班子成员一同发声，坚决声讨唾弃这些反人类反社会的恐怖分子。她说：一个没有德行的人，一个没有知识的人，一个心中没有爱的人，永远不会赢得人们的尊敬和尊重。

还要感谢地州、县市和乡镇村的基层干部和广大青年朋友们，是他们给我提供了很多最珍贵的第一手素材，他们的付出和努力让我永存敬畏之心，带着一种虔诚的心向他们学习是我最大的享受和快乐。

感谢中央团校的领导和老师，在我援疆的日子里，总是给予默默激励和支持。特别是中文系李艳红老师，《援疆日子》书稿，从每一篇、每一句到每一个词都经过她的细细推敲，要定稿的时候，她是忍受着眼病的苦痛坚持看完最后的部分。她一丝不苟的态度，让我感动不已。

我还要感谢我的援友和家人，他们是我支撑下来的重要精神支柱。当一天工作结束后，一个人的那种情与思，只有一同走来的援友和共同走过的家人才会懂得，才会一起分享那种透彻的"苦"与淋漓的"乐"。还有很多很多要感谢的朋友，我虽在新疆，但你们无时无刻不牵挂着我，你们的每一个电话，每一条信息都能给我力量，让我的心暖暖的，很开心很富足，我将永存感念，愿这本《援疆札记》能带给你们欢乐和满足！

最后要感谢中央编译局出版社的邓彤编辑，在她精心的安排下，援疆期间的成果陆续与读者见面，没有她的付出就没有这一切。

新疆，美丽而神奇的地方，我将永远把你铭记，永远为你祝福！

2014 年 5 月